中文社会科学引文索引（CSSCI）来源集刊

中國語言文學研究

| 河北师范大学文学院　主办 |

春之卷　二〇一七年
总第 21 卷

荟萃百家成果，展示人文情怀，鼓励开放创新

社会科学文献出版社
SSAP
SOCIAL SCIENCES ACADEMIC PRESS (CHINA)

图书在版编目（CIP）数据

中国语言文学研究. 2017年. 春之卷：总第21卷 /
崔志远，吴继章主编. -- 北京：社会科学文献出版社，
2017.4

ISBN 978 - 7 - 5201 - 0420 - 3

Ⅰ.①中… Ⅱ.①崔… ②吴… Ⅲ.①汉语 - 语言学
- 文集②中国文学 - 文学研究 - 文集 Ⅳ.①H1 - 53
②I206 - 53

中国版本图书馆 CIP 数据核字（2017）第 043393 号

中国语言文学研究（2017 年春之卷）（总第 21 卷）

主　　编 / 崔志远（常务）　吴继章

出 版 人 / 谢寿光
项目统筹 / 宋月华　李建廷
责任编辑 / 李建廷　胡百涛　杨兰珊

出　　版 / 社会科学文献出版社·人文分社（010）59367215
　　　　　 地址：北京市北三环中路甲 29 号院华龙大厦　邮编：100029
　　　　　 网址：www. ssap. com. cn
发　　行 / 市场营销中心（010）59367081　59367018
印　　装 / 三河市东方印刷有限公司

规　　格 / 开 本：787mm × 1092mm　1/16
　　　　　 印 张：17　字 数：394 千字
版　　次 / 2017 年 4 月第 1 版　2017 年 4 月第 1 次印刷
书　　号 / ISBN 978 - 7 - 5201 - 0420 - 3
定　　价 / 69.00 元

目　录

CHINESE LANGUAGE AND LITERATURE STUDY

Spring 2017

Major Articles

重读王锳《诗词曲语辞例释》

蒋绍愚*

（北京大学　中文系；北京　100871　清华大学　人文学院；北京　100062）

摘　要：王锳先生是近代汉语词汇研究的大家，《诗词曲语辞例释》是其代表作。本文从三个方面阐述了王锳先生在近代汉语词汇研究方面的重大成就，使后学对近代汉语及王锳先生在近代汉语研究中的历史地位有深入的了解，同时在第三个方面阐述了近代汉语词汇考释的八种方法，对从事近代汉语词汇研究有极其重大的方法论意义。

关键词：王锳；诗词曲语辞例释；考释

　　王锳先生在汉语语言学研究方面做出了重大贡献。曾昭聪《王锳先生学术成就述略》（《中国语言文学研究》2016 年春之卷）已对此做了很好的总结。本文专就王锳先生影响最大的一本专著《诗词曲语辞例释》来阐述其学术成就。

　　《诗词曲语辞例释》是韵文词语考释的一部力作，在学术界影响很大。此书初版于1980 年，以后两次增订，1986 年出版了第一次增订本，2005 年出版了第二次增订本。1987 年荣获首届吴玉章奖语言文字学优秀奖。此书每次出版，都承王锳先生赠阅，每读一次都获益匪浅。这次重读一遍，更感觉其学术价值之高。但似乎尚未有文章对此书做全面评价，因此，愿意把重读后的感受写成短文，与读者共享。

　　一、《诗词曲语辞例释》（以下简称《例释》）考释的词语，主要是在唐诗、宋词、元曲中那些"非雅诂旧义所能赅，亦非八家派古文所习见"的特殊词语，大多是"字面普通而义别者"。这些词语，人们往往会按其常用意义理解，因而产生误解。《例释》在考释这些词语时，常常在释义之后再加上一句话，指出和常见意义的不同。如：

　　【彻】

　　有"毕""尽""停歇"的意思，和常见的"通""透"义有所不同……杜甫《茅屋为秋风所破歌》："自经丧乱少睡眠，长夜沾湿何由彻。"这是说无法捱尽长夜。

　　【一时】

　　等于说一并、一齐，着重强调范围而不是指示时间。……苏轼《贺新郎》词："手弄生绢白团扇，扇手一时似玉。"

---

　　* **作者简介**：蒋绍愚（1940—　），男，北京大学中文系教授，博士生导师，研究方向为汉语词汇史与近代汉语语法。

这样一些词语考释，对汉语历史词汇研究和辞书编撰无疑是有很重要的意义的。

同时，这些词语考释对古代诗词曲的阅读鉴赏和研究也很有用处。一些很常见的诗词曲里的词语很多也是"字面普通而义别者"，读者大多按通常的字面意义理解，作品选的注释也欠妥。有些传诵千古的名句也理解得不正确。读一读此书，就会有"豁然开朗"之感。这种例子很多，下面略举一些。

杜甫《赠卫八处士》："人生不相见，动如参与商。""动"容易理解为"移动""变动"，其实不是。《例释》："【动〔一〕】常常，每每、往往，副词。"

杜甫《新安吏》："况乃王师顺，抚养甚分明。送行勿泣血，仆射如父兄。"有的注本将"抚养甚分明"一句解释为"王师对士卒的抚爱是毋庸怀疑的"。《例释》："【分明】有周到周全义，有小心仔细义。与通常作'明白清楚'解者不同。……（杜甫诗）意谓仆射即郭子仪对士卒的抚爱犹如父兄，十分周到。"

李白《秋浦歌》："白发三千丈，缘愁似个长。不知明镜里，何处得秋霜？"有的注本把"何处"解释为"何以"。"何处"是有"何以"义（见《例释》【何处〔二〕】）的，但此处不是，此处的"何处"为"何时"义。《例释》："【何处〔一〕】等于说'何时'。……（李白诗）犹云何时生了白发。"

王昌龄《芙蓉楼送辛渐》："寒雨连江夜入吴，平明送客楚山孤。""连"一般不注，容易按常义"连接"理解，其实"连"为"满、遍"之义。《例释》："【连】'满'或'遍'的意思，与通常'接连''牵连'义有所不同。"

宋祁《玉楼春》："绿杨烟外晓寒轻，红杏枝头春意闹。"有的注本把"闹"解释为"热闹"，其实"闹"为"浓郁"之义。《例释》："【闹】簇聚，攒聚，动词……凡事物攒聚则密度大，故'闹'又引申为'浓郁''浓密'等义。"并以其他宋词中的"春闹""春光闹"为证，说明宋祁词的"闹"为"浓"义。

辛弃疾《破阵子·为陈同甫赋壮词以寄之》："马作的卢飞快。""作"通常用为行为动词，此处的"作"义同"如"。《例释》："【作〔一〕】似、如、像，动词。"

所以，即使不是专门研究汉语历史词汇的学者，而是一般爱好古代诗词曲的年轻朋友，好好读读这本书，也会很有收获的。

二、《例释》有不少条目纠正了以往词语考释的失误。如：

张相《诗词曲语辞汇释》在学术界有很高评价，但是也有疏失。《例释》在《前言》指出其三方面的不足：（1）一些条目漏收。（2）一些条目义项不全。（3）一些条目释义未当。在正文中，有些条目也涉及《诗词曲语辞汇释》。如：

【处分】

《诗词曲语辞汇释》卷五"处分"条："犹云吩咐或嘱咐也，与本义之作处理解者异。"除此之外，"处分"在剧曲中还可表示"责备"的意思，其程度较斥骂为轻。《窦娥冤》剧楔子："婆婆，端云孩儿该打呵，看小生面则骂几句；当骂呵，则处分几句。"

【毕竟】

《诗词曲语辞汇释》卷三"毕竟"条云："究竟也。"……今按，"毕竟"在词曲中还可表示"一定"的意思，用作加强肯定语气的副词。僧如晦《卜算子》词："有意送春归，无计留春住。毕竟年年用著来，何似休归去。"意言年年一定得来，不如不归去。

这是增加了《诗词曲语辞汇释》的义项。

【当】当本

"本""此""该"的意思（"该"为"该同志"之"该"），作用与指示代词相同。（例略）

按《汇释》卷六列"当家""当行家"二条，认为"当家"即本家，"当行家"即内行、拿手之意，所见甚确。但这里应略加补充和修正的是：第一，"当"表"本"义远远不限于此二词；第二，"当行"即本行，"当行家"即本行中出类拔萃的人物；虽有时"当行家"可省作"当行"，但不是所有的"当行"一词都可作"内行"解。例如其"当行家"条所引《盆儿鬼》剧二"谁著你烧窑人不卖当行货，倒学那打劫的偻㑩"一例，其中"当行"就只能解释作"本行"。《元剧俗语方言例释》"当行"条引上述《盆儿鬼》例，径解作"内行，出色"，便是沿袭了《汇释》的这一错误。

【恶】嗔恶 恶发

怒。……柳永《满江红》词："恶发姿颜欢喜面，细追想处皆堪惜。"……《诗词曲语辞汇释》卷二"恶"字条引柳词此例释云："发即发妆之发，恶发姿颜，即浓妆之意。"其说未洽。

这是纠正《诗词曲语辞汇释》释义之误。

对一些研究元曲词语的著作，如《元剧俗语方言例释》《金元戏曲方言考》《元曲释词》等，也有不少正其失误之处。

【撮哺】撮补

辅助或相帮的意思……"撮哺"又往往写作"撮补"，按照这个词所表示的意义看，"补"应是正字，"哺"是它的同音代替字。……按《元剧俗语方言例释》"撮哺"条云："吃喝，啜餔的借音。"于义未妥。

【丢抹】

梳妆打扮，动词……按《金元戏曲方言考》"丢抹"条云："忘却。"《元剧俗语方言例释》"丢抹"条则云："扭捏作态。"均疑未确。

对一些词典释义或用例的疏失，《例释》也予以指出。如：

【犹〔三〕】

相当于文言的"亦",白话的"也",副词……按《词诠》"犹"字条在"尚且"义项之下共举九例,其中有两例是:"孙子曰:兵已整齐,使赴水火,犹无难矣。""唯王所欲用之,虽赴水火犹可也。"其实例中的"犹"解释为"且"或"尚且"都不可通,也应看作"亦""也"义方妥。

【琼奴】

喻指封建制度下遭逢不偶的女性,有时也作为美女的代称。(例略)《汉语大词典》卷四646页列有此目,但仅释为"美女",引刘将孙词及赵善庆曲为证,释义和举例都不免存在以偏概全之弊。

这些意见,对近代汉语词汇研究都是很有意义的。

王锳先生有《〈汉语大词典〉商补》《〈《汉语大词典》商补〉续编》两书,对《汉语大词典》的立目、义项、释义等方面提出了很好的意见,对《汉语大词典》的修订起了很大的推动作用。

三、《例释》词语考释所使用的研究方法,有以下几方面。

1. 排比归纳

汉语历史上出现的词语,有一些在字书、韵书中,或在古人的注疏中有过解释,但还有很多从未有过解释,要研究者考释出来。考释的一个重要方法是排比归纳,即收集出现某一词语的大量例句,细心阅读分析,归纳出这个词语的意义。如果归纳出来的词义,"揆之本文而协,验之他卷而通,虽旧说所无,可以心知其意者也"(王引之《经传释词·自序》)。这个方法在张相的《诗词曲语辞汇释·叙言》中有很好的叙述,《叙言》说,刘淇《助词辨略》、王引之《经传释词》以及他的《诗词曲语辞汇释》用的都是这个方法。这个方法要使用得好不是轻而易举的,仅仅根据少数例句加以归纳,归纳得出的词义未必可靠;有了大量例句,而不善于分析归纳,也得不出可靠的结论。这需要研究者具备这样的条件:博学、深思;细心、敏锐;明辨、审慎。王锳先生是具备了这样的条件的。他博览群书,孜孜不倦,收集了大量资料,每一个条目的例句都有十几个、数十个,包括诗词曲和散文,以及史传、小说,旁及汉译佛典;对每一个例句都用心揣摩、辨析,体会整句的意思和这个词语的意义,然后加以归纳,做出准确的释义。下面举两个例子,可以说明作者如何运用这种方法。

【特地】

等于说突地、忽地,副词。……(杨万里)《钓雪舟倦睡》诗:"小阁明窗半掩门,看书作睡正昏昏,无端却被梅花恼,特地吹香破梦魂。"诗前有序云:"予作一小斋,状似舟,名以钓雪舟。予读书其间,倦睡。忽一风入户,撩瓶底梅花极香,惊觉,得绝句。""忽一风入户""惊觉"云云,可为"特地"之注脚。

【略〔一〕】

相当于文言的"皆""俱",白话的"全""都",范围副词,不是通常"大略"

"略微"的意思。杜甫《戏题寄上汉中王》诗:"鲁卫弥尊重,徐陈略丧亡;空余枚叟在,应念早升堂。"此犹言俱丧亡,与下文"空"(只)相对,且诗用曹丕《与吴质书》语意。丕书云:"昔年疾疫,亲故多罹其灾,徐、陈、应、刘,一时俱逝。"可为第二句注脚。

前一例联系诗的序,后一诗联系诗的用典,来确定词语的意义,如果不是细心、博学,是做不到的。这样的例子,全书很多。

2. 征之散文

《例释》常常在引用诗词曲的例句归纳词义之后,说此义"可征之散文"。这不但增加了凭证,而且使词义考释更有确定性。因为诗词曲的句子比较凝练,语义比较朦胧,用词比较灵活,同一个句子中的同一个词可能有不同的理解。而散文不同,一个词语在句子中是什么意思比较确定,所以,征之散文是考释诗词曲词语的一个重要方面。

这样的条目全书很多。略举几例:

【不觉】未觉

杜甫《戏为六绝句》之一:"庾信文章老更成,凌云健笔意纵横。今人嗤点流传赋,不觉前贤畏后生。"古今说此诗者甚多,或以"不觉"为普通义,释为"不觉得",或释"不觉"为"不见得",或将末句译作"我一点也不感到前贤要畏惧后生",俱疑未确。按"不觉"在唐宋之际往往有"不料"的意思,用于表示事出意外的场合。(诗句例略)

"不觉"此义还可征之同时代散文。《太平广记》卷二五九《出使御史》:"唐御史出使,久绝滋味,至驿,或窃脯腊置于食,伪叱侍者撤去,侍者去而后徐食……尝有御史所留不多,不觉侍者见之。"《夷坚志》支戊卷三《成俊治蛇》:"俊往疗之,问儿曰:'汝误踏之以致啮耶,将自行其旁而然耶?'曰:'初未尝触之,不觉咬我。'"均表不料义。

诗词中的"不觉"可能会有不用的理解,但散文中的"不觉"意思很清楚,只能是"不料"之义。

【去〔一〕】

略同"在",介词。(宋词例略)按"去"的此种用法诗词中不很常见,但在同时的白话小说中却多有其例。人民文学出版社 1952 年版七十一回本《水浒传》二十九:"说时迟、那时快:武松先把两个拳头去蒋门神脸上虚影一影,忽然转身便走。"

按"去"这种用法唐代和北宋口语中已较普遍。卢向前《伯希和 3714 背面传马坊文书研究》录文:"传驴三十六头去七月二十一给送帛练使司马杜雄充使往伊州。""二四去七月二十二日给使人杨玄往伊州,停经十四日。"……〔日〕释圆仁《入唐求法巡礼行记》卷三:"右圆仁等,为抄写阙本经论流传本国,去开成三年七月，随日本国朝贡使来到扬州。去开成五年八月十三日到城，奉使牒权寄住资圣寺听学。"《陆九渊集》卷三五《语录下》："伯敏问云：'日用常行，去甚处下功夫？'"可见从初唐至北宋，在胥吏、留学僧、学者的笔下，"去"均可如此用，介出时间或处所。

这个条目，《例释》用多种口语资料说明"去"的介词用法在口语中确实存在。本来，诗词曲中的词语尽管有些特殊性，但毕竟是以口语为基础的。此条也说明《例释》的作者视野开阔，注意到传统文献以外的一些语言资料。

作者对唐宋散文中的词语研究集中在另一专著《唐宋笔记语辞汇释》中，此书可以和《例释》参看。

3. 参酌故训

近代汉语的口语词在古代虽然被重视得不够，但还是有一些研究，如刘淇《助字辨略》、钱大昭《迩言》等。《例释》对这些研究很重视，把其中一些吸取到书中。如：

【初 ［一］】
本，本来，语气副词……刘淇《助字辨略》卷一"初"字条引魏志及陶渊明诗，均解作"本"。

按：刘淇《助词辨略》卷一："初《魏志·太祖纪》注：'初不中风，但失爱于叔父，故见罔耳。'此初字，犹本也。陶渊明诗：'真想初在衿。'言真想本在衿。"

【真】
等于说真是、真个。……按《助字辨略》卷一"真"字条附有"真成"一词，解作"真个，真如此"，并说明此系方言。本条即据此立义。

按：刘淇《助词辨略》卷一："真 韩退之诗：'老翁真个似儿童。'聂夷中诗：'地底真成有劫灰。'真成，真个，方言，真如此也。"

【沉吟】
思量或斟酌的意思，动词……按清钱大昭《迩言》卷一"沉吟"条引《后汉书·隗嚣传》云："牛邯得王遵书，沉吟十余日，乃归命洛阳。"又《贾复传》云："帝、诸将议兵事，沉吟久之。"……可见汉魏六朝已然。

还有些古代笔记中的词语解释，《例释》也予以吸取，如：

【清涨】
江河水无雨而上涨，称为"清涨"，用为不及物动词。《苏东坡全集》后集卷七

《永和清都观谢道士童颜须发问其年生于丙子盖与予同求此诗》："自笑余生消底物，半篙清涨百滩空。"自注云："予与刘器之同发虔州，江水忽清涨丈余，赣右（疑当作石——引者）三百里无一见者。至永和，器之解舟先去，予独游清都，作此诗。"按方勺《泊宅编》卷三引此，并云："虔州（今江西赣州市）水东有显庆庙甚灵，或至诚祷之，则一夕长水数尺，送舟出石。故无雨而涨，士（疑为土字之误——引者）人谓之清涨。"

古人对诗、词、曲的注释也是重要的故训资料，《例释》也吸取了有关成果。如：

【栽】
有"秧""苗"义，用作名词。引仇兆鳌《杜诗详注》："桃栽，犹云桃秧。"
【者】
《六十种曲·焚香记》剧五："（丑）丫头与我请桂英姐出来。（内应回介）身子不快，不出来了。（丑）我说道又'者'起来了。"《挂枝儿》卷九……《者妓》："大小姐模样生得尽妙，一时甜如蜜，一时辣似椒。没定准的冤家也，看你'者'到何时了？"编者冯梦龙注："吴市语装乔做势曰'者'。"

但《例释》对此是有选择的。有些注释不妥的，《例释》也予以指出。如：
杜甫《历历》诗："历历开元事，分明在眼前。无端盗贼起，忽已岁时迁。"仇兆鳌注："天宝之乱，皆明皇失德所致，此'无端盗贼起'盖讳言之耳。"《例释》不同意仇注，认为此处的"无端"为"不料"义。
李贺《南园》诗十三首之二："宫北田塍晓气酣，黄桑饮露窣宫帘。"王琦注："谓桑叶触帘作窣窣声。"《例释》认为王注把"窣"看作象声词非是，"窣"为动词，"拂"义。
近代汉语俗语中的"市语"比较特殊，其意义不容易了解。元明有一些专收和解释市语的书，其中的一些条目用来解释诗词曲语辞很贴切。《例释》对此很重视，书中多次加以引用。如：

【啜】啜赚
《董西厢》七："口啜似猫坑，咽喉似泼忏，诈又不当个诈，谄又不当个谄。"《金陵六院市语》："啜者，嘴也。"上例"口"与"啜"同义重言，意即指嘴。另有"啜赚"一词，亦当源于市语。语素"啜"亦为嘴义，"赚"为欺哄、诱骗义，合而为一则表示以空言欺人之义，为偏正式（前偏后正）合成词。《行院声嗽·人事》："漏语，掇赚。""掇""啜"音近义通，"漏语"意亦犹以空言欺人。
【调皮】调波
（例略）《元曲释词》第一册475页该条释为"即掉皮、顽皮或诡巧欺诈之意"。《小说语辞汇释》754页、《宋元语言词典》776页该条均解作狡猾。按诸文意，均嫌未确……《六院汇选江湖方语》："掉皮——会说话者。"是为确诂。

正因为市语对近代汉语词汇研究有重要意义，所以，王锳先生有专著《宋元明市语汇释》，是市语研究的开创之作。

还有一些诗词曲词语有特定的文化内涵，《例释》根据有关记载加以解释。如"点茶"一词，《诗词曲语辞汇释》《元曲释词》都认为就是泡茶。《例释》认为两者有别。在"点茶"下引证说：

> 《事林广记》别集卷七《茶果类·煎茶法》："煎茶须用有焰炭火，滚起便以冷水点住，伺再滚起再点，如此三次，色味俱佳。"可见所谓"点茶"之"点"并不同于"泡""煎"，更不是用开水，而和现今煮饺子的方法相仿佛。

4. 考察声韵

在诗词曲这些接近口语的作品中，音同音近而通假的现象很普遍，如果拘泥于字形，就不得其解，所以要考察声韵，明其通假。《例释》中这样的条目很多，略举一些。

> 【折证】折对　折辨
> （例略）按《汇释》卷六"正本"条将"折证"一词作为附目，解云："折者折本，证者证本……亦清算义。"其实"折证""折辨""折对"之"折"，都是"质"的同音假借（"折"古音为章母、入声薛韵；"质"亦为章母、入声质韵，仅韵母有细微差别）；并不是"折本"之"折"，把"折证"解作为"清算"亦于义不妥。

按：这一条说明一些词语是按字面来理解，还是按通假来理解，意义会有较大区别。而按通假理解，首先就要从音韵上说明两字音近可通。

《例释》对通假是掌握得相当严格的，如果两个字声韵都不近，就不能解释为音转。对"迁次"条的解说可以说明作者这一观点。

> 【迁次】签次
> （例略）按《敦煌变文字义通释》134 页收有"迁次"一词作附目，并谓"迁次"与"造次""取次"乃为一声之转，实为一词。但"迁"与"造""取"中古音声韵均不很相近，恐不宜以"声转"说释之，不如作为一组同义词看待为妥。

《例释》指出曲的用字有其特点，应结合其特点来考虑通假现象。如：

> 【去秋】去就
> 《陈母教子》剧二："低低的问了牢缄口……老身向官人行无去秋，倒大来惭羞。"《救风尘》剧二："想当日他暗成公事只怕不相投，我作念你的言词今日都应口；则你那去时恰便似去秋，他本是薄幸的班头，还说道有恩爱、结缩缪。"

《例释》指出《陈母教子》剧中"去秋"为"体面、礼貌、规矩"义，《救风尘》剧中"去秋"为"着落"义。并说：

> 按"秋"字本应作"就"，"去就"一词为宋元俗语……"就"之所以作"秋"，除了曲家用字比较随便（剧本系供舞台演出之用，一个字只要字音不错，观众便不至误解）之外，可能还出于音律上的要求。因南吕一枝花套菩萨梁州曲（"陈"剧）及商调集贤宾套金菊香曲（"救"剧）一般需押平声韵，故不得不改去声字为平声字。

俗文学中有一种"切脚语"，即两个字拼出一个字。这是要结合音韵来理解的。如：

> 【字篮〔二〕】勃兰　字罗　筝篮　勃篮
> 字篮，又为"盘"的切脚语。……《容斋三笔》卷十六："世人语有以切脚而称者，如以蓬为勃笼，盘为勃兰……"
> 【波浪】博浪
> "波浪"一词，元曲习用，含义却较特别。……"波浪"本为"庞"的切脚语，为当时市语之一种。"庞"即脸庞、脸面之义。……脉望馆钞本《曲江池》四折："文质彬彬挣波浪，怎教人不念想？"

《例释》还指出诗词曲中很多"一词异形"的现象。如：

> 【周遮】周遭
> 象声词，略同现代汉语中的"叽喳"。白居易《老戒》诗："矍铄夸身健，周遮说话长。"……按"周遮""周遭"实即"啁哳""啁喳"，象声词本随音取字，不拘一体。
> 【十成】实成　实曾　实诚
> 杨万里《舟过安仁》诗："不须覆手仍翻手，可杀青云没十成。"又《初夏即事》诗："嘲红侮绿成何事，自古诗人没十成。"……"十成"为"实诚"的同音省笔通假字。以同音的少笔画字代多笔画字，俗文学作品中不乏其例。……又元曲中的"实成""实曾"也是"实诚"一词的异写……

《例释》指出的这种随音取字甚至笔画简省的现象，也是值得注意的。如果不了解，那么，一个很普通的词"实诚"写作"十成"，照字面上来读，就无法理解。

5. 参证方言

有一些诗词曲里的俗语词可能在文献中出现得不多，在今天的书面语里也不多见，但实际上还存在于今天的方言里。参证方言，是词语考释的一个重要方面。《例释》中多次采用这一方法。如：

【破】

犹言拼，豁出去。《元曲选·对玉梳》剧一："（净云）他两个去了。奶奶，破着我二十载绵花，务要和他睡一夜，方遂我平生之愿。"……按"破"的这种用法在今西南官话中还保留着，读为上声。《成都话方言词典》168 页："颇、破、泼 pǒ⁵³：拼，豁出去。～倒命不要／～倒脸不要。"又今徐州话亦有同样用法，见李申《近代汉语释词丛稿》21 页该条。

【等】

相当于"让"，介词，和表"等待"义的动词已有所不同。《窦娥冤》剧三："我不要半星热血红尘洒，都只在八尺旗枪素练悬，等他四下里皆瞧见。"……按"等"的此种用法，今西南方言尚如此。

【颠倒】

反倒，反而，语气副词，表转折语气。《秋胡戏妻》剧一："指望他玉堂金马做朝臣，原来这秀才每当正军，我想着儒人颠倒不如人。"……按今四川方言中，"颠倒"尚保留着此种用法。

【栽】

有"秧""苗"义，用作名词。杜甫《诣徐卿觅果栽》诗："草堂少花今欲栽，不问绿李与黄梅。"……"栽"之"秧""苗"义在今歙县方言中尚得以保存下来，说详鲍不迟《歙县方言古语词略证》（《中国语文通讯》1981 年第 4 期）。

6. 探求理据

对词语的解释不仅要知其然，还要知其所以然。某个词语为什么有这个意义，某个意义为什么用这个词语表达，往往是有一定道理的。这就是所谓"理据"。说明了理据，能加深对词语的理解，也有助于研究词语的历史演变。《例释》做得很好。如：

【九百】九佰　九陌

《诗词曲语辞汇释》卷六该条云："九百，痴呆之义。《后山诗话》：'世以痴为九百，谓其精神不足也。'此为宋元时一种方言。"修订本《辞源》及《汉语大词典》用其说，但均未及该词语源。

《例释》指出其语源为：本指钱陌不足。并引《南史·梁简文帝后论》"初，武帝末年，都下用钱，每百皆除其九，谓为九佰"为证。同时还参考了《梦溪笔谈》《萍州可谈》等资料，指出是由钱陌不足引申为人的精神不足乃至痴呆。

【海郎】海老

海郎，指酒。……或作"海老"，"郎"与"老"声母同，韵母的主要元音相近，可以通转。……按此系出自市语。《绮谈市语·饮食门》："酒，欢伯、酝物、海老。"……又"海郎""海老"之所以指酒，当出借代，系以工具代事物本身。"海"本指酒器之大者，温庭筠《乾撰子》："裴均镇襄州，设宴，有银海，受一升。"

【旬】

"旬"作时间名词，一般指十天或十年，但诗词中还有一种特殊用法：有时仅指一天。唐白居易《郡斋旬假始命宴呈座客示郡寮》诗："公门日两衙，公假月三旬。衙用决簿领，旬以会亲宾。公多及私少，劳逸常不均。"……"旬"之可以指一日，当由"旬假"的制度而来。在"旬假""旬暇""旬休""旬沐"等双音组合中，作为语素，"旬"仍指十日。但久而久之，它可用作休假那一天的特定名称，就像今人用"星期"指称"星期天"一样，因而获得了"指一日"的新义。

【撒沁】撒讪

嘴尖口快，随意胡诌。（例略）朱居易《元剧俗语方言例释》则解作"撒娇、撒赖"。徐嘉瑞《金元戏曲方言考》释为"装腔作势"。施之文义，均疑未确。……"沁"在《广韵》《玉篇》均训为水名，"讪"字则二书未见。……《广韵》去声二十五沁韵："吢，犬吐也。"《玉篇》卷五口部"吢"字条说解略同。故"撒沁"之"沁"，本应作"吢"，由"犬吐"而引申为嘴尖口快、恶语伤人及随口胡诌之义。

【吊臁】掉臁

王季思注《西厢记》后附《苏小卿月夜贩茶船》残折："请学士先生吊臁，快疾忙归去陶潜！"……《行院声嗽·人事》："行——掉臁。"字以作"掉"为是。掉者，甩动也。臁本指小腿。《救风尘》剧三："灯草打折臁儿骨。"……今川西一带方言尚谓胫骨为"臁儿杆"。故"掉臁"即动腿，为离去、走开之意。

7. 追溯源头

《例释》研究的主要是唐宋以后诗词曲中的词语，但这些词语有的产生得很早。《例释》很注意追溯其源头。如：

【惨】渗 磢

有愁怕义，有羞惭义，有恼怒义，表示心理活动的动词。……《诗经·陈风·月出》："劳心惨兮。""惨"读为"懆"。《说文》："懆"字下云："愁不安也。"可见此义由来已久。

【属】

劝，请，其习见者为劝酒。……此外，"属"所劝的内容还可以是舞蹈，而且用得更早。《史记·魏其武安侯列传》："及饮酒酣，夫起舞属丞相，丞相不起。"

【转〔一〕】

表示程度加深的副词，相当于文言的"愈""益"，白话的"更""越"。……杜甫《送李校书二十六韵》："小来习性懒，晚节慵转剧。"……按"转"字的上述用法在较早的佛教典籍中都可看到。吴支谦译《撰集百缘经》卷三："倍复疼痛，垂欲命终，良久乃苏，转更呵责。"晋法显《佛国记》："牛忠延有石室博山，西南向佛留影。……金色相好，光明炳著，转近转微，仿佛如有。"

【办】办得

……表示可能，义与"能"同。……唐独孤及《得李滁州书……以诗代答》："知同百口累，何日办抽簪？"……按"办"的此种用法六朝已然。《宋书·孝义传·何子平》："扬州辟从事史，月俸得白米，辄货市粟麦。人或问曰：'所利无几，何足为烦？'平子曰：'尊老在东，不办常得生米，何心独餐白粲？'"方一新、王云路《中古词语例释》12页"办"字条第四义："能，胜任。"蔡镜浩《魏晋南北朝词语例释》12页"办"字条亦云："为能愿动词，犹能够。"

【他时】他年　他日

指过去，犹言昔时，与通常指将来者异，时间名词。"他日""他年"用法略同。……张九龄《送赵都护赴安西》诗："他日文兼武，而今栗且宽。"……按"他日"作"昔日"解，《左传》即已有此用法。《襄公三十一年》："他日我曰：'子为郑国，我为吾家，以庇焉，其可也。'今而后知不足。"

8. 阐述演变

很多词语有多个意义，这些意义往往是相互联系的。《例释》在考订这些词语时，常常阐述其演变关系，并进一步指出词语演变的规律。如：

元曲中"波浪"有多种意义。《例释》在对各种意义做出解释后，指出其引申系列为：脸（中性）→容貌俊美（褒义）→风流、殷勤、知趣。

又如：

【承〔一〕】承闻

有"闻、听"义。……刘禹锡《秋日过鸿举法师寺院便送归江陵》诗序："贫道雅闻东诸侯之工为诗者，莫若武陵。今承其话言，如得法印……"按"承"的本义与常用义是"承受、接受"。……"闻、听"义应是由此引申。因为接受的对象可以是具体物品，也可以是抽象的言语信息，如教令、书信、讣告之类。在后一种情况下，"承"有时作"受"或作"闻"解两可，有时则以解作"闻、听"为宜。

【闹】

簇聚、攒聚，动词。李商隐《洞庭鱼》诗："洞庭鱼可拾，不假更垂罾。闹若雨前蚁，多于秋后蝇。"……凡事物攒聚则密度大，故"闹"又引申为"浓郁""浓密"等义，用作形容词。……杨万里《病中春雨闻东园花盛》诗："花底报来开已闹，雨中过了更曾知？"句中"闹"字与题中"盛"字互见，"盛"亦浓郁之意。……沈括《开元乐》词："一片红云闹处，外人遥认官家。"……宜为"浓密"义。

《例释》中很多条目是由表处所演变为表时间。如：

【处〔一〕】

表示时间，作用与时间名词略同，有"……时""……际"的意思，并不是指处所。……柳永《雨霖铃》词："都门帐饮无绪，留恋处，兰舟催发。"一作"方留恋处"，"处"表时间之义益明。《岳忠武王集》岳飞《满江红》词："怒发冲冠，凭栏处、潇潇雨歇。"此言凭栏之时，正逢雨后，所凭者即栏干，并非另有处所。……有人用词汇衍变过程中的"时空引申律"来加以解释，或许可备一说。

这样的条目很多，如：

【外】

……"外"还可与"后"同义，表示时间。杨万里《痛中感秋》诗："寿外康宁方是福，不然徒寿不须休。""寿外"指寿诞之后。韩淲《水调歌头》词（次韵倅吏寿守）："一曲清歌外，四座笑谈清。"

【就中】

有"其中"义，有"其间"义，有"其时"义，可以分别表示范围、处所、时间。……王建《春去曲》诗："春已去，花亦不知春去处。缘冈绕涧却归来，百回看着无花树。就中一夜东风恶，收拾红紫无遗落。"此指时间，为"其时"义。

《例释》还指出，有一些词语的意义是由于"通感"而产生的。如：

【看〔一〕】

闻，听。《汇释》卷五"见"字条第二义云："见，犹闻也。""看"也有此种用法。杜甫《西阁口号呈元二十一》诗："社稷堪流涕，安危在运筹。看君话王室，感动几销忧。"此犹言听君话王室。刘长卿《入桂渚次砂牛石穴》："枫林月出猿声苦，桂渚天寒桂花吐。此中无处不堪愁，江客相看泪如雨。""相看"亦犹相闻。

【闻】

诗词中"见"可与"闻（听）"相通，"见说"犹言"听说"，《诗词曲词语汇释》卷五"见"字条已发之。……这里要说的是事情的另一面，即"闻"也可表"见"义。杜甫《晓望》诗："高峰寒上日，叠岭宿霾云。地坼江帆隐，天清木叶闻。"……按"闻""见"互通应源于修辞学所谓"通感"。

《诗词曲语辞例释》是在极端困难的条件下写作的。"文革"期间，作者在遵义教育学院任教，那里的资料非常匮乏。作者在当地尽力寻找，作者的同窗好友苏培成也经常从北京寄去一些资料，作者终于克服了资料不足的困难，完成了这部书稿，在1980年出版了第一版。以后，作者又不断深入研究，对此书几次增订，在2005年的第二次增订版中，对一些条目原先的解释加以订正，对原先收入"存疑录"的条目做了解释。如：

【孛篮 〔二〕】 勃兰　孛罗　筝篮　勃篮

又为"盘"的切脚语……本书 1986 年增订本第 17 页该条谓以上各例中"孛篮"均为竹篮或蒲篮，说解未确。

【处 〔一〕】

（处作时解）本书 1986 年增订本以为"大约与诗剧曲的格律要求有关"，这是不正确的。有人用词汇衍变过程中的"时空引申律"来加以解释，或许可备一说。

【高】 交

《诗词曲语辞例释》1986 年修订本《存疑录》"高"字条举有以下二例：《冯玉兰》剧三："他犯了杀人条，现放着大质照：刀头儿血染高。"《六十种曲·锦笺记》剧十二："几十处伽蓝座座参到五百尊罗汉个个数高。"并云："似均为周遍义。'染高'即染遍，'数高'即数遍。"今按，此说不误，但未明其源，二例中的"高"字应是"交"字的假借，说详萧世民《"高"为什么有周遍义?》（《中国语文天地》1988 年第 5 期）。

【官不容针】

本书 1986 年增订本后附"存疑录"列此目……今按，这一成语的全称应是"官不容针，私可容车"，又作"官不容针，私通车马"，为唐宋俗语，本意谓官法严紧而私下则尽可宽假通融。

这样的修订，表现出作者精益求精的精神和严谨求真的学风。

《例释》也有不足之处，有些释义尚可商榷。有些条目，如【来 〔一〕】（等于说"……时""……后"或"……以来""……以后"）、【来 〔三〕】（有"了""着""得"等义）应该看作"来"的语法化过程的不同阶段。这些方面都是可以继续研究的。

我和王锳兄是北大中文系 57 级的同班同学，而且住在同一个宿舍的上下铺。王锳兄是调干生，是先参加了工作再上大学的，比我年长，在读书时对我这个小兄弟有很多照顾和帮助。后来，我们研究的领域很相近，也经常相互切磋，他的功力比我深，对我的帮助很大。他在《例释》中，多次提到我的一些浅见。今天重读此书，真是感慨万千！

王锳先生把毕生精力都投入到了学术研究当中，博览群书，笔耕不辍。他体质很好，直到八十高龄以后，还在孜孜不倦地伏案撰述。他的《〈《汉语大词典》商补〉续编》是在 2015 年完稿的，完稿以后，我们在 8 月份还通过几次电话。本以为他还能写更多的论著，想不到在 2015 年 9 月突然病逝。真是天不假年！但他对学术的贡献是永存的。

《朱子语类》快慢反义概念词语类聚考

徐时仪*

（上海师范大学　人文与传播学院；上海　200234）

摘　要： 词汇系统由一个个概念词语类聚互相关联构成，同一概念的词语类聚相当于一个词汇场。《朱子语类》中表达快慢概念的有"迅、速、疾、快、捷、急、紧、遽、骤、亟"和"迟、徐、缓、慢"等词，形成以这些词及其组合的词语为核心而聚合其他词汇成分的快慢反义概念词语聚合网络。

关键词： 朱子语类；快慢反义概念；词语类聚

《朱子语类》是文人口语的书面记录，叠置着历史上各个时期传承下来的不同历史层次的词语。朱熹与门生探讨阐发理学思想涉及大量成对的反义表述，往往为了说明一个问题或阐释一个现象而使用词义相对或相反的词语。如：

> 看孟子此一段发意如此大，却在疾行徐行上面。（59.1418）①
>
> 如"徐行后长"与"疾行先长"，都一般是行。只是徐行后长方是道，若疾行先长便不是道，岂可说只认行底便是道！（62.1497）
>
> 曰："君行步阔而迟，臣行步狭而疾，故君行一步，而臣行两步，盖不敢同君之行而践其迹也。"（85.2197—2198）

例中"疾行"与"徐行"、"后"与"先"、"阔而迟"与"狭而疾"相对。

这些相对或相反的词语往往既有上古雅言旧词，也有当时的白话新词。新旧语言质素聚合在一个语义场内部，表达某一个具体的语义范畴。如：

> 今人却云月行速，日行迟，此错说也。（2.14）
>
> 大率人情处自己事时甚着紧，把他人便全不相干，大段缓了，所以为不忠。（21.485）
>
> 方说得缓慢，人便不将做事，须是说得紧切，要忽然间触动他，如被人骂，便说被人打；被人打，便说人要杀。盖不如此，不足以触动他也。（42.1083）

---

* **基金项目：** 国家社会科学基金项目"古白话词汇研究"（项目编号：13BYY107）的阶段性成果。

作者简介： 徐时仪（1953—　　），男，上海师范大学人文与传播学院教授，博士生导师，研究方向为中国古典文献学和汉语史。

例中"速"与"迟"为雅言旧词的反义对举,"着紧"与"缓"为新旧语言质素的反义对举,"缓慢"与"紧切"为白话新词的反义对举。又如:

> 一日,与诸生同行登台,见草盛,命数兵耘草,分作四段,令各耘一角。有一兵逐根拔去,耘得甚不多,其它所耘处,一齐了毕。先生见耘未了者,问诸生曰:"诸公看几个耘草,那个快?"诸生言诸兵皆快,独指此一人以为钝。曰:"不然。某看来,此卒独快。"因细视诸兵所耘处,草皆去不尽,悉复呼来再耘。先生复曰:"那一兵虽不甚快,看他甚子细,逐根去令尽。虽一时之难,却只是一番工夫便了。这几个又著从头再用工夫,只缘其初欲速苟简,致得费力如此。"(121.2947)

例中"那个快""诸生言诸兵皆快""某看来,此卒独快""那一兵虽不甚快"中"快"与"只缘其初欲速苟简"中"速"形成文白对照,反映了文人口语文白并用的特点,同时也可见"快"口语性强,"速"文言味重,"快"新"速"旧,"速"与"快"二者处在此消彼长竞争之中。②

由"迅、速、疾、捷、急、紧"与"迟、徐、缓"相对到"快"与"慢"相对以及"迅速""迅疾""疾速"与"迟缓""缓慢"等词的产生反映了表达快慢概念范畴的古今演变。下文在比勘今传《朱子语类》各本基础上,从概念场着眼,对《朱子语类》词义系统中认知上属于快慢范畴的词语类聚及其语义关系略做探讨,既探究表达这一概念的词语同概念场内其他成员在意义用法上相互联系、相互制约、相互区别的聚合关系,也探究这些词语同本场成员(场内组合)以及其他概念场成员(场外组合)的组合关系。

一 快速概念词语类聚

《朱子语类》中表达快速概念的有"迅""速""疾""快""捷""急""紧""遽""骤""亟"等词。

1. 迅

1.1 "迅"的词义

"迅"有快速义。《六韬·军势》:"迅电不及瞑目。"《说文·辵部》:"迅,疾也。"《朱子语类》除3例人名外,还有15例。如:

> 知至之后,如从上面放水来,已自迅流湍决,只是临时又要略略拨剔,莫令壅滞尔。(15.300—301)

> 常如风和日暖,固好;变如迅雷烈风。若无迅雷烈风,则都毕了,不可以为常。(37.987)

1.2 场内组合：迅速。③

如风之迅速以迁善，如雷之奋发以改过。（72.1833）

1.3 场外组合：奋迅、迅激。

大抵资质柔巽之人，遇事便不能做事，无奋迅之意，所以事遂至于蛊坏了。
（70.1774—1775）

方河水汹涌，其势迅激，纵使凿下龙门，恐这石仍旧壅塞。（79.2023）

2. 速

2.1 "速"的词义

"速"有快速义。《论语·子路》："欲速则不达，见小利则大事不成。"《说文·辵
部》："速，疾也。"《朱子语类》"速"有 88 例。如：

历家以进数难算，只以退数算之，故谓之右行，且曰："日行迟，月行速。"（2.14）
知其为贤而用之，则用之唯恐其不速，聚之唯恐其不多。（107.2659）

2.2 场内组合：疾速、迅速。

日月星辰积气，皆动物也。其行度疾速，或过不及，自是不齐。（2.25）
又别置一簿，列具合立传者若干人，某人传，当行下某处收索行状、墓志等文
字，专牒转运司疾速报应。（107.2665）

迅速，见"迅"。

2.3 场外组合：敏速、神速、作速、健速。

"逊此志，务时敏"，虽是低下着这心以顺他道理，又却抖擞起那精神，敏速以
求之，则"厥修乃来"矣。（98.2529）
其功用神速如此！（78.2003）
又乞下铨曹，作速差知州，后面有铨曹拟差状。（127.3043）
其行遣得简径健速如此！（127.3043）

2.4 与"迟"反义并举：迟速。

使我之法能运乎天，而不为天之所运，则其疏密迟速，或过不及之间，不出乎
我。（2.25）

只认下着头去做，莫问迟速，少间自有至处。（10. 164）

因指其迁进迟速次序曰，某为超迁，某为左迁，如是而为公，如是而为私，意颇在吕相。（129. 3087）

3. 疾

3.1 "疾"的词义

《说文·疒部》："疾，病也。从疒矢声。"段玉裁注："矢能伤人。矢之去甚速，故从矢会意。"王国维指出："疾之本字，象人亦下着矢形，古多战事，人着矢则疾矣。"[④] "疾"的甲金文形体是个会意兼形声字，"疾"字的造意似指人中箭而受伤，由造意而泛指外界的致病因素侵入人体而使人生病，故《释名》云："疾，疾也。客气中人急疾也。"《释名》云："矢，指也。言其有所指向迅疾也。""亟""急"等也有此语义。文字未产生之前，原始先人用"矢、亟、急"音指生病，盖健康的人生病时有突然变得不健康的感觉，由健康到生病的变化很快，段玉裁注《说文》亦云："经传多训为急也，速也。此引申之义，如病之来多无期无迹也。"[⑤] "疾"有急剧而猛烈义。《易·说卦》："动万物者，莫疾乎雷；桡万物者，莫疾乎风。"引申有快速义。《庄子·天道》："斫轮，徐则甘而不固，疾则苦而不入。"例中"徐"与"疾"反义对举。《朱子语类》有"疾"150 例，除人名外，其中 98 例表"疾病""毛病"义，15 例表"痛恨"义，5 例表"妒忌"义，2 例表"乱、暴乱"义，表"快速"义有 30 例。[⑥] 如：

其实天左旋，日月星辰亦皆左旋，但天之行疾如日。（2. 18）

且如端坐不如箕踞，徐行后长者不如疾行先长者，到这里更有甚礼，可知是不可行也。（22. 515）

3.2 场内组合：疾速，见"速"。

3.3 场外组合：疾言遽色。

古人云，终日无疾言遽色，他真个是如此。（103. 2601）

3.4 与"迟""徐"反义并举：疾迟、疾徐。

以某观之，若看得此，则亦可以粗想象天之与日月星辰之运，进退疾迟之度皆有分数，而历数大概亦可知矣。（78. 1981—1982）

如宫、商、角、徵、羽，固是就喉、舌、唇、齿上分，他便道只此便了，元不知道喉、舌、唇、齿上亦各自有宫、商、角、徵、羽。何者？盖自有个疾徐高下。（92. 2343）

4．快

4.1 "快"的词义

"快"本义为"高兴；愉快"。《孟子·梁惠王上》："抑王兴甲兵，危士臣，构怨于诸侯，然后快于心与？"引申有"舒适、畅快"义。宋玉《风赋》："快哉此风！"人在愉悦兴奋时情绪高昂亢奋，行动敏捷快速，形成由情绪概念至速度概念的隐喻映像而激活"快"字使之有快速义。《说文·心部》："快，喜也。"段玉裁注："引申之义为疾速，俗字作駃。"《说文·马部》："駃騠，马父赢子也。"段玉裁注云："谓马父之骡也。"《玉篇》："駃騠，马也。生七日超其母。""駃"也引申有"行走迅速"义，东汉昙果共康孟详译《中本起经》卷上："其水深駃，佛以神力，断水令住，高出人头，使底扬尘，佛行其中。"后"快"取代"駃"表"疾速"义。

梅祖麟《从语言史看几本元杂剧宾白的写作时期》一文认为"元代口语，迅速之快用'疾''疾快''疾速'和'快'，但'快'字的出现频率不比'疾忙''疾快'等词高。至早要到明初以后，才有白话文献专用'快'字来表示'迅速'义，不用'疾''疾快'等词。"实际上早在宋代'快'已有'迅速'义。东汉昙果共康孟详译《中本起经》卷上："时摩竭提国王吏民，以岁会礼，往诣迦叶，相乐七日。迦叶心念：'佛德圣明，众人见者，必阻弃我。令其七日不现，快乎。'佛知其意，即隐七日。至八日旦，迦叶又念：'今有余祚，供佛快耶！'应念忽至。迦叶大喜：'适念欲相供养，来何快耶？间者那行？今从何来？'"例中前二"快"意为快活，后一"快"则可意为快活，亦可意为"快速"，似处于两可状态。东汉安世高译《大安般守意经》卷上："即自知喘息快，即自知喘息不快。"晋张华《博物志》卷二："蛴螬以背行，快于用足。"诸例中"快"皆为"快速"义。

《朱子语类》无"駃"，有"快"175例，其中47例表心理上的愉悦或洒脱义，55例表对事理或义理的认识通达明快，1例表身体舒适义，3例表称赞义，6例表锋利义，[⑦]表快速、敏捷和急迫义的有50例。如：

> 然这里只是说学之次序如此，说得来快，无恁地劳攘，且当循此次序。（15.311）
> 古者教人有礼乐，动容周旋，皆要合他节奏，使性急底要快也不得，性宽底要慢也不得，所以养得人情性。（43.1103）
> 若能知而扩充，其势甚顺，如乘快马、放下水船相似。（53.1291）

4.2 场内组合：快捷、捷快。

> 今学者有两样，意思钝底，又不能得他理会得；到得意思快捷底，虽能当下晓得，然又恐其不牢固。如龚郯伯理会也快，但恐其不牢固。（120.2915）
> 又见自家这里说得来疏略，无个好药方治得他没奈何底心；而禅者之说，则以为有个悟门，一朝入得，则前后际断，说得恁地见成捷快，如何不随他去！（126.3036—3037）

"快捷""捷快"为同素异序词。

4.3 场外组合：轻快、手轻足快、脚轻手快。

> 法孝直轻快，必有术以止之。（136.3235）
> 曰："易，只是习得来熟，似欢喜去做，做得来手轻足快，都无那恻怛不忍底意思。"（25.610）
> "鼓之舞之以尽神"，未占得则有所疑，既占则无所疑，自然使得人脚轻手快，行得顺便。（75.1931）

5. 捷

5.1 "捷"的词义

捷，本作"疌"，有"迅速，敏捷"义。《说文·止部》："疌，疾也。"又作"寁"。《说文·宀部》："寁，居之速也。"《尔雅·释诂上》"寁，速也。"《诗经·郑风·遵大路》："无我恶兮，不寁故也。"后通作"捷"。《荀子·君子》："亲疏有分，则施行而不悖；长幼有序，则事业捷成而有所休。"

《朱子语类》中"捷"有22例，其中表"迅速，敏捷"义的有14例。如：

> 缘为上行下效，捷于影响，可以见人心之所同者如此。（16.360）
> 本朝尚存唐一玉辂，闻小而轻，捷而稳，诸辂之行，此必居先。（128.3067）

5.2 场内组合：快捷、捷快，见"快"。

5.3 场外组合：径捷、捷给辩口、敏捷、超捷。

> 先生作"合而有助"，便觉得宾主分晓，工夫亦自有径捷。（52.1257）
> 佞，只是捷给辩口者，古人所说皆如此，后世方以"谄"字解之。（28.711）
> 也自有一般人敏捷，都要看过，都会通晓。（114.2760）
> 祖宗置资格，自立侥幸之门。如武臣横行，最为超捷。（128.3075）

6. 急

6.1 "急"的词义

"急"由"迫切"引申而有快速义。《史记·秦始皇本纪》："项羽急击秦军，虏王离，邯等遂以兵降诸侯。"《朱子语类》中"急"有358例，用以表示性子急躁、焦急、紧要、迫切、危急、急促等义。[8]其中表快速义的如：

> 想当时列国多此等事，夫子不得不星夜急走。（47.1182）

又如:

> 盖运得愈急, 则其成器愈快, 恐此即是钧。(81.2123)

例中"急"与"快"义近。再如:

> 如以一大轮在外, 一小轮载日月在内, 大轮转急, 小轮转慢。虽都是左转, 只有急有慢, 便觉日月似右转了。(2.16)
> 曰: "只是说中庸之难行也。急些子便是过, 慢些子便不及。"(63.1528)
> 如言弹琴, 弦急则绝, 慢则不响, 不急不慢乃是。(126.3025)

诸例中"急"和"慢""缓"相对。

6.2 场内组合: 紧急、急遽。

> 一则说得紧急, 一则说得有许多节次, 次序详密。(56.1337)
> 又如孟子答"今之乐, 犹古之乐", 这里且要得他与百姓同乐是紧急。(60.1456)
> 人之处事, 于丛冗急遽之际而不错乱者, 非安不能。(14.275)

6.3 叠用为"急急"有4例。如:

> 曰: "这个道理, 未见得时, 若无头无面, 如何下工夫。才剔拨得有些通透处, 便须急急蹑踪趱乡前去。"(16.315)
> 然当时国势已如此, 虏初退后, 便须急急理会, 如救焚拯溺。(101.2573)

6.4 场外组合: 忙急、急忙、急切、急迫、卒急、火急、火忙火急、急征横敛。

> 不善灌者, 忙急而治之, 担一担之水, 浇满园之蔬。(10.167)
> 某尝说, 此处与"言不必信, 行不必果, 惟义所在", 皆须急忙连下句读。(56.1332)

"忙急""急忙"为同素异序词。

> 或问: "'笃行'是有急切之意否?"(64.1565)
> 他未来, 其心急切, 又要进前寻求, 却不是"以意逆志", 是以意捉志也。(11.180)
> 若是读此书未晓道理, 虽不可急迫, 亦不放下, 犹可也。(10.163)

大凡看文字要急迫不得。(11.185)

有一等性钝底人，向来未曾看，看得生，卒急看不出，固是病。(10.172)

只是这私意如何卒急除得！(84.2180)

言人见有个好事，火急欢喜去做，这样人不耐久，少间心懒意阑，则速去之矣，所谓"其进锐者，其退速"也。(87.2249)

自朝至暮，自少至老，只是火急去弄文章。(137.3255)

如人火忙火急来说不及，又便了了。(139.3306)

如专利于上，急征横敛，民不得以自养，我这里虽能兴起其善心，济甚事！(16.360)

6.5 与"缓"对举：缓急、急缓。

曰："理固无不善，才赋于气质，便有清浊、偏正、刚柔、缓急之不同。"(4.71)

凡看文字，专看细密处，而遗却缓急之间者，固不可；专看缓急之间，而遗却细密者，亦不可。(11.182)

某谓，须有先后缓急，久之亦要穷尽。(18.418)

这里须斟酌时宜，便知个缓急深浅，始得。(37.987)

只是说得有详略，有急缓，只是这一个物事。(94.2387)

莫问他急缓先后，只认是处便奉行，不是处便紧闭，教他莫要出来。(121.2944)

"缓急""急缓"为同素异序词。

7. 紧

7.1 "紧"的词义

"紧"由"急促、迫切"引申而有快速义。如元关汉卿《五侯宴》第三折："走的紧来到荒坡佃，觉我这可扑扑的心头战。"《朱子语类》中"紧"有 507 例，多用以表示密切、坚实、急促、迫切、急躁、猛烈、重要等义。[9]如：

日与月正紧相合，日便蚀，无光。(2.17)
曰："自看《论语》后，觉得做工夫紧，不似每常悠悠。"(114.2753)

其中表快速义的如：

若不见得入头处，紧也不可，慢也不得。(8.132)
盖到这里，又着力不得，才紧着便过了，稍自放慢便远了。(36.970)

例中"紧"和"慢"相对。

为学正如撑上水船，方平稳处，尽行不妨。及到滩脊急流之中，舟人来这上一篙，不可放缓。直须着力撑上，不一步不紧。放退一步，则此船不得上矣！(8.137)

例中"紧"和"放退"相对，表紧迫状态的"迅疾"义。再如：

只是气旋转得紧，如急风然，至上面极高处转得愈紧。若转才慢，则地便脱坠矣！(2.28)

例中"紧"和"慢"相对，表紧密状态的"迅疾"义。

7.2　场内组合：紧急，见"急"。

7.3　叠用为"紧紧"有5例。如：

如剥百合，须去了一重，方始去那第二重。今且将"义利"两字分个界限，紧紧走从这边来。(41.1043)

自家若得知是人欲蔽了，便是明处。只是这上便紧紧着力主定，一面格物。今日格一物，明日格一物，正如游兵攻围拔守，人欲自消铄去。(12.207)

7.4　场外组合：着紧。

须是见得自家心里常有一个合当着紧底道理，此类自不暇及。若说道要在此地着紧，都不济事。(22.526)

公既年高，又做这般工夫不得，若不就此上面着紧用工，恐岁月悠悠，竟无所得。(115.2782)

7.5　与"慢"对举：紧慢。

体无刚柔，位有贵贱。因他这贵贱之位随紧慢说，有那难处，有那易处。(69.1727)

8. 遽

8.1　"遽"的词义

"遽"本义为"驿车、驿马"。《说文·辵部》："遽，传也。"引申有"快速"义。《左传·僖公二十四年》："仆人以告，公遽见之。"《朱子语类》中"遽"有74例，多用以表示仓猝急忙等义。如：

要之，未可遽论。且涵泳玩索，久之当自有见。(5.98)

道理既知缝罅，但当穷而又穷，不可安于小成而遽止也。(9.157)

为学之始，未知所有，而遽欲一蹴至此，吾见其倒置而终身述乱矣！(64.1601)

其中表快速义的如：

> 立之因问："明道云：'能于怒时遽忘其怒，而观理之是非。'又是怎生？"（30.772）
>
> 圣人之心，如春夏秋冬，不遽寒燠，故哭之日，自是不能遽忘。（34.872—873）

往往带有"立刻"义。如：

> 先生遽曰："义理才觉有疑，便札定脚步，且与究竟到底。谓如说仁，便要见得仁是甚物。"（20.469）
>
> 人须就学问上做工夫，不可少有得而遽止。（22.530）
>
> 至于助长，则是强探力取，气未能养，遽欲加人力之私，是为揠苗而已。（52.1250）
>
> 《二典》《三谟》其言奥雅，学者未遽晓会，后面《盘》《诰》等篇又难看。（78.1983）

8.2　场内组合：急遽，见"急"。

8.3　场外组合：匆遽、遽然、疾言遽色。

> "三年无改"，谓是半上半下底事，在所当改者。但不可匆遽急改之，若有死其亲之心，有扬其亲之过之意。（22.511）
>
> 曰："无此事，岂可遽然加以此罪！"（56.1332）

"疾言遽色"，见"疾"。

9. 骤

9.1　"骤"的词义

"骤"本义指马奔驰。《说文·马部》："骤，马疾步也。"泛指马奔驰，引申有"快速"义。《宋书·张兴世传》："贼来尚远，而气盛矢骤。"《朱子语类》中有 25 例。[⑩]其中表快速义的有 23 例。如：

> 学者读书，须是于无味处当致思焉。至于群疑并兴，寝食俱废，乃能骤进。（10.163）
>
> 又曰："圣人终不成哭了便骤去歌得！如四时，也须渐渐过去。"（34.873）

"骤"表快速义往往带有"突然"义。如：

> 天道者，谓自然之本体所以流行而付与万物，人物得之以为性者也。圣人不以

骤语学者，故学者不得而闻。(28.726)

今若不先破其巢穴，待他事成骤至，某等此时直当不得。(131.3152)

9.2 场内组合无。

9.3 场外组合：骤然。

化则渐渐化尽，以至于无；变则骤然而长。(74.1887)

如"养气"之说，岂可骤然理会？(117.2807)

10. 亟

"亟"有"快速"义。如《诗·豳风·七月》："亟其乘屋，其始播百谷。"郑玄笺："亟，急。"《说文·二部》："亟，敏疾也。"《朱子语类》中有 11 例。[11]

南轩从善之亟。(103.2610)

后山不肯服，亟令送还，竟以中寒感疾而卒。(130.3122)

兀术闻之，遂亟走归，杀虚中，而尽灭其族。(130.3130)

秦桧死，亟下诏守和议不变，用沈该、万俟卨、陈诚之辈。(132.3174)

场内、场外组合无。

二 缓慢概念词语类聚

《朱子语类》中表达缓慢概念的有"迟""徐""缓""慢"。

1. 迟

1.1 "迟"的词义

"迟"的初义是走得慢。如《诗·小雅·采薇》："行道迟迟。"考《说文·辵部》："迟，徐行也。从辵，犀声。"引申而有"缓慢"和"晚"义。《朱子语类》中"迟"有134 例，除去人名用字94 个外，主要用以表"晚""慢"义。[12]其中表"慢"义的如：

如天行亦有差，月星行又迟，赶它不上。(1.11)

只是天行极速，日稍迟一度，月必迟十三度有奇耳。(2.13)

天日月星皆是左旋，只有迟速。天行较急，一日一夜绕地一周三百六十五度四分度之一，而又进过一度。日行稍迟，一日一夜绕地恰一周，而于天为退一度。(2.17)

1.2 场内组合：迟慢、迟缓。

资质迟慢者，须大段着力做工夫，方得。(35.916)

曰："风是一个急底物，见人之善，己所不及，迁之如风之急；雷是一个勇决底物，己有过，便断然改之，如雷之勇，决不容有些子迟缓！"（72.1835）

1.3 叠用为"迟迟"有 5 例。如：

此为在所当改，而可以迟迟三年者也。（22.512）
胡致堂云："《通鉴》久未成书。或言温公利餐钱，故迟迟。温公遂急结束了。故唐五代多繁冗。"（134.3207）

1.4 场外组合：迟晚、迟钝、迟疑、舒迟、迟延、迟重、重迟。

而今说已前不曾做得，又怕迟晚，又怕做不及，又怕那个难，又怕性格迟钝，又怕记不起，都是闲说。（10.164）
所谓气质，便是刚柔、强弱、明快、迟钝等否？（14.259）
大抵为学虽有聪明之资，必须做迟钝工夫，始得。既是迟钝之资，却做聪明底样工夫，如何得！（8.136）
只恁勇猛坚决向前去做，无有不得之理，不当如此迟疑。（121.2934）
言发于心，心定则言必审，故的确而舒迟。（96.2472）
今到处并不管着限日，或迟延一月，或迟延两三月，以邀索县道，直待计嘱满其所欲，方与呈州。（106.2649）
曰："看公意思迟重，不到有他过。只是看文字上，更子细加功，更须着些精采。"⑬（120.2893）
此帽本只是巾，前二脚缚于后，后二脚反前缚于上，今硬帽、幞头皆是。后来渐变重迟，不便于事。⑭（84.2188）

"迟重""重迟"为同素异序词。
1.5 与"速""疾"对举：迟速、疾迟，见"速""疾"。
2. 徐
2.1 "徐"的词义
"徐"的初义是慢走。如《孙子·军争》："故其疾如风，其徐如林。"引申而有"缓慢"义。《朱子语类》中有 163 例，除人名、地名等专名外，其中表"慢"义的有 47 例。如：

夫子见小儿徐行恭谨，曰："韶乐作矣！"（92.2347）
又曰："老子之术，自有退后一着。事也不挽前去做，说也不曾说将出，但任你做得狼狈了，自家徐出以应之。"（120.2913）
待三年然后徐改之，便不觉。（22.511）

2.2 场内组合：徐缓。

李先生少年豪勇夜醉，驰马数里而归。后来养成徐缓，虽行二三里路，常委蛇缓步，如从容室中也。（103.2600）

2.3 叠用为"徐徐"有 7 例。如：

某适来，因澡浴得一说：大抵揩背，须从头徐徐用手，则力省，垢可去。（8.143）
今欲观《诗》，不若且置《小序》及旧说，只将元诗虚心熟读，徐徐玩味。（80.2085）

2.4 场外组合：舒徐、安徐、纤徐。

曰："深造"云者，非是急迫遽至，要舒徐涵养，期于自得而已。（57.1343）
因对雨，云："安徐便好。"（107.2677）
曾所以不及欧处，是纤徐（扬录作"余"）曲折处。（139.3314）

2.5 与"疾"对举：疾徐，见"疾"。

3. 缓

3.1 "缓"的词义

"缓"的本义是"宽绰，舒缓"。《说文·糸部》："纾，缓也。"《广韵·缓韵》："缓，舒也。"《穀梁传·文公十八年》："一人有子，三人缓带。"《古诗十九首·行行重行行》："相去日已远，衣带日已缓。"引申有"松弛"义。如：

问："'缓'字，恐不是迟缓之'缓'，乃是懈怠之意，故曰'解，缓也'。"曰："缓，是散漫意。"问："如纵弛之类？"曰："然。"（77.1976）

由空间上的"宽绰"引申到时间上的"推迟"。如《孟子·滕文公上》："民事不可缓也。"又引申为速度范畴的"缓慢"，着重于松弛、宽松。《朱子语类》中"缓"有200 例，主要与"紧""急"相对，其中表"慢"义的有 47 例。如：

孟子云"求放心"，已是说得缓了。（9.151）
学者读书，须要敛身正坐，缓视微吟，虚心涵泳，切己省（一作"体"——作者注）察。（11.179）
使武王十一年伐殷，到十三年方访箕子，不应如是之缓。（79.2038）
历家谓之缓者反是急，急者反是缓。（2.16）

才者，水之气力所以能流者，然其流有急有缓，则是才之不同。(5.97)

及到滩脊急流之中，舟人来这上一篙，不可放缓。直须着力撑上，不一步不紧。放退一步，则此船不得上矣！(8.137)

自家须用持着，稍缓则忘了，所以常要惺惺地。(12.208)

若他父兄有急难，其事不可缓，来恁时，便用周他。(42.1083)

凡人责人处急，责己处缓；爱己则急，爱人则缓。若拽转头来，便自道理流行。(63.1543)

3.2　场内组合：缓慢、迟缓、徐缓。

如云"思欲格物则固已近道"，言皆缓慢。(18.405)

曰："如此则是无分别，此一段都缓慢了。公归去仰卧思量，心必不安。"(52.1250)

曰："此一段，赵岐注乃是就孟子说，只是颇缓慢。"(52.1269)

"迟缓""徐缓"，见"迟""徐"。

3.3　叠用为"缓缓"有6例。如：

先生笑曰："且放下此一段，缓缓寻思，自有超然见到处。"(15.303 - 304)

须是缓缓理会，须是逐一章去搜索。(19.433)

读书初勤敏着力，子细穷究，后来却须缓缓温寻，反复玩味，道理自出。(114.2766)

3.4　场外组合：缓散、散缓、宽缓、缓宽、缓颊、详缓、和缓、舒缓、怠缓、益缓、缓弱、缓心、迂缓。

想得春夏间天转稍慢，故气候缓散昏昏然，而南方为尤甚。(2.28)

工夫到时，才主一，便觉意思好，卓然精明；不然，便缓散消索了，没意思。(113.2744)

看注解时，不可遗了紧要字。盖解中有极散缓者，有缓急之间者，有极紧要者。(11.192)

人心常炯炯在此，则四体不待羁束，而自入规矩。只为人心有散缓时，故立许多规矩来维持之。(12.200)

固不免有散缓时，但才觉便收敛将来，渐渐做去。但得收敛时节多，散缓之时少，便是长进处。(113.2744)

缓散、散缓为同素异序词。

开阔中又着细密，宽缓中又着谨严。（8.144）

天下事亦要得危言者，亦要得宽缓者，皆不可少。（13.238）

此言该内外，宽缓不迫，有涵泳从容之意，所谓"语小天下莫能破，语大天下莫能载"也。（18.419）

今未曾做工夫在，便要开后门。然亦不解迫切，只是不曾做，做着时不患其迫切，某但常觉得缓宽底意思多耳。（105.2635）

"宽缓""缓宽"为同素异序词。

曰："诚只是一个诚，只争个缓颊。"（18.402）

重亦不难见，如人言语简重，举动详缓，则厚重可知。（21.506）

但孟子之言勇决，孔子之言详缓，学者须就这上着力。（26.650）

曰："只是要知得礼合如此，所以行之则和缓而不迫。"（22.513）

礼之体虽截然而严，然自然有个撙节恭敬底道理，故其用从容和缓，所以为贵。（22.514）

便如《诗本义》中辨毛郑处，文辞舒缓，而其说直到底，不可移易。（80.2089）

如人倨肆，固是慢；稍或怠缓，亦是慢。（35.914）

大抵声太高则焦杀，低则盎缓。（92.2336）

神宗本欲富强，其后因此皆迂曲缓弱了。（112.2729）

且如仁宗朝是甚次第时节！国势却如此缓弱，事多不理。（130.3095）

须要缓心，直要理会教尽。（121.2926）

《唐鉴》议论，觉似迂缓不切。（134.3208）

3.5　与"急"对举：缓急、急缓，见"急"。

4. 慢

4.1　"慢"的词义

"慢"从曼得义，有散漫不拘义。《释名·释言语》："慢，漫也，漫漫心无所限忌也。""慢"的"散漫不拘"义在心理状态上为懈怠，在行为状态上为迟缓。如《易·系辞上》："上慢下暴，盗思伐之矣。"孔颖达疏："小人居上位必骄慢，而在下必暴虐。"[15]例中"慢"有"傲怠不敬"义。又如《诗·郑风·大叔于田》："叔马慢忌，叔发罕忌。"毛亨传："慢，迟。"例中"慢"有"迟缓"义。检《说文·心部》："慢，惰也。"又《说文》："趮，行迟也。"桂馥义证："反快为慢。"段玉裁注："今人通用慢字。""慢"由心理上的轻慢引申出行为上的轻慢，而从状态域隐射到速度域，二者因消极懈怠的相似性而发生隐喻映射，与"趮"通用表"迟缓"义。唐宋后"慢"表速度慢义使用渐多，元代成为常用义而沿用至今。[16]《朱子语类》中"慢"有180例，大多表"怠慢"义。[17]如：

　　如欲人不慢于我，须先不慢于人；欲人不欺我，须先不欺于人。（27.676）

　　其中表"缓慢"义的有 47 例。如：

　　　　其子弟云："从来先生教某们慢行。今令习走，何也？"（101.2571）
　　　　今语学问，正如煮物相似，须爇猛火先煮，方用微火慢煮。（8.137）
　　　　曰："慢看不妨，只要常反复玩味圣人旨要，寻见着落处。"（21.501）
　　　　观圣人若甚慢，只是你赶他不上。（34.888）
　　　　"学如不及，犹恐失之"，如今学者却恁地慢了。（35.943）

　　4.2　场内组合：迟慢、缓慢，见"迟""缓"。
　　4.3　叠用为"慢慢"有 11 例。如：

　　　　此个事不可欲速，"欲速则不达"，须是慢慢做去。（18.394）
　　　　如做屋柱一般，且去了一重粗皮，又慢慢出细。（41.1043）
　　　　程子此书，平淡地慢慢委曲，说得更无余蕴。（66.1653）

　　4.4　场外组合：闲慢、弛慢、宽慢、软慢、慢荡、懒慢、惰慢、慢腾腾。

　　　　学者观书，不可只看紧要处，闲慢处要都周匝。（11.184）
　　　　论道而至于尽处，若有小小闲慢，亦不必知，不必能，亦可也。（63.1533）
　　　　紧要便读，闲慢底便不读；精底便理会，粗底便不理会。（117.2830）
　　　　不"尊德性"，则懈怠弛慢矣，学问何从而进？（64.1585）
　　　　又，每苦思虑纷扰，虽持敬亦未免弛慢，不知病根安在？（118.2839）
　　　　曰："只是放教宽慢。今人多要硬把捉教住，如有个难理会处，便要刻画百端讨
出来，枉费心力。"（19.444）
　　　　这只是说治蒙者当宽慢，盖法当如此。（70.1747）
　　　　读《书》大序，便觉软慢无气，未必不是后人所作也。（80.2076）
　　　　今《书》序只是六朝软慢文体。（137.3269）
　　　　这个若促些子，声便焦杀；若长些子，便慢荡。（92.2345）
　　　　齐梁间之诗，读之使人四肢皆懒慢不收拾。（140.3325）
　　　　今人心耸然在此，尚无惰慢之气，况心常能惺惺者乎！（12.200）
　　　　文蔚录云："非如常人傲忽惰慢，只是使人见得他懒些。"（16.353）
　　　　看公来此，逐日只是相对，默坐无言，恁地慢腾腾，如何做事？（121.2924）

　　4.5　与"紧"对举：紧慢，见"紧"。
　　《朱子语类》中"慢"往往与"急、紧"对举。如：

如以一大轮在外，一小轮载日月在内，大轮转急，小轮转慢。虽都是左转，只有急有慢，便觉日月似右转了。(2.16)

想得春夏间天转稍慢，故气候缓散昏昏然，而南方为尤甚。至秋冬，则天转益急，故气候清明，宇宙澄旷。所以说天高气清，以其转急而气紧也。(2.28)

曰："这也使急不得，也不可慢。所谓急不得者，功效不可急；所谓不可慢者，工夫不可慢。"(19.433)

若做得紧，又太过了；若放慢做，又不及。(36.964)

盖到这里，又着力不得，才紧着便过了，稍自放慢便远了。(36.970)

先生因言："古者教人有礼乐，动容周旋，皆要合他节奏，使性急底要快也不得，性宽底要慢也不得，所以养得人情性。"(43.1103)

语黄敬之："须是打扑精神，莫教恁地慢。慢底须是娇、教紧，紧底须是莫放教慢。"(120.2889)

如言弹琴，弦急则绝，慢则不响，不急不慢乃是。(126.3025)

结　语

"迅、速、疾、捷、急、紧、遽、骤、亟、快"与"迟、徐、缓、慢"构成反义关系。"速"是古代汉语中表达速度快概念词汇场中的典型成员，"迅""疾""捷""急""紧""遽""骤""亟"是一般成员，"快"由"喜悦"义引申表示速度快的新兴词义尚为边缘成员。《方言》卷二："速，逞，摇、扇，疾也。"可见汉代"疾"已成为表快速义的通语。"疾"的语义侧重于突然促猛，"迅"的语义侧重于急遽或一闪而过，"捷"的语义侧重于轻巧灵敏，"急"的语义侧重于紧要迫切，"紧"的语义侧重于紧密急促，"遽"的语义侧重于即刻，"骤"的语义侧重于突然，"亟"的语义侧重于赶紧，"快"的语义侧重于轻松灵便。现代汉语中，"快"发展成为表达速度快概念词汇场中的典型成员，"遽""骤""亟"罕用，"速""迅""疾""捷""急""紧"为一般成员或边缘成员，多用作词素。"疾""迅""速"作为构词语素组成"迅速、疾速、迅疾、快速、作速、健速"等复合词。如：

又乞下铨曹，作速差知州，后面有铨曹拟差状。约只隔得一二日，又有到任申状。其兵马监押才到时，其知州亦到了。其行遣得简径健速如此！(127.3043)

此条为吴雉所录，最早见于《饶后录》。例中"作速"和"健速"，成化本和徽州本《朱子语类》作"疾速"和"捷速"。"作"与"速"并用组成复合词似是当时口语，用作副词表"立刻、赶快"义。[18]

"迟"是古代汉语中表达速度慢概念词汇场中的典型成员，"徐""缓"是一般成员，"慢"由"傲怠"义引申表示速度慢的新兴词义尚为边缘成员。"迟"的语义侧重于滞留拖延，"徐"的语义侧重于安详平稳，"缓"的语义侧重于宽舒从容，"慢"的语义侧重于懈怠。"慢"发展至现代汉语成为表达速度慢概念词汇场中的典型成员，"迟""徐""缓"为一般成员或边缘成员，多用作词素。

《朱子语类》中"疾""迅""速""迟""徐""缓"多为征引古书所载用语，"快""慢"则都为口语。"快"与"慢"本义都属于心理概念域，由心理和行为状态隐喻隐射到速度域。宋代，"速""迅""疾""捷""急""紧"与"迟""徐""缓"已被"快"与"慢"替代而多用作语素，"快""慢"渐成为快慢概念反义聚合中的主导常用词。

在词汇系统中，含多义的词往往同时处于两个或多个概念词语类聚中。《朱子语类》表达快慢概念的词除自身场内外类聚外，也涉及与快慢概念相关的一些语义场。如：

> 如今见得这道理了，到得进处，有用力悫实紧密者，进得快；有用力慢底，便进得钝。（114. 2759）

例中"用力悫实紧密者"着重于细密连续，"用力慢底"着重于速度快慢，"进得快"与"进得钝"着重于敏捷与迟钝，涉及松紧、疏密、快慢、敏捷与迟钝概念。

> 义如利刀相似（人杰录云："似一柄快刀相似。"），都割断了许多牵绊。（6. 120）

例中"快"有"锋利"义。[19]

> 佞，不是谄佞，是个口快底人。事未问是不是，一时言语便抵当得去。（28. 712）

"快"由"迅疾"义引申有"任意"义。"口快"意谓说话不加思索，冲口而出。[20]又如：

> 蔡叔、霍叔性较慢，罪较轻，所以只因于郭邻，降为庶人。（54. 1304）
> 他性慢，看道理也如此。平常处看得好，紧要处却放缓了！（101. 2569）

例中"慢"指性情慢。

从以上诸例中可见"快""慢"既处于快慢概念词语类聚，又处于锋利敏捷爽快迟钝拖沓等概念词语类聚。这些词语类聚彼此间具有语义上的关联。

在《朱子语类》这一共时词汇系统中，每个词语类聚构成一个反映当时语言的词汇群，又与周边的相关词语类聚相系联。[21]由这些词语类聚可见《朱子语类》词义系统中各种性质、各种层次的言语和语言成分及其各成员间语义关系的古今演变。如表达快、慢概念的词语类聚与表达敏捷、锋利、迟钝概念的词语类聚相系联，又与表达爽快、拖沓的词语类聚相系联。这些聚合网络中的每一个词都有自己的场内外组合，且随着社会的发展和新旧词的兴替，各词语类聚又不断调整，吸收新成员，淘汰旧成员，以满足社会交际的需要，从而形成了一个从古到今不断发展的、开放型的、多层面立体交叉的词汇网络系统。

注释：

① 本文所据如未特别注明皆为王星贤点校本，中华书局 1986 年版。括号内为卷和页，下文同。

② 曹广顺《试说"就""快"在宋代的使用及其有关的断代问题》指出"'快'字在宋末（金）可能已经部分取代了'疾'"。见《中国语文》1987 年第 4 期。

③ 晋代已见。如葛洪《抱朴子内篇》卷十四："凌暑飙飞，暂少忽老，迅速之甚。""速迅"亦有"快捷"义，南北朝时已见。如佛念译《出曜经》卷三："若复少壮盛年老迈俱同此日，共有损减之逝昼夜不停，命变形羸气衰力竭，速迅于彼如少水鱼者。"

④ 王国维：《观堂集林·毛公鼎铭考释》，中华书局 1959 年版。

⑤ 参拙文《也谈"疾"与"病"》，《辞书研究》1999 年第 5 期。

⑥ 张海媚《两种诸宫调和〈朱子语类〉词语的地域差别比较研究》（《宁夏大学学报》2001 年第 4 期）一文据《朱子语类》后四十卷统计，"疾"有 7 例，其中"疾速"1 例；"速"有 16 例，其中"迅速"1 例；"快"有 15 例。"速"与"快"旗鼓相当，二者处在竞争之中。

⑦ 组成的复合词有"痛快、快活、宽快、明快、快意、慊快、快乐、快利、通快、爽快、快满、舒快、俊快、响快、畅快"等。

⑧ 组成的复合词有"躁急、急躁、急难、褊急、危急、峻急、着急、湍急"等。

⑨ 组成的复合词有"紧切、紧要、要紧、吃紧、紧密、严紧"等。

⑩ 如："常闻先生后生时，极豪迈，一饮必数十杯。醉则好驰马，一骤三二十里不回。"（103.2601）"古语云：'乘马折旋于蚁封之间。'言蚁封之间，巷路屈曲狭小，而能乘马折旋于其间，不失其驰骤之节，所以为难也。"（105.2634—2635）

⑪ 另有 1 例人名和 2 例"病情危急"义。

⑫ 表"晚"义如："柔直曰：'今日救时，已是迟了。只有收拾人才是第一义。'"（101.2571）"且如绍圣之后，山东河北连年大饥而盗作，也皆随即仆灭。但见长上云，若更迟四五年，房人不来，盗亦难禁止，盖是饥荒极了。"（133.3185）

⑬ 意谓谨慎稳重，不浮躁。此词有"迟钝，不敏捷"义。如《三国志·魏志·荀彧传》："绍迟重少决，失在后机。"

⑭ 意谓迟钝、迟缓、很不敏捷。

⑮ 《史记·淮阴侯列传》："王素嫚无礼，今拜大将如呼小儿耳，此乃信所以去也。"颜师古曰："嫚与慢同。"

⑯ 王秀玲《浅谈"慢"常用义之演变》（《语言研究》2003 年第 2 期）指出，唐代以前，傲慢、怠慢为"慢"常用义项，"慢"之"缓慢"义项出现虽早，大量使用却是在唐诗和宋元话本中。元代此义项在书面语和实际语言中已占绝对优势，并沿用至今。"慢"之"傲慢""怠慢"义自唐宋起使用范围日趋缩小，到明清时期，这一义项已趋于消亡。

⑰ 或出现于上古文献典籍的引文和"暴慢、悖慢、怠慢、慢忽、慢易、恭慢、侮慢、慢侮、傲慢、陵慢、戏慢、轻慢"等一些复合词中表"怠慢"义。

⑱ 王星贤点校时可能据万历本或清刻本改。其他文献也有"作速"用例。

⑲ 其他文献也有用例。如杜甫《戏题王宰画山水图歌》："焉得并州快剪刀，剪取吴松半江水。"

⑳ 其他文献也有用例。如朱彧《萍洲可谈》卷三："客次与坐席间固不能遍讯，常宜自处卑下，最不可妄谈事及呼人姓名，恐对人子弟道其父兄名及所短者或其亲知，必贻怒招祸。俗谓口快，乃是大病。"

㉑ 详参拙著《〈朱子语类〉词汇研究》，上海古籍出版社，2013 年版。

参考文献：

［1］（宋）黎靖德编.朱子语类［M］.王星贤点校.北京：中华书局，1986.

［2］曹广顺.试说"就""快"在宋代的使用及其有关的断代问题［J］.中国语文，1987（4）.

［3］王国维.观堂集林［M］.北京：中华书局，1959.

［4］徐时仪.也谈"疾"与"病"［J］.辞书研究，1999（5）.

［5］张海媚.两种诸宫调和《朱子语类》词语的地域差别比较研究［J］.宁夏大学学报，2001（4）.

［6］王秀玲.浅谈"慢"常用义之演变［J］.语言研究，2003（2）.

［7］徐时仪.《朱子语类》词汇研究［M］.上海：上海古籍出版社，2013.

《现代汉语词典》（第6版）
异读词注音评析

李丽云　　林瑀欢*

（河北师范大学　文学院，河北石家庄　050024；
广西师范大学　文学院，广西桂林　541006）

摘　要：《现代汉语词典》的字音标注对普通话字音的识读、审定具有重要的指导作用，是普通话字音标准的风向标。《现代汉语词典》（第6版）在字音标注上呈现出一定的变化，对异读词的处理尤其值得关注。我们从普通话审音角度，通过对词典中带有显性标记的异读词处理情况进行分析考察，指出其重视口语音、加注旧读音、标明误读音等优点及处理结果不一致、标记形式不统一等失当之处。

关键词：现代汉语词典（第6版）；异读词处理；普通话审音

一　《现代汉语词典》对字音审定的重要性

对于异读词，学者们早在 20 世纪 50 年代就已经有所认识并展开研究了。《普通话异读词审音表》（以下简称《审音表》）的发布，不仅为普通话中存在异读的词和语素提供了读音辨识的依据，也为人们日常对异读词的识记和认读提供了可资参考的标准。然而，对于常年与汉字读音打交道的语言文字工作者，特别是汉语教师、播音主持人员及普通话测试员来说，《审音表》并不能解决全部问题。特别是在对那些因出现语境不同而存在读音差异的异读词进行识读的时候，人们还往往会求助于语文辞书。

《现代汉语词典》（以下简称《现汉》）作为一部深具权威性、使用频率颇高、受众范围甚广的高质量中型语文辞书，长期以来一直为广大语言文字工作者、汉语学习者甚至普通民众所熟知，并成为人们日常查询字形、字音、字义的首选词典。《现汉》的字音标注对普通话字音的识读、审定起着重要的指导作用，可以作为普通话字音标准的风向标。对比第 5 版，我们发现《现汉》（第 6 版）[①]在某些字音的处理上呈现出一定的变化，特别是对异读词读音的处理值得我们关注。本文主要对《现汉》（第 6 版）中带有

---

*　**基金项目：**河北省高等学校人文社会科学研究项目（语言文字研究专项）"从普通话审音角度看《现代汉语词典》异读词处理标准"（项目编号：YWZX201329）的阶段性成果。

　作者简介：李丽云（1978— ），女，河北师范大学文学院副教授，研究方向为汉语词汇学；林瑀欢（1992— ），女，广西师范大学文学院语言学及应用语言学专业 2014 级硕士研究生。

明显异读标记的异读词的读音标注情况进行考察，指出其在异读词处理问题上的合理与失当之处。

二 《现汉》（第6版）异读词处理情况考察

（一）异读词的界定

关于异读，《现汉》（第6版）将其界定为"一个字在习惯上具有的两个或几个不同的读法，如'谁'字读 shéi 又读 shuí"[1] (P1542)，也就是说编写者认为异读词指的就是那些在习惯上具有两个或几个不同读音的词。而《审音表》的编写说明中则将异读词的范围界定为"本表所审，主要是普通话有异读的词和有异读的作为'语素'的字"[2] (P465)。我们认为这样的界定容易混淆异读词和多音字（词）之间的界限：一个字有两个或两个以上读音的，就可以叫多音字；而多音字又可以根据意义是否相同分为两类，其中字形和字义相同，却不只有一个读音的字就是通常所说的"异读字"，异读字在不同的词里意义不变而读音不同，这类词才叫作异读词。张云艳（2010）曾经就"异读字"和"异读词"的问题进行过论述："我们把多音字中的字形和字义没有什么差别，但有不止一个读音的字称为'异读字'，……而把异读字在不同的词里，在其意义不变的情况下，可以有几种不同的读法的词叫'异读词'。"[3]据此，我们将本文中所涉及的异读词范围限定为那些形体和意义相同，而在普通话中有异读的词或语素。也就是说，在形体和意义不变的情况下，只要读音有差异，我们就将其视为异读。

（二）《现汉》（第6版）对异读词的处理

《现汉》（第6版）中涉及的普通话异读现象比较复杂，限于篇幅，本文只就词典在标注读音时带有显性标记的几种异读现象（共计194个异读词[②]）加以简要分析。根据词典加注异读标记的不同，我们将其分为以下几类。

1. 标注"旧读/旧又读/旧也读…"的（70个）

这种类型的异读词数量相对较多，大多是在今音后括注"旧读/旧又读/旧也读"等异读标记。此类异读情况比较复杂，异读成分的语法属性存在一定差异。

1）词有旧读

这类异读词大多是只有一个义项的单义词，旧读音曾经在很长一段时间内为大家普遍使用，甚至到现在仍有人在日常读音习惯上保持旧读。这类异读词包括"癌、凿[2]、唯[2]、胜[2]"等27个。

　　癌　ái（旧读 yán）名上皮组织生长出来的恶性肿瘤，常见的有胃癌、肺癌、肝癌、食管癌、肠癌、乳腺癌等。

　　凿[2]　záo（旧读 zuò）〈书〉明确；真实：确~。

　　胜[2]　shèng（旧读 shēng）能够承担或承受：~任 | 不~。

当然，也有一些古今异读的词并不只有一个义项，异读现象也不仅仅涉及其中的某一个义项，而是在其多个义项下全都有着同样的异读音，如"比²、崖、纬、溪"等。

　　比² bǐ（旧读 bì）〈书〉①紧靠；挨着：～肩丨鳞次栉～。②依附；勾结：朋～为奸。③近来：～来。④等到：～及。

　　崖 yá（旧又读 ái）①名山石或高地的陡立的侧面：～壁丨山～丨悬～丨摩～。②〈书〉边际：～略。

2）义项有旧读

　　这类异读词都是有不止一个义项的多义词，其异读现象并不普遍存在于全部义项，但是在多个义项中至少有一个存在着古今异读情况。如"听¹③""从⑤⑥⑦""凿¹③""骑③④"等13个词。

　　从 cóng（⑤⑥⑦旧读 zòng）⑤跟随的人：随～丨侍～。⑥从属的；次要的（跟"主"相对）：主～丨～犯。⑦堂房（亲属）：～兄丨～叔。

　　凿¹ záo③（旧读 zuò）〈书〉卯眼：方枘圆～。

　　骑 qí③（旧读 jì）骑的马，泛指人乘坐的动物：坐～。④（旧读 jì）骑兵，也泛指骑马的人：轻～丨铁～丨车～。

3）语素有旧读

　　这类异读主要指双音节或多音节词语中某一个构成语素存在不同读音。对于这样的异读语素，有些在构词时普遍存在异读，词典在作为单字为其注音时就标注了旧读音；也有一些语素只在构成某一特定双音节或多音节词语时才有异读，词典在单字注音中并未显示旧读，只在特定词语中标注异读。《现汉》（第6版）收录的包含有旧读语素的词语有"从容""呆板""说客"等30个，其中单字注音中已经标注旧读的有16个词语，涉及4个异读语素，其中包含"凿"的词语有9个；而单字注音中未显示旧读的有14个词语，涉及13个语素，其中"从容"和"从容不迫"中的"从"都标注了异读。

　　从容 cóngróng（旧读 cōngróng）形①不慌不忙；镇静；沉着：举止～丨～不迫丨～就义（毫不畏缩地为正义而牺牲）。②（时间或经济）宽裕：时间很～，可以仔仔细细地做丨手头～。

　　从容不迫 cóngróng-bùpò（"从容"旧读 cōngróng）非常镇静、不慌不忙的样子：他满脸挂笑，～地走上了讲台。

　　呆板 dāibǎn（旧读 áibǎn）形死板；不灵活：这篇文章写得太～丨别看他样子～，脑子倒很灵活。

　　说客 shuōkè（旧读 shuìkè）名①善于劝说的人。②替别人做劝说工作的人（含贬义）：充当～。

2. 标注"近年也有读···/今多读···"的（10 个）

带有此类标注的异读词很少，主要涉及一些姓氏用字，而且这些字在某一意义和用法上的读音异于其常见意义和用法，例如作为姓氏的"华 Huà"和"纪 Jǐ"。就这两个字的使用来看，huá 和 jì 这两个读音更为常用，人们日常使用中接触到的"华"和"纪"几乎都是读 huá 和 jì 的，有些人甚至根本不知道这两个字还有其他读音，所以想当然地认为作为姓氏的两个字也读 Huá 和 Jì。这样的一种原本错误的认知在言语社会中具有一定的普遍性，并逐渐被越来越多的人接受，甚至影响到原本知道姓氏用字正确读音的人，致使其"从俗"而改读为错误读音。

华　Huà ①华山，山名，在陕西。② 名 姓（近年也有读 Huá 的）。

纪　Jǐ 名 姓（近年也有读 Jì 的）。

以上两类都属于古今异读，主要是由于字音在发展中的历时变化而引起的。只是根据加注的异读标记所体现的古今读音及变化过程的不同，我们才将其分为了两个小类。

3. 标注"口语中也读/口语中多读/口语中（常）说···/···的口语音"的（71 个）

这种类型的异读词数量也比较多，有 71 个。这类词的异读主要来源于读书音和口语音之间的差异。对于这些异读词来说，既有书面文本朗读时需要使用的标准音，又有日常口语表达中可以使用的口语音，两种读音形成对立统一的有机整体，适用于各不相同的语言环境。根据构成形式的不同，我们又将此类异读词分为 4 个小类。

1）双音合成词（16 个）

对于这些异读的双音节合成词来说，存在异读的只是其中的某一个音节，而且读音的差异往往主要表现为声调的变化。如"一会儿、指甲、主意、作料、正经③"等，在文本朗读时应该读作 yīhuìr、zhǐ·jia、zhǔ·yi、zuò·liao、zhèngjīng，而在日常口头表达中一般则多说成 yīhuǐr、zhī·jia、zhú·yi、zuó·liao、zhèngjǐng。

指甲　zhǐ·jia（口语中多读 zhī·jia） 名 指尖上面的角质物，有保护指尖的作用。

主意　zhǔ·yi（口语中多读 zhú·yi） 名 ①主见：大家七嘴八舌地一说，他倒拿不定～了。②办法：出～｜馊～｜这个～好｜人多～多。

作料　zuò·liao（口语中多读 zuó·liao）（～儿） 名 烹调时用来增加滋味的油、盐、酱、醋和葱、蒜、生姜、花椒、大料等。

2）ABB 式状态词（48 个）

ABB 式形容词中的叠音后缀 BB，不管 B 的本调是什么，在口语中一般都要变读成阴平,这是现代汉语普通话中比较典型的一种音变现象。如"绿油油、乱蓬蓬、黑黝黝、亮堂堂、血淋淋"等,在口语中一般都读作 lǜyōuyōu、luànpēngpēng、hēiyōuyōu、liàngtāngtāng、xiělīnlīn。

绿油油　lǜyóuyóu(口语中也读 lǜyōuyōu)(~的) 形 状态词。形容浓绿而润泽:~的麦苗 | 鹦鹉一身~的羽毛,真叫人喜欢。

血淋淋　xiělínlín(口语中也读 xiělīnlīn)(~的) 形 状态词。①鲜血不断地流的样子。②形容严酷或残酷:~的事实 | ~的教训。

3)个别单音词(5个)

主要见于"这、那、哪"这几个具有指示或疑问作用的常用单音代词及"龠、萎"。

这　zhè 代 指示代词。①指示比较近的人或事物。a)后面跟量词或数词加量词,或直接跟名词:~本杂志 | ~几匹马 | ~孩子 | ~地方 | ~时候。b)单用:~叫什么? | ~是我们厂的新产品。 注意 在口语里,"这"单用或者后面直接跟名词时,说 zhè;"这"后面跟量词或数词加量词时,常常说 zhèi。以下 [这程子]、[这个]、[这会儿]、[这些]、[这样]、[这阵儿] 各条在口语里都常常说 zhèi-。②跟"那"对举,表示众多事物,不确指某人或某事物:怕~怕那 | ~也想买,那也想买。③这时候:我~就走 | 他~才知道运动的好处。| 这　zhèi "这"(zhè)的口语音。

龠　yuē〈书〉①尺度。②用秤称(今口语说 yāo,写作"约")。

萎　wěi ①(植物)干枯:枯~ | ~谢 | ~黄。②(口语中也读 wēi) 动 衰落:买卖~了 | 价钱~下来了。

4)儿化重叠词(2个)

这是数量最少的一个异读词小类,我们在《现汉》(第6版)中只找到了2个,就是"好好"和"早早",它们的共同点就是词语本身都是由同一个词根语素重叠构成的重叠词,第二个音节在口语中多读儿化音,而且儿化音节的声调变读阴平。

好好　hǎohǎo(口语中多儿化,读 hǎohāor)(~的)① 形 状态词。形容情况正常;完好:那棵百年老树,至今还长得~的 | ~的一支笔,叫他给弄折(shé)了。② 副 尽力地;尽情地;耐心地:大家再~想一想 | 我真得~谢谢他 | 咱们~地玩儿几天 | 你~跟他谈,别着急。

早早　zǎozǎo(口语中多儿化,读 zǎozāor) 副 ①很早:今天开学,孩子~就起来了。②早点儿；赶快：要来，明天～来丨决定办就～办，别拖着。

4. 标注"又音/又…"的（33 个）
1）两个读音一个标"又音"，一个标"又"（26 个）

恚　tāo"恚"dào 的又音，多用于人名。丨恚　dào 又 tāo〈书〉同"帱"。
转文　zhuǎi∥wén"转文"zhuǎn∥wén 的又音。丨转文　zhuǎn∥wén 又 zhuǎi∥wén 动 说话时不用口语，而用文言的字眼儿，以显示有学问：说大白话就可以了，何必～呢！

2）两个读音都标"又"（7 个）
这一类仅限于少数几个用来记录外来词的多音节汉字，主要有"浬、哩、吋、呎、唡"等 7 个词。

浬　hǎilǐ 又 lǐ 量 海里旧也作浬。丨浬　lǐ 又 hǎilǐ 量 海里旧也作浬。
吋　yīngcùn 又 cùn 量 英寸旧也作吋。丨吋　cùn 又 yīngcùn 量 英寸旧也作吋。

5. 标注"也读/也有读…"的（10 个）
这一类异读词数量也比较少，只涉及几个特殊的单音节词，包括"嘘""珀""鋆"等 10 个词。词典未给这类异读词明确标注古今、口语等异读产生的原因，但这些异读音的存在往往有一定的限制条件，如："嘘 xū"只有作为叹词，"表示制止、驱逐等"时，"也读 shī"；"珀 pò""用于译音或专名，也有读 bó 的"；"鋆 yún"则是"在人名中也读 jūn"；"油葫芦 yóuhú·lu"是"有的地方读 yóuhu·lǔ"。

三　《现汉》（第 6 版）异读词处理的优点与不足

对比第 5 版，第 6 版在异读词处理上有很多新变化，能够"以学术研究为先导，注重修订工作的科学性、系统性"[1](P5)"使这部具有广泛社会影响的语文词典与时俱进，把质量提高到一个新水平"[1](P5)。不过，这一修订版在个别异读词的处理问题上还存在着某些不太妥当、值得商榷的地方。

（一）合理之处
1. 重视口语音，体现语言基本属性。
较之于第 5 版，第 6 版在异读词处理上比较突出的改变就是增加了大量口语异读音的标注，表现形式多是在规范读音后标注"口语中也读…""口语中多读…""…的口语音"等。如"指甲 zhǐ·jia"后标注"口语中多读 zhī·jia"，"一会儿 yīhuìr"标注"口语中也读 yīhuǐr"，"这 zhèi" 后加注 "这 zhè 的口语音" 等都是充分考虑到了人们日常说话时的读音习惯。在语言的两种基本形式中，口语是第一性的，第 6 版大量标注口语异读，不仅体现了编写者对鲜活口语的重视，而且也更符合语言的本质。

2. 加注旧读音，揭示字音历时变化。

第 5 版将某些有旧读音的义项或语素直接标注统读音，而未对其旧读情况做任何说明；第 6 版则在部分有异读的义项和词条下附加标注 "旧读…""旧也读…""旧又读…"，明确揭示字音的历时演变线索。如 "胜²shèng（旧读 shēng）"，"骑 qí" 的第③④义项及相关词条 "骠骑 piàoqí" 下标注 "旧读 jì"，"教²jiào（旧也读 jiāo）"。这样的处理，不但可以让我们知道它们的统读字音，同时也有助于我们了解这些字从多音到统读的古今字音变化情况，从而获得对字音更为全面的认识。

3. 标明误读音，实现语言动态规范。

语言是不断发展变化的，语言规范化是一个动态的过程，规范的标准也不可能一成不变，会随着语言的发展变化不断修订、调整。第 6 版对某些字音的标注就在一定程度上体现了语言规范的动态性。其中标注的某些字音最初可能产生于人们的误读，但是在 "约定俗成" 的语言规范原则制约下，原本错误的读音在长期使用过程中逐渐为大家所接受，受众甚广，习非成是。如词典在 "华 Huà" 这一条目下，标注 "② 名 姓（近年也有读 Huá 的）"，同时在 "华³Huá" 条目下，标注 "③ 名 姓（应读 Huà，近年也有读 Huá 的）"。

另外，也有个别字的某种读音纯粹产生于人们的误识和误读，对于这样的词条，词典中将其标注出来的目的主要是为了给使用者予以提示，从而让人们避免出现类似的误读情况，如词典在 "硇洲 Náozhōu" 词条下标注 " 名 岛名，在广东。 注意 硇字有的书中误作 '碙'，误读 gāng。"

（二）失当之处

1. 同类异读处理结果不一致

同是 ABB 式状态词叠音后缀变读阴平的音变现象，《现汉》（第 6 版）的处理结果却不甚相同。对于大部分此类叠音后缀，词典注音都是直接标本调，然后括注 "口语中也读…"，说明其变调。如词条 "绿油油""湿淋淋""慢腾腾"，词典分别标音 lǜyóuyóu、shīlínlín、mànténgténg，并在括号中加注 "口语中也读 lǜyōuyōu""口语中也读 shīlīnlīn""口语中也读 màntēngtēng"。但是，个别 ABB 式状态词的叠音后缀却并未做同样处理，而是在词目后直接标注其变读后的阴平调。如 "黄澄澄""闹嚷嚷" 两个词目后都是直接标音 huángdēngdēng、nàorāngrāng。

另外，还有一部分 ABB 式状态词，词典只是在词目后标写了本调，但并未对叠音后缀的变调情况予以说明，如 "毛茸茸""明晃晃" 直接标音 máoróngróng、mínghuǎnghuǎng，而没有在后面加注 "口语中也读 máorōngrōng""口语中也读 mínghuānghuāng" 等。更让人不能理解的是，同样以 "洞洞" 为叠音后缀的 "黑洞洞" 和 "空洞洞" 两个词目，词典的处理却大相径庭："黑洞洞" 标音 hēidòngdòng，并括注 "口语中也读 hēidōngdōng"；而 "空洞洞" 则直接标音 kōngdòngdòng，未对其变调情况予以说明。这样的处理结果恐怕会使词典使用者产生一定的困惑，究竟 ABB 式的叠音后缀要不要变读阴平，什么时候变什么时候不变，使用者在查阅词典之后仍然无法获得确切的答案。

其实，对于 ABB 式状态词的叠音后缀变读阴平的现象，从现代口语表达实际来看，大部分人已经不再变读，普通话审音规范中对此也认为变与不变均可，即读为本调和变读阴平调都算正确。第 6 版在这些词目处理上的不一致，可能是由于编写者在变与不变问题上的意见不统一：认为必须变读的，就直接在词目后标注变读以后的阴平调；认为变与不变两可，而口语中习惯变读的，就先标本调，然后括注"口语中也读…"；认为没有必要变读的，就直接在词目后标注本调。我们认为，从词典编纂质量的角度考量，这样的处理显得不够科学严谨，缺乏系统性。

2. 同类异读标记形式不统一

同是姓氏用字读音变异，第 6 版在给"华"注音时两个读音下都添加了异读标记，而"纪"却只注规范读音，并在其后标记异读。这样的处理似乎有欠妥当，同类异读情况应尽量保持一致，因此我们建议将"纪"按照"华"的注音形式进行调整。如：

"华"Huà　②名姓（近年也有读 Huá 的）。｜"华³"Huá　③名姓（应读Huà，近年也有读 Huá 的）。

"纪"Jǐ　名姓（近年也有读 Jì 的）。｜"纪¹"Jǐ②名姓（应读Jǐ，近年也有读 Jì的）。

3. 个别异读多音处理有争议

从《现汉》（第 6 版）对"衣""雨"的处理情况来看，我们认为编者是将它们视为了多音字，因而在"衣 yī""雨 yǔ"（名词义）条目后标明"另见……页 yì""另见……页 yù"，并另设"衣 yì""雨 yù"两个独立条目，指明它们的动词义"穿（衣服）""下（雨、雪等）"对应的读音分别是 yì 和 yù。当然，词典将词类属性不同、意义不同、读音也不同的字（词）处理为多音字，未为不可。问题在于，既然"衣""雨"都是多音字，表示"穿（衣服）""下（雨、雪等）"动词性意义时读为 yì、yù，那么在为"衣锦还乡""密云不雨"标注读音时就应该直接在两个条目后标音 yìjǐn-huánxiāng、mìyún-bùyù。然而，词典对这两个词语的处理却是先在条目后标音 yījǐn-huánxiāng、mìyún-bùyù，同时又括注"衣：旧读 yì，穿衣""雨：旧读 yù，下雨"，这种处理方式似乎有自相矛盾、画蛇添足之嫌。"旧读"属于古今异读标记，括注旧读的前提是新旧两个读音联系的词义及词类属性都应该具有同一性。既然两个读音对应的意义和词类都不同，就不宜标注异读。之所以会造成这种矛盾，恐怕与词典编者在多音字（词）和异读词两个概念认识上的模糊不清，对二者不加区分从而混为一谈不无关系。

结　语

通过对《现汉》第 6 版和第 5 版在异读词处理方面的比较，我们发现，第 6 版在一定程度上体现了编者对那些由于文白不同或者古今读音差异而造成的异读词的关注，在标注字音时既重视口语音，也不忘旧读音，同时考虑到了日常读音习惯。同时，《现汉》（第 6 版）在某些异读词的处理上还存在着处理结果不一致、标记形式不统一等不足之处。

注释：

① 《现代汉语词典》（第 7 版）已在本文待刊期间出版发行，但是逐条检索文中所涉词目读音标注之后，我们发现第 7 版对异读词的处理与第 6 版完全一致，没有做任何改动，所以本文仍以第 6 版异读词处理问题作为研究对象，特此说明。

② 这里所列出的异读词数量是我们对《现汉》（第 6 版）中有明显异读标记的词条进行粗略统计的结果，遗漏之处在所难免，敬请谅解。

③ 《现汉》（第 6 版）中还有以“正经”“指头”等为构成成分的多音节词语如“一本正经”“正儿八经”“正经八百”“脚指头”“手指头”“手指头肚儿”等，也都被标注了“口语中也读 yīběn-zhèngjīng”“口语中也读 zhèng·er-bājīng”“口语中也读 zhèngjīng-bābǎi”“口语中多读 jiǎozhí·tou”“口语中多读 shǒuzhí·tou”“口语中多读 shǒuzhí·toudùr”等。考虑到这些多音节词语的异读主要来源于“正经”“指头”等双音节词，我们不再对其重复计数。

参考文献：

［1］中国社会科学院语言研究所词典编辑室编．现代汉语词典（第 6 版）［Z］.北京：商务印书馆，2012.

［2］国家语言文字工作委员会普通话培训测试中心编制．普通话水平测试实施纲要（重印本）［M］.北京：商务印书馆，2012.

［3］张云艳．试论现代汉语语音规范中的异读字与异读词［J］.韶关学院学报，2010（5）.

汉语冠"从"亲属称谓的体系及其词汇分析

姚权贵[*]

（厦门大学　人文学院；福建厦门　361005）

摘　要：晚清郑珍所著《亲属记》是一部辑录汉语亲属称谓的专著，书中直接训释和间接提到的冠"从"亲属称谓共有 34 条，比较完整地反映了古代"堂系亲属"的词汇面貌。对比《亲属记》和《尔雅·释亲》等文献中的冠"从"亲属称谓，不但能梳理其词汇系统，分析其构词方式，还能构建其称谓体系。由此界定语素"从"的基本含义是"从某而称谓"，它是比"族"小一级的称谓单位，只限定在连己之兄弟房的四代亲属关系内。

关键词：亲属记；从；称谓体系；词汇分析

汉语亲属称谓，是具有民族特色的语言文化现象。由于亲属称谓"同封建礼教密切相关，成为儒家别亲疏、明贵贱、正名分的重要内容"[1](P1067)，历来受到学者的重视。较早的相对完备地记载上古汉语亲属称谓的文献是《尔雅·释亲》，众多研究表明，《释亲》已基本呈现了汉民族的亲族关系和亲属称谓体系。《释亲》之后，历代典籍对亲属称谓都有补充，但一直没有专著出现。①直到晚清时期，西南大儒郑珍（1806—1864）撰成《亲属记》二卷（1886 年刊行）②，该书系统收录称谓名称 106 大类，辖词 606 条，涵盖了血缘、亲属、亲戚、婚姻、主仆、师徒等诸多关系，补正了前人研究《释亲》以及考证亲属称谓的疏失，为研究汉语亲属称谓提供了宝贵的文献资料。现代学者对亲属称谓做了大量的研究，但以往对《亲属记》的重视不够，在语料选择和研究方式上都存在明显的不足，尤其缺少对亲属称谓的词汇学讨论。因此，我们以《释亲》《亲属记》等文献所载冠"从"亲属称谓为例，从词汇学角度对冠"从"亲属称谓的词汇系统和构词方式展开分析，并利用文献记词来构建这一称谓体系，由此对语素"从"做出精确定义，从而获得对古代"堂系亲属"称谓更多的认识。

一　冠"从"亲属称谓的词汇系统

汉语亲属称谓词语属于语言范畴，从历时的角度看，这一词汇系统会随着时代和社

---

*　**基金项目**：贵州师范大学文学院史光辉语言研究与文化传播研究导师工作室课题项目（项目编号：黔教研合 GZS［2016］013 号）的阶段性成果。
　　作者简介：姚权贵（1985—　），男，厦门大学人文学院讲师，文学博士，研究方向为汉语史。

会的变迁不断有所发展演变。在《释亲》的全部 101 个③亲属称谓中，出现的冠"从"称谓共有 16 个，约占 16%。其中直接训释的冠"从"亲属称谓有 14 个，为便于观察，我们全部罗列出来（下划线为作者所加）：

> 父之世父叔父为<u>从祖祖父</u>；父之世母叔母为<u>从祖祖母</u>；父之从父晜弟为<u>从祖父</u>；父之<u>从祖</u>晜弟为族父；兄之子弟之子相谓为<u>从父晜弟</u>；父之从父姊妹为<u>从祖姑</u>；父之从祖姊妹为族祖姑；父之从父晜弟之母为<u>从祖王母</u>；父之从父晜弟之妻为<u>从祖母</u>；母之从父晜弟为<u>从舅</u>；母之姊妹为<u>从母</u>；从母之男子为<u>从母晜弟</u>，其女子子为<u>从母姊妹</u>。（《释亲》）

《释亲》只是间接提到"从父""从祖"两词，它们都是以"从父 + X"和"从祖 + X"的结构形式出现，但从频率上看，"从父""从祖"在当时已经是常用的亲属称谓了。在《释亲》之后的典籍和研究文献中，冠"从"亲属称谓的数量不断增加。到《亲属记》时，直接训释和间接提到的冠"从"亲属称谓达到 34 条，在收词和释义上都有一定规模的扩充。从时间上看，《尔雅》约成书于公元前 3 世纪，《释亲》的词汇系统"可能反映了从两周（或更早）到西汉之亲制及亲称"[2]（P133）。《亲属记》虽著于清末，但它是对历代亲属称谓的汇编集释，在断代上并不局限于成书的时代。因此，我们以《释亲》中冠"从"称谓表示的亲属关系和收词为起点，对比《亲属记》和其他研究资料，能够大致考察冠"从"亲属称谓的词汇系统及其在《释亲》之后发生的变化（见表 1）。

表 1　冠"从"亲属称谓词汇统计表④

辈分	亲属关系	《释亲》	其他文献	《亲属记》
曾祖辈	曾祖之兄弟房	—	—	三从、群从
祖辈	父之世父母、叔父母	从祖祖父、从祖、从祖祖母	再从、从祖祖父、从祖世父、从祖叔父、从祖王父	再从、从祖祖父、从祖祖母、从祖王父、从祖
祖辈	父之从父晜弟之母	从祖王母	从祖祖母、从祖母(祖)、从祖世母、从祖叔母、从祖王母	从祖王母
祖辈	外祖之兄弟	—	从外祖	
父辈	父之从父晜弟姊妹	从父、从祖父、从祖姑	从父、从伯父、从叔父、从祖父、从兄门中、从翁、从弟门中、从伯、从叔、再从伯、从祖姑、从姑、从兄弟门中	从、从祖父、从父、从祖姑、从姑
父辈	父之从父晜弟之妻	从祖母	从祖母(父)、从叔母	从祖母
父辈	母之从父晜弟、母之姊妹	从舅、从母	从舅、从考舅、从母	从舅、从母
己辈	从母之男女	从母晜弟/姊妹	从母子姊、从母昆弟、从母姊妹	从母兄弟/姊妹
己辈	己之从父晜弟姊妹、从祖晜弟姊妹	从父晜弟/姊妹、从祖晜弟/姊妹	从父兄弟、从父兄、从兄、从嫂、从弟、从妹、再从弟、从父子、从父弟、从父姊、从父妹、从兄弟、从祖昆弟、从父昆弟、贤从、从大伯子、从弟媳、从大姑子、从小叔子、从小姑子	四从、从父兄弟、从父姊妹、从祖兄弟/姊妹（从兄从弟从姊从妹）、从兄弟、再从兄弟、三从兄弟、三从姊妹

续表

辈分	亲属关系	《释亲》	其他文献	《亲属记》
己辈	祖父、祖母之兄弟姊妹之孙	—	从表兄弟	从表某
子辈	己之兄弟姊妹之子女、从兄弟姊妹之子女	—	从子、从女、再从子、从甥、从表侄、从兄子	从子、从祖兄弟之子
孙辈	己之兄弟姊妹之孙	—	从孙、从孙甥	—

表中"－"表示文献中没有该类亲属关系，或者在该类亲属关系中没有收录冠"从"称谓。"群从"一词，在《亲属记》中表示"兄弟房的统称"，为列表方便，我们放在了曾祖辈一栏。现在我们按照现代汉语的亲属关系称法把这些词排列如下：

兄弟房统称：群从

曾祖之兄弟房：三从

祖之兄弟及妻：再从、从祖祖父、从祖祖母、从祖母(祖)、从祖王父、从祖、从祖世父、从祖叔父、从祖世母、从祖叔母、从祖王母

外祖之兄弟：从外祖

父之兄弟姊妹：从、从父、从伯父、从叔父、从祖父、从兄门中、从翁、从弟门中、从伯、从叔、再从伯、从祖姑、从姑、从兄弟门中

父之兄弟之妻：从祖母(父)、从叔母

母之兄弟姊妹：从舅、从考舅、从母

母之兄弟姊妹之子女：从母兄弟、从母姊妹、从母子姊

己之从父/从祖兄弟姊妹：四从、从祖姊妹、再从姊妹、三从兄弟、三从姊妹、从父兄弟、从父兄、从兄、从嫂、从弟、从姊、从妹、再从弟、从父子、从父弟、从父姊、从父妹、从兄弟、从祖兄弟、贤从

祖父/祖母之兄弟姊妹之孙：从表兄弟、从表某

己之子辈：从祖兄弟之子、从女、再从子、从甥、从表侄、从兄子

己之孙辈：从孙、从孙甥

可见，我们从相关资料中获得的历代冠"从"亲属称谓共有 66 个。从《释亲》的 16 词发展到 66 词，尽管在数量上未必是全貌⑤，但在词汇系统上已是基本面貌了。在我们所参考的文献中，也没有发现某一专书或某一阶段有冠"从"亲属称谓大量产生的特殊情况。如果就单种文献记词的情况来看，《亲属记》的 34 词⑥也已经是历代最多最全的了。同时，还可以对冠"从"亲属称谓的词汇系统做一些描写：首先，词汇的总量不多，产生的新词数量相对有限；其次，《释亲》以来，这类称谓的基本词汇和词形没有

显著的变化；最后，主要记录在古代的文献或者今天的集古文献中，现代汉语如《汉语方言大词典》《现代汉语词典》等大型辞书基本上都没有收录。

二　冠"从"亲属称谓的构词方式

冠"从"亲属称谓，是上古和中古"堂系亲属"的主要词汇，其基本结构在《释亲》中已经是"偏正式（从 + X）"$^{[3]（P201—202）}$的了。进一步对上面的 66 个词进行语素分析，可以发现，冠"从"亲属称谓主要有三种构词方式。

（一）最基本的构词方式是"从 + X"，表示在语素"从"的后面添加亲属称谓，构成新词。这类词约占总数的 85% 以上，在结构层次上，又有两级不同的构词形式。

第一级，我们记作"从 + X_1"。"X_1"放在"从"的后面，可以是任意的某类亲属称谓，这个结构一般可以直接指称某类亲属关系。词形上多表现为双音节词和少量的三音节词。主要有：

> 从祖、从祖母 $_{（祖）}$、从父、从母、从子、从孙、从翁、从伯、从叔、从姑、从兄、从弟、从嫂、从姊、从妹、从兄弟、从女、从伯父、从叔父、从叔母、从舅、从甥

第二级，我们记作"从 + X_1 + X_2"。第一级中的"从 + X_1"作为某种亲属关系的限定，后面还可以添加成分"X_2"，构成新的亲属称谓。拥有这种构词能力的"从 + X_1"，只有"从祖、从父、从母、从兄"四个，新构成的冠"从"称谓多为三音节及以上的词。如：

> 从祖 + X_2：从祖祖父、从祖祖母、从祖王父、从祖世父、从祖叔父、从祖世母、从祖叔母、从祖王母、从祖父、从祖姑、从祖母 $_{（父）}$、从祖姊妹、从祖兄弟、从祖兄弟之子
>
> 从父 + X_2：从父兄弟、从父兄、从父子、从父弟、从父姊、从父妹
>
> 从母 + X_2：从母兄弟、从母姊妹、从母子姊
>
> 从兄 + X_2：从兄子

"从祖父""从祖姑""从祖母 $_{（父）}$"这三个词，它们的词汇结构是"从祖 + 父/姑/母"，"从祖"表示亲属关系限定在"祖之兄弟房"，"父/姑/母"则表示辈分和称谓。因此，"从祖父"与"从父"同义，"从祖姑"与"从姑"同义，是对父之从父（己之从祖）兄弟姊妹的称谓。"从祖母"这个词形出现两次，第一级词汇中"从祖母 $_{（祖）}$"的结构是"从 + 祖母"，表示"祖之兄弟之妻"，为祖辈。它与第二级的"从祖祖母""从祖王母"同义。而"从祖母 $_{（父）}$"的结构是"从祖 + 母"，表示"父之兄弟之妻"，为父辈。它与第二级的"从祖世母""从祖叔母"同义。因此，我们在这两个词后面分别标注

"祖"和"父",来区分词汇结构和词义。

按,与"从父"指"父之兄弟"不同,"从母"一词并不称"父之兄弟之妻",用来称"父之兄弟之妻"的一般是"从祖母"。在古代汉语中,"从母"义为"母亲的姊妹",如:

> 母之姊妹为从母。(《尔雅·释亲》)
> 从母丈夫妇人报。(《仪礼·丧服》)
> 从母,母之姊妹。(汉郑玄《礼记注》)
> 据父言之谓之姨,据子言之谓之从母。(唐孔颖达《春秋左传正义》)

因此,在第二级词汇中,"从母+X₂"结构的词都是对"母之兄弟姊妹之……"的称谓。

(二)"从+X"结构,有时通过增加修饰语来构成新的亲属称谓。这类词不多,一般为三音节及以上的词,如:从外祖、从表侄、从表兄弟、从表某、从孙甥、从兄门中、从弟门中、从兄弟门中、从考舅。

可以看出,修饰语的位置有的在"X"之前,有的在"X"之后。这类亲属称谓的性质往往由修饰语的性质来决定。如"从外祖""从表侄""从表兄弟""从孙甥"4个词语,其中的修饰语"外""表""甥"是用来限定亲属关系的。而"从兄门中""从弟门中""从兄弟门中""从考舅"4个词语,修饰语"门中""考"是对特殊情况的限定,表示对已故亲属的称谓。

(三)还有少量的词语,结构是"限定语+从"。即在语素"从"的前面,添加一定的限定语,这类亲属称谓的性质由限定语素的性质来决定。比如:

限定语表示房辈:从、再从、三从、四从

限定语表示其他成分:群从、贤从

按,在"从"的前面加限定语"再""三""四",是用来表示不同辈分的兄弟房的亲属称谓。按照这一称谓制度,单音词"从"也属于这类结构,其限定语是"一"。如:

> 父之兄弟房曰从,祖之兄弟房曰再从,曾祖之兄弟房曰三从,统曰群从;连己之兄弟房曰四从。(《亲属记》)
> 弟之与兄分属同曾,恩叨再从。(清顾炎武《答再从兄书》)
> 四世同居,一门三从。(北魏杨衒之《洛阳伽蓝记·景宁寺》)
> 累世同居,射耕致养,至兴贵已四从矣。(《旧唐书·孝友传·宋兴贵》)

"群从"一词是对各房兄弟的统称,如:

> 孝绰兄弟及群从诸子侄,当时有七十人并能属文。(《梁书·刘孝绰传》)

"贤从"则是对己之兄弟房或他人兄弟房的敬称,如:

　　皇太子深悼惜之,与遵从兄阳羡令孝仪令曰:贤从中庶,奄至殒逝,痛可言乎!(《梁书·刘遵传》)

在这类结构后面,还可以增加亲属称谓,形成"限定语+从+X"的词形,用来表示某一房辈下的某一类亲属称谓。如:再从伯、再从姊妹、再从弟、再从子、三从兄弟、三从姊妹。

三 冠"从"亲属称谓的体系

汉族亲属称谓的体系,是由亲属称谓词及其所记录的亲属关系来决定的,词义是其表征。因此,亲属称谓属于关系名词,主要"以生育和婚配为基本关系"[4](P17)。即是说,亲属称谓的词义往往表示一定的亲属关系,这样的词语汇集在一起,就形成一定的亲属称谓体系。《释亲》的重要性在于,它首先是对历代亲属称谓的汇释,然后又将这些词放在亲属关系中进行了分类,其亲属关系和亲属称谓词语是相互对应的。表1中《释亲》所涉及的11种亲属关系及其所辖的16个亲属称谓,就是冠"从"亲属称谓早期的体系。

由于后世亲属关系和亲属称谓都有发展演变,冠"从"亲属称谓的体系也就发生了变化。我们将表1中能表示基本亲属关系的词汇,按照辈分及其与直系亲属的亲疏关系排列,就能构建出冠"从"亲属称谓的体系(见表2)。

表2　冠"从"亲属称谓的体系

辈分	直系	旁系1	旁系2	旁系3	旁系4	旁系5……
高祖辈	—	—	—	—	—	—
曾祖辈	—	—	—	—	三从:族曾祖父(曾祖之兄弟)	—
祖辈	祖父	—	—	再从:从祖祖父/祖姑(祖之兄弟/姊妹)	族祖父(族曾祖父之子)	—
父辈	父	—	从:伯叔父/姑(父之兄弟姊妹)	从祖父、从父、从祖姑(从祖祖父之子女)	族父(族曾祖父之孙)	—
己辈	己	四从:己之兄弟姊妹	从父兄弟/姊妹(伯叔父之子女)	从祖兄弟姊妹、再从兄弟姊妹(从祖父之子女)	族兄、族弟、三从兄弟/姊妹(族父之子女)	—
子辈	己之子	从子(兄弟之子)	—	从祖兄弟之子	亲同姓、族子(族曾祖父之玄孙)	—

可见,冠"从"亲属称谓主要表示旁系亲属,并根据与直系亲属的亲疏,由近及远分为"旁系1、旁系2、旁系3、旁系4、旁系5……"等。这个称谓体系有以下几个

特点。

（一）从纵向来看，冠"从"亲属称谓只出现在从曾祖辈到已辈的四个辈分中，表示与直系亲属同一高祖下来的四代人，按照亲属称谓制度，连己在内的己之兄弟房为四从，父之兄弟房为一从，祖之兄弟房为再从，曾祖之兄弟房为三从。

（二）从横向来看，冠"从"亲属称谓只出现在与"己"（子、父、祖、曾祖辈可依次类推）同辈的四个兄弟房，分别为：旁系1己之兄弟，旁系2从父兄弟，旁系3从祖兄弟，旁系4三从兄弟。需要注意，表中"直系"与"旁系1、2、3、4、5……"的亲属关系是相对的，如"旁系1"往右与"旁系2"最近，它们之间也是"直系"与"旁系1"的关系。

（三）在"旁系4"里面，已经开始使用冠"族"亲属称谓，"旁系5"中已经没有冠"从"亲属称谓了。说明无论是纵向的辈分，还是横向的兄弟房，冠"从"亲属称谓都被限制在离己最近的四个旁系中。

（四）直系和各旁系之间的关系往往由二者共有的最高辈分来决定。比如，"己"和"旁系1己之兄弟"，二者同源于父母；"己"与"旁系2从父兄弟"，二者同源于祖父母；"己"与"旁系4三从兄弟"，二者同源于高祖父母。其他可依次类推。

以上是冠"从"亲属称谓体系的主体，主要是围绕"父党宗族"来构建的，这个体系对于"母党"亲属系统同样适用。如表1中属于"母党"的几个词语：从外祖、从舅、从母、从母兄弟、从母姊妹，连"己"在内共三代人，都同源于外曾祖父母，分别为三个兄弟房。从理论上说，"母党"亲属的辈分和兄弟房也可以依此类推，但我们并没有发现更多这样的冠"从"亲属称谓。

四　对语素"从"的定义

《释亲》没有专门解释"从"，后世对语素"从"的定义不一，《集韵》去声用韵似用切："从，同宗也。"[5](P464)梁章钜《称谓录》"从父"条则认为："从，从也，言与父类从也。"[6](P33)《现代汉语词典》和《汉语大词典》都笼统地释为"堂房亲属"，《辞源》释云："同一宗族次于至亲者叫从……又次者，叫再从、三从。"[7](P1081)相比而言，《辞源》的说解较优。但这些解释都还不能完全反映出"从"的语言文化内涵。而根据我们对冠"从"亲属称谓的分析，则可以得到更多的信息。

（一）从词汇分析看，一个冠"从"亲属称谓的词义，就是其基本结构"从＋X"的词义，尽管在结构上"从"作为限定成分的位置是固定的，但其基本含义却总是随着中心语"X"的变化而改变。以《亲属记》收词为例，与己同辈的冠"从"称谓如从父兄弟、从父姊妹、从祖兄弟/姊妹（从兄从弟从姊从妹）、从兄弟、再从姊妹、三从兄弟、三从姊妹等，中心语"兄弟""姊妹"决定了"从＋X"的辈分，这时"从"的含义是"从兄弟/姊妹而称谓"，即像称呼兄弟姊妹那样来称谓，因为是堂房而冠"从"称之。而父辈的冠"从"称谓如从祖父、从父、从祖姑、从姑、从舅、从母等，中心语"父""姑""舅""母"等决定了"从＋X"的辈分是父辈，这时"从"的含义也相应变为"从父/姑/舅/母而称谓"。再看祖辈的冠"从"称谓如从祖祖父、从祖祖母、从祖王父、从祖等,分析结果仍然一样。

(二)从称谓体系看,首先中心语"X"不但决定了"从+X"的辈分,同时还决定了亲属关系的亲疏,如在表2中,从父兄弟、从父姊妹等己辈称谓在"旁系2"里,而从祖父、从父等父辈称谓,从祖祖父等祖辈称谓则位于"旁系3"里,关系渐次疏远。同时,从横向来看,己辈称谓如"旁系2从父兄弟""旁系3从祖兄弟""旁系4三从兄弟"等也反映出亲属关系的递远变化。其次在"旁系4"里,冠"从"称谓明显减少,并开始出现较多的冠"族"称谓。曾祖辈的"三从"是最高辈分的代表词,己辈的"三从兄弟""三从姊妹"是最远关系的代表词,它们都出现在"旁系4"里,"旁系5"里已经没有冠"从"称谓了。从己辈到曾祖辈是四代,从己房到"三从兄弟"房有四个旁系,这在称谓体系和制度上对冠"从"称谓做了限制。郑知同在《亲属记·后序》中说:"同曾祖之子孙、夫妇、男女,自从祖、祖父母已下三世,例加'从祖'字,礼经条例,故自朗晰。"从表2中的"旁系3"一行看,这一特点非常明显,也正与我们的分析结果相吻合。

据此,我们认为语素"从"的基本含义是"从某而称谓",它是比"族"小一级的称谓单位,只限定在连己之兄弟房的四代亲属关系内。从词汇的历时演变看,张世方、包小金《汉语堂表亲属称谓的历时兴替》一文曾指出:"汉语同堂称谓在历史上经历了从冠'从'称谓到冠'同堂'称谓,再到冠'堂'称谓及冠'叔伯'称谓的历时兴替。"[8](P45)上述因素不但影响了对语素"从"的定义,并且限定了冠"从"亲属称谓这一词汇系统的使用范围,这在根本上限制了新词的能产力,因此就很可能成为被冠"堂"称谓所替代的原因。

上文我们举冠"从"亲属称谓为例,主要从微观分析角度对这类称谓词的词汇系统、构词方式、词形、词义和历时演变等词汇学问题做了探讨。过去对亲属称谓的研究多局限于静态描写和文化阐释,取得的成果非常有限,而本文的研究表明,亲属称谓作为汉语史上极具特色的一类词,仍蕴藏有很大的语言学价值。

注释:

① 《释亲》之后,汉代的《小尔雅》《释名》《方言》《说文解字》,三国的《广雅》,北齐的《颜氏家训·风操》,唐代的《史通·称谓》,明代的《骈雅》《通雅》,清代的《通俗编》《恒言录》《证俗文》《广释亲》等文献,对汉语称谓先后有所增益,但都算不上专著。而研究称谓的专著,《白虎通义》载,孔壁书中有《亲属记》一种,《隋书·经籍志三》收录了北周卢辨的《称谓》五卷,但这两本书都已亡佚。清代先后有周象明《称谓考辨》、梁章钜《称谓录》,但在系统整理和考辨亲属称谓的专门性上,都不及《亲属记》。

② 本文所用《亲属记》,主要为王锳、袁本良二先生点校本《郑珍集·小学》(贵州人民出版社,2001年),同时参考中华书局1996年标点本《亲属记》(与《称谓录》合刊)。

③ 本文据上海古籍出版社1997年版《十三经注疏·尔雅注疏》。

④ 表中"其他文献"的冠"从"亲属称谓,主要参考:黄敏《魏晋南北朝亲属称谓研究》(西南大学硕士学位论文,2006年)、国海涛《〈世说新语〉亲属称谓词研究》(河北大学硕士学位论文,2009

年）、徐小婷《晚清四大谴责小说称谓词语研究》（山东大学博士学位论文，2009 年）、李慧《〈水浒传〉亲属称谓语研究》（河北大学硕士学位论文，2010 年）、邢慎宝《魏晋南北朝石刻称谓词研究》（华东师范大学博士学位论文，2013 年）、许秋华《九部宋人笔记称谓词语研究》（山东大学博士学位论文，2013 年）等学位论文；牛志平、姚兆女主编《唐人称谓》（三秦出版社，1987 年）、胡士云《汉语亲属称谓研究》（商务印书馆，2007 年）、王琪《上古汉语称谓研究》（中华书局，2008 年）、马丽《〈三国志〉称谓词研究》（中国社会科学出版社，2010 年）等研究文献；以及梁章钜、郑珍《称谓录·亲属记》（中华书局，1996 年），王火、王学元编《汉语称谓词典》（辽宁大学出版社，1988 年），韩省之主编《称谓大辞典》（新世界出版社，1991 年），蔡希芹编《中国称谓辞典》（北京语言学院出版社，1994 年），吉常宏主编《汉语称谓大辞典》（河北教育出版社，2001 年）等辞书。

⑤ 实际的数量要大于这个数，一方面我们没有从所有文献中做穷尽性的统计，另一方面像"从父暠弟""从父昆弟"和"从父兄弟"这类词，在词形上只统计为"从父兄弟"一个。

⑥《亲属记》中的有些词条本文拆成多个词条统计，故表 1 中的条目数不足 34。

参考文献：

［1］王锳、袁本良点校．郑珍集·小学［M］.贵阳：贵州人民出版社，2002.

［2］赵林．殷契释亲——论商代的亲属称谓及亲属组织制度［M］.上海：上海古籍出版社，2011.

［3］王琪．上古汉语称谓研究［D］.杭州：浙江大学博士学位论文，2005.

［4］刘丹青．亲属关系名词的综合研究［J］.语文研究，1983（4）.

［5］（宋）丁度．集韵［M］.上海：上海古籍出版社，1985.

［6］（清）梁章钜、郑珍．称谓录·亲属记［M］.北京：中华书局，1996.

［7］广东、广西、湖南、河南辞源修订组商务印书馆编辑部编．辞源（修订本）［Z］.北京：商务印书馆，1988.

［8］张世方、包小金．汉语堂表亲属称谓的历时兴替［J］.修辞学习，2007（6）.

反思：我的《金瓶梅》阅读史

宁宗一*

（南开大学　东方艺术系；天津　300071）

　　摘　要： 回顾自己对《金瓶梅》数十年的阅读史，我发现在以往的论著中诸如对《金瓶梅》丑的审视问题、《金瓶梅》中的性描写问题、《金瓶梅》人物塑造的认知与阐释等问题以及在"金学"建构中出现了许多"悖论"，存在着诸多的误读和偏差，深刻反思后希望自己从现在起重新上路，对《金瓶梅》进行深入的研究，参与"金学"的科学建构。

　　关键词： 金瓶梅；阅读史；反思

　　我最崇敬的周有光先生在他的诞辰会上说："年纪老了，思想不老。年纪越大，思想越新。"

　　周老的人生境界，我们这些凡夫俗子不可能达到，只能高山仰止。但是可以如实地交代的是，我这个86岁的老汉在历经人生坎坷后，确实常常内省，希望自己的心灵重建。这种心灵的自觉，也就常常指引我反思人生、学术中的诸多问题。我的反思的第一道坎就是几十年来的教学与科研活动，仍然没有或缺乏以个体生命与学术一体化的追求，从而回应时代对学人的文化使命的呼唤。当然我也不否认我30多年来对《金瓶梅》（简称《金》书）研究的关注，从而也就有了回顾自己对《金》书的阅读史。今天面对已经步入辉煌的"金学"时，我不可能不反思自己在"金学"建构中存在的诸多误读和在阐释上的偏差。我遗憾地不能参加这一次的第十二届国际《金瓶梅》学术研讨会，但我还是想表达一下我是怎样反思的，以及反思了哪些误读和阐释上的错误。

　　是的，我确实一直想通过小说美学这一视角去审视《金》书，并打破世俗偏见，与同道一起提升《金》书在中国小说史和世界小说史上的地位，还其伟大的小说尊严。但是我在很多论著中恰恰出现了"悖论"，落入传统观念的陷阱。

　　第一，关于对"丑"的审视问题。

　　一般常说，《金》书是一部暴露社会黑暗的小说，是谴责小说，是作者孤愤灵魂的外化。这些论断无疑是合理的。但是我则以"审丑学"来阐释《金》书，把它视为作者就是要把笔下的生活写成"漆黑一团"，《金》书就是一部某种意义上的"黑色小说"。这话虽有比喻性，但完全失之于偏颇。这不是因为我老了，而说出了这样幼稚的话，写

---

　　* **作者简介：** 宁宗一（1931—　），男，南开大学东方艺术系教授，研究方向为中国古代小说、戏曲、文学史及传统美学。

出这样的文字，而是我一直倡言回归文学本位时忘却了小说乃是要表现五光十色的人生图景，是要写出生活的"秘史"和人的心灵史。兰陵笑笑生的心灵历程是感受，是煎熬，是黑暗影子的纠缠，但更是生活记忆的思考。兰陵笑笑生的创造智慧就是立足于反传统。他要全景式地勾画出他所处时代的生活史、人性史。他看重的是，人在生命发展中是怎样不断变化的。比如，人会面临不同的挑战；比如，人生的是非曲直；比如，人的爱与恨。这些都是通过人物的心路历程和行动一步步表现的。正是在这些方面暴露了我分析阐释《金》书的简单化倾向。小说是要勾绘出审美化的生活史和心灵史，作者必须是通过众多人物写出他们的形态：一个人哭，一个人笑；一个人坚强，一个人软弱；一个人的磨难，一个人的幸运；一个人在走，一个人在跑；一个人流浪，一个人飞腾……

于是，我在反思中开始有点清醒。哦！《金》书的宏大叙事，是一种对历史、对生活、对灵魂的宏观与微观的交融，是作者哲学式观察所产生的总体性描述。我过去的"漆黑一团"的简单化概括必须扬弃，因为我的前提就错了：一部史诗性的作品，怎么会是如此单一的叙事？所以我真诚地承认了我在面对《金》书这部不朽的伟构时我的思维的僵化，写作上的旧套路，只是变换了述说的方式和语言，这是极不可取的。今天，我懂得了，没有理想的写实精神一样有力量。

第二，关于《金》书的性描写问题。

这个问题我曾自设陷阱，做出了违背常识的论述。我专门写过几篇小文论述《金》书中的性。我说过，你既看到了裙袂飘飘，也看到了佩剑闪亮，又说"性"是一把美好与邪恶的双刃剑；曾反对把"性"贬为卑下，也反对将其提升到伟大的崇高地位。这些观点虽都有可议之处，但问题是关于《金》书的性描写，特别是它的19000多字的直率的述说，官方、准官方和民间中的卫道士都曾用这些打压《金》书的出版和流传。我却用了另一方式、另一种语言，屈从于这些伪善者的论调。我和有些人说过："《金》书即使删去了这19000多字的性描写也不失为伟大的作品，它绝不会因没有这些字而失去它的光彩。"阿城在《闲话闲说——中国世俗与中国小说》中就说过类似的话。这些话①，如从表面上看仍是在肯定《金》书的永恒不朽性。但是这是一个自相矛盾的命题，因为《金瓶梅》就是一部有这19000多字性描写的《金瓶梅》；如果没有了这近20000字的性描写还是兰陵笑笑生的《金》书吗？是不是会演变为伪善者可以接受的"伪"《金》书呢？其实，我正是在一种调和的、中庸的论调中，也参与了阉割《金》书的重要内涵，而迁就的正是伪善者的虚伪愿望。在这个论调后面，我竟然忘却了杰出的小说评点家张竹坡的提醒，他一再说的是《金》书不可零星看。而我却也认为性描写可以从全书割裂开来，这一切可说是"零星看"的一个变种。《金瓶梅》之所以是《金瓶梅》，就是因为作者敢于大胆直率地进行性描写。事实是，历史行程已走到了今天，人们对性已失去了它的神秘性、隐讳性，我们为什么就不能以平常心对待？性不需要任何理由，它只是存在着。因此，对《金》书的性描写的任何删削都是错误的举措。说《金》书删去了性描写也不失其伟大，同样是对《金》书的阉割乃至玷污。因为《金》书是客观的存在，它不需要清道夫，更反对碾压机。它永远是一个整体，一个永远不应该分割的整体，性描写正是《金》书的整体性中的有机部分。至于我在旧作《说不尽的金瓶梅》中说，

《金》书性描写缺乏分寸感，过于直露，其实也是另一种对《金》书性描写的不够尊重。还是聂绀弩先生说得好，兰陵笑笑生之所以伟大就在于不是不讲分寸，他是"把没有灵魂的事写到没有灵魂的人身上"（《谈〈金瓶梅〉》，《读书》1984年第4辑）。这话就纠正了我的缺失"分寸"、过于"直露"的说教。当然，我也接受精神同道的指点，有个别研究者就认为性描写在《金》书中是不可或缺的，但不能说《金》书的性描写就是很成功的。我现在能接受这个意见。

事实是，所有古今中外涉及性描写的文学作品都不可避免地接触到自然的、社会的和审美的三个层次。纯生理性的描写容易流入庸俗的色情，但是社会性的描写则是有一定的意义。《金》书的性描写我认为属于第二个层次。我们区分色情与情色之不同就在于，色情全然无文化内涵，而情色的价值在于有一定的文化内涵。朋友认为《金》书的性描写不是很成功，可能就是因为《金》书对性没有进行审美的审视和更完美的表现。

第三，关于《金》书是什么"主义"的问题。

反思这个问题，涉及一个世纪以来学界在引进西方文艺美学时，总是离不开现实主义、批判现实主义、自然主义、浪漫主义（还分积极的、消极的）、象征主义等等概念。这种引进的积极意义自不待言，但也不应该否认，我们在教学和科研中太多地被这种"主义"所框定，被裹胁，什么都往"主义"里面套，这就大大戕害了我们对文学作品的自由认知，最后陷入了教条的"主义"中去。我在几十年写的论著中，在这方面表现得很突出。在跟随"金学"建构的脚步中，我同样是否定了把《金》书打成什么自然主义一类，而是赞成"现实主义小说《金瓶梅》"的说法。

可是，我在研究过程中却始终没有摆脱"主义"的束缚。最幼稚的是把《金》书中叙事表现等缺点都笼而统之地认为"不是充分的现实主义"，书中有"许多非现实主义成分"，等等，这当然是一种文字的游戏，更是"主义"的游戏。既然用了"主义"，又说不充分、非主义成分，这种论断毫无价值而且直接损害了对《金》书更全面深刻地认知。事实是，小说的某些瑕疵只能是小说技艺方面的，在章节布局方面做得不理想并不影响它是伟大的小说。然而小说艺术，特别是像《金》书这样的小说，其艺术不仅是技巧之类，而是一种精神，只有独特的精神和卓尔不群的姿态才能成就文学。而且这种精神必须是个人的，独一无二的。"主义"形成不了独特、原创，只有小说精神，真正属于个人的小说精神才能是唯一的。小说不管写得多么精彩，失去了精神层次，缺乏洞见和第二视力，终究不会成为经典。精神和创作智慧的层次，永远不会简单地由文字表达出来，它永远存在于人物故事的心灵结构中。

还有就是风格。"风格即人"是真理。风格就像一个作家身上的气味，是个人独有的，不是"主义"可以强求的。经过这段时间的反思，我要求自己再也不要用什么主义去框定伟大史诗《金瓶梅》了。兰陵笑笑生的小说精神已经足够超越多种"主义"的说教了。恰好看到木心的一句话——竟然不谋而合，他说："王尔德不错的，但一标榜唯美主义，露馅了，你那个'唯'是最美的吗？""人说陀思妥耶夫斯基是现实主义，他光火了。"木心又说："凡概括进去的，一定是二流、三流，不要去构想，更不要去参加任何主义，大艺术家一定不是什么主义，莎士比亚是什么主义？"

好了，让我们在解读上抛弃"主义"的模式，多点活生生的感悟和心灵自由吧！

第四，关于对《金》书人物塑造的认知与阐释的反思。

在第十二届国际金瓶梅学术研讨会上，我提交的论文（《论〈金瓶梅〉的原创性》）中提到我曾以"人原本是杂色的"为标题说到《金》书给世界小说史增加了几个不朽的典型人物，也认同金学界所说的，它打破了之前那种写人物好就好到底，坏就坏到底的模式，提出兰陵笑笑生已经完全意识到现实生活中的人不是单色素的，人"是带着自己的整个复杂的人"。我也没有回避在小说研究界流传的多种说法，如"圆形"与"扁平"，"立体"与"平面"人物，以及以后的"性格组合"论等等，这些无疑是对古典小说解读的一大进步。但是，在今天的语境下用这些概念去审视《金》书中的人物形象创造，我却发觉远远不够了。

从我的阅读经验看，从前读《金》书的写人生、写人物，一直认为它似乎都是直击式的，几乎都是不加掩饰的、和盘托出的。今天，仔细打量，深感它有太多有待我们仔细品味的东西，有太多的隐秘有待我们去揭开。比如，真有一种"密码"，那就是人性的隐秘；比如，人们可以批判西门庆这个人物，但你又会发现你身边原来有不少西门庆式的人物，甚至我、你、他的内心隐秘竟与这一典型人物有着或多或少的相似。正像《鲁滨孙漂流记》的作者笛福在他的《肯特郡的请愿书·附录》中径行直遂地道出的：

> 只要有可能，人人都会成为暴君，这是大自然赋予人的本性。

笛福在论人性方面无法和马克思、恩格斯相提并论，但是他的人生阅历使他对人性善恶转化有着深刻的发现。走笔至此，突然想起英国前首相丘吉尔说过的一句话：

> 人性，你是猜不出来的。（有人又译为：人性，你是不可猜的。）

《金》书中人物的人性真是不可猜的吗？我是在认知潘金莲和李瓶儿的心灵史时才发现，这两个人物如果仅从性格史上来认知，那是不会有太多新发现的，只有提升到心灵层面，特别是人性层面，才能更深入地看到这两个人物是何等不同。对于潘金莲，不管有多少人为她的行为辩解乃至翻案，无论千言万语也说服不了我的就是这人性。我的人性底线是不能杀害无辜者，而潘金莲突破了我的这个心理底线，她从来没对自己的两次直接谋杀有过罪恶感、负罪感，并进行忏悔；相反，她的一切反人性的行径都是为了证明她的"存在"。而李瓶儿则是在走向死亡的过程中充满了罪恶感、负罪感，她的忏悔意识正是通过她的几次梦境表现出来，反映了她的人性的复杂性，因为她毕竟没有突破人性的底线去谋杀无辜者，包括花子虚。

所以，在我的阅读史中，我充满了反思意识，我是逐渐靠近兰陵笑笑生的内心生活的。站在我们面前的这位小说巨擘不是一个普通的艺匠，他是真正心底有生活的人，是他才如此准确地把握到人性的变异。正如法国伟大思想家帕斯卡尔所说：

> 人性并不是永远前进的，它是有进有退的。

人的复杂多变提供给小说家探索隐秘密码的可能，也给我们提供了研究《金》书的广阔空间。今天我牢牢记住了先贤的叮嘱，人性才是你骨子里的东西，是会自然流露的那个东西。美好的人性可以穿越黑暗；反之，它只能进入黑暗。

总之，过去对《金》书的阐释其实是先验性的，正是"审丑"的理念让我掩盖了认知人性的复杂性。作为一个小说史研究的学人，我缺乏的是对人、对作家的"爱之不增其美，憎之不益其恶"地审视小说与小说中的人物，犯了绝对化、先验性的毛病。进一步说我犯了方法论上的错误，我没有跳出"原则"和模式去审视《金》书的人物。恩格斯在《反杜林论》中指出：

> 原则不是研究的出发点，而是它的最终结果。

他又说：

> 不是自然界和人类去适合原则，而是原则只有在符合自然界和历史的情况下才是正确的。

正确的方法是，文本比原则重要，小说文本提供了小说研究的出发点。今后在《金》书研究上，我一定不再重复所谓的"从原则出发"的僵化与教条的毛病。

事实是，《金瓶梅》致力的正是表现人性的复杂。没有人之初性本善，也没有人之初性本恶。正像莎士比亚说的："人，毕竟是用尘土做出来的，所以他会老、他会死，容易生病，而且会产生邪念，会做坏事。这就是人性的两面性、多面性和复杂性。"

今天，在匆忙中，写下我的《金瓶梅》研究反思录，是为了寻找一扇继续前进的门。这两年我只写了不到 2 万字的小文章，一篇是《还〈金瓶梅〉以尊严》（《南京师范大学文学院学报》2016 年第 1 期），一篇是《论〈金瓶梅〉的原创性》（《明清小说研究》2016 年第 2 期），一篇是作为我的《〈金瓶梅〉十二讲》（北京出版社 2016 年 1 月收入"大家小书"丛书）的自序——《伟大也要有人懂》。

这是反思后的我的实验性的写作。希望自己从现在重新上路，对《金瓶梅》进行深入的研究，参与"金学"的科学的建构工作。

注释：

① 阿城认为："《金瓶梅词话》历代被禁，是因为其中的性行为描写，可我们若仔细看，就知道如果将小说里所有性行为段落搞掉，小说竟毫发无伤。"见阿城《闲话闲说——中国世俗与中国小说》，作家出版社，1997 年第 1 版，106 页。

《金瓶梅》研究三十年回顾与展望

吴 敢 *

（江苏师范大学 文学院；江苏徐州 221116）

摘 要：本文分为中国的《金瓶梅》研究、中国以外的《金瓶梅》研究、金学展望与思考三个部分，梳理 20 世纪 80 年代以来国际《金瓶梅》研究历程和成果，分析金学过往之不足，探讨金学发展之途径，认为传统的金学与以文化与传播为标志的、以经典现代解读为旗帜的新金学相加合，必然会迎来新的辉煌成就。

关键词：金瓶梅；研究；三十年；回顾；展望

一 中国的《金瓶梅》研究

（一）1979—1984 年的《金瓶梅》研究

1979—1984 年，是中国大陆《金瓶梅》研究前行者重新点燃星火并且辛勤耕耘的几年，也是中国港台《金瓶梅》研究宿将不懈努力并且继续开拓的几年。朱星是中国大陆新时期名副其实的一颗启明星，他在 1979—1980 年连续发表 7 篇论文，并于 1980 年 10 月由百花文艺出版社结集出版了中国大陆《金瓶梅》研究的第一部专著《金瓶梅考证》。朱星的研究结论不一定都能经得住学术的检验，朱星继鲁迅、吴晗、郑振铎、李长之等人之后，重新点燃并高举起这一支学术火炬，结束了沉寂 15 年之久的局面，这一历史功绩却已经并将继续经得起时间的检验。这一时期发表《金瓶梅》研究论文的有魏子云、黄霖、徐朔方、王丽娜、孙逊、陈诏、张远芬、蔡国梁、王汝梅、杜维沫、刘辉、陈昌恒、李时人、傅憎享、宁宗一、吴敢、卢兴基等人，对《金瓶梅》的作者、成书过程、著作年代、版本、人物、史料等，均时有创见。这个四五十人的阵容，如果连同治文学史、文学批评史、小说史、小说批评史、文献学等涉及《金瓶梅》的其他学科领域的学人，已经是一支不容忽视的集团军。一些地方还出现了《金瓶梅》的研究群体，如上海、徐州、聊城等。

（二）1985—1994 年的《金瓶梅》研究

1985—1994 年，是中国（大陆与港台一体）《金瓶梅》研究如火如荼的 10 年，是继"红学"之后又一门古代小说显学——"金学"形成的 10 年，是中国《金瓶梅》学会创

---

* **作者简介**：吴敢（1945— ），男，江苏师范大学文学院教授，研究方向为中国古代小说戏曲。

建的 10 年，是几乎一年一会金学同仁聚首面商、团结合作的 10 年。1985 年 6 月，首届全国《金瓶梅》学术讨论会在江苏徐州召开，拉开了中国《金瓶梅》研究热潮的帷幕。1989 年 6 月，首届国际《金瓶梅》学术讨论会在江苏徐州召开，中国《金瓶梅》学会同时成立，形成大陆与港台一体的金学同盟，从此形成国际金学同仁阶段性晤谈交流的局面。中国《金瓶梅》学会虽然迟至 1989 年方始成立，但其主要工作人员如第一届学会（1989—1993 年）的刘辉、吴敢、黄霖、王汝梅、周钧韬、张远芬、卜键、及巨涛等，第二届学会（1993—2003 年）的刘辉、吴敢、黄霖、卜键、及巨涛等，自 1985 年发起组织全国首届《金瓶梅》学术讨论会时便已出现。所以，中国《金瓶梅》学会是中国金学这 10 年高潮的"弄潮儿"。用定期召开会议的方式，对金学进行阶段性总结和启导，是一种行之有效地推进学术的方式。中国《金瓶梅》学会责无旁贷地担起了这一历史重任。这一阶段几乎每年都出版 10 部以上的金学专著，1990—1992 年每年出版的金学专著竟有 20 部之多。这一阶段每年发表的论文也都在 100 篇左右。累计出版金学专著 120 余部，发表金学论文 1100 余篇。

（三）1995—2000 年的《金瓶梅》研究

本阶段保持着每年出版金学专著近 10 部的势头，每年发表论文百篇左右的规模。这看似一种余绪，实是一种积蓄。1979—1985 年的金学专著基本都是资料汇编、论文选集、作者考证；1986—1994 年的金学专著，考证的范围扩大到几乎所有的研究领域，评析思想内容、艺术特色、文化影响的作品渐趋多数，其中尤以人物与语言研究出现批量性成果；1995—2000 年的金学专著，"金瓶文化"与金学传播形成新的热点，社会风俗、时代精神、文化层面、士子心态等越来越进入金学同仁视野。

中国的魏子云、孙述宇、朱星、徐朔方、梅节、宁宗一、蔡国梁、陈诏、卢兴基、傅憎享、杜维沫、刘辉、黄霖、王汝梅、叶朗、张远芬、吴敢、周钧韬、周中明、王启忠、陈昌恒、孙逊、石昌渝、罗德荣、鲁歌、马征、田秉鳄、张鸿魁、郑庆山、叶桂桐、卜键、陈益源、李时人、陈东有、许建平、王平、赵兴勤、孟昭连、何香久、潘承玉、霍现俊、张进德等，辨章学术，考镜源流，营造了一座辉煌的金学宝塔。中国的《金瓶梅》研究经过 80 年漫长的历程，终于在 20 世纪的最后 20 年登堂入室，走在了国际金学的前列。

20 世纪的《金瓶梅》研究中，1924 年鲁迅《中国小说史略》出版，标志着古典阶段的结束和现代阶段的开始；1933 年北京古佚小说刊行会影印发行《金瓶梅词话》，标志着现代阶段的正式启动；中国大陆、港台、日本、欧美（美、苏、法、英）四大研究圈的形成，标志着现代阶段的全面推进；版本、写作年代、成书过程、作者、思想内容、艺术特色、语言风格、文学地位、理论批评、资料汇编、翻译出版等课题的形成与展开，标志着现代阶段的研究水平。

（四）21 世纪初的彷徨

21 世纪以来，中国大陆与台湾、香港的《金瓶梅》研究如日中天。台湾在魏子云的带引下，一大批中青年研究者加入金学队伍；大陆以中国《金瓶梅》学会与中国《金瓶梅》研究会（筹）为中心形成的主力团队，面对彷徨，决意中兴。

中国《金瓶梅》学会成立以后，成功地举办了 4 次国际《金瓶梅》学术讨论会、3 次全国《金瓶梅》学术讨论会，学会机关刊物《金瓶梅研究》连同《金瓶梅学刊》（试刊号）出版了 8 辑。中国《金瓶梅》学会是工作比较规范、活动比较正常、成效比较突出的学术类国家一级学会。

2002 年下半年，学会接到国家民政部通知，要求在 2003 年上半年完成社团重新登记工作。学会原挂靠单位（中国社会科学院）因为学会主要负责人均非该单位人员，以及其他社会性原因，不能出具证明。按民政部要求，挂靠单位必须是部级单位。于是刘辉向其主管部门——原新闻出版总署申请挂靠。因为刘辉重病在身，吴敢、黄霖又因为"非典"不能晋京，此事遂遭搁置。

不料，2003 年 6 月 6 日，民政部发出第 41 号公告，宣布取消中国《金瓶梅》学会等 63 个社团开展活动的资格。按民政部的公告，中国《金瓶梅》学会只是排在 63 个社团的中间，几乎所有的新闻报道却都以中国《金瓶梅》学会打头，在学会内部以及社会上引起强烈的反响。

尽管《金瓶梅》研究从学术表面上看并没有完全停顿，如中国的金学论文，2001 年有 77 篇，2002 年有 88 篇，2003 年有 148 篇，2004 年有 99 篇，2005 年有 79 篇，比起 2000 年的 152 篇，1999 年的 128 篇，尚有学术惯性，相去似觉未远。但受到严重的影响，已是不言而喻。如中国大陆的金学专著，2001 年有 4 部，2002 年有 4 部，2003 年有 10 部（其中 2 部为旧著新出、1 部为境外著作），2004 年有 4 部（其中一部为旧著新出），比起 2000 年的 9 部，1999 年的 15 部，已觉逊色。

20 世纪后 20 年金学迅猛发展的步伐遭到遏制，一门新兴的显学受到损伤，金学同仁合力构建的金学宝塔面临考验，《金瓶梅》研究者都在检视学问，思考对策。

（五）对金学的质疑与辩正

2004 年 2 月 9 日《文汇读书周报》发表陈大康《〈金瓶梅〉作者如何考证》一文，批评"目前《金瓶梅》作者考证整体现状"，说"考证前提的可靠性得不到证实"，因此认为"考证方法不科学"，"目前并不具备考证的必要条件"，"《金瓶梅》作者考证本身恰是一个甚可存疑的课题"。刘世德 2007 年 2 月 9 日在北京现代文学馆的演讲《〈金瓶梅〉作者之谜》（后收入线装书局 2007 年 12 月一版《明清小说——刘世德学术演讲录》），嘲弄金学为"非常可笑的""笑学"，说与"秦学""无独有偶"。陈文说《金瓶梅》作者研究"不科学"，刘则更进一步说是"伪科学"。对《金瓶梅》研究的批评，以刘世德、陈大康两位最为激烈。他们的批评遭到了金学界的辩正。

黄霖在《金瓶梅文化研究》第五辑序言中说："面对着否定者的调子越唱越高，我反过来觉得在批评《金瓶梅》作者研究中的不良倾向的同时，也要正确估计《金瓶梅》作者研究中的成绩，要保护《金瓶梅》作者研究中的健康的热情与可贵的精神。""本来，科学研究不排斥合理的推测。……那么，在探究《金瓶梅》作者的过程中，难道就绝对地不应该有合理的推测？欣欣子《金瓶梅词话序》在没有确凿的证据能证明它是后来的伪作的话，为什么不能从'兰陵笑笑生'出发来考证他是谁呢？既然说是'兰陵'人，为什么不能从山东峄城、江苏武进那里寻找合适的对象呢？既然小说中写到了那么多的金华酒等南方的酒，有那么多的南方的习俗与语言，为什么不能推测作者是南方人呢？诸如此类，多数的推测都不是空穴来风，都是从一定的材料出发的。"[1](序言)

笔者《与陈大康先生讨论〈金瓶梅〉作者说》一文中说："《金瓶梅》作者研究的主流应该得到充分肯定，其广有影响的几说，如王世贞、贾三近、屠隆、李开先、徐渭、王稚登等，对金学事业均有创造性的贡献。《金瓶梅》作者研究是金学的主要支撑之一。《金瓶梅》作者研究又与《金瓶梅》成书年代、成书过程、成书方式等研究，还与《金瓶梅》文化、语言、内容、艺术、人物等研究密切关联。金学首先要热起来，才能谈到发展。从这一角度说，《金瓶梅》作者研究对金学的影响远远超过其具体课题本身。……不进入金学圈中，隔岸观火，隔靴搔痒，是很难切中肯綮的。"[2](P42—45)

欧阳健《无能为者的伪科学——评刘世德〈《金瓶梅》作者之谜〉》说："由于年代久远，资料散佚，《金瓶梅》作者悬而未决的问题很多，但相关的信息仍是异常丰富的，绝不如刘世德所言，只有那兰陵笑笑生五个字是可靠的，别的都是没有'正面的、直接的、确凿可靠的证据'的伪科学。什么叫科学？达尔文的定义是：'科学就是整理事实，从中发现规律，做出结论。'科学不是墨守成规的遁词，发现人未知的事实才是科学的真谛。刘世德只相信眼睛看到的存在，不相信眼睛看不到的存在，不懂得那种存在是要用心去体察、去捕捉的。对刑侦人员来说，一根毛发，一个烟蒂，都是破案的线索，通过目击者口述模拟画像，更是有效的手段。它们不符合刘世德'正面的、直接的、确凿可靠的证据'的标准，却完全符合科学的精神。针对《金瓶梅》作者的所有探索都应该给予积极评价。《金瓶梅》作者未弄清，本身就是一个学术课题，一个学术项目。有人愿意攻他，又不对他人造成妨碍，何必出来阻拦？更没有理由加以嘲笑。……真正的《金瓶梅》作者，可能在七十个候选人中，也可能在七十个候选人外。即使最后判定，这七十个候选人都不是真正的《金瓶梅》作者，但人们的劳动并没有白费。弄清了王世贞、屠隆、徐渭、王稚登、丁惟宁，甚至蔡荣名、白悦，弄清了历史沿革、方言土语、民俗风情，岂不是意外的收获，又有什么不好呢？"①

杜贵晨《〈金瓶梅〉研究不妨有一个"笑学"》认为可以移花接木，就将《金瓶梅》作者"兰陵笑笑生"研究光明正大地叫作"笑学"，亦如"曹学"，甚至"金学""红学"一样堂而皇之，"当然不是'可笑'的'笑学'"。②

（六）金学的中兴

黄霖、吴敢经协商，仿社会通列，2004 年 2 月 26 日以原中国《金瓶梅》学会秘书处名义发函给各位理事，建议以"中国《金瓶梅》研究会（筹）"名义暂行工作，并由黄霖任筹委会主任、吴敢任筹委会副主任兼秘书长。该建议获得原中国《金瓶梅》学会第二届理事会的一致同意。

中国《金瓶梅》研究会（筹）成立以来，成功召开了 1 次全国会议 [第七届（峄城）全国《金瓶梅》学术讨论会]、8 次国际会议 [第五届（开封）国际《金瓶梅》学术讨论会、第六届（临清）国际《金瓶梅》学术讨论会、第七届（清河）国际《金瓶梅》学术讨论会、第八届（台湾）国际《金瓶梅》学术讨论会、第九届（五莲）国际《金瓶梅》学术讨论会、第十届（兰陵）国际《金瓶梅》学术讨论会、第十一届（徐州）国际《金瓶梅》学术讨论会、第十二届（广州）国际《金瓶梅》学术讨论会]。

中国《金瓶梅》研究会（筹）成立后，先后出版了《金瓶梅研究》第 8—12 辑。

现在总结一下中国召开的全国与国际《金瓶梅》学术会议：1985 年 6 月在徐州，1986 年 10 月在徐州，1988 年 11 月在扬州，1989 年 6 月在徐州，1990 年 10 月在临清，1991 年 8 月在长春，1992 年 6 月在枣庄，1993 年 9 月在鄞县，1997 年 7 月在大同，2000 年 10 月在五莲，2005 年 9 月在开封，2007 年 5 月在枣庄，2008 年 7 月在临清，2010 年 8 月在清河，2012 年 8 月在台湾，2013 年 5 月在五莲，2014 年 11 月在兰陵，2015 年 8 月在徐州，2016 年 10 月在广州，中国已经召开了 19 次《金瓶梅》学术讨论会。其中全国会议 7 次，国际会议 12 次。而 1985 年首届全国会议，1989 年首届国际会议，1992 年第二届国际会议，1993 年第六届全国会议，2000 年第四届国际会议，2005 年第五届国际会议，2010 年第七届国际会议，2012 年第八届国际会议，2015 年第十一届国际会议，是意义非常的会议。1985 年会议筚路蓝缕，1989 年会议推广扩展，1992 年会议名副其实，1993 年会议换届选举，2000 年会议回顾思考，2005 年会议中兴重起，2010 年会议发展壮大，2012 年会议两岸合办，2015 年会议总结提高，均令人感慨万千，记忆犹新。

同时也总结一下金学学刊编辑出版情况：中国《金瓶梅》学会与中国《金瓶梅》研究会（筹）的机关刊物《金瓶梅学刊》《金瓶梅研究》，自 1989 年 6 月至 2016 年 1 月这 27 年间共编辑出版 13 辑，发文 334 篇。

中国《金瓶梅》学会获得新生，金学得到中兴，《金瓶梅》研究兴旺。金学论文 2007 年有 147 篇，2008 年有 183 篇，2009 年有 111 篇，2010 年有 148 篇，2011 年有 113 篇，2012 年有 112 篇，2013 年 237 篇。金学论著 2005 年有 11 部，2006 年有 11 部，2007 年有 13 部，2008 年有 11 部，2009 年有 8 部，2010 年有 11 部，2011 年有 13 部，2012 年有 10 部，2013 年有 9 部。

以《金瓶梅》研究作为选题的硕士、博士论文开始批量出现。最早以《金瓶梅》研究为博士论文者是美国的韩南，1960 年他以《〈金瓶梅〉成书及其来源研究》为博士论文获得英国伦敦大学中国古代文学博士学位。中国的硕士、博士论文以《金瓶梅》研究为题者，最早为梁操雅，他 1979 年以《从〈金瓶梅〉及〈三言〉〈二拍〉看明中叶江南地区之经济发展》为硕士论文获得香港大学哲学硕士学位。中国大陆最早以《金瓶梅》研究为硕士论文者是陈昌恒，他 1982 年以《论张竹坡关于文学典型的摹神说》获得华中师范大学文艺学硕士学位。中国大陆最早以《金瓶梅》研究为博士论文者是叶桂桐，他 1985 年以《〈金瓶梅〉研究》为博士论文获得中国社会科学院研究生院中国古代文学博士学位。

据初步统计，1979—2013 年，中国约有研究《金瓶梅》的硕士、博士论文 228 篇，其中博士论文 15 篇，硕士论文 213 篇。这些论文涉及古代文学、汉语言文字学、汉语史、外国语言文学、美学、文艺学、哲学、伦理学、民俗学、宗教学、音乐学、影视与戏剧戏曲学、中国古代史等多个学科，已经形成了多学科齐头并进的局面。

这些论文的撰写者后来有一部分成为金学大家，而大多数正在逐步成长为金学的主力军。譬如，陈昌恒，毕业以后留校工作，任原中国《金瓶梅》学会理事，有金学专著

2 部、编著 1 部、论文一二十篇，在张竹坡与《金瓶梅》评点研究、《金瓶梅》作者研究方面成绩显著；叶桂桐，现为山东外事翻译职业学院教授，中国《金瓶梅》研究会（筹）理事，有金学专著 1 部、编著 2 部、论文一二十篇，在《金瓶梅》成书、版本、作者、主题、艺术、人物诸多领域皆有可观的成果；洪涛，2000 年以《四大奇书变容考析》获香港大学博士学位，现为中国《金瓶梅》研究会（筹）理事，有金学论文一二十篇，对《金瓶梅》英译、语言、文化、源流、成书、传播等课题，颇有心得；胡衍南，2001 年以《食、色交欢的文本——〈金瓶梅〉饮食文化与性爱文化研究》获台湾清华大学博士学位，现为台湾师范大学教授，中国《金瓶梅》研究会（筹）理事，有两部金学专著与一二十篇论文，在《金瓶梅》版本、续书、主旨属性、饮食情色、《金瓶梅》《红楼梦》比较等方向均有建树；曹炜，2002 年以《〈金瓶梅词话〉语法研究》获上海师范大学博士学位，现为苏州大学教授、博士生导师，有金学专著 2 部、论文近 10 篇，其《〈金瓶梅词话〉语法研究》与郑剑平《〈金瓶梅〉语法研究》（巴蜀书社 2003 年 5 月）、许仰民《〈金瓶梅词话〉语法研究》（中华书局 2006 年 11 月）乃 21 世纪《金瓶梅》语法研究的代表作；霍现俊，2004 年以《〈金瓶梅〉艺术论要》获首都师范大学博士学位，现为河北师范大学教授，博士生导师，中国《金瓶梅》研究会（筹）副会长兼副秘书长，有 3 部金学专著、二三十篇论文，在《金瓶梅》主旨、源流、成书、作者、艺术、人物、政治寓意、地理背景等学科皆有独到之处；其他如 2000 年以《〈金瓶梅〉女性服饰文化研究》获政治大学硕士学位的张金兰、2005 年以《张竹坡、文龙〈金瓶梅〉人物批评比较研究》获广西师范大学硕士学位的贺根民、2006 年以《齐鲁文化视野下的〈金瓶梅〉》获山东师范大学硕士学位的刘洪强、2010 年以《〈金瓶梅〉叙事形态研究》获哈尔滨师范大学博士学位的孙志刚、2011 年以《〈金瓶梅〉美学研究》获南开大学硕士学位的傅善明等，均勤奋好学，思维前卫，后生可畏，将以有为。

一些学报、期刊开设有《金瓶梅》研究专栏，这些专栏所发表的论文达 339 篇，成为名副其实的金学园地。《江苏师范大学学报》《吉林大学学报》《明清小说研究》《枣庄学院学报》《徐州工程学院学报》，是金学成果展示的重镇。《江苏师范大学学报》开设专栏达 15 个，发表论文 88 篇；《明清小说研究》开设专栏 16 个，发表论文 63 篇；《徐州工程学院学报》开设专栏 14 个，发表论文 42 篇，有的二三十年如一日，其历任主编是何等的眼光与魄力，真是可钦可赞！

三个最著名的金学园地都出现在江苏，皆由首届全国《金瓶梅》学术讨论会的发起单位主办。这三个中有两个（《江苏师范大学学报》与《徐州工程学院学报》）都在徐州，这也不奇怪，徐州是中国大陆金学早期形成的《金瓶梅》研究基地与中心，是中国《金瓶梅》学会所在地、中国《金瓶梅》研究会（筹）秘书处所在地。物换星移，阴差阳错，徐州与《金瓶梅》结下不解之缘。康熙年间张竹坡在徐州评点《金瓶梅》，以及 20 世纪 80 年代以来作为金学基地与中心，徐州已两次成为金学热土。

不少著名学者和作家也来金学园地一显身手，如冯沅君、赵景深、傅惜华、孟超、张友鸾、郑逸梅、郭豫适、周绍良、张俊、朱德熙、胡文彬、王达津、朱一玄、马泰来、郑培凯、袁世硕、吴晓铃、王利器、冯其庸、沈天佑、侯忠义、欧阳健、宋谋玚、王星琦、顾国瑞、蒋星煜、章培恒、沈伯俊、王永健、蒋礼鸿、俞为民、何满子、胡小伟、田青、陈大康、刘世德、李治华、孙崇涛、赵逵夫、徐恭时、朱恒夫、周先慎、聂绀弩、杨义、张锦池、孙犁、刘心武、车锡伦、邓绍基、马瑞芳、吴组缃、徐扶明、陈毓罴、程毅中、陈美林、郭英德、萧相恺、段启明、王进珊、郑云波、邓星雨等。这一五六十人的阵容，放在任何一个课题方向上，都足以使其绽放出绚丽的光彩。

台湾学生书局编辑出版了一套"金学丛书"，暂分为两辑（第一辑 2014 年 9 月出版，第二辑 2015 年 6 月出版）。笔者作为主编之一，为第二辑所撰前言曰："本丛书暂分两辑，第一辑为台湾学人的金学著述，由魏子云领衔，包括胡衍南、李志宏、李梁淑、郑媛元、林伟淑、傅想容、林玉惠、曾钰婷、李欣伦、李晓萍、张金兰、沈心洁、郑淑梅，可说是以老带青；第二辑为大陆 20 世纪 80 年代以来学人的《金瓶梅》研究精选集，计由徐朔方、宁宗一、刘辉、王汝梅、黄霖、吴敢、周中明、张远芬、周钧韬、傅憎享、鲁歌、陈昌恒、张鸿魁、叶桂桐、冯子礼、李时人、赵兴勤、王平、孟昭连、卜键、陈东有、何香久、许建平、张进德、霍现俊、石钟扬、孙秋克、曾庆雨、洪涛、潘承玉、杨国玉诸位先生的大作组成，凡 31 人 28 册（其中徐朔方、孙秋克，傅憎享、杨国玉，王平、赵兴勤，因字数两人合装一册），每册 25 万字左右。第二辑连同第一辑 14 人 16 册总计所入选的此 45 人 45 册（另一册为吴敢编著之《金学索引》），反映着当代金学的全面风貌，涵盖了金学的所有课题方向，代表了当代金学的最高水平。台湾学生书局高瞻远瞩，运筹帷幄，以战略家的大眼光，以谋略家的大手笔，决计编撰出版'金学丛书'，实金学之幸，学术之福。主编同仁视本丛书为金学史长编，精心策划，倾心编审。各位入选师友打造精品，共襄盛举。本丛书的编选既是对过往的总结，也是对未来的期盼。本丛书诸体皆备，雅俗共赏，可以预测，将为金学作出新的贡献。"③

二 中国以外的《金瓶梅》研究

（一）日韩的《金瓶梅》研究

20 世纪三四十年代，日本的《金瓶梅》研究亦出现一个著名的研究群体，如小野忍、长泽规矩也等，形成《金瓶梅》研究的另一个东方热点，其中尤以鸟居久晴、泽田瑞穗、上村幸次、饭田吉郎等人的成果为学界所瞩目。

1964—1978 年中国大陆的《金瓶梅》研究一片空白，而中国港台、欧美和日本则形成三个《金瓶梅》研究中心。日本学人对《金瓶梅》的研究热情经久不衰，老一辈《金瓶梅》研究者老当益壮，还有一些新的青年研究者，如清水茂、后藤基巳、寺村政男等。

1979—2000 年，日本《金瓶梅》研究有不少学人接流步武，如日下翠、大塚秀高、荒木猛、阿部泰记、铃木阳一等。其中阿部泰记关于《金瓶梅词话》叙述混乱原因的分析，以及由此得出的"万历本《金瓶梅词话》是某一特定的作者在构思还没有完全统一的阶段的作品化了的读物"的结论（《论〈金瓶梅词话〉叙述之混乱》，日本《人文研究》1979 年 7 月第 58 辑）；日下翠关于吴晗《金瓶梅》成书万历说的批判，以及对《金瓶梅》成书嘉靖说的支持（《金瓶梅成书年代考》，日本《东方》1984 年 1 月），关于

《金瓶梅》是李开先个人创作而非整理的考证（《金瓶梅作者考证》，《明清小说论丛》，春风文艺出版社 1985 年 6 月）；大塚秀高关于《金瓶梅》构思既受《水浒传》影响，又受《封神演义》《三国演义》影响的推断（《金瓶梅的构思》，《明清小说研究》1996 年第 4 期），关于《金瓶梅》的构造中心从玉皇庙转移到永福寺的分析（《续金瓶梅的构造》，《东洋文化研究所纪要》1999 年 3 月第 137 册），引起了国际金学界的注意。荒木猛的关于出版崇祯本的书商为杭州鲁重民、刊行年代在崇祯十三年之后不久；关于词话本与崇祯本的不同，特别是篇头诗词的不同，以及崇祯本篇头诗词出自《草堂诗余》；从小说中的干支纪日推算《金瓶梅》成书于嘉靖四十年到隆庆六年之间的观点，都说明他是 20 世纪晚期日本《金瓶梅》研究者中的佼佼者。

黄霖先生在与大塚秀高、铃木阳一的对谈中，指出大塚秀高的《金瓶梅的构思》《续金瓶梅的构造》是"很有创见的文章"，铃木阳一的《关于金瓶梅的描写方法》一文"注意在艺术表现方面寻求一些规律性的东西，也很有启发性"，寺村政男、阿部泰记等先生的研究也有"独到的见解"。[4]这些研究反映出日本 20 世纪后 20 年的《金瓶梅》研究的水平。

韩国出版了改编本《小说金瓶梅》，1990 年内外出版社一版，其《后记》说："《金瓶梅》全篇暴露嘉靖末年至万历中期社会的腐败及买卖少女的底层庶民生活，并反映了商品经济初步发展的明朝世态及市民阶层的意识形态。《金瓶梅》中，精细的描写与魅力四溢的文章结构，以及对众多人物性格的准确的描写，对以后的长篇小说创作产生了很大的影响。"[3](P132—133)

朴秀镇《完译金瓶梅》也于 1991—1993 年由汉城青年社出版。朴译 6 册（后 4 册朴正阳参译），据词话本译出，偶有删节，卷末附录康泰权的《金瓶梅解说》。朴秀镇在该译本跋中说："《金瓶梅》反映的基本上是明末统治阶级、封建家庭及市民民众黑暗腐败的内幕，是一部现实主义的写实作品。这部小说写了土豪恶霸西门庆除有一妻二妾外，还不断纳妾的过程中的淫荡狡猾的生活。西门庆在突然暴富，想求官职却四处碰壁的过程中，广泛联络朝廷官员、阿谀奉承的小人、地头蛇、妻妾、侍女、妓女等，这些描写深刻地暴露了当时社会阴暗面，生动形象地刻画了统治阶级、剥削阶级、淫乱者的丑恶嘴脸。""从艺术的角度看，这部小说朗朗清晰的有机结构，出色的场面安排，生动的语言，成功的细节描写，主要人物的典型个性的刻画，都具有极高的艺术成就。"

随着安重源硕士论文《〈金瓶梅〉研究》（庆北大学，1988 年）的发表，在韩国出现批量性研究成果。安文分析了版本、作者、源流、传播，认为《金瓶梅》是社会讽刺小说，乃写实主义文学大作。康泰权博士论文《〈金瓶梅〉研究》（延世大学，1992 年）和金兑坤博士论文《〈金瓶梅〉明清两代评论研究》（韩国外国语大学，1993 年）对韩国学界产生了较大的影响。康泰权的研究主要针对背景论、作家论、作品论进行辨析，其中论证作品的内容、人物、技巧与语言、价值与影响的作品论部分占全部论文的四分之三，成为中心论题。金兑坤的研究以历代评论文字为对象，分析作者、版本、主题、人物、结构、语言等各部分的内容，涉及绣像本评点、张竹坡评点、文龙评点等。此外还有赵美媛硕士论文《〈金瓶梅词话〉的现实认识——以欲望与伦理的对立世界为中心》

（延世大学，1993 年）、金宰民硕士论文《论张竹坡对于〈金瓶梅〉的批评》（复旦大学，1996 年）、李无尽硕士论文《〈金瓶梅〉的两面性考察》（高丽大学，1997 年）和权希正硕士论文《〈金瓶梅〉的性文化研究》（东国大学，1999 年）等。单篇论文则有金宰民《〈金瓶梅〉在韩国》（《金瓶梅研究》第 5 辑，1993 年），康泰权《〈金瓶梅〉中的性》（1994 年）、《〈续金瓶梅〉研究》（1995 年）、《〈金瓶梅〉中的妓女研究》（1996 年）、《〈金瓶梅〉中的女性研究》（1997 年），金兑坤《〈金瓶梅〉性欲描写的意义》（1995 年）、《〈金瓶梅〉的现实认识》（1996 年）、《〈金瓶梅〉人物描写技法研究》（1997 年）等。崔溶澈参加了此间在中国大陆召开的所有《金瓶梅》研讨会议，发布了论文《〈金瓶梅〉对〈红楼梦〉的影响研究》（1992 年）、《中国禁毁小说在韩国》（《东方论丛》，1998 年第 3 期）等论文。

（二）欧美的《金瓶梅》研究

1995—2000 年欧美的《金瓶梅》研究人员主要集中在美国和法国，其中美国最富光彩，有一支豪华的《金瓶梅》研究阵容，如夏志清、韩南、芮效卫、柯丽德、浦安迪、马幼垣、马泰来、郑培凯、杨沂、陆大伟等，足令国际金学界钦羡。虽然在人数上无法与中国相比，但在影响上却可以与中国相伯仲。芮效卫《汤显祖创作〈金瓶梅〉考》以小说内容与版本为内证，以汤显祖生平著述为外证，两相对照，首创《金瓶梅》作者汤显祖说。他的《金瓶梅》英文全译本自 1988 年开始出版以来，虽然此时期尚在运作之中，也已经受到西方读者的欢迎。柯丽德《〈金瓶梅〉中的双关语和隐语》从儒家传统出发，以张竹坡"冷热"论为据，重点剖析了小说第 27 回，认为书中到处可见的文字游戏表明作者高度自觉地提出了医治社会弊病的传统疗法，强调这一回是打开全书题旨的钥匙，尚可斟酌；其《〈金瓶梅〉的修辞》（印第安纳大学出版社，1986 年）是一部力作，分为《金瓶梅》的文学世界、《金瓶梅》的结构与主题、《金瓶梅》里的宗教、词语组合与叙述结构、戏剧和歌曲、传统语言与传统的破坏、《金瓶梅》的结论七个部分，如关于《金瓶梅》以家喻国隐射的解读，认为"西门庆是明王朝的一个缩影"；关于《金瓶梅》性与自我意识的剖析，认为"性行为的描写便于深化小说中家国并置式的社会内在批判"等，均颇具警策之力。浦安迪《瑕中之瑜——论崇祯本〈金瓶梅〉的评注》即小见大，由近及远，重在探索崇祯本的评注，认为它反映了"李贽名下评注本所共有的论点"，甚至远溯到《金瓶梅》成书之时，认为它抑或有李贽评点的可能；另外在该文中，他据谢肇淛《小草斋文集·〈金瓶梅〉跋》，认为 20 卷本早于 10 卷本；在本文中还有他关于张竹坡的评论："张竹坡的首席传统评注家地位无人可与之竞争，同时张竹坡的《第一奇书》在清代的大部分时期一直作为标准版本流传"；其《〈金瓶梅〉非"集体创作"》（《金瓶梅研究》第 2 辑，1991 年）针对徐朔方、刘辉《金瓶梅》成书"集体累积说"，从小说的整体结构、行文中的冗赘重复、全书内容不外讲一"乱"（乱心、乱意、乱身、乱家、乱国、乱天下）字等几方面分析，得出《金瓶梅》"呈现了一种成熟的小说文体形式及明末文人成就"的不同结论。普安迪 1987 年出版的《明代四大奇书》（Plaks, Andrew H. *The Four Masterworks of Ming Fiction*: *Ssu-tach'i-shu*, Princeton University Press, 1987；该书 1993 年由中国和平出版社出版，沈亨寿等译，书名《明代小说四大奇书》），与其 1990 年出版的《中国叙事学》（Plaks，Andrew H. *How to Read the Chinese Novel.* Princeton University Press，1990；该书 1996 年由北京大学出版社出版）前后呼应，对《金瓶梅》思想主题、文本结构、叙事手法、艺术成就进行了较为全面的分析，如认为《金瓶梅》可划分为每 10 回一个单元的结构，反映了作者自觉的创作，是为文人小说，而"不修其身不齐其家"乃其主题。马幼垣、马泰来、郑培凯对《金瓶梅》也情有独钟。他们三位或在中国香港求学，或在中国台湾读书，都有负笈美国的留学经历，其后都在美国、中国香港或台湾任教任职。马幼垣发表在《中国古典小说研究专集》一期、二期（台北联经出版事业公司 1979 年 8 月、1980 年 5 月）上的两篇文章《研究〈金瓶梅〉的一条新资料》《论〈金瓶梅〉谢跋书》可为一组，既公布了其弟马泰来从谢肇淛《小草斋文集》中新发现的《〈金瓶梅〉跋》，又针对魏子云的相关文章引申论述了《金瓶梅》的抄本流传与丘志充其人，虽出言谨慎，却语含批评。关于这则新资料，马泰来也有文章《谢肇淛的〈金瓶梅〉跋》（《中华文史论丛》，1980 年第 4 辑）和《有关〈金瓶梅〉早期传播的一条资料》（《光明日报》，1984 年 8 月 14 日）发表。马泰来在《中华文史论丛》1982 年第 1 辑上发表的《麻城刘家和〈金瓶梅〉》一文，主旨有三：一是《金瓶梅》作者可能为"梅国桢门客"或"锦衣卫都督刘守有的门客"；二是《金瓶梅》可能是诋毁梅国桢之作；三是《金瓶梅》成书于万历十一年（1583年）。其在《中华文史论丛》1984 年第 3 辑上发表的《诸城丘家与〈金瓶梅〉》，认为丘志充曾拥有《金瓶梅》《玉娇丽》的抄本，其子丘石常与丁耀亢为好友，因而提示了《玉娇丽》与《续金瓶梅》的关系。郑培凯专攻明代文史，是美籍华人的可畏后生，其《〈金瓶梅词话〉与明人饮酒风尚》对《金瓶梅》中的酒做出数理统计，考证明代饮酒习俗，并通过排比，把酒的描写与人物塑造联系起来，且根据嘉靖年间崇尚金华酒、万历年间风行三白酒这种饮酒风尚，为《金瓶梅》的成书年代和地域提供了旁证；其姊妹篇《酒色财气与〈金瓶梅词话〉的开头》（台湾《中州文学》，1984 年 5 月）针对魏子云《四贪词》讽刺万历朝政、开场词与解说影射万历宠爱郑妃而打算废嫡立庶的观点，广征博引，像前文一样，着重从中国文化的背景来考察小说的思想内容，正如论文副标题所写，是"兼评《金瓶梅》研究'索引派'"的。陆大伟发表了一批《金瓶梅》研究论文，如《张竹坡大骂吴月娘来龙去脉初探》（1986 年第二届全国《金瓶梅》学术讨论会交流论文）、《〈金瓶梅〉评点及小说理论论文目录》（1986 年第二届全国《金瓶梅》学术讨论会交流论文）、《〈金瓶梅〉与〈林兰香〉》（《明清小说论丛》第 5 辑，春风文艺出版社，1987 年）、《〈金瓶梅〉与公案文学》（《金瓶梅研究》第 3 辑，1992 年）、《中国传统小说中说唱文学的非写实性引用——〈金瓶梅词话〉的模型及其影响》（《金瓶梅研究》第 4 辑，1993 年）等，与杨沂、史梅蕊等是美国金学的希望。

1983 年 5 月，美国印第安纳大学与金赛研究所联合举办了国际《金瓶梅》研讨会。这是全世界第一个《金瓶梅》研究学术会议，不仅是对美国当时《金瓶梅》研究成果的检阅，也引领着国外《金瓶梅》研究的方向。

《金瓶梅》文化研究，如社会研究、宗教研究、习俗研究等，也成为美国金学的主体方向之一。以其为博士论文的有：简瑛瑛《妇女争权：东西方小说代表作比较研究》

（维拉诺瓦大学，1987 年）、吕童琳《玫瑰与莲花：中法叙事文学中有关欲望的描写》（芝加哥大学，1988 年）、田爱竹《〈金瓶梅词话〉开场诗研究》（芝加哥大学，1989年）、赫希·玛丽艾伦《〈金瓶梅〉和〈红楼梦〉对妇女的描绘》（俄勒冈大学，1991年）、丁乃非《秽物：〈金瓶梅〉里性的政治学》（加州大学伯克利分校，1992 年）等，后者并由杜克大学出版社 2002 年出版。

法国的《金瓶梅》研究者有雷威安（André Lévy）、艾金布勒、李治华、陈庆浩等人。雷威安是海外最好的金学家之一。雷威安 1979 年发表的《〈金瓶梅〉初刻本年代商榷》《最近论〈金瓶梅〉的中文著述——评介〈金瓶梅探源〉》（原载魏子云《金瓶梅的问世与演变》，台北时报文化出版事业有限公司，1981 年）与发表在 1984 年第 10 期《文学研究动态》上的《评〈金瓶梅的艺术〉》就已经使人刮目相看，1989 年他提供给首届国际《金瓶梅》学术讨论会的论文《〈金瓶梅词话〉第五十三、五十四回的秘密》（《国际金瓶梅研究集刊》第 1 集，成都出版社，1991 年），1992 年他提供给第二届国际《金瓶梅》学术讨论会的论文《〈金瓶梅〉和〈聊斋志异〉》，更使金学同仁感到他读书的精细与见解的独到；最能使雷威安在《金瓶梅》研究界享有盛誉的，是他于 1985 年 4月据词话本翻译出版的作为"七叶丛书"之一的法译本《金瓶梅》（André Lévy, *Fleur En Fiole D'or*. Paris：Gallimard，1985）。雷威安翻译时把小说分成 10 个部分，每部分拟出 1 个标题，每个标题涵盖原书 10 个回目，依次为金莲、瓶儿、惠莲、王六儿、渎职、少爷之死、枕边的幻想、西门庆暴死、善有善报恶有恶报、土崩瓦解，他并为全书写有导言（长达 31 页，其导言与艾金布勒的前言均载《金瓶梅西方论文集》），着重论述了《金瓶梅》在中国文学史上的地位，并对《金瓶梅》在欧洲翻译出版和各方评论的情况做了概要的介绍。正文每回附有绣像本插图 2 幅总 200 幅，卷末附有注释。雷威安翻译时也有删节，但未删去原著的性描写。⑤

（三）21 世纪以来的《金瓶梅》研究

21 世纪以来，欧美的《金瓶梅》研究除少数人颇有建树之外，整体研究状况远没有20 世纪中期可观；日韩的《金瓶梅》研究仍有相当的阵容，不少研究者广有影响。

21 世纪初中国的《金瓶梅》研究之外，美欧、日韩亦有可观的人物与成绩。美国芝加哥大学教授芮效卫，自 1982 年至 2012 年，三十年如一日，用英文翻译《金瓶梅词话》（*The Plum in the Golden Vase*），计达 3890 页，有 4400 个尾注（仅欣欣子序，芮氏就做了42 条注），导论、笺注、索引，一应俱全，土话俚语、诗词曲唱，照译不误。译文共 5卷，均由普林斯顿大学出版社（Princeton University Press）出版，第一卷 1993 年，第二卷2001 年，第三卷 2006 年，第四卷 2011 年，第五卷 2013 年。第五卷出版时，芮氏已经是耄耋之年。一个外国人（虽然他出生于中国并在中国度过其童年和青少年）以毕生精力翻译中国的一部书，精神可嘉。芮译为直译，译者努力使译本呈现出中文原有的结构感和层次感。芮效卫的博学多识让读者肃然起敬，他几乎对原著中所有文学典故和文化细节都做了注释。芮注可分三类：词源类，典故类，考证类。尤其是后者，极见译者学术功力。芮氏之翻译熔语言与研究为一体，树立了中国文学翻译史上新的里程碑。如果说《金瓶梅》"同时说部，无以上之"（鲁迅《中国小说史略》），则芮译《金瓶梅》亦可说

"同时译部，无以上之"。芮译在欧美一时好评如潮，实乃实至名归。

胡令毅是加籍华人，多伦多大学东亚研究系博士，曾任教于中外多所大学。其《金瓶梅》研究可谓别开生面，他曾在中文期刊及金学会议论文集中发表《金瓶梅》研究论文 13 篇，多为《金瓶梅》人物原型之考证，旨在解决作者问题。因西门庆是关键，故首撰《论西门庆的原型》，考证小说主人公西门庆的原型为真实历史人物嘉靖朝兵部尚书胡宗宪；而《〈金瓶梅〉里的应俗之文》则补充其为大官僚之证据。考西门庆乃为《金瓶梅》作者徐渭说做铺垫，故考证西门庆之后，即考徐氏与胡氏及《金瓶梅》之关系。《论徐渭和〈金瓶梅〉》即主要分析徐与胡之门客关系，并同时说明《金瓶梅》之撰写始于徐客幕时期。因徐在小说中有自我描述，假托于温秀才，常时节和水秀才为其分身，遂又再考温秀才。《温秀才》（上、中、下）3 篇均为其考证之文，上篇考分身常时节；中篇主要论述李瓶儿之原型——胡氏正妻章氏，以确定温（徐）之入幕年月；下篇考《金瓶梅》之于《歌代啸》及有关人事之共同点，为徐温之相似提供进一步佐证。因作者之谜众说纷纭，而屠隆一说尤具影响，难以回避，遂由作者原型徐渭而论及屠隆，专析《别头巾文》，从内容及年月推论，证其为徐之作品，非屠所撰。后再拓展，考及应伯爵，证明其原型为嘉靖朝另一相似之名士且同为幕僚的沈明臣，以此而屏其于作者可能之候选人外。集体说亦曾一度颇受青睐，《黄太尉还是六黄太尉?》即为此说之驳论，举"黄"与"六黄"为例，以证其表面上所谓的矛盾错误，指出此实际并非陋儒之粗制滥造或集体创作所致，而是作者为遮盖真相故意而设。有感于盛鸿郎《萧鸣凤与〈金瓶梅〉》一书索隐之牵强，胡令毅作《论孟玉楼》，否定孟为萧氏心仪之姑娘，亦非商人妇，而是巡抚大官李天宠之姬。以上诸篇之撰述，固受惠于沈德符原型说之启迪，亦离不开对徐渭作品的研究。结论是《金瓶梅》为 Roman a clef（真人真事之影射小说）。作者以史论文，细读研考文本，一切以内证为旨归。后胡氏因故半途辍笔，未能完成全帙，故其论至今尚待检讨。

1998 年，德国科隆大学、慕尼黑大学教授嵇穆（Martin Gimm, 1930—　）发现了康农·加布伦兹《金瓶梅》译稿的手稿，随即进入手稿的整理和初步的研究。2005 年至 2013 年，其整理稿陆续由柏林国家图书馆刊行。嵇穆教授同时出版了一本研究专著《加布伦兹与〈金瓶梅〉》，德国哈拉索维兹出版社 2005 年出版。

日本的《金瓶梅》研究相对 20 世纪有渐趋衰落之势。但也有新人出现，并且有人开始崭露头角。譬如京都府立大学小松谦的《〈金瓶梅〉成立与流布的背景》（《和汉语文研究》2003 年创刊号）即有可观之词。铃木阳一说："的确，像小松谦的《〈金瓶梅〉的成书以及传播的背景》（敢按：同前引文，译名有所不同。）一文就很有特色。他对与《金瓶梅》流传过程中有关的人士逐个加以探讨，最后得出这样的结论：'《金瓶梅》本来在跟锦衣卫有关的人士之间诞生的，由中间的刘氏父子传开来，经过李卓吾周围的人传播到江南，终于在江南出版、流传。'小松这几年来一直研究'武人的文学'，这一成果是他对《金瓶梅》研究的理所当然的归结，确实给金学界输送了新鲜空气。"又如田中智行，大塚秀高说："田中智行的《〈金瓶梅〉的快乐观——比较词话本和崇祯本的开头部分》（《东京大学中国语中国文学研究室纪要》，2004 年 7 月）一文，使我感到日本的《金瓶梅》研究也进入到了这一方面的研究（敢按：指版本）。但是从内容上看，田中的分析还不够，还应该指出更多的例子，作多方面的剖析。"又如高桥文治，大塚秀高说："高桥文治有一篇题目很奇特的论文：《另一篇〈金瓶梅〉论》。它的内容较新，是从'文章结构中的心理因素'和'伏笔'等来解读《金瓶梅》中的戏谑与讽刺，很有见解。这篇论文只有元曲的专家高桥才能写出来的。不过他的解释不一定都符合事实。"

川岛优子是被日本金学界看好的一位新人，黄霖先生在《中国与日本：〈金瓶梅〉研究三人谈》（《文艺研究》2006 年第 6 期）中与大塚秀高对其有过评论：

大塚：在日本继日下翠之后第二个由《金瓶梅》研究获得博士学位的是川岛优子，她可望成为日下以后第二个《金瓶梅》研究的带头人吧！

黄霖：川岛优子我也熟悉。她曾作为公费留学生，也到复旦来进修过两年。或许是她作为一个女性，更关注女性形象的塑造。她的研究女性形象的系列论文，与一般有点不一样，不是注重在文本"写了什么"，而是努力探索作者是"怎样写的"。……川岛认为，《金瓶梅》是中国文学史上——特别描写女性的文学史上——的一个转折点。这个结论前人已经接触过，但她的论证路径及其细腻性还是很有特点的。

大塚：川岛研究的另一个特点是很注意结构的分析。她在《〈金瓶梅〉的构思——从〈水浒传〉到〈金瓶梅〉》（《日本中国学会报》56，2004）一文中，曾把《金瓶梅》的结构分成三个部分：（1）1～29 回"西门庆与女人们的交往"；（2）30～88 回"西门庆的成功故事"与"潘金莲的爱憎故事"；（3）89～100 回"西门一族的结局"。她更把（1）部分又细分成三个：1～12 回"潘金莲的故事"，13～21 回"李瓶儿的故事"，22～29 回"宋惠莲的故事"，从而指出《金瓶梅》和《水浒传》都有一样的结构特点：个人的传记→齐聚梁山泊或西门府→集团化以后的故事（一时荣华，最后衰败）。这就说明《金瓶梅》是有意模仿《水浒传》的结构，而从"英雄"到"淫妇"，又有意对《水浒传》进行了颠覆。对结论本身而言，也有点儿旧事重提之感。但是她指出的传记部分（1）没有《金瓶梅》的"梅"——春梅的故事，却有宋惠莲的故事，这一点很值得注目。可是她曾经探讨过潘金莲、李瓶儿、春梅和吴月娘等几个女性，却就是没有关于宋惠莲的专论，这不知何故？我期待着以后她能对宋惠莲，对插入'潘金莲的故事'中的孟玉楼，以及春梅为什么原为吴月娘房丫头等问题作进一步的探讨。我还有一个要求，如果她把研究重点放在人物形象的话，我希望她把某些人物形象中所见到的矛盾与成书问题的研究联系起来，更精密地展开论述。因为《金瓶梅》《红楼梦》等原作未完成的作品里，人物形象一定是首尾不一贯的。

黄霖：关于这一点，我倒觉得她在论述李瓶儿性格前后不一致时，解释得很有创见。早在 50 年代，李希凡就指出过李瓶儿性格的前后矛盾。对此，有各种各样的解释，现在较多的是认为："这是因为李瓶儿嫁给西门庆后，作为女性，她的欲望得到了满足"；也有人说："这种复杂性格是符合生活逻辑的，高度真实的。"而如今，川岛通过分析小说结构与成书问题来探求其性格的前后不一致。她认为，李瓶儿的形象可以分成三个部分，而且在各个部分李瓶儿扮演的角色是不一样的：（1）淫妇传记"李瓶儿的故事"中的主角→一个狠毒的淫妇的形象；（2）"宋惠莲的故事"中的很小角色→几乎没有她的描写；（3）"潘金莲的爱憎故事"中的配角→与潘金莲相反的形象。这种现象就说明了《金瓶梅》原是由几个小故事串联而成立的，作者又没有十分重视整个形象的一贯性、必然性，因此有些人物的形象出了矛盾。反过来说，人物形象中的有些矛盾就表示各个小故事的主题是什么，《金瓶梅》怎样成书等问题。

韩国康泰权译《完译金瓶梅：天下第一全书》，2002 年由松树出版社出版，10 册，以《新刻金瓶梅词话》《新刻绣像批评金瓶梅》的合本为底本。崔溶澈有一文《〈金瓶梅〉韩文本的翻译底本及翻译现状》（《2012 台湾金瓶梅国际学术研讨会论文集》，里仁书局，2013 年）全面评介了《金瓶梅》的韩文翻译，说"韩国对《金瓶梅》的研究，尚未盛行，所藏研究资料也不多，但社会对此书的兴趣，颇为浓厚……《金瓶梅》的真正价值和艺术成就尚待继续研钻，笔者希望能够有内容更准确、文体更流畅、版本更完整的新版韩文翻译《金瓶梅》出现于世，以飨读者"。该文系在崔氏《20 世纪韩国〈金瓶梅〉翻译及传播》（《金瓶梅研究》第 10 辑，2011 年）一文基础上的扩写。韩国水原大学中文系教授宋真荣发表在《金瓶梅研究》第 10 辑上的《论韩国梨花女子大学所藏〈皋鹤堂批评第一奇书金瓶梅〉》，可谓韩国学人研究《金瓶梅》版本的力作，该文经与目前中国、日本所知第一奇书各相关版本详加比勘，又经与韩国所藏第一奇书仔细比对，认为该书与"大连图书馆所藏的第一奇书基本一致。特别从《寓意说》末尾 227 字完全保存下来这一点来说，该书……可断定是和大连图书馆所藏的本衙藏版翻刻必究本是同一版本翻刻的或是以此版本为基础继承下来，后世又翻刻的版本。但又从与大连图书馆本附录排列顺序不同，以及没有回评部分这一点来说，分明不是原样按照大连图书馆本翻刻的……还有从五针眼装订这点来说，可以看出该书是从中国印刷以后流传到韩国，又重新装订的"。

三　金学展望与思考

金学已经拥有了辉煌的昨天，还要创造灿烂的明天。金学的发展要与显学名副其实，要与时代齐头并进。金学之能长久，需要一批水平较高、数量较多、团队稳定的人员队伍。

金学赫赫扬扬大半个世纪，虽不至于萧疏，"也还都有翁蔚洇润之气"（《红楼梦》第二回贾雨村语），但亦颇有"山重水复疑无路"之感。

首先，金学存在有两个严重的不相应。一是专家认识与民众认识严重不相应。一方面，金学同仁在金学圈内津津乐道；另一方面，广大民众在社会上谈"金"色变，好奇有余，知解甚少。二是学术地位与文化地位严重不相应。一方面，《金瓶梅》研究与其他学科分支一样，在学术界实际拥有同等的地位；另一方面，《金瓶梅》的出版发行、影视制作等，又受到诸多限制。这种专家认识与民众认识的脱节、学术地位与文化地位的失衡，固然有诸多社会原因，非金学界所能左右。

其次，前文所述金学专题之中，绝大多数专题的表面文章都已做足，深层文章也均开掘殆尽。已发表的金学论文有相当比例属于"碎片化"文章。

再次，金学队伍日见老化，不但金学家中青壮年稀缺，而且《金瓶梅》研究者后继乏人。虽然近年金学题材的硕士、博士论文不断增多，但以此获得硕士、博士学位的学子毕业以后继续研究《金瓶梅》者很少。

复次，金学的研究方法日觉陈旧。传统的考据因为缺少新的史料，难为无米之炊。理论的阐释因为常规的内容久已涉及，也少见新意。老一辈金学家忙于集成旧说，打包复现。中年金学家兼顾其他，分身无术。青年学人急于进取，无暇专攻。

最后，金学的学风和会风也应该检讨。少数研究者弄虚作假，急功近利，抄袭剽窃，哗众取宠。部分研究成果改头换面，东拼西凑，翻改旧作，故弄玄虚。会议组织时有按资排辈现象，新加入者和青年学人往往没有大会发言的机会。会议发言也显得平铺直叙，缺少质疑商榷。

不过，金学并非穷途末路，只要开拓进取，定能"柳暗花明又一村"。

金学不仅是文学研究，而且是历史、地理、政治、经济、社会、民族、风俗、伦理、宗教、艺术、服饰、饮食、医药、建筑、游艺、器皿等多学科的研究，通常将文学以外的其他学科研究统称为文化研究。文化研究是近 20 年来金学园林的一道新的景观，是《金瓶梅》研究传统方法的突破与扩大。不同学科的学人加入金学队伍，必然有不同的视野，不同的创见。《金瓶梅》文化研究不仅是一个可以继续建设的学科方向，而且其文化综合研究必能出现令人喜出望外的成果。此其一。

观念形态的更新、研究方法的转变、思维体式的超越、科学格局的营设一旦萌发生成，便产生无量的影响，具有划时代的意义。《金瓶梅》研究应为其中一例，需要高度警策，精细梳理，广为借鉴，着力突破。此其二。

《金瓶梅》文本是一个丰富无比的大宝藏，其字里行间都可能蕴藏着珍贵的信息。不要说其思想内容包罗万象，即其艺术世界便足够世人遨游。文本再探析，艺术再寻求，至再至三，就会"踏破铁鞋无觅处，得来全不费功夫"。此其三。

《金瓶梅》的大众传播，鲜有人触及。金学同仁如果尽力去做一些可以缝合专家认识与民众认识、沟通学术地位与文化地位的工作，譬如影视论坛、社会讲座、大学选修，必然会众志成城，有所作为。此其四。

《金瓶梅》的影视制作还是一块处女地，利用研讨会影响，联络作家能手，选取电影，精心运作，高雅亮相，打开缺口，再继以电视连续剧，拓展推广，必将极大地提高金学声誉，给金学带来光明。此其五。

金学不是一座象牙塔，而是一处公众园林。300 多部论著，4000 多篇学术论文，200 多篇硕士、博士论文，既有大树，也有繁花，吸引着越来越多的研究者探幽寻奇。传统的金学，加上以文化与传播为标志的、以经典现代解读为旗帜的新金学，必然会迎来新的辉煌。宁宗一说"说不尽的《金瓶梅》"，伟哉斯言。

注释:

① 欧阳健 . 《无能为者的伪科学——评刘世德〈《金瓶梅》作者之谜〉》，和讯、新浪博客，2011 年 4 月 28 日。

② 杜贵晨 . 《〈金瓶梅〉研究不妨有一个"笑学"》，《古典文学知识》2009 年第 6 期。

③ 吴敢等 . 《"金学丛书"第二辑序》，《书目季刊》2015 第 1 期。

④ 黄霖 . 《中国与日本:〈金瓶梅〉研究三人谈》，《文艺研究》2006 年第 6 期。

⑤ 本小节凡未具体注明出处者，其引文均见徐朔方编《金瓶梅西方论文集》，上海古籍出版社 1987 年。

参考文献:

[1] 黄霖 . 序言//王平、程冠军编 . 金瓶梅文化研究（第五辑）[C].北京：群言出版社，2007.

[2] 吴敢 . 与陈大康先生讨论《金瓶梅》作者说//中国金瓶梅研究会 . 金瓶梅研究（第八辑）[C].北京：中国文史出版社，2005.

[3] 〔韩〕金宰民 . 《金瓶梅》在韩国的流播、研究及影响 [J].明清小说研究，2002（4）.

论夏志清的《金瓶梅》批评

胡衍南[*]

（台湾师范大学　国文系；台湾台北）

摘　要： 夏志清是西方汉学界很重要的批评家，他对中国现代小说的研究很有影响力，对中国古代小说的批评也自成一家。他的《中国古典小说史论》有一专章讨论《金瓶梅》，这篇文字很早就被转译成中文，其中有洞见亦有盲点。长期以来学界对其回响不多，本文希望借由对话展开反省。

关键词： 夏志清；中国古典小说史论；《金瓶梅》批评

甫于 2013 年底辞世的夏志清教授（C. T. Hsia，1921—2013），堪称北美汉学界最负盛名也最有影响力的学者。夏志清代表性的学术论著，是 1961 年以英文出版的《中国现代小说史》（*A History of Modern Chinese Fiction 1917—1957*），"由此奠定了夏先生为海外现代文学研究界的祭酒地位"[1](P5—10)。1979 年这部著作由台北传记文学出版社推出繁体中文译本后，立即在港台引起旋风，多年来出现各种版本，俨然成为大陆以外现代文学研究者的必读经典，势力至今不坠。这部书在 20 世纪 80 年代"偷渡"中国大陆之初，虽曾被《文艺报》目为"精神污染"，学界对其批评更是不遗余力，然而 2005 年上海复旦大学出版社公开发行略经删节的简体中文版，如今夏志清反被视为虽有政治立场，却能坚持审美原则的率性学者[2](P10—20)。

让人意外的是，在《中国现代小说史》之外，夏志清于 1968 年以英文出版的《中国古典小说》（*The Classic Chinese Novel：A Critical Introduction*）没有得到重视。事实上，这部论著早在 1988 年即见安徽文艺出版社的中译本《中国古典小说导论》，2001 年江西人民出版社将之更名为《中国古典小说史论》再次出版，时间上要比《中国现代小说史》更早进入大陆读者圈，可是关于此书的讨论要少得多。夏志清的中国现代小说论述已经培养出第二代的李欧梵、刘绍铭，第三代的王德威，第四（或五）代的刘剑梅、罗鹏、宋伟杰等人[①]，但是反观夏志清的中国古代小说研究对中文学界的影响力，却不如晚他一个学术世代的北美汉学家浦安迪（Andrew H. Plaks，1945—　　），虽然他们都对明清六大小说提出了一家之言。

夏志清对中国古代小说经典常有一些全称命题式的发言，引人惊讶甚至不快。且不提他在访谈时讲的那句名言——"法国的《包法利夫人》大家都在看，中国的《红楼

---

　*　**作者简介：** 胡衍南（1969—　　），男，台湾师范大学国文系教授，博士生导师，研究方向为明清小说、现当代小说。

梦》你不看也没有关系，中国没有一本书大家必须看。"[3]——单就《中国古典小说史论》，多处有令人触目惊心的总结，诸如："它们（六大小说）声誉的提高，部分地反映了近年来大力肯定古代白话小说时所体现出来的日趋强烈的沙文主义热情。""罗贯中至少在他编写《三国演义》的时候，并没有以一个小说家自居。他偶尔也起来接受小说的挑战，但他惯常的优势却在于充当一个通俗历史学家，对于那种没有史料、全靠编造人物情节的规模庞大的虚构小说，他很少表现出才华。""七十回本《水浒》是行帮道德压倒了个人英雄主义的记录。""作为一位著名的戏曲作家，徐渭无疑非常熟悉《金瓶梅》中所引的那些流行词曲，虽然有人或许会提出这个疑问：以徐渭的怪杰之才是否可能写出这样一部修养如此低劣，思想如此平庸的书来？"[4](P2、68、95、172) 这些说法固然都应顾及上下文语境，方能理解夏志清的真正用意，不过这种全称命题总不是良好的学术示范，容易引来主观随意、负气率性之讥。

《中国古典小说史论》有一个专章讨论《金瓶梅》，此书中文译本问世之前，该篇先在 1984 年台湾期刊《知识分子》发表了何欣的中文译文，1987 年由徐朔方等编选的《金瓶梅西方论文集》则转载了这篇文章[5](P137—173)。夏志清的《金瓶梅》研究理应置于其对明清小说的整体观察下来讨论，幸好不久之后即见该书译本。本文以为，夏志清对《金瓶梅》的批评同时存在洞见与盲点，一方面其洞见鲜少为金学家吸收，另一方面其盲点又和部分金学论述声息相通，因此拟就夏的文本加以论辩，以此与金学同好讨论。

一 夏志清关于明清小说的"导论"

夏志清的古代小说研究——准确地讲是明清白话小说研究——有一个基本前提："除非我们以西方小说的尺度来考察，我们将无法给予中国小说以完全公正的评价。"他认为，五四以降的学者或作家无论多么喜欢传统说部，但是一旦接触西方小说，就不得不承认西方小说创作态度的严肃和技巧的精熟，进而觉得传统小说作为一个整体是非常令人失望的。他进一步分析，这种情感和那一代人的民族耻辱感是分不开的，但是毛泽东领导下的中国共产党基于政治的必要，将传统通俗文学放在"同西方批判现实主义传统相对立的位置，而且也同由西方批判现实主义传统培植出来的当代中国作品对立起来"。也就是说，中国共产党对通俗文学的肯定系基于唤起"富有战斗性的民族主义"，不过"这种肯定只有通过主动抛弃西方的影响才能做到"。其代价是 20 世纪 40 年代以来的文学创作质量大幅下滑，长期下来，更使得古代小说研究失去"西方"小说这个考察尺度。

以上陈述看似绝对且简单，但大致接近事实，至少在某一个历史阶段，学术研究于凸出中国特色的同时，不免失去比较的视野。

夏志清所指西方小说的尺度，系指西方 18 世纪以降的小说（novel），然而美国小说史家伊恩·瓦特（Ian P. Watt, 1917—1999）提问："它如何区别于古代的散文虚构故事呢？例如，它如何区别于古希腊的或中世纪的或十七世纪法国的那些散文虚构故事呢？"[6](P1)对此夏志清并没有加以说明，反倒不吝表现出他对明清白话小说低级、落伍的评价态度："在欧洲，有意识地把小说当作一种艺术，无疑也是近代才有的事情，我们不能指望中国的白话小说以其脱胎于说书人的低微出身能满足现代高格调的欣赏口味。"夏志清没有说明18世纪以降西方小说和稍早之准小说、更古的前小说存在什么差别，已然影响这个尺度的比较效力；遑论他径以这些西方小说检验明清说部成就，不仅陷入以西律中、今是而昨非的偏狭预设，关于"中国特色"的思考更从来不是他的选项。这是一大盲点。明代所有白话小说都是宋元说话艺术直接或间接的产物，不管喜不喜欢它们，这就是中国小说发展的事实。更何况，四大奇书作者的文化涵养不一定等同于说书人，明人甚至曾怀疑《金瓶梅》作者为"嘉靖间大名士"[7](P652)，主观在说书人和小说作者之间画上等号恐为疏失。

接着，他对明清小说家的文体观及叙事倾向有一个重要的观察。他认为西方小说家和小说读者把小说视为虚构，其真实性唯有通过现实主义的精密操作才能得到体现。反观中国作家因为过度看重传统史书，以致明清大部分小说家"没有从形式上或风格上摆脱说书艺术和史学传统束缚，以及折衷地依赖其他文学形式的企图"。"中国小说家由于迷恋事实，因而就很少觉得有职责把一段重要情节尽情发挥，直到其所有的潜在意义都戏剧化为止。"即明清小说家一方面太喜欢堆积各式小故事，另一方面则因此疏于真正的现实主义经营，所以距离"成熟的"现实主义还有一段距离。如果采用西方小说的现代定义，"认为中国小说是不同于史诗、历史纪事和传奇的一种叙事形式"，他主张中国要到《红楼梦》才真正看到符合西方小说的作品，"但作者也免不了自讨苦吃地刻意维护故事堆积性的传统，附带叙述了许多次要的小故事"。

西方小说家和读者把小说视为虚构，相较之下，中国小说家和读者确实更习惯把小说视为史传的延伸。冯梦龙《警世通言》的序里提到："野史尽真乎？曰：不必也。尽赝乎？曰：不必也。然则去其赝而存其真乎？曰：不必也。"堪称对于小说虚构或写实最直接的表态。他依然视真实为无上价值，但也为小说的虚构进行辩护，他认为虚构故事只要能让接受者"以甲是乙非为喜怒，以前因后果为劝惩，以道听途说为学问"，就"足以佐经书史传之穷"。所以他说："事真而理不赝，即事赝而理亦真；不害于风化，不谬于圣贤，不戾于诗书经史。若此者，其可废乎？"意即不论虚构或写实，只要有益教化，小说的功能就等同于史书，这反映出明代小说家惯以史书保全小说命脉，进而争取小说位阶的做法。所以，冯梦龙《古今小说》的序率先宣称"史统散而小说兴"，到《醒世恒言》的序强调"六经国史而外，凡著述皆小说也"，都是企图让小说联结起史书的话语建构。然而小说虚实观的差异，岂就代表中国作家一定疏于现实主义的经营？冯梦龙为小说感染力的喝彩，谁说和现实主义的写作无关？他在《警世通言》序突显里中小儿因听说书人讲《三国志》而"顿有刮骨疗毒之勇"，固然意在证明小说的教化功能，但里中小儿的感动必然依赖说书人惟妙惟肖的模拟，这怎么就不是"现实主义的精密操作"？当然，冯氏在这里将对说话、小说两种不同艺术类型之接受反应混而为一，但正视了话本和小说的传承关系（至少是过渡关系）。

再就是思想意识。他的研究指出，无论西方小说家还是中国小说家，往往表面上服从主流的信仰（不论是宗教的或伦理的），私底下又另有同情。不过，西方小说家只面临一种教义，而中国小说家却面临儒、释、道三个实际上日趋衰微且共性颇多的多元信仰。西方小说家个人的立场是什么，夏志清没有具体点出，他反而注意到中国小说家存在两个与三教信仰不大吻合的前提："一是他们完全接受壮丽与丑恶兼容的人生；二是他们对实现自我的要求寄予极大的同情，并在同情中掺杂着一种对其自我毁灭倾向的恐怖感。"以上属于印象式的观察，夏志清没有给出起码的例证，接着他就指出，在儒教还是占相对主导地位的大多数明清小说中，主人公"主要以一种个人英雄主义的形式出现"，说得清楚一点，小说"表面上虽总是强调节制和谨慎，它的人物在不顾一切地追求爱情、荣誉和欢乐时所走的却是趋于极端的路"。民间信仰中的因果报应经常被小说家挪用过来，是小说从说话传统那里继承下来的做法。夏志清认为，"一位小说家离那传统越远，越不可能认真利用报应之说"，所以唯白话短篇小说和《金瓶梅》于因果报应依赖最深，清代的《儒林外史》和《红楼梦》就很见节制。

如是观察颇为准确，毕竟无论儒、释、道或民间信仰均不能真正解决现世问题，所以明清六大小说乍看各有服膺的伦理或宗教理念，但小说主角往往是夏志清所谓的倔强的个人主义者——"他们的精力固可引导去促使那计划实现，也可使它失败。"于是从《三国演义》到《红楼梦》，都有形象不一的个人主义者，他们的激越造就了小说情节的高潮，他们的挫败也迎来故事结局的悲歌。不过，夏志清在这里模糊了个人主义的内涵，他指的大概是一般意义上的那种强调自我支配、反对外在约束、对抗集体权威的生命方式，而非伊恩·瓦特在建构英国小说史时，从《鲁滨孙漂流记》所看到的那种对小说（novel）的兴起产生重大作用的思想体系——

> （个人主义）这一概念断定整个社会主要是受这样一种思想支配的——每一个人天生的有别于其他的个人，而且与被称作"传统"的过去时代的思想行为的各种各样的忠诚背道而驰。传统永远是一种社会的力量，而不是个人的。这样一种社会存在，反过来又明显地依赖于一种特殊类型的经济政治组织，依赖于一种适当的思想体系，尤为特殊地依赖于一种允许其成员在行动上有广阔选择范围的经济政治组织，依赖于一种主要不是建立在过去的传统的基础上，而是主要建立在个人自主（不考虑其特殊的社会地位或个人能力）的基础之上的一种思想体系。人们普遍认为，现代社会在上述这些方面是属于无可比拟的个人主义的，人们还认为，在个人主义出现的诸多原因中，有两个是至关重要的：其一为现代工业资本主义的兴起，其二为新教，尤其是其中的加尔文教或清教的普及。[6](P62—63)

受马克思·韦伯（Max Weber, 1864—1920）《新教伦理与资本主义精神》的影响，伊恩·瓦特把个人主义视为伴随资本主义而来的城市中产阶级思想意识，小说正是为城市中产阶级而生的新兴文类，既反映这群新人类的美学口味，也承载他们的思想意识。对照之下，夏志清的个人主义既无政治经济学的支撑，也未对应起欧洲近代思想史上的那股变革力量，反倒沦为解释明清小说的即兴式、印象式观察。这个观察说明，明代小说的主人公无法从儒、释、道找到解释（或解决）社会不公不义的理由（或方案），所以只能用因果报应来合理化个人命运的悲与喜。问题在于，这几乎是古往今来中国人长期内化的思维及处世模式，相较于西方人的宗教或伦理信仰，两者之间本不存在优劣高下之别，除非和夏志清一样从西方本位来看世界。更何况，四大奇书从来不是宣扬、实践因果报应的小说，就连夏志清以为受因果报应影响最深的《金瓶梅》，也只是挪用"因果"逻辑，其于"报应"方面其实很不彻底。更别说夏志清自己也承认，作为小说主要情节的第9到第79回，因果报应框架几乎被现实主义创作原则给遗弃了。

最终，他认为包括中国和西方，小说的张力在于"把文明人进退两难的窘境记载下来"。这样的说法看似归纳出某种普遍性，但也抽离了任一时空下之小说于政治、经济、宗教等的话语意图。无论如何，就"对这些两难窘境的研究"而言，是承认了明清六大小说和西方小说经典一样同为"丝丝入扣，鞭辟入里"。

二　夏志清批评《金瓶梅》：文体和结构

回到夏志清对《金瓶梅》的批评，亦即夏著《中国古典小说史论》第五章，开头一大段文字清楚地道出他对这部奇书的概括：

> 在中国，《金瓶梅》因一向被目为放纵的色情文学而声名狼藉。但在现代，学者们探讨这部小说时已带有较多的同情，把它看作是第一部真正的中国小说和一部深邃的自然主义作品。就题材而言，《金瓶梅》无疑是中国小学说发展史上的一个里程碑：它开始摆脱历史和传奇的影响，去独立处理一个属于自己的创造世界，里边的人物均是世俗男女，生活在一个真正的、毫无英雄主义和崇高气息的中产阶级的环境里。虽然色情小说早已有人写过，但它那种耐心地描写一个中国家庭卑俗而肮脏的日常琐事，实在是一种革命性的改进，而在以后中国小说的发展中也后无来者。不过，它虽给小说开拓了一个新的领域，其表现方法却又是另一码事。比之《水浒》，《金瓶梅》这部作品是远为有意识地为迎合习惯于各种口头娱乐的听众而设计的。它包括许许多多的词曲和笑话、世俗故事和佛教故事，它们经常损害了作品的自然主义叙述的结构组织。因此从文体和结构的角度来看，它当被看作是至今为止我们所讨论的小说中最令人失望的一部。

这段概括有几个重点：首先，就题材来说，《金瓶梅》不像此前的说部经典《三国演义》《水浒传》和《西游记》，一味从历史传奇或神话传说取材，反而转向现实生活寻找素材，透过艺术加工形成一个具有原创性的（original）作品。夏志清认同"第一部真正的中国小说"的讲法，并指出《金瓶梅》是"中国小说发展史上的一个里程碑"，显然他系据西方小说（novel）的标准给予《金瓶梅》肯定，毕竟西方小说兴起的革命性标志就是不从神话、历史、传奇或其他古代文本取材。其次，就表现方法来看，夏志清认为《金瓶梅》充斥太多从说话艺术那里袭来的词曲、笑话及宗教故事，以至于这些元素破坏了自然主义（或现实主义）追求的稳定结构，造成文体不伦不类、结构杂乱无章的缺点。综合来讲，《金瓶梅》的题材选择是革命性的改进，这使它几乎可以被视为中国

第一部且具有西方意义的小说（novel）；不过它又因为过多的说话习性，包括大量的说唱韵文、非必要的谐谑笑话，不尽符合现实主义或自然主义的标准。

说《金瓶梅》堪称中国第一部小说，这是基于西方文学史的眼光；但说《金瓶梅》的文体和结构令人失望，则是源于西方小说阅读习惯的偏见。明清小说，尤其是明代小说，文本内含大量韵文，其实是唐传奇以来的习惯，差别只在程度多寡和功能取向罢了。夏志清说："与《西游记》中全为配合描写情景而创作的韵文不同，《金瓶梅》的作者只是把散曲抄进小说中，他时常煞费苦心，设计特别适合使用这些散曲的情景。从某种意义上来说，这部小说差不多是一部纳入一种叙事性框架中的散曲选。"这般恶意的贬抑绝不公允，《金瓶梅》是否只是把散曲"抄"进小说？作者是否因安置这些散曲而设计小说情景？文中根本全无举证。夏志清几乎是只看到词话本大量载录说唱文本，又看到崇祯本（或称绣像本）删除或剪裁了词话本这些内容，便宣称《金瓶梅》（《金瓶梅词话》）过度迷恋于这些流行俗曲。然而真是如此吗？

拙著《金瓶梅到红楼梦——明清长篇世情小说研究》有一专章比较了《金瓶梅》两个版本的差异，包括在说唱文本取舍上的差异[8](P137—177)。词话本《金瓶梅》引用的说唱文学种类，大致可分成叙事体的讲唱及代言体的扮演。前者主要是小令、小曲和套曲，杂有佛家的宣卷；后者则包括院本、南戏和杂剧。讲唱为主的类型，主要是小说人物以曲代言，最显而易见的是登场人物自报家门，比较复杂的是主要人物借小令、小曲或套曲写出或唱出自己的心声，或者是主要人物听妓女、小优儿唱曲及女尼宣卷。至于以演出为主的类型，指的是在小说中频繁出现的院本、南戏、杂剧以及偶戏演出。相较之下，崇祯本的说唱比例大幅降低，它首先删除所有的自报家门；其次略去大量的小令、小曲或套曲，留下来的不是仅道出曲名（及第一句歌词），就是只保留组曲的一部分；再次则是弃置大部分的宝卷。至于以表演为主的类型，则是全然不见。

对《金瓶梅》某些叙述上有些讽刺谐谑，有"大抄特抄词曲的嗜好"，夏志清认为这些表现方法损害了这部小说的现实主义外观。《金瓶梅》叙述上的粗心大意，除了文中提到的两个例子②，另外就是来路不明的第53到第57回，皆系金学界公认的失误。至于蔡老娘、赵裁缝、赵太医出场时的自嘲诗，确实破坏了叙事的一贯性，戏谑的笔法也对人物真实性带来损害，崇祯本将之删除等于是最早的否定声音。不过，《金瓶梅》词话本部分袭用在元曲及说唱艺术那里极为普遍的滑稽式人物出场方式，固然造成风格的混乱与接受的两难，但作为一部从话本过渡到小说的作品，这既可以说是作家在风格"统一"上的失败，也可以说是作家为了风格"折中"所进行的尝试，对其论断不宜只据某一面向。既言过渡，自然不是一步到位，在漫长发展过程中必然要对文体进行摸索、试验、妥协、折中，持文学史后见之明的研究者可以讥其幼稚，但也何妨给予尊敬，何况它是几乎符合大部分小说规范的作品。至于《金瓶梅》词话本是不是成了一部散曲选，也有商榷余地。崇祯本对词话本有删有存，有改有不改，其实是基于以下这样的原则："如果词话本提到人物演唱套曲或戏曲时，曲词戏文只是客观抄录，即内容无涉于情节的推展，那么绣像本多半选择大笔一删；反之，如果曲词戏文在主观上具有点拨人物、提示命运、渲染气氛的效果，那么绣像本要不全录，要不就是择其精要刊出。"[8](P167—168)

崇祯本不是完全删去词话本的小令、小曲和套曲，正表示词话本中仍有相当比例的曲文担负起了补充人物心理或烘托存在处境的作用，不像宝卷内容因与人物命运无关所以大半遭到割除，所以夏志清的说法毕竟是夸大了。

当然，植入比例过高的散曲于小说中确实会破坏小说这个文类的纯度，但此诚为从说书人话本过渡到文人案头创作的必然代价。无论喜欢或不喜欢，事实上已形成中国小说的鲜明特色，以西方文学为背景的读者可以觉得很不习惯，具有中国文学教养的读者或许觉得自在得很。倒是，小说借由散文叙述勾勒出来的人物形象，有时和韵文描写里的形象不尽相衬，这或许才是植入散曲引发的更大问题。以潘金莲为例，夏志清指出：

> 在小说的散文叙述部分里，她是个毫无道德观念的人物；而在使用韵文的场合，她仿佛那么娴雅、美丽，富有女性柔顺、优美的感情，我们真怀疑她是否在鹦鹉学舌！如果作者真能把放肆的邪恶与诗的优美这两种不同的意象统一起来，把潘金莲写成一个性格更为复杂的人物，那无疑是一件了不起的事情。

这乍看之下很有道理，而不是唯一的解释。夏志清从来不思考小说和曲文之间，或者小说文本中散文叙述与韵文描写之间互为映衬的可能。例如华裔美籍汉学家田晓菲读到第 38 回"潘金莲雪夜弄琵琶"时，见到曲文是另外一种感受和认识：

> 《金瓶梅》的好处在于赋予抒情的诗词曲以叙事的语境，把诗词曲中短暂的瞬间镶嵌在一个流动的上下文里，这些诗词曲或者协助书中的人物抒发情感，或者与书中的情事形成富有反讽的对照，或者埋伏下预言和暗示。总的说来，这些诗词曲因为与一个或几个具体的、活生生的人物结合在一起而显得格外生动活泼。[9](P122—123)

田晓菲的读法为前述问题提供更新颖的阐释路径：小说透过散文叙述刻画出来的女性人物形象也许和曲文当中的女性人物形象存在落差，但是一方面，散文叙述中一个个具体的、活生生的女性可以使源远流长的、以闺怨为大宗的抒情诗词曲生动起来；另一方面，抒情韵文也可以填补散文叙述不易处理的细腻、暧昧情愫，两者之间的辩证对话让潘金莲有了更完整且丰富的形象。夏志清质疑"毫无道德观念"的潘金莲不可能"娴雅、美丽，富有女性柔顺、优美的感情"，田晓菲则提醒我们谁曰不可？潘金莲再怎么说也是一个人，在借以应付生存斗争的邪淫形象背后，仍然存在女性本色。基于此理，（在夏志清看来更高明的）崇祯本将三分之二的回首诗词代换为抒情诗词，而且指涉显得更加幽微，这样的设计应当理解为对小说散文叙述的补充。

以上的讨论说明《金瓶梅》不见得存在小说文体上的重大瑕疵，但是结构问题呢？夏志清认为，这部小说可以分成三个部分：第一部分是第 1 至第 8 回，受到《水浒传》的影响，看来"作者仍在摸索一种适合家庭小说的叙述方式"；第二部分是第 9 至第 79 回，构成一篇"小说中的小说"，"具有极为突出的现实主义完整性"；第三部分是第 80 至第 100 回，叙述杂乱不堪，情节荒谬不少，"作者只管根据他借来的一个个故事编辑故事，来使读者快活、吃惊，却毫不在意这些故事的情节是否适合那较大的叙述的型式"。以上的讲法并不新鲜，明清读者除了鲜少关注小说前 10 回，也早就觉得西门庆死后写得并不很好，文龙的评点即道："九十回以后，笔墨生疏，语言颠倒，颇有可议处，岂江淹才尽乎？或行百里半九十耳。"[10](P504) 但是所谓"小说中的小说"、第 9 至第 79 回具有极为出色之现实主义完整性的讲法，却是深刻的发现，高小康对夏志清的诠解有非常精要的点拨：

> 通过分析可以看出，支撑全书整体结构的根据是善恶报应的道德秩序，而支撑中间七十回的根据却心理化了：真正决定西门庆命运盛衰的不是善恶循环的天道，而是他个人的行为方式和性格发展。夏志清先生认为中间七十回是一部完整的小说中的小说，显然是有道理的。[11](P116—134)

其研究在《导论》中提到，在明清六大长篇小说中，《金瓶梅》是最赞同因果报应信仰的；然而在第 9 至第 79 回，作家把人物安顿在现实主义的逻辑中，他们的性格特色、行事判断乃至命运走向都照应起各自的存在处境，基本上抛开了因果报应的框架束缚。可惜的是，夏志清对这"小说中的小说"没有更多、更热情的肯定，他宁可花费篇幅举证后 20 回多么失常，却不肯花点力气道出中间 70 回的精彩，居心叵测。按照前文讲法，《金瓶梅》既然是从话本时代过渡到小说时代的作品，那么头尾的失调既应承认也可理解，但是中间 70 回的现实主义内核似乎应该多说上几句。

三　夏志清批评《金瓶梅》：思想和人物

"一部文学作品在结构上显得如此凌乱，我们也就不可能指望它会具有思想上或哲学上的联贯性了。"批评完文体和结构，夏志清进而对《金瓶梅》的思想价值提出质疑。

夏志清始终把《金瓶梅》和明代白话短篇小说——包括话本小说、拟话本小说——视为从说书人演唱脚本演化而来的作品。源自阶级的以及文化教养的偏见，他认为这个阶级的作者"同那些职业说书人一样"，没有能力建构"首尾一贯的世界观"，小说里往往呈现"两面倒的态度"，表面上看似服膺某一种宗教的或哲学的信仰，但又或明或暗地投合某种流行偏见。《金瓶梅》存在信仰危机或思想矛盾，一直是金学圈及明清小说学界的共识。以杨义为例，他认为小说一方面具体而微地描绘出形而下的享乐图像，另一方面又看似援引形而上的佛、道两家对之进行消解或批判。"这二重意蕴是存在着正反错位的：它感慨于整个社会在金钱和权势支配下的野兽化和市侩化，又未能免俗地渲染着兽化情欲和侩化奸巧；它深感礼制崩坏时候劝诫的无能为力，却又喋喋不休地用宗教的威慑进行劝诫。"[12](P342) 多数学者认为这样的信仰危机或思想矛盾恐怕是全面性的，夏志清认为，这样的两难只限于中下层文人如说书人及小说作者等。

有一些推断可能不能成立，如认为因果报应思想就是佛家的，他从作者在小说第 75 回对月娘沉溺佛教的批评，进而认为："作者对儒家的同情，使他把佛家赎罪的故事安置在悲剧的远景之中。"这个推断的问题在于，自宋代以来，中国民间信仰吸收了佛、道等正统宗教及儒家所代表的政治哲学后加以世俗化，成为对庶民社会最有影响的信仰力量，其中的精髓便是因果报应思想，所以把人物命运安置在因果报应框架下的《金瓶梅》，绝对不能简单地被视为"佛家小说"，此乃夏志清在这个推断上的严重谬误。同理，明代读书人学习、信奉的儒家，其内涵究竟是先秦经典、宋儒理学、阳明心学，还是某种杂糅三教的日用哲学？此外，主流知识阶层及中下层文人对儒的诠解是否有所不同，此乃研究明代思想和文学的人都必须厘清，至少也要稍做梳理加以判断的，断不能像夏志清这种推敲方式：凡批评了佛，即为儒；而儒又俨然成为不必细究的概念。

其所论《金瓶梅》的思想矛盾，还包括小说家"对性的功用持矛盾的态度"。很多批评家在讨论《金瓶梅》性描写时，认为作者采取近似自然主义的笔法，以一种不介入、不评论的方式铺陈性交细节。夏志清反对这样的意见，他觉得在诸多性描写中，"作者显然对床上的每一个细节津津乐道"，"文笔带有一种平心静气的抒情调子"，这暗示了"床上这两位其他方面或许令人反感，但这性活动本身、这执行活动的器官以及赤裸的身体，却是值得玩味的美的奇观"。夏志清提醒我们，作者表面上固然是对淫行提出批评的道德家，但很可能意识到另一个事实："使双方都得到快感的性行为从没有被完全剥夺掉其人性的意义。而且对于许多受挫的女性来说，性行为在她们囚禁般的单调生活中乃是唯一具有补偿意义的事情。"性爱追逐的矛盾，正在于道德规范与本我欢愉之间的不可调和性。虽然夏志清和历来许多学者一样，觉得《金瓶梅》作者至少应该努力尝试调和；但他相对开明，认为对性行为的刻意描写、对性苦闷的深切同情，说明本我欢愉或有"超克"（overcome）道德规范的正当性。儒家思想圈的学者很少敢这么讲。

谈完思想，接着转回人物。夏志清说，承认《金瓶梅》于写实并不彻底且道德意义含糊之后，转回注视小说主要人物（及其主要情节），《金瓶梅》"可以被看成一部可怕的道德现实主义作品"——前提是不为其中穿插的讽刺滑稽文字、轻浮的喜剧和一本正经的说教所扰。这里先提到西门庆，他强调作者并未把西门庆写成坏蛋，西门庆反而"脾气好、慷慨大方、能有真正的情感，是个讨人喜欢的人物"；在性关系上西门庆固然是个诱奸者、纵欲者，但其性伴侣在结识他之前几乎全为淫浪的荡妇，且"实际上他从未糟蹋过一个处女或良家妇女"。这个见解不涉及对西门庆本质的论定，但若视为一种提醒，倒也能让人反省过往论述的偏执，只可惜流于蜻蜓点水。夏志清更大的兴趣，在于论断潘金莲的本色。

文中以夹叙夹议的方式交代潘金莲的一生。他首先凸显潘金莲的本质为奴隶，系被侮辱者与被损害者的一员，借此说明她残暴、卑鄙、自私、狡诈的根由。其次，他说潘金莲的性格中"很少有值得人们同情的东西"，包括她缺乏慈悲心、恻隐之心、对下人是虐待狂，等等，重述潘金莲的遭遇，重构了他所认为的潘金莲印象。

夏志清原先预设的是英语世界的读者，他们多半没有阅读《金瓶梅》的经历，顶多只听闻《水浒传》或《金瓶梅》有一个娇娆的"淫妇"，于是用大比重写潘金莲。至于夹叙夹议，固然绝非学术论著的常规，但如果预知读者多半未能熟读原文，倒也可称权宜之计，关键是论者的认定不能过于主观。然而，夏志清对潘金莲（嫁给西门庆之前）

的出身未见同情，对诸如潘金莲被母亲先后卖至王招宣府及张大户家，身体经手于张大户和武大郎之间，这般的成长经历如何影响后天性格，并未研究。乃至于对一无娘家可依、二无私产可傍的潘金莲，如何与家中其他妻妾周旋，如何在不对等的男女权力关系下挣扎，如此的存在处境是否成为性格变量，也未研究。所以，夏志清像是用一种有偏见的血缘等决定论认定了潘金莲就是天生残暴、卑鄙、自私、狡诈的，其于床第之事纯粹基于满足私欲的生物理由，她对李瓶儿、官哥儿的攻击仅仅是本能的妒忌、精心的谋杀……这暴露出他的精英式道德批评倾向。

其研究认为，潘金莲因出身固然会把自己看成泄欲工具，但她永远是先满足自己，"对能否取悦对方并不大在意"；在另一方面，也承认"色在潘金莲那里主要是作为一操纵丈夫的武器"。他不相信妇人也有真情，将小说第72回潘金莲让西门庆尿于自己口内一段原文引出，认为这"标志着西门庆溺爱潘金莲的新阶段"，不承认其中可能存着潘金莲的体贴（即便不无心机）。又如第79回西门庆和潘金莲的毁灭式性交，夏志清认为这是西门庆"被一个无情无义而永远不知满足的女性色情狂谋杀了"，且正暴露出潘金莲"是一个极端堕落的可诅咒的人物"。他没有想过，潘金莲在西门庆身上倒浇蜡烛之势，或系提示读者对看第5回潘金莲骑在武大身上毒害亲夫一节；也没有意会，西门庆昏迷苏醒后所谓"我头目森森然莫知所之矣"正可互文第27回葡萄架下他加诸潘金莲的性惩罚。他只愿意相信潘金莲是个色情狂，因此对于妇人在西门庆家中的所有悲喜，不究来龙去脉，一概简化——

> 她的生活的终极令人哀怜之处在于：她为了确保在西门庆家的被宠地位而耍弄的种种奸诈、残酷的计谋，都不过是为便于稳固地得到性的快乐。床第之事以外，她什么都看不见。

其研究认为，《金瓶梅》的思想矛盾包括小说家"对性的功用持矛盾的态度"，即作者一面认同道德规范的必要性，一面又承认本我欢愉具有起码的正当性。具有西学背景的这一研究乍看较同意性欢愉乃人性之一部分，但他对西门庆的放纵明显避重就轻，对潘金莲的快意则直言不讳地呵斥贬抑。例如他也难得地注意到西门庆有社经资源、有社交生活，相较之下，潘金莲没有娘家、没有财产、没有文化消遣，只能逐日在家过着空虚无聊的生活。但是这样的同情有如昙花一现，接下来就把妇人的言行上纲——"所以她全部的心思也就集中到一个能使她解脱沉闷、卑微的生活的目标——性的享受上，结果使她的生活进一步兽性化了。"这就不只把女性的社会问题变成命运问题，而且把潘金莲的问题简化为欲求得不到满足。相较于鲁迅以"描摹世态，见其炎凉"点睛世情书，也就几乎等于无视《金瓶梅》的社会关系和权力关系，而有把一切简化为性苦闷的认识偏见了。

结　论

如本文开始所述，夏志清的《金瓶梅》批评同时存在洞见与盲点，经过论辩，现将紧要者整理如下。

1. 其研究主张中国古代小说研究应以西方小说为坐标，诚为洞见；但没有清楚交代这个坐标的本质，而是径以西方小说检验明清小说，以致忽略了"中国特色"，这是一大盲点。

2. 其研究注意到，西方小说家和读者惯于把小说视为虚构的艺术，中国小说家和读者反倒把小说视为史传的延伸，这样的差异可能造成作品在诸多方面的不同，粗糙的比较文学研究往往未留心于此。然而小说虚实观的差异，不代表中国作家一定疏于现实主义的经营，从说书人到小说家莫不用心于惟妙惟肖的模拟，而这其实是"现实主义的精密操作"。

3. 其研究发现，无论儒、释、道或民间信仰均不能真正解决现世问题，因此，明清小说即便各有服膺的伦理或宗教理念，但小说主角"主要以一种个人英雄主义的形式出现"，"表面上虽总是强调节制和谨慎，它的人物在不顾一切地追求爱情、荣誉和欢乐时所走的却是趋于极端的路"。以激越的个人主义作为明清六大长篇小说的共性之一，确实是夏志清卓越的发现，个中也有鲜明的西方文学经验。问题却也在于：一来他无意对应以个人主义诠解西方小说而钟情于那个论述传统，二来他又因人物总被局限于因果报应框架而失去细究的兴致。所以，这个发现仅仅是即兴式、印象式的观察。

4. 其研究注意到《金瓶梅》的题材选择是革命性的改进，小说不再从历史和神话取材反而转回现实生活，因此可被视为中国第一部西方意义的小说（novel），这是奠基于西方文学史眼光的卓见。不过，他因为《金瓶梅》存在过多的说话习性（包括植入大量的韵文、小曲、笑话等），便以为小说有失真之虑，不尽符合现实主义的标准，则又是西方文学本位上的偏见。

5. 其研究把小说结构分成第 1 至第 8 回、第 9 至第 79 回、第 80 至第 100 回，虽不是什么创见，但他发明第 9 至第 79 回是"小说中的小说"，仍为有意义的创见。所有金学家都知道小说前 10 回仍甩不开《水浒传》的包袱，后 20 回又明显叙述杂乱，但是像夏志清那样把第 9 至第 79 回视为一个单独的论证客体，借以强调此中"具有极为突出的现实主义完整性"，倒是一个凸显《金瓶梅》艺术成就的好办法。很可惜，夏志清始终很难心悦诚服地赞美《金瓶梅》，因此即便提出"小说中的小说"之论，却老要回到后 20 回去挑毛病。

6. 其关于《金瓶梅》思想和人物的讨论，明显有简单化和庸俗化的毛病。唯一难得的是，他指出小说作者摆荡于突出道德劝诫与鼓吹本我欢愉的同时，隐约认可本我欢愉或有凌驾于道德规范的正当性。不过，他虽注意到小说作者可能有此意图，但他自己对本我欢愉的追逐却有性别偏见——男人可以，但女人不行！他在文中淡化了西门庆的罪愆，把潘金莲贬抑为色情狂，这如同曲解了他在小说中发现的新大陆。

以上关于夏志清《金瓶梅》批评的讨论，尚祈方家不吝赐正。

注释：

① 此一系谱概念转述自刘再复《夏志清先生记事》。

② 文中主要指出了两个例子，一是第 4 回写潘金莲"并无毳毛"时前后反复，一是第 100 回写到分明已经托生为自己儿子的西门庆，竟然犹出现在阴府等待托生与"富户沈通为次子"。

参考文献：

［1］陈思和．假如中国现代小说也有"大传统"——纪念夏志清先生［J］.书城，2014（3）．

［2］刘再复．夏志清先生记事［J］.现代中文学刊，2014（2）．

［3］王寅．"中国文学只有中国人自己讲"——赫德逊河畔访夏志清［N］.南方周末，2007 - 12 - 28．

［4］〔美〕夏志清．中国古典小说史论［M〕.胡益民等译．南昌：江西人民出版社，2001．

［5］〔美〕夏志清．《金瓶梅》新论//徐朔方编选校阅．金瓶梅西方论文集［A〕.沈亨寿等译．上海：上海古籍出版社，1987．

［6］〔美〕伊恩·P. 瓦特．小说的兴起［M〕.高原、董红钧译．北京：三联书店，1992．

［7］（明）沈德符．万历野获编·金瓶梅［M〕.北京：中华书局，1997．

［8］胡衍南．金瓶梅到红楼梦——明清长篇世情小说研究［M〕.台北：里仁书局，2009．

［9］田晓菲．秋水堂论金瓶梅［M〕.天津：天津人民出版社，2003．

［10］黄霖编．金瓶梅资料汇编［M〕.北京：中华书局，1987．

［11］高小康．市民、士人与故事：中国近古社会文化中的叙事［M〕.北京：人民出版社，2001．

［12］杨义．中国古典小说史论［M〕.北京：中国社会科学出版社，1995．

海外汉文报刊中的"金学"相关资料举隅

李　奎[*]

（山西师范大学　文学院；山西临汾　041004）

摘　要： 海外汉文报刊犹如一个巨大的宝库，其中蕴藏着许多的文学资料，给中国古代文学、近代文学研究提供了许多有价值、有意义的新数据。笔者目力所及的汉文报刊中刊载了一些与《金瓶梅》相关的研究资料，目前来看，学界关注的不是太多。这些材料包括了《金瓶梅》文化研究、文本赏析、作者考证、影视改编、外译传播等方面。论文对部分材料加以初步解读，展现报刊所载《金瓶梅》相关资料的学术价值，期待引起大家的注意和重视。

关键词： 金瓶梅；汉文报刊；传播

近代报刊已经进入学者研究的视野，蕴藏着许多有价值的资料，对于社会学、历史学、文学、艺术学、传播学等研究有着非常大的帮助。其中，文学作品研究成果颇多，以陈大康先生、左鹏军先生为代表的学者撰写了许多影响力巨大的代表作。而对于海外早期汉文报刊的文学研究却迟缓了许多。海外汉文报刊除了刊载文学作品之外，还有许多与中国文学作品相关的资料，这些资料对于学术研究有着非常大的帮助，他们是中国文学海外传播最好的证明。

中国本土报刊文学资料中与《金瓶梅》相关的研究资料，已有部分研究者关注，比如黄霖先生编的《金瓶梅资料汇编》，朱一玄编的《金瓶梅资料汇编》，侯忠义、王汝梅编的《金瓶梅资料汇编》，方铭编的《金瓶梅资料汇录》，周钧韬编的《金瓶梅资料续编1919—1949》。以上五部专书在国内外学界影响甚广，编者所下功夫之深足见一斑。五部书均从国内部分报刊中收录了一些与《金瓶梅》相关的资料，条件所限，前贤著作并未关注海外汉文报刊中与《金瓶梅》相关的资料。

以上专著中也不免出现一些不足之处，比如冯沅君的《〈金瓶梅词话〉中的文学史料》。《金瓶梅资料汇编》《金瓶梅资料汇录》《金瓶梅资料续编1919—1949》都将这篇文章的出处著录为《古剧说汇》一书。该书第1版于1947年1月由上海商务印书馆发行。而冯沅君的此篇文章在1942年，发表于《艺文集刊》第1辑中。可见此种说法并不

* **基金项目：** 国家社会科学基金项目"东南亚汉文报刊小说文献整理与研究（新马卷1815—1919）"（项目编号：14CZW052）的阶段性成果。

作者简介：李奎（1984—　），男，山西师范大学文学院副教授，文学博士，研究方向为古代近代小说戏曲和域外汉文学。

确切。按，此文原名为《一种古小说中的文学史料》，原载于国立中山大学《语言文学专刊》第 2 卷第 1 期，1940 年 3 月。

现在的许多论文和专著，都用到了报刊所载《金瓶梅》资料，而大多数论者都没有注意到报刊的作用，甚是遗憾。现在互联网的便利和大数据的开放为我们的全面整理和研究奠定了基础。对于海外汉文报刊所载《金瓶梅》资料的研究非常少见，因此报刊资料的价值和研究意义不可低估，它对于促进《金瓶梅》学术研究会有非常大的推动和帮助。

本文正是基于此，对新加坡和加拿大的部分汉文报刊资料做了初步分析和探索，以期促进对于《金瓶梅》的学术研究。

一 新加坡汉文报刊载"金学"资料举隅

笔者目前正在研究新加坡汉文报刊小说文献，从中发现了数量较少的一些资料，主要集中在《振南日报》中。《振南日报》（出版后改为《振南报》）创刊于 1913 年 1 月 1 日。该报有副刊而无名称，版内设"文苑""班本""粤讴""来稿""评林"等栏。发行所位于"新嘉坡禧如实得力门牌五十三号"，"督印兼发行人池璧方"，副刊的主编是邱菽园。1920 年 9 月 1 日，《振南日报》改名为《震南报》，同月 30 日，报纸停刊。1913 年 1 月至 3 月、1920 年 7 月至 9 月的报刊已不可见。

《振南日报》1914 年 3 月 4 日"杂录"载《金瓶梅》资料；1915 年 12 月 20 日"评林"载《金瓶梅》（重编加批）；1916 年 6 月 23 日"谈丛"载《红楼梦与金瓶梅短评》；7 月 27 日"小说时事"载"小说乎，时事也，是则同川。《三国志演义》《金瓶梅》《南史演义》《北史演义》《水浒传》。"以上四则资料是现存新加坡汉文报刊中仅见的"金学"资料。

据笔者考证，1914 年 3 月 4 日的资料出自明末史料笔记《寒花盦随笔》，描述王世贞之所以作《金瓶梅》，目的是为报父仇。王世贞父亲王忬藏有古画《清明上河图》，严嵩向其索要，王忬用一个赝品献给严嵩，为唐荆川识破。严嵩大怒，于是以失误军机诬赖杀之。王世贞为报父仇，后著《金瓶梅》，以毒水浸墨印刷，唐荆川看《金瓶梅》时屡次以纸润口津揭书，书尽毒发而死。

1915 年 12 月 20 日《金瓶梅》（重编加批），该文作者为"无方"，系笔名，真实姓名尚未可知。该文精练简短，"无方"认为《金瓶梅》是一部社会史，评价了张竹坡对《金瓶梅》评点的贡献，认为《金瓶梅》是前明传作，或认为是王凤洲所撰，然没有真凭实据不可信。该文作者还认为《金瓶梅》刊行已 300 多年，没有版权，"无方"愿意"为之重编"，并会强调两点：一是将说淫部分删除，二是将作者改良之深心指出来。"无方"还批评了上海石印版《金瓶梅》。

1916 年 6 月 23 日《红楼梦与金瓶梅短评》，作者未详。该文首先指出《红楼梦》在小说史上的地位，指出金圣叹未能批《红楼梦》的原因在于其生年早，但即使生在当年，由于他的出身和政治观点，也不能批点《金瓶梅》，而《红楼梦》的好处就在于汲取了《金瓶梅》的优点，避免了《金瓶梅》的不足之处，甚至做了弥补。

1916 年 7 月 27 日 "小说时事"，该文作者署名为 "啸"，真实姓名不知。该文将中国古典小说中的《三国演义》《金瓶梅》《南史演义》《北史演义》《水浒传》与民国初年的政治联系起来。谈及《金瓶梅》时，作者认为是王凤洲所写，认为西门庆与袁世凯类似，西门庆的六个妻妾类似于袁氏的筹安六 "君子"：杨度、孙毓筠、严复、刘师培、李燮和、胡瑛。

另有新加坡《国民日报》发表过姚鹓雏的《小说话》，其中收录有 "金学" 资料。《国民日报》由陈新政创办，创刊于 1914 年 5 月 20 日，1919 年 8 月 6 日报纸停刊。现存是从 1914 年 10 月 1 日至 1919 年 7 月 30 日。初期有副刊而无版名，"国民俱乐部" 这一版名 1916 年 3 月 2 日出现。副刊内设 "文苑" "游记" "小说" "粤讴" "南音" 等。该报的诗歌有一特点，除了采用投稿外，还刊载了许多南社社员的作品及姚鹓雏的小说作品，这与此时期姚鹓雏当编辑不无关系。姚鹓雏的《小说话》发表时间在 1918 年 5 月 2 日到 15 日，其本源是姚鹓雏于 1916 年发表在中国《春声》杂志第 1 期上的《稗乘谭隽》，该部分主要是谈及了《金瓶梅》作者的各种说法，还将《金瓶梅》与《红楼梦》做了对比："《金瓶梅》如急湍峻岭，殊不回旋；《石头记》如万壑争鸣，千岩竞秀；《金瓶梅》如布帛粟食，仅资饱暖；《石头记》如琼裾玉佩，仪态万千。此皆以文论也。"

邱菽园在其所著的《五百石洞天挥尘》中曾谈到《金瓶梅》，在黄霖先生编的《金瓶梅资料汇编》中有收录，题名为《五百洞天挥尘》。[①]《五百洞天挥尘》此说并不正确，应从前说。国内现存版本为光绪二十五年即 1899 年本，而此书从 1898 年 5 月 27 日就开始在《天南新报》连载了，直到 1899 年结束。《天南新报》创刊于 1898 年 5 月 26 日，1905 年 4 月 28 日停刊。创办人为邱菽园，主编是徐季钧和王会仪。陈德逊出任总经理。《天南新报》也无副刊，故其所刊文学作品也是与新闻并列。不过有众多栏名，如 "外人来稿" "来稿照登" "来稿照刊" "来诗类录" "外人来诗" "杂著附刊" "词人妙翰"。从 1900 年 12 月开始，诗词栏名基本固定为 "词人妙翰"。在 "杂著附刊" 栏里，除了刊载旧体诗作品外，还连载邱菽园的论诗札记《五百石洞天挥尘》。邱氏还利用《天南新报》刊登他所主持的丽泽社社员的作品，之前这项工作由《星报》承担。

二　加拿大汉文报刊中 "金学" 资料举隅

加拿大汉文报刊《大汉公报》和《快报》中保存了部分 "金学" 资料，这些资料学界从未关注过，从中可见华人对于《金瓶梅》的好奇也是编辑招揽读者的一种手段。

《大汉公报》，其英文名字为 *Chinese Times*，1907 年创刊于温哥华，是加拿大洪门致公堂的机关报，一开始由张泽黎任主编，后由冯自由接任。该报因思想政治倾向与中国民主革命派相同，与保皇党操控的《日新报》展开了笔战。在辛亥革命和抗战期间，对团结加拿大华侨支援祖国做了许多有价值的工作。直到 1970 年以前，该报受中国台湾影响很深，后随着世界政治形势的变化，该报的宣传态度有所变化。1992 年 10 月停刊。

由于《大汉公报》数量较多，笔者难以全部摸清，仅在目力所及范围内寻找了一些与“金学”相关的资料，目录如表 1：

表 1　《大汉公报》所载“金学”资料

时　间	名　称	页　码	作　者
1931 年 6 月 13 日	白洋楼书庄：《金瓶梅》一元五	第 9 页	
1934 年 12 月 7 日	中国文化能否从其固有文化中寻出路	第 1 页	许地山教授
1937 年 5 月 27 日	《金瓶梅》杜广州	第 7 页	玲珑
1947 年 7 月 30 日	清代的禁书	第 7 页	严子陵
1952 年 6 月 14 日	华新书局：古本金瓶梅　四圆		
1958 年 4 月 5 日	金星唱片：金瓶梅　全套三张	第 4 页	
1965 年 5 月 11 日	潘金莲	第 6 版	易君左
1970 年 4 月 24 日	东瀛《金瓶梅》	第 4 版	言茜子
1971 年 9 月 25 日	《金瓶梅》与《聊斋志异》	第 4 版	
1971 年 9 月 27 日	《金瓶梅》与《聊斋志异》	第 4 版	
1975 年 2 月 15 日	文化的绿洲	第 3 页	
1980 年 6 月 9 日	《金瓶梅诗话》删节本面世/法国解禁《金瓶梅》译本	第 9 页	
1984 年 5 月 9 日	小说评点与金圣叹	第 6 页	江朗
1985 年 6 月 22 日	北京出版发行禁书《金瓶梅》	第 3 页	
1985 年 12 月 7 日	韦君宜谈创作自由　并非可封一切都开放　驳出版《金瓶梅》曾经受压之说	第 24 页	
1986 年 2 月 5 日	长篇暴露小说《金瓶梅》	第 18 页	
1986 年 2 月 10 日	《金瓶梅》评点者张竹坡家世大白	第 6 页	
1987 年 2 月 13 日	文学上有大成就　淫书《金瓶梅》	第 12 页	丰余
1987 年 9 月 26 日	市井吹弹：金瓶梅	第 13 页	徐冀
1988 年 4 月 22 日	古典名著《金瓶梅》	第 3 页	
1988 年 6 月 16 日	斯琴高娃返国拍片有困扰　陈家林筹拍电视《金瓶梅》	第 11 页	谢通
1988 年 12 月 8 日	铅印足本《金瓶梅》获准在中国大陆出版	第 3 页	
1988 年 12 月 28 日	全本《金瓶梅》山东出版　发五千册	第 12 页	
1989 年 2 月 24 日	闲趣的《金瓶梅》	第 5 页	艾欣
1989 年 6 月 14 日	由中国文化研究所拍制《金瓶梅》电视片正式开始放映	第 2 版	
1989 年 6 月 26 日	古典小说《金瓶梅》将拍成学术电视片	第 14 版	
1989 年 8 月 14 日	全本《金瓶梅》终面世	第 24 版	
1989 年 12 月 9 日	线装《金瓶梅》上市	第 7 版	
1990 年 5 月 23 日	川剧潘金莲将在台演出	第 7 版	
1990 年 8 月 20 日	中国学者有新解说《金瓶梅》作者为北京谢榛	第 7 版	
1991 年 2 月 8 日	人物鳞爪录：王营	第 19 版	

时　　间	名　　称	页　　码	作　者
1991 年 5 月 9 日	金高润 "金" 字挂帅《金瓶风月》省招牌	第 23 版	
1991 年 6 月 8 日	四百年悬案似定未定　《金瓶梅》作者究竟是谁	第 11 版	张力
1991 年 6 月 15 日	西门庆的忠靖冠	第 11 版	盲公竹
1991 年 7 月 9 日	远东戏院：星期六午夜场　聊斋　金瓶梅　陈蓓琪　午马	第 6 版	
1991 年 8 月 21 日	两岸学者聚首长春共同研讨《金瓶梅》	第 22 版	中新社
1991 年 8 月 24 日	《金瓶梅》研究室成立三年成果丰	第 22 版	中新社
1992 年 2 月 14 日	富艺拍摄《金瓶梅》巩俐演　陈凯歌导　蔡子明强调此非三级电影	第 13 版	

　　研读以上材料，可知《金瓶梅》在海外华人眼中是一个标志，通过中国大陆是否能够发行《金瓶梅》小说和电视剧《金瓶梅》是否能够播出来断定祖国的发展程度，同时显示出海外华人对《金瓶梅》的认知程度。比如表 1 中提到的 "《金瓶梅诗话》删节本面世" "川剧潘金莲将在台演出" "由中国文化研究所拍制《金瓶梅》电视片正式开始放映" "富艺拍摄《金瓶梅》巩俐演　陈凯歌导　蔡子明强调此非三级电影" "全本《金瓶梅》终面世" "线装《金瓶梅》上市" "北京出版发行禁书《金瓶梅》" 等。其中川剧《潘金莲》是魏明伦的荒诞川剧，该剧描写了潘金莲从单纯到复杂、从反抗到沉沦的心路历程。该剧透露出魏明伦对于潘金莲的一种全新思考，也可视为对潘的一次翻案。该报将之加入新闻报道中，笔者相信对于加拿大华人有着积极影响。

　　易君左《潘金莲》，根据《金瓶梅》和《水浒传》简述了潘金莲的 "生平经历"，态度较为客观。其文末提到了易君左的好友南宫博所著的《潘金莲》一巨册，是为潘金莲翻案，认为 "潘金莲足以代表世上一切被侮辱与被损害的妇女们"，并且还认为 "她（潘金莲）的堕落不是她的罪孽，她的淫邪更不是她的本性"，笔者认为此说并不为过。易君左指出该书需要商榷的地方是 "书中强调武松热恋潘金莲"。该文值得学者们注意。

　　《金瓶梅》的研究成果也是海外华人关注的焦点，这方面的资料包括围绕着《金瓶梅》展开的学术会议，比如 "中国学者有新解说《金瓶梅》作者为北京谢榛" "四百年悬案似定未定　《金瓶梅》作者究竟是谁" "两岸学者聚首长春共同研讨《金瓶梅》" "《金瓶梅》研究室成立三年成果丰"。而同时期的大陆主要报刊却少见报道。在介绍这些学术成果时，报刊资料往往还介绍一些《金瓶梅》的基本常识，这对于金瓶梅的传播也是有着极大帮助的。

　　民国时《金瓶梅》在加拿大也有销售，但是目前还未得见该版本。表 1 提到了白洋楼书庄、华新书局销售的《金瓶梅》。白洋楼书庄销售的 "古本《金瓶梅》" 为何版本不可知。但在同时期的中国也在销售《金瓶梅》，在 1931 年 7 月 1 日《申报》上有广告 "古本《金瓶梅》"，上海四马路昼锦里东首的卿云图书公司销售，"四大厚册装一锦盒，原价三元二角。半价一元六角"。华新书局所售书目前并未查明其版本特征。

　　《金瓶梅》成为中国文化重要载体，比如许地山教授的文章认为《金瓶梅》"宣述土豪之食色生活",他还点评了《三国演义》《红楼梦》《儒林外史》《水浒传》,认为"吾人如能了解此五部书,于中国文化之内容可谓知过半矣"。②《西门庆的忠靖冠》以西门庆忠靖冠为入口,结合明代服饰文化,说明了忠靖冠在明代社会生活中的作用。

《金瓶梅》甚至成为情色的代名词,《大汉公报》中多次以《金瓶梅》为名,然其内容并没有涉及《金瓶梅》,而是谈的其他小说。比如,"外国《金瓶梅》"讲了薄伽丘的《十日谈》,陈天放以笔名"清逸"曾于1941年在上海世界书局翻译出版过《十日清谈》。

《快报》,其英文名为 Chinese Express,1971年1月9日创刊于多伦多,由《醒华日报》分离出来的人创办。该报在创刊词中宣布:"站在中间路线的立场""进行宣传报道"。20世纪世界政治形势变化很大,该报顺应历史潮流,在台湾问题上持台湾为中国一省的态度,提出"爱国一家,统一祖国人人有责"。该报出版以来,发售情况日渐衰落,1989年1月停刊。

表2　《快报》所载"金学"资料

时　间	名　称	页码	作　者
1980年6月25日	《金瓶梅词话》经删节出版	9	
1985年3月22日	《金瓶梅》获解禁,大陆官方机构准备重新印行	1	
1985年3月25日	评大陆选美与印行色情小说		
1985年8月20日	《金瓶梅》是本什么书（上）	15	天蔚
1985年8月21日	《金瓶梅》是本什么书（下）	15	天蔚
1986年12月10日	赶读《金瓶梅》	11	哈公
1988年1月18日	金兰结义	19	
1988年3月21日	四大美人质疑	19	
1988年5月26日	中共开放政策更进一步,潘金莲故事制成电视剧	3	
1988年8月2日	《金瓶梅》的故事（一）	11	茗翁
1988年8月3日	《金瓶梅》的故事（二）	11	茗翁
1988年8月4日	《金瓶梅》的故事（三）	11	茗翁
1988年8月5日	《金瓶梅》的故事（四）	11	茗翁
1988年8月6日	《金瓶梅》的故事（五）	11	茗翁
1988年9月10日	金莲外传:惯养儿曾劳家务	13	文:谭森　图:可咏
1988年11月24日	金莲外传:竟是排名作五房	13	文:谭森　图:可咏
1988年11月30日	今时不够古装豪放	11	龙刀
1988年12月14日	山东获准出版《金瓶梅》,印数只有五千册,明夏与读者见面	3	顾方东
1989年1月7日	最古的"秽语"	18	俞集
1989年1月18日	给读者制造特权阶级	18	龙刀

通过分析,有一些发现:在海外华人眼中,中国大陆连续几年允许《金瓶梅》出版,这是一种进步和开放,海外华人看得非常重要,"这是自新中国成立以来第一次将这

本'禁书'铅印出版"③。根据《金瓶梅》改编成的电视剧《潘金莲》更被认为是"中共开放政策更进一步"的标志，在此则新闻最后还有关于《金瓶梅》小说的论述："《金瓶梅》虽为淫书遭禁，但其文笔生动，加以叙事精彩，故被誉为四大名著之一，与《红楼梦》《西游记》及《水浒传》齐名，有人甚至认为其文学价值在上述三书之上。此书大概在一六〇〇年代写成，至于作者问题至今争议尚未能解决，该书描述第十世纪宋朝大户西门庆一生淫荡事迹，而西门庆众多妾室中最具姿色的是潘金莲，她也是这次电视集剧名。"④我们一般认为四大名著是排除《金瓶梅》在外的，此则新闻如此评价，可能影响加拿大华人对于《金瓶梅》的整体认知，对于《金瓶梅》的传播和公正评价会有帮助。诸如此类的新闻还有"《金瓶梅》获解禁，大陆官方机构准备重新印行"，"《金瓶梅词话》经删节出版"，"评大陆选美与印行色情小说"，⑤"中共开放政策更进一步，潘金莲故事制成电视剧"。1986年还刊登了一则新闻，署名为"哈公"，内中虚拟二人对话，以能否阅读《金瓶梅》担心香港回归后产生的政治变动。

此种材料虽为新闻，且仅是涉及了《金瓶梅》，与传统的学术研究差距很大，但我认为也不能忽视，中国小说海外传播受到多种因素影响，甚至海外华人还将其视作祖国改革开放的表现，这些都会对小说的海外传播产生作用。

1985年8月20日、21日，《快报》连续刊载了《〈金瓶梅〉是本什么书》。该文主要是谈了《金瓶梅》小说的文本内容，提出了内中淫秽内容对其影响，但是瑕不掩瑜，认为《金瓶梅》还是一部艺术价值颇高的小说。另外，文末还提到了作者"王世贞为报杀父之仇"的内容。

1988年8月2日、3日、4日、5日、6日，《快报》连续刊载了《〈金瓶梅〉的故事》，该文从当时在大陆发生的一件公案谈起，就《金瓶梅》作者、故事源头、作者争议、版本等做了描述。不难看出，该文作者是在正本清源，为加拿大华人华侨展现了比较真实的《金瓶梅》，比较公正客观地展现了《金瓶梅》的面貌。笔者相信此种影响能够消除初读者的担忧。

以上仅仅是对新加坡和加拿大汉文报刊中"金学"相关资料的分析，然而海外汉文报刊数量众多，其中肯定还有很多相关资料等待我们去探究发现。对于海外汉文报刊中的中国小说传播资料，我们不能以国内视角去评价域外，要考虑海外华人的条件限制，它所承担的更多的是一种文化的传播。

注释：

① 参见黄霖编《金瓶梅资料汇编》，中华书局1987年第1版。

②《大汉公报》，1934年12月7日，第1版。

③《快报》，1988年12月14日，第3版。

④《快报》，1988年5月26日，第3版。

⑤《快报》，1985年3月25日，第2版。

当代诗的政治性中的历史维度

张伟栋*

（海南师范大学　文学院；海南海口　571158）

摘　要：朦胧诗以来的当代诗所具有的政治性特征，体现为对现实和历史主题的反思，具体表现为介入诗歌、公共诗歌和"反政治"的诗歌，这种特征模式与新诗的"矩阵结构"所呈现和展开的历史维度和历史意识有着直接的关系，这种"矩阵结构"以 1917—1949 年的新诗、1949—1976 年的社会主义诗歌、1978 年至今的当代诗这三个阶段表现出来。

关键词：当代诗；政治性；矩阵结构；历史意识

一

当代诗人对诗歌的政治性问题有着足够的警惕，因为我们有过一段诗歌从属于政治的历史。在这段历史中，诗歌作为政治的奴婢，其创作受到严密的审查制度的监控，听命于政治的差遣，并将这种关系绝对化，清除异己和异端，历史在这里打了一个"死结"，但也预留了一个到别处的通道。诗歌作为实现政治理念的工具的做法已经终结，今天的"政治"也不需要诗歌为其摇旗呐喊。与现代传媒对大众的操控与塑造的影响相比，处于边缘和弱势地位的诗歌即使摇旗呐喊也无济于事，反而会平添一副谄媚状。今天的"政治"作为"掌舵与弄潮的艺术，作为经济增长和'生产'的自然的和平和的发展"[1](P4)，其实深深受控于资本与技术的逻辑和规则，这并不是什么秘密。正像《纸牌屋》所试图理解的那样，"政治"实际上是游刃于资本与技术之间的权力艺术，诗人弗罗斯特在肯尼迪总统的就职仪式上朗诵诗歌，不过是充当了这种权力的润滑剂。那么，我们今天的情形恰好与阿兰·巴迪欧的判断保持了一致："今天，这些范畴早已烟消云散，化作尘土，再没有人有兴趣在政治上去创造一种新人。相反，各个方面所需要的是保留旧人和各种濒危的动物物种，包括我们古老的玉米；的确，在今天，基因工程的操作可以改变人的物种，它为人的真正变革铺就好了道路。"[2](P10)这里的重点是，诗歌从属

* **基金项目**：海南省哲学社会科学规划课题"李泽厚与当代启蒙思潮"［项目编号：HNSK（YB）16—125］的阶段性成果。

作者简介：张伟栋（1979—　），男，海南师范大学文学院副教授，研究方向为新诗研究与中国当代文学史、中国当代思想史研究。

于政治的历史所打下的死结，在今天被我们顺理成章地抹平了，就像是我们的 20 世纪历史在"启蒙与救亡的双重变奏"中获得了安身之所，这些假设的真理逻辑和单边的历史幻觉，却只不过是换了一种面目，继续催生着现实。

在诗人看来，所有的现实问题最后都是语言的问题，正如我们先有了革命的理念，而后才有革命的事业，一个人死心塌地对生命和财产进行顶礼膜拜，他也必然拥抱一种动物性的幸福生活，这就是诗歌中的"语言—历史"机制——有什么样的语言就有什么样的历史，或者反过来说，历史也在催生新的语言——因而，"语言"对假设的真理逻辑和单边的历史幻觉的医治，本身就是一种政治。18 世纪的启蒙运动恰是对语言的修改，从而完成了对神权政治的拆解。诗歌与政治的关系，正是在这种"语言—历史"机制中，才能避免诗歌从属于政治的教条或是诗歌是对政治进行反抗的幼稚病，能够对柏拉图的"高贵的谎言"在历史中的效应有清醒认识的人，会知道这种说法的具体含义是什么。它包含着这样一种认识：将政治的署名权单边地交付给国家机器、政治团体，将政治单纯地理解为经济和社会的治理、权力分配的逻辑、日常生活运行的机制，或者单纯地将为争取政治署名权的持异见者的反抗姿态和批判看作政治的，都是一种政治幼稚病，历史的死结就打在了这里。一直没有能够得到足够重视的"朦胧诗论争"，在这里则扮演了重要的角色。因此，我们首要的工作是将这个问题还给历史。

1980 年开始的"朦胧诗论争"最后以"三个崛起"的胜出为结局，其实质是两种诗歌系统的对峙，一种强调诗歌作为"时代精神的号筒"的政治性原则，另一种则强调个人价值和尊严的审美原则。孙绍振的一个表述可以帮助我们理解这场争论的实质："当社会、阶级、时代逐渐不再成为个人的统治力量的时候，在诗歌中所谓个人的感情、个人的悲欢、个人的心灵世界便自然地提高其存在的价值。"[3] 这里面的两种原则的对峙显而易见，后者的立场在于，时代与个人之间的通道不能为特定的政治观念所包办，从人道和人性的立场上看，个人的心灵与记忆才是时代的自然通道，才符合人之为人的设想。而特定的政治观念、历史前行的方向等等则属于单边的历史幻觉，因为这种单边的历史幻觉是建立在政治与历史的辩证统一的基础上的。然而，经验事实证明，这种同一是一种误解，好的政治也可能带来一种坏的历史局面，个人不必遵从这种单边的历史幻觉，"心灵只从自身获得法律"，这与路德的"因信称义"如出一辙——个人可以不通过教会而只依靠自己的信仰与上帝建立直接的关系，一个人就是一个教会。无疑，这极大地解放了诗歌，朦胧诗对后来诗歌写作的影响，也正是在这一点上实现的。但问题也随之而来，这种对诗歌的解放将之从"工具论"的层面松绑出来，同时也将之放置到了其对立面，正如北岛在后来的反思中所说的："现在如果有人向我提起《回答》，我会觉得惭愧，我对那类的诗基本持否定态度。在某种意义上，它是官方话语的一种回声。那时候我们的写作和革命诗歌关系密切，多是高音调的，用很大的词，带有语言的暴力倾向。"[4] 这种回声并不仅限于对官方话语的袭用，而是在于其积极对抗的一面，将诗歌中的抒情主人公从带有阶级立场的"我们"转变为具有自然属性的"我"，这不仅意味着路德改宗式的调整，同时也意味着重新确立历史的起点。这个历史起点后来也被流行的自由主义思潮收编和认领，决定了后来诗歌写作的主流倾向。

那么，在"朦胧诗论争"当中，借助这种对立，隐藏的另一个更深层的问题就可以得到一次很好的观察。这个问题是关于新诗的起源问题，作为与古典诗分门别立的新诗，其在起源处就奠定了后来诗歌的流变和结构性特征。不过，这里容易产生的误解是，将起源问题与新诗的发生问题混为一谈，将《尝试集》这个开端作为新诗的起源来接受，这种误解源于对历史抱有一种简化的态度。本雅明在《德意志悲苦剧的起源》一书中对起源问题做出了较为客观的研究。他认为，起源问题并不是一个一次性的开端，而是围绕着开端和发生随之而展开的"聚阵结构"，正如译者李双志所阐释的那样："作为艺术形式的理念，其起源也不会是既成者的一次性出现，而是一个在历史中展开的聚阵过程"。[5](P11)这意味着，起源问题只有在事物或理念最终完成的终结点上才可以真正被认识，所以本雅明说："源初之物是从不让人识别的，惟有双重的洞察才会见识它的出现节奏。这出现一方面应被认识为复辟或者重建；另一方面又应被认作这个过程的未完成者、未终结者。在每一个起源现象中，都会确立形态，在这个形态之下会有一个理念反复与历史世界发生对峙，直到理念在其历史的整体性中完满实现。所以起源并不会从事实性检验中凸现出来，它涉及的是事实性检验之前和之后的历史。"[5](P26)新诗的理念反复与历史世界对峙，在这一过程中所初步形成的矩阵结构在朦胧诗这里初见端倪。诗人们总是试图摆脱历史的诡计和规则的束缚，却无往不在历史的枷锁之中。以《今天》的创刊为标志而浮出历史地表的朦胧诗勾画了后来诗歌的流变和走向，这流变和走向的中轴线在今天可以清楚地被识别出来。北岛后来出版的随笔《时间的玫瑰》为我们指点了这一中轴线的基本图式，就是以现代主义诗歌为中心，这条中轴线的左边是古典诗歌，右边是新诗中偏重现实主义路向的抒情诗，也包括1949年之后的社会主义诗歌。当代诗的流变基本上是围绕着这条中轴线的摆动。正是在这条轴线上，近百年的现代汉语诗歌勾画出了三个相对独立的系统或阶段：1917—1949年的新诗，1949—1976年的社会主义诗歌，1978年至今的当代诗。从历史的线索来看，正是因为前两个阶段的存在才催生出了当代诗，它也必然带有两者的历史印记。

第一个阶段的新诗被认为是摆脱了古典诗歌"绝对时间"（高友工）的表象方式，"别求新声于异邦"，以"推论的时间模式"来确立新诗书写的现代性品格。废名在《新诗问答》所举的一个例子可以很好地说明这两种诗歌模式的转变："我还是拿李商隐来说，我看他的哀愁或者比许多诗人都美，嫦娥窃不老之药以奔月本是一个平常用惯了的典故，他则很亲切的用来做一个象征，其诗有云，'嫦娥应悔偷灵药，碧海青天夜夜心'，我们以现代人的眼光去看这句诗，觉得他是深深的感着现实的悲哀，故能表现美，他好像想象着一个绝代佳人，青天与碧海正好比是女人的镜子，无奈这个永不凋谢的美人只是一位神仙了。"[6](P4)另外，鲁迅《一觉》中的一个段落也是一个很好的例子："漂渺的名园中，奇花盛开着，红颜的静女正在超然无事地逍遥，鹤唳一声，白云郁然而起……这自然是使人神往的罢，然而我总记得我活在人间。"[7](P266)这两个例子中的"无奈"和"然而"都强调了时间的改变。所谓"推论的时间模式"，强调的是变化和历史的生成，"推论的时间模式是相对的，现在和过去或将来形成对比"[8](P123)。因而，诗歌也与历史保持着一种良好的互动关系，"它是要求写作语言能够容纳某种'当代性'或

'现代性'的努力，进而成为一个在语言功能上与西语尤其是英语同构的开放性系统，其中国特征是：既能从过去的文言经典和白话文本中摄取养分，又可转化为当下的日常口语，更可通过翻译来扩张命名的生成潜力。正是微妙地维持这三种功能之间的生态平衡，而不是通过任何激进或保守的文学行动，才证实了这个新系统的'活'的开放性，也才产生了有着革新内涵的、具备陌生化效果的生效文本"[9](P172)。新诗的这种书写方式，也确立了现代汉语诗歌的基本表象方式，文言、白话与西语的杂交塑造了新诗的复杂面目，但其总体的写作成绩被认为是不突出的，"缺乏一种崇高，只有一种迷乱"[10](P165)，是一种未完成的现代性写作。

第二个阶段的 1949—1976 年的社会主义诗歌，这个时期的写作被看作新文学"启蒙神话"的一个极端表象，诗歌对现实的介入与对"乌托邦"的确认，使其与社会主义实践捆绑在一起。诗人张枣将支配这一系统的核心原则命名为"太阳神话"，为西方启蒙运动中"理性神"的一个变形。因此，"太阳"意象所具有的光明、进步、乐观、明朗的主宰含义，也驱逐了新诗中的阴郁、私密、晦暗、独语的属性，而要求诗歌明确、纯粹、直接、崇高，代表历史进步的方向。诗歌与历史合二为一，也与权力融为一体，因而，词与物之间的含义是固定而明确的，语言是简单而富有激情的，现实与历史是同一的。产生于"太阳神话"这个系统中的"政治抒情诗"也因此被看作其最高成就，它的评价标准在于历史的真实与行动的至上性，因而也具有排他的特征。但这一时期的写作也被诟病最多，甚至被完全否定，原因在于将诗歌从属于政治的做法意味着诗歌主权的丧失，意味着诗歌独自担当世界之文学角色的被剥夺，从而导致其诗歌写作的失败，"'太阳神话'导致了文学的窒息，这种话语权威导致了一套话语体系，配置这个体系就要有一个说话的调式，一个说话的声音，宏大的、朗读性的、简单的，而不是隐喻的、曲折的、美文的"[10](P165)。

第三个阶段的 1978 年至今的当代诗，以北岛为代表的朦胧诗的出现为其明确的开端，以对"太阳神话"系统的拒斥和对现代性写作的追求为其开端的原则，用张枣的观念来表述，就是"当下汉语诗歌，是具有自觉的现代性写作，即先锋诗的写作，是诗歌领域唯一有意义地表达了中国人现代真实主体和心智的写作……一般来讲，现在的文学史写作，已敏感到和显示了这个传统的源头，即以北岛等为代表的朦胧诗"[11](P193)。这一时期的诗歌也因而与西方现代主义诗歌的关系最为紧密。事实上，1978 年以来的当代诗自觉将自己放在"太阳神话"系统的对立面，并追求以"个体"为中心的现代性书写，曾两次被裹挟到文化转型的浪潮中，并也因此沾染了当代文化的某些基本品格。

第一次发生在"新时期"，以"人性""人道""现代化"等为基本内容的思想解放运动塑造了 20 世纪 80 年代文化的基本品格。其基本内容可以用三个命题来简略概括：（1）对专制体制及其"意识形态真理"的解构；（2）将被阶级斗争所绑架的"个人"解救出来，重构生活世界的主体；（3）以现代化为目标，重塑中国在世界历史进程中的道路。这些内容是以对十七年或"文革"的历史批判为前提的，立足于对"乌托邦"政治和历史道路的不信任和反感，也催生出对任何形式的"左翼政治""左翼文学"的敌视和反对。在文学领域，"纯文学""诗意""审美""真实""个人的想象""文学的自主性"等话语开始获得了中心的位置，并以此建构了具有垄断性的文学体制，对后来的20 世纪 90 年代文学具有支配性的影响。20 世纪 80 年代的诗歌写作就其影响力而言，以"朦胧诗"和"第三代诗歌"这两个群体为代表，而所谓的影响力并不能帮助我们确定一个诗人最终的文学价值，仅仅说明的是其作品和其所处的时代构成了一种互相影响的关系。简单来说，就是其作品具有那个时期所要求的文化品格，原因很简单，仅当一个作品不再作为一个作品，也就是在其传播过程中胀破了诗学法则的束缚，而能够去介入伦理的、政治的或是文化的法则和内容时，影响才真正开始。因此，我要说明的是，参与了 20 世纪 80 年代"去政治化"运动的"朦胧诗"和"第三代诗歌"，将这一时期的文化品格内化为当代诗诗学体制的一个法则，诗歌对政治的远离、反讽或者解构，意味着诗歌可以保持自身的纯洁性和艺术上的自觉性。所以，对于今天的某些诗人来说，一提到诗歌的政治性问题，他们马上想到的是贺敬之、郭小川的政治抒情诗，或者认为诗歌的政治性问题和"文革"问题一样，是已经判决了的，无须再做考虑。

第二次发生在 20 世纪 90 年代。整个 20 世纪 90 年代处于"发展主义"的历史模式的操控之下，其所奉行的"以经济建设为中心"的具体实践重塑了当代中国的阶层结构、权力结构和文化机制，而究其实质，是在官僚和专家共同治国的前提下重新对社会角色进行分配。文化机制上最根本的变化是，学院与研究机构、媒体和政府在博弈中共同决定文化的主流价值和生产模式，在这一机制中，当代诗也难逃被边缘化的命运。原因在于，当代诗的"表象"方式与文化机制的生产模式相去甚远，20 世纪 90 年代的文化机制中偏重实证化、经验化、理论化以及并行不悖的娱乐化、消费化、"去政治化"的表象方式，使得当代诗这个异类在民刊、自费出版、网络发表、诗歌节等形式形成的小圈子里自我循环，而无法进入文化机制的生产模式中，也就无法发挥其在 20 世纪 80 年代的那种影响。张旭东对当代一个文化现象的描述，恰说明了这种生产模式的一个基本特征：在今天，我们"关于民主的讨论不得不先经过托克维尔或伯克这个迂回，关于社会经济的分析必须求助于韦伯、波兰尼或者哈耶克的行话，为什么知识分子的社会政治看法常常要拐弯抹角地通过海德格尔或是本雅明的语言，为什么大众文化研究要借用詹姆逊或是从伯明翰学派那里借用大量的东西"[12](P49)。这种机制给以"故事"为表象方式的小说留出了一个通道，而诗歌和先锋戏剧作为一个异类，仅出现在"花边新闻"的报道中。媒体对诗人自杀现象和徐志摩现象的过度消费，倒是说明了其与当代诗的隔膜，甚至当代最好的小说家都不能真实地了解这个诗歌小圈子在做些什么、想些什么或写些什么。而自成一个系统的、以"斜向地抓取事物"为基本表象方式的当代诗，却也没能逃脱 20 世纪 90 年代文化氛围的渗透式影响，并将这种影响内化为其诗学体制的一个法则，简单地说，就是对宏大叙事的拒绝，对个人经验和感知的依赖，对日常生活主题的迷恋。

这一原则的确立也有着后现代主义文化的影响，这一影响是伴随着 20 世纪 90 年代中国被日渐紧密地嵌入全球资本主义系统的进程而得以实现的。阿兰·巴迪欧有一个说法，20 世纪的现代主义诗歌最终战胜了哲学，成为那个时代最有力的表象形式，那些最富于创造力的诗人，比如马拉美、兰波、佩索阿、里尔克、特拉克尔、曼德尔斯塔姆、保罗·策兰等成了哲学家最亲密的思想密友，而不是曾经的数学家、物理学家。巴迪欧所说的这个时代，在 20 世纪后半期就已经开始衰落，并最终以后现代的形式将其取代，20 世纪 70 年代以后兴盛的"自白派""垮掉派""纽约派"以及以米沃什为代表的东欧诗歌等，都有着反现代主义诗歌的倾向，最明显的区别是其以"此时此刻"的时间取代了现代主义诗歌中的"绝对时间"。米沃什在《反对不能理解的诗歌》一文中，已将这个转变的轨迹描述得清楚明白，并以"非人性化的诗歌"来指称象征派以来的现代主义诗歌，米沃什据此力争的证据是："似乎我们是'现代性'这个名目承载的复杂观念陷入崩溃的目击者，在这个意义上，'后现代主义'这个词是适用的。诗歌反正已经变得更谦卑了，也许是因为对艺术作品的永恒性和持久忍耐力的信心已经削弱了，当然，这是鄙视诗歌常规训练的基础。换句话说，不再只是关注它自身，诗歌开始转向外部。"[13]当然，米沃什所说的外部，仅仅指的是具体的事物，是与现代主义的"上帝""天使""圣女""牧羊人"等纯诗意象相对的事物。一直以西方现代主义诗歌为师的当代诗，在 20 世纪 90 年代也开始悬搁其与现代主义诗歌共享的"存在"主题。

二

在新诗所呈现出的"矩阵结构"图式中，我们所谈论的当代诗的政治性问题就不仅是一个诗学的问题，而且是新诗的理念与历史世界再一次对峙以及试图实现自身的结果。正如在新文学的开端处的两个重要文献《论小说与群治之关系》和《摩罗诗力说》所建立的文学与民族国家共同体的关系所显示的，诗歌的政治性问题首先在于其与共同体的关系。这一关系在 1917—1949 年的新诗阶段，被表象为文学与改良社会的双向互动模式，《摩罗诗力说》中的三个立意——"求古源尽者将求方来之源""别求新声于异邦""援吾人出于荒寒"，则在这一模式中将诗歌与共同体的命运连接在一起。在 1949—1976 年的社会主义诗歌阶段，这一关系则显露为对"乌托邦"的单向度确认，诗歌与政治理念的同一，诗歌直接是政治本身，则表明这种单向度的确认是在过度强化诗歌的现实功能的基础上完成的，也必然会激起强烈的反弹。1978 年开始的当代诗则持有一种"反政治"或"去政治化"的倾向，"政治"与"审美""个人生活"的对立，也表现为对诗歌本体的强调以及将"政治"作为特定的概念来理解。

关于这一问题的讨论，当代诗的批评话语中有这样几种流行的说法：一种认为，诗歌中的政治性体现在诗人在其作品中表达出的鲜明的政治观点和政治立场，有时这种观点也可以简化为诗人应具有苦难与承担意识，在当下的政治生活中扮演一个对抗的批评者和历史见证人的角色。耿占春的一个说法与这种观念颇为相合："在'奥斯维辛'之后，我的感情开始怀疑那些玄奥的学术思想：它在感情上不再信任任何关于存在具有言谈或语言话语这一类的语言哲学的幻想。对'奥斯维辛'记忆，语言说了什么？我感到被压抑着的、沉默着的、痛苦的无言的，不是语言，而是一个人的内心。"[14](P45)因而，所谓的见证，即在扮演一种真理主体的角色时，个人的经验和信以为真的观念充当了见证的尺度，前提是对"个人的真实"与真诚的确认，并以此作为见证的道德基础。这种政治意识在当代诗歌中颇为流行，也不乏具体的作品实践，比如北岛早期的诗作《回答》、王家新的《帕斯捷尔纳克》、桑克的一部分诗歌。如桑克在《愤怒》中所写："我越来越愤怒/我一天比一天愤怒。/我一秒比一秒愤怒。/我不想愤怒,我不愿愤怒。/我恨不得满墙写满制怒。/我恨不得变幻出一千双手,/伸到自己的胳肢窝中。/恨不得扯开自己的嘴角,/让它露出一丁点儿的笑容。"[15](P111)

另一种说法可以用"公共诗歌"这个词语来概括,这个词的使用带有强烈的伦理意味而指向公共生活的正义问题。玛莎·努斯鲍姆在发挥惠特曼的一个诗歌观念时,明确了这个词的具体含义:"关于美国的政治争论,华尔特·惠特曼写道,文学艺术家是一个亟须参与其中的群体。诗人是'复杂事物的仲裁人''他的时代和国家的平衡器'。他的强大想象力'看出永恒就在男人和女人身上',而'不把男人和女人看得虚幻或卑微'。"[16](P3)如果说,见证的诗歌充当了证人的角色,那么"公共诗歌"则扮演了法官的角色,它裁决并试图给出正义的答案。因此,"公共诗歌"的概念完全不同于左翼文学中的"介入"诗歌的含义,它并不服务于特定的政治理念,而是将诗歌的文学想象看作公共理性的一个组成部分,"是因为我觉得它是一种伦理立场的必需要素,一种要求我们关注自身的同时也要关注那些过着完全不同生活的人们的善的伦理立场"[16](P7)。在我们的诗歌语境当中,年轻的批评家余旸的观点可以被看作这方面的代表,他认为:"当下,社会各层次的矛盾全方位绽开,各个专业领域内暗潮汹涌,思想极度活跃张扬。诗人作为社会中的一员,不得不在社会生活中积极投入自己的社会政治考量,如果政治不被偏狭地理解为黑暗或专制集权的代名词,而指向改善人与世界关系,重建社会契约联动性的思考方式的话。"[17](P52)在诗歌写作方面,则有萧开愚的《向杜甫致敬》《破烂的田野》、孙文波的《与无关有关》系列诗等作品。正如萧开愚在《向杜甫致敬》的开篇处所写:"这是另一个中国。/为了什么而存在?/没有人回答,也不/再用回声回答。/这是另一个中国。/一样,祖孙三代同居一室/减少的私生活/等于表演;下一代/由尺度的残忍塑造出来/假寐是向母亲/和父亲感恩的同时/学习取乐的本领,但是如同课本/重复老师的一串吆喝;/啊,一样,人与牛/在田里拉着犁铧耕耙/生活犹如忍耐;/这是另一个中国。"[18](P149)它指向了一种全景式的观察与仲裁。

第三种观念强调诗歌"反政治"的功能,并将诗歌的"反政治"作为诗歌政治性的基本要义而加以宣扬,这是现代主义诗歌内在逻辑的一个延伸,我们可以参照海德格尔的一个经典判断做一点说明。海德格尔认为,在现代世界"艺术进入美学的视界之内了"[19](P77),从而摆脱了政治和伦理视界的约束,因此,像萨德这样的作家在古典文学的观念里是难以见容的,但其创作在现代艺术的美学视界之内却成为经典的文学模式。"根据现代的观点,诗的东西是超越于基本的公共政治关切的;艺术家更接近于反政治的波希米亚而不是政客。只要一说到诗的政治解释,就会要么被怀疑为试图将诗作为意识形态的武器,要么是在输入外来学说。"[20](P112)因此,在这种模式当中,驱动语言和主题的动力并不是来自法律和道德的善,而是"感性"或"感知"的美学化。正如苏格拉底在试图将诗人驱逐出理想国时给出的理由:"如果你越过了这个界限,放进了甜蜜的抒情诗和史诗,那时快乐和痛苦就要代替公认为至善之道的法律和理性原则成为你们的统治者了。"[21](P407)在这里,我们可以看到的是,美学中的"必要的天使"(史蒂文斯)在法律和道德的正确性之外，成为政治和伦理的一个调节器和"诗意"的政治决断。它因而也对共同体的基本原则持有一种冷漠的态度，或是对共同体本身就不信赖。奥登所描述的一类诗人和我们的情况大体相仿："当在过去的时代还有一个所谓的共同体存在时，诗人的自我发展的直接成果就是诗人的作品，这作品虽然是来自于，至少是部分来自于他生命，无论同意也好，不同意也好，这生命始终是隶属于共同体并且他是作为共同体中的一员而存在的；可是当一个时代里只有大众存在，他的自我发展受不到外部大环境的滋养，结果是，如果他不用自己的自由意志代替共同体去接管指导自己人生方向的这个任务，他的诗歌就会任由个人事件，爱情事件，疾病，亲人亡故等经验摆布，毫无办法。"[22](P57)另外，关于这种类型的诗歌在语言方面的努力，诗人张枣对后朦胧诗中某种倾向的判断就是来源于这种观点的一个变形："当代中国诗歌写作的关键特征是对语言本体的沉浸，也就是在诗歌的程序中让语言的物质实体获得具体的空间感并将其本身作为丰富诗意的质量来确立。"[9](P174)

这三种观点在当代诗歌写作和诗歌批评中被反复地征引，也都有着强大文学传统作为支持而成为当代诗歌论争的一个焦点。争论的各方都自以为抓住了当代诗歌的命脉，甚至不惜以大的历史和全称诗歌的名义来贬低对手的诗歌观念和写作，借此来划定和巩固自己的诗歌领地，并且认定自己的领地是处于历史关口中的关隘，尽管这个领地仍然是一个狭小的、最终将被吞没的岛屿。无论这种争论的意义多么重大，诗人和批评家都不得不承认这样一个事实——当代诗歌处于一种被隔离的状态，因而这种争论更像是一个孤独的小圈子内的械斗，而这个被隔离的状态却被那些急于给社会开药方的学者们认为是诗人自甘堕落的结果，是诗人丧失了道德感和现实关怀的必然结果。对当代诗歌有所认知的读者都会觉察到，这个判定也只是隔岸观火。在这一背景下，关于诗歌政治性的讨论也就不是诗歌如何回应现实、如何界定诗歌的现实功能的问题，而根本是如何重新定义当代诗的诗学体制以及诗歌的表象方式的问题。诗歌是天才的事业，但也需要足够开放的诗学体制才能接受天才的存在。新诗的"矩阵结构"所形成的诗歌系统，以其组织运作方式和评价机制构成我们能够认知的诗学体制，在某种意义上决定着诗歌的生产、认同方式和想象方式，与其在这些体制间设置路障藩篱，倒不如拆除界限，以拓宽我们的诗学空间。

在"当代诗"的范畴之内讨论诗歌的政治性问题，是基于从新诗的起源问题中所观察到的一个古典的维度，正如本雅明所着重强调的："在每一个起源现象中，都会确立形态，在这个形态之下会有一个理念反复与历史世界发生对峙，直到理念在其历史的整体性中完满实现。"在新诗的起源问题中，反复与历史世界发生对峙的，正是这样一个古典的维度。所谓的古典维度，指的是与现代主义相反的历史维度，早期的新诗在今天曾被指责为过度的"浪漫主义化""19世纪化"，不够现代，其实是忽略了早期新诗诗人试图建立诗歌与共同体以及历史的关联的努力，如果我们忽略了浪漫主义带有神学或乌托邦色彩的历史观念的话。更具体地说，这个古典维度集中体现为诗是一个民族教化的一部分，"并能提供关涉人类德行和对高贵的生活的热切渴望所必不可少的教训"[20](P113)，这也是中国古典文学的一个重要向度。所谓"《诗》教也"，除却其在道德义理方面的特定含义和目的之外，对我们来说，重要性在于其赋予诗歌在历史、政治和伦理的维度中作为自己民族的立法者的身份。我们知道，作为新文学开端的《论小说与群治之关系》，虽然明显地受到了日本明治政治小说观念的影响，但在服部抚松等人的政治小说观念背后，也被证明是有着中国古典小说中"劝善惩恶"理念和经学思想的指引[23](P106)，这种影响、相关性以及因果关系等并不是在循环论证中国古典文学的重要性，而是在提请我们注意，这种现代世界所共享的古典维度首先着眼的是共同体及其原则问题。因而这种立法者的身份在今天用歌德的话来表述就是："一个知道自己使命的诗人因而需要不懈地为其更进一步的发展工作，以便使他对民族的影响既高贵又有益。"[24](P113) 所以，歌德的训诫"首先要学习希腊人，永远学习希腊人"，与苏格拉底将荷马认定为希腊人的老师，同属于我们要讨论的这一古典维度。按照米沃什的简明说法则是，诗人应站在"人类大家庭"的一边。米沃什的立论建立在对 19 世纪中叶以来的现代主义诗歌判定的基础上，他认为"自 19 世纪中叶起，诗人就一直是外人，是反社会的个人，至多不过是某个亚文化的成员。这便造成'诗人与人类大家庭之间的分裂和误解'的永久化"[25](P36)。事实上，当浪漫主义者将"审美判断力"提升为发动诗歌的核心机制时，这种分裂和误解便已经开始了，如阿兰·布鲁姆所言："浪漫主义运动兴起以来，对诗的本质的理解有所变化。如今，将诗视为自然的镜子，或者解释说诗在教育什么东西，已被看成是对神圣艺术殿堂的玷污。"[20](P111) 当然，这种观念存在某种偏见，考虑到浪漫主义本身的复杂性，尤其考虑到诺瓦利斯《基督世界或欧洲》中历史神学的思想，我们应对阿兰·布鲁姆的观点做限定的理解，而将注意力放在"古今之争"的思路上。

中国当代诗的写作，虽然也有一个古典的维度，但基本上局限于远离"教化"的"技艺"层面，其诗歌意识、语言的图式以及主体意志所朝向的"现实"关联，总体上是被现代主义诗歌的逻辑所把持，其与古典之日远，与总体性世界的疏离，使得其对当代的发言和教诲更像是一个局外人。我们承认，当代诗中有不少的优秀作品和真知灼见，但其灼见依照现代主义诗歌的逻辑来说，往往是以"审美""想象"和"主观抒情"来代替判断，诗歌之古典维度要求想象与判断兼备，无想象则语言不富丽堂皇不足以悦人，无判断文字轻率而使人见恶，而其判断则要有政治、伦理和哲学的眼光。现代主义诗歌对现代世界的过激反应，使得"它把宗教、哲学、科学、政治从其领域内清除出去，甚至消灭所有其他艺术分支的方法和倾向可能对诗人产生的影响"[25](P37)，导致其想象发达而判断盲弱。因而，这里的诗歌的政治性所指向的是当代诗的"判断"的一面，也就是与总体性世界的关联问题，而非某个具体的政治理念。无疑，"古今之争"的问题再一次回到我们的视野，正如席勒试图以"素朴的诗"与"感伤的诗"来指认这一问题的基本面目，席勒认为具有古代风格的"素朴的诗"，"有太接近庸俗现实的危险"，而具有现代风格的"感伤的诗"，会使"大众在老远就望而止步"[26](P344)，因为其观念和反思的特征令一般读者无动于衷。而在今天的现实中，奥斯卡·米沃什的观点则将这一问题的逻辑充分暴露出来，并指出了这一问题的未来图景。他以荷马和但丁来对抗庞德和艾略特代表的现代主义诗歌，后者被看作"憔悴的小诗歌只是最后耗尽和衰老时的傻话"，以阴郁的末世论情调谈论着所发生的一切。而诗歌的真正希望在于诗人与人类大家庭的和解，"直到出现一位伟大的、受神灵启示的诗人，一位现代荷马、莎士比亚或但丁，他将通过放弃他那微不足道的自我、他那常常是空洞和永远是狭小的自我，加入比以往任何时候都更有活力、更富生机和更痛苦的劳动大众那最深刻的秘密"[25](P34)。奥斯卡·米沃什的见解是富有启发和深意的，也直接将当代诗的政治性问题带回到"古今之争"的核心地带。在这一核心地带，如何充实和拓展新诗的"古典维度"则是关键，它理应实现"古今"的和解，并带来一种伟大的诗歌。

参考文献：

[1] 〔法〕雅克·朗西埃.政治的边缘 [M].姜宇辉译.上海：上海译文出版社，2007.

[2] 〔法〕阿兰·巴迪欧.世纪 [M].蓝江译.南京：南京大学出版社，2011.

[3] 孙绍振.新的美学原则在崛起 [J].诗刊，1981（3）.

[4] 北岛.中文是我唯一的行李 [J].书城，2003（2）.

[5] 〔德〕本雅明.德意志悲苦剧的起源·引言 [M].李双志、苏伟译.北京：北京师范大学出版社，2013.

[6] 废名.新诗讲稿 [M].北京：北京大学出版社，2008.

[7] 鲁迅.鲁迅全集（第1卷） [M].乌鲁木齐：新疆人民出版社，1985.

[8] 高友工、梅祖麟.唐诗三论：诗歌的结构主义批评 [M].李世跃译.北京：商务印书馆，2013.

[9] 张枣.朝向语言风景的危险旅行//张枣随笔选 [M].北京：人民文学出版社，2012.

[10] 张枣.关于当代新诗的一段回顾//张枣随笔选 [M].北京：人民文学出版社，2012.

[11] 张枣.文学史……现代性……秋夜//张枣随笔选 [M].北京：人民文学出版社，2012.

[12] 张旭东.全球化与文化政治：90年代中国与20世纪的终结 [M].朱羽等译.北京：北京大学出版社，2014.

[13] 〔美〕米沃什.反对不能理解的诗歌 [J].程一身译.上海文化，2011（5）.

[14] 耿占春.一场诗学与社会学的内心争论//辩难与沉默：当代诗论三重奏 [M].北京：作家出版社，2008.

[15] 桑克.愤怒//冬天的早班飞机 [M].北京：人民文学出版社，2012.

[16] 〔美〕玛莎·努斯鲍姆.诗性正义：文学想象与公共生活 [M].丁晓东译.北京：北京大学出版社，2010.

[17] 余旸."技艺"的当代政治性维度//中国诗歌评论（复出号） [M].上海：上海文艺出版社，2012.

[18] 萧开愚.向杜甫致敬//此时此地 [M].开封：河南大学出版社，2008.

[19] 〔德〕海德格尔.林中路·世界图像的时代 [M].孙周兴译.上海：上海译文出版社，2004.

[20] 〔美〕阿兰·布鲁姆.政治哲学与诗//张辉选编.巨人与侏儒 [M].秦露、林国荣、严蓓雯等译.北京：华夏出版社，2003.

[21] 〔古希腊〕柏拉图.理想国 [M].郭斌和、张竹明译.北京：商务印书馆，1986.

[22] 〔英〕奥登.耐心的回报 [M].叶美译.上海文化，2014（6）.

[23] 旷新年.中国现代文学理论批评概念 [M].北京：清华大学出版社，2014.

[24] 〔德〕歌德.歌德谈话录（1827年4月1日）//张辉选编.巨人与侏儒 [M].秦露、林国荣、严蓓雯等译.北京：华夏出版社，2003.

[25] 〔美〕米沃什.诗的见证 [M].黄灿然译.桂林：广西师范大学出版社，2011.

[26] 〔德〕席勒.论素朴的诗与感伤的诗//席勒美学文集 [M].张玉能译.北京：人民出版社，2011.

刺点理论对诗性理论的扩展
——以多多的诗歌为例

云　燕[*]

（河南师范大学　文学院；河南新乡　453007）

摘　要： 本论文首先从符号双轴的角度探讨了雅柯布森提出的"诗性"理论的特点，并以罗兰·巴特的"展面/刺点"理论进一步扩展了"诗性"理论；其次以多多的诗歌为例，分别从语音、语句结构、内容三个层面讨论了诗歌中的刺点如何体现出诗性。

关键词： 诗性；符号双轴；展面/刺点；多多

一　刺点理论对雅柯布森诗性理论的扩展

（一）雅柯布森对"诗性"的解读

诗何以成为诗？什么是诗与其他文学艺术作品所不同的"诗性"？俄国形式主义主要从语言学的角度研究诗的特征，提出了"陌生化"等理论，但罗曼·雅柯布森（Roman Jakobson）在 1958 年印第安纳大学的一次语言学会议上提出："许多诗的特征不仅属于语言科学的研究范围，而且属于整个符号理论，一般符号学的研究范围。"[1](P171)雅柯布森并非就此放弃语言研究，而是从符号学的角度解析了符号从发送到被解读的过程，这里参考赵毅衡的译法[2](P177)：

在这六个因素中，每个因素都会形成语言的一种特殊功能，当表意过程倾向于发送者的时候，符号文本具有表现情绪的功能；当表意过程倾向于接受者的时候，符号文本具有意动功能，即促使接收者去做什么；当表意过程倾向于媒介的时候，符号文本具有

---

* **基金项目：** 河南师范大学博士启动课题（项目编号：qd15202）的阶段性成果。
　　作者简介： 云燕（1984— ），女，河南师范大学文学院讲师，文学博士，研究方向为认知符号学及认知叙事学。

交际性功能，即让发送者和接收者双方保持接触；当表意过程倾向于对象时，符号文本具有指称性功能，即以表达明确意义为目的；当表意过程倾向于符码时，符号文本具有元语言功能，即符号文本自己提供该如何解答自己的线索；当表意过程倾向于文本本身时，符号文本具有诗性功能，文本本身的特点主导了文本的阐释。雅柯布森也指出，在符号文本中，这六种因素一般都是交叉存在的，只是不同文本中某些因素更突出而已。所以，诗性虽然是诗歌这种文体的主要因素，但是其他文体也不乏诗性存在。

值得注意的是，雅柯布森并不认为诗性与指称性是反比关系，这是很多学者容易对雅柯布森的观点产生的误解，指称性是指文本想表达的对象，艺术符号本身就有跳过对象直指解释项的特点[2](P307)，很多诗歌是没有明确对象的，也不是为了指称一个明确存在的现实之物，而是追求意义的丰富。雅柯布森认为和诗性成反比的是元语言性，元语言"是运用组合建立一种相当关系，而在诗中，则是运用相当关系达到某种组合"[1](P183)。元语言性是指符号自己提供解读自己的线索，而诗歌往往是以艺术的形式阻碍接收者立刻找到解读线索，让解读者把注意力集中在文本组合本身，这也是从符号学角度对俄国形式主义研究的一个推进。

（二）从符号双轴关系看"诗性"的构成

雅柯布森进一步研究了诗性如何构成，他认为这必须从语言以及符号的构成方式说起，即组合轴（syntagmatic）和聚合轴（paradigmatic）。雅柯布森认为，聚合轴是选择轴，功能是比较和选择；组合轴是一种结合轴，是把需要展示的成分连接粘合起来。组合轴是可显示的，即解读者看到的符号文本；聚合轴则是符号文本的其他有可能被选上的成分，是组合轴上的部分在结构上的可替代物。可以说，"聚合是组合的根据，组合是聚合的投影"[2](P161)。双轴同时进行，符号文本才得以产生出现。比如，"下午的太阳宽容地依在墓碑上"（多多《战争》，1972），这句诗是组合轴，从词的角度划分，由下午的、太阳、宽容地、依在、墓碑上几个部分邻接并结合起来，但是在每个词背后，都有隐形的聚合轴的操作，"下午的"，作为一个表示时间的词，聚合轴中的可选项可能有上午的、傍晚的、黄昏的等等；"太阳"作为一个天体，聚合轴的可选项可能有月亮、星星等；"宽容地"作为一个表达感受的词，可选项可能有刻薄地、感伤地、愤恨地等等；"依在"作为表达动作和方位的词，可选项可能有靠在、趴在等；"墓碑上"作为表达确定地点的词，即使考虑到感情色彩，可选项也可能有棺材上、古井上等等。至于为什么选"下午的太阳宽容地依在墓碑上"这些词构成这个句子，雅柯布森认为这需要一种"相当关系"，这就是诗的技巧即诗性所在。

雅柯布森进一步研究了这种相当关系，认为"诗的功能则进一步把'相当'性选择从那种以选择为核心的构造活动，投射（或扩大）到以组合为轴心的构造活动中"[1](P182)。

比较典型的能证明他的观点的例子其实也包括中国古代的对偶诗句，这种在语音、句式、语法等各个方面分别对等，并且在句和句之间还能形成整体的对等的形式，如果出现词语对等，还可以理解为聚合轴中的选择可能被充分展示到了组合轴。这些对等关系形成了平行结构，这使文本能够自由地游戏在语言内部，不再着力于指向符号对象。

雅柯布森的看法很有意趣，但是文论界几位知名学者如米歇尔·里法代尔（Michael Riffaterre）、乔治·穆南（George Mounin）和乔纳森·卡勒（Jonathan D. Culler）等对此提出了一些异议，主要是认为雅柯布森有循环论证的嫌疑，即平行结构能体现诗性功能，诗性功能也只体现在平行结构中。前一句固然没错，但是后一句就引起了学者们的质疑，在这一点上，雅柯布森的表述也比较模糊，造成了研究者的困惑。大多数学者认为，诗性功能应该不仅体现在平行结构中，而且雅柯布森仅仅把诗性功能限制在语言结构的角度也有些狭隘，但是雅柯布森将符号学引入诗性研究中确实是一个精彩创举，还可以走得更远。

（三）刺点与聚合轴的"宽幅"

罗兰·巴特（Roland Barthes）在他生前最后一本著作《明室》中提出了 Studium/Punctum 理论，赵毅衡建议将 Studium/Punctum 翻译为展面/刺点[3](P180)。这是一本讨论摄影的书籍，他认为摄影不是简单的对现实的复制，而是要展现其中某些特别之处，"Studium 太宽泛，含有漫不经心的欲望，多变的兴趣"，从属于文化，是创造者和消费者之间的一种契约。Punctum "这个要素从照片上出来，像一支箭似地把我射穿了"。"'Punctum'是一种偶然的东西，正是这种偶然的东西刺痛了我。"[4](P51) 罗兰·巴特的这些描述充满了个人化色彩，但是还是能根据他的描述和案例看出来，Studium 指的是被他称为"匀质化汤料"的文本，是一种常规的展现，而 Punctum 指的是文本的某些局部或细节能够让解读者得到一种"被刺痛"的感受，"引向一个画面之外的精神向度"。[4](P180)

在符号双轴关系中，虽然组合轴形成出现后，聚合轴会隐藏起来，解读者是看不到的，但是解读者可以推断出来，组合轴的每个部分背后的聚合轴都会大致有个范围，一旦哪个部分的聚合轴范围与众不同，就会给解读者带来特殊感受。比如"春风又绿江南岸"，"绿"字之所以突出，成为这句诗的亮点，就是因为"绿"和据说作者王安石曾准备选用的字"到、过、入、满"等相比，是形容词用作动词，和通常情况下只有动词组成的聚合轴相比扩大了很多。用布拉格学派穆卡洛夫斯基的理论来说，这就是"前推"（foregrounding），是对常规风格的破坏。用符号学的理论来说，这就相当于聚合轴的一个忽然扩大，形成了"宽幅"。与此相对，也有聚合轴和组合轴其他部分相比忽然减小形成的"窄幅"。赵毅衡认为，诗歌中的刺点就是聚合轴突然纵深加阔，组合轴其他相对平凡无奇的部分就成了展面。为了突出刺点，文本中也少不了展面的衬托。

雅柯布森认为当表意过程倾向于文本本身时，符号文本具有诗性功能，诗性功能体现在聚合轴上对等关系在组合轴上的展现。学者们认同雅柯布森对诗性功能的分析，但是认为诗性功能不应仅有此一种展现方式。刺点理论以符号双轴关系为基础，从组合轴透视不同部分的聚合轴是否均质的角度来探讨文本表意的特点。相比较而言，雅柯布森的平行结构和对等关系理论更倾向于讨论一种展面的诗歌美感，而刺点理论则注重讨论相反情况下的诗性功能如何呈现，而且现代诗早已跨越了古体诗的种种束缚，形式更加自由，刺点理论也就能够为其提供更适合的解读方法。这大大扩展了诗性理论的范围，补充了雅柯布森的理论。

二　诗歌中的刺点——以多多诗歌为例

（一）诗为什么需要刺点

当今时代是个泛艺术化（pan-aestheticization）时代，即这已经是个艺术本身和生活在不断融合为一体的时代了，这造成了艺术的危机。起初学者们对"日常生活审美化"的讨论还大多是在担心审美功利化的问题，随着媒介革命和消费文化的扩张，出现了艺术和非艺术的融合、精英文化和大众文化的融合，这会导致艺术逐渐表面化、浅薄化，很可能会伤害到艺术本身的建设性。

诗歌作为一门艺术，同样面临着这个时代的危机，当艺术和生活彻底融为一体时，艺术失去了能够"刺痛"人的优势，很可能会就此消亡。艺术如果要努力存活下去发展自己，就不得不追求一些能够与日常生活拉开距离的独特之处。这其实正是诗歌的长处，诗性功能本身就指出，诗作为诗性最特别的代表，它的特点就是以延长感知为目的，追求难解的特质。

赵毅衡认为，艺术在当今时代有一种标出倾斜的特点[2](P310)。标出性（maekedness）本是语言学理论，被雅柯布森引入文化研究中，指的是当对立的两项不对称，出现次数多的那项是非标出项，出现少的那项是标出项。与展面/刺点理论相比，两种理论立足点不同，但是指向大致一样。非标出项就相当于展面，标出项就相当于刺点。比如在艺术中，如果我们从笼统的美/丑的二元对立来看的话，人们偏爱美的事物，更多的艺术作品追求的是美感。艺术作品也表现丑，形成了一种特殊的审丑倾向。比较起来，审美的艺术是非标出项，审丑的艺术则是标出项。审美的艺术是展面，而审丑的艺术是刺点。美的事物和丑的事物随着时代的不同，人们的认识会有所转变，但是非标出和标出的对立却永远存在。所谓艺术的标出倾斜，指的就是艺术越来越关注标出项，更注重追求文化中被标出的边缘性层面，这同时涉及艺术的形式与内容。

所以，诗本来就是追求诗性功能，在当今泛艺术化的时代，为了维持自身的存在，为了维持艺术的存在，更是要强调对标出性的追求，对刺点的追求。之所以选择多多作为一个典型案例来分析，是因为多多作为一位自觉磨砺诗艺的天才诗人，对此深有所感。他在获得2010年纽斯塔特文学奖的受奖辞《边缘，靠近家园》中说："诗歌已沦为边缘，而边缘靠近家园。诗歌享用这边缘，并继续为生病的河流提供仪式，为心灵提供可阅读的风景。这是我们绵延的理由。"[5](P80)

（二）刺点的表现形式——以多多的诗歌为例

乔琦、邓艮认为："符号与对象的疏密程度，乃衡量语言标出与否的重要参考，二者关系越疏远，符号表意越可能采用标出性语言。同时，诗歌语言的标出性与诗歌艺术的高下有一定关系，但也不绝对。"[6](P163)他们认为，20世纪初的中国早期新诗追求的是语言的标出性，即追求将语言作为刺点，但是诗歌的意义解读往往并不复杂。但在救亡图存的社会压力下，不少诗歌转向追求元语言性，成为时代的传声筒。到了 70 年代，地下诗歌开始，到 80 年代的先锋诗歌，中国的现代诗才又恢复诗性传统。不少诗人也很自觉地追求诗歌的纯粹性，提出了"诗到语言为止""回到诗歌本身"等口号。多多作为从 70 年代开始写诗，到现在还不断创作的一位诗人，作为一开始被忽视，后来又被重新发现的一位诗人，他的诗歌很好地体现了中国现代诗的追求和艺术水准。多多早期的诗歌《手艺》展现了他对诗歌的思索，他也确实把诗歌当作了一门可以精心打磨的手艺。

罗兰·巴特行文纵横恣意，所以对刺点的探讨也颇为随意，除了从聚合轴的角度讨论刺点，也能看出刺点具有能带来较强烈的情感刺激、打断展面的匀质展示等特点。从多多的诗歌实践来看，笔者总结出以下几种诗歌的刺点表现方式。

1. 语音中的刺点

也许和多多学过音乐不无关系，多多的诗音乐性很强，这得到了多位学者的公认。在现代诗普遍对诗歌音乐性关注度不够高的现状下，多多的诗歌如同一道清流。黄灿然很早就注意到了多多诗歌中音乐性的重要性，并讨论了多多诗歌中体现出的音乐结构。多多的诗歌并非严格押韵，从头到尾用相同韵脚的诗也很少，但是多多的诗歌很注意句内用韵和句尾用韵结合，尤其注意语音中刺点的营造。

比如多多的《在一起》（1992）（诗中标示的韵母为作者所加）：

> 灯亮（ang）着（e）
> 我们在一起（i）
> 在没有灯（eng）光（ang）的一半里（i）
> 我们的记忆（i）
> 在它以外（ai）
> 在光（ang）无力（i）到达的一半里（i）
> 我们想象它（a）
> 由于没有想象力（i）
> 我们抽着（e）烟（an）
> 也许是过早地（e）
> 我们在一起（i）
> 灯（eng）更亮（ang）
> 是灯（eng），不是光（ang）
> 我们在一起（i）
> 因为我们怕（a）
> 因为母亲飞着（e）
> 在一只炉子（i）里（i）
> 像一只蛾子（i）
> 我们怕（a）

我们搂得更紧（in）

在等待母亲燃烧（ao）

燃尽的时间里（i）

我们没有睫毛（ao）

从不睡觉（ao）

无法形容自己（i）

那不可能（eng）

犹如不能选择（e）

我们是婴儿（e）

但不是具体的（e）

我们是婴儿（e）脑子中浮动的冰山（an）[7](P194)

　　首先从整篇来看，这首诗是很注重押韵的一首诗，大多数句尾都押了 i 韵，诗歌前半部分基本隔句押 i 韵，甚至句中也有押韵，但是随着诗歌的进展，后半部分开始三到四句押一次 i 韵。另外在诗的前半部分，还有 eng 韵和 ang 韵不断出现，在诗歌后部，eng 韵偶尔出现了一次。e 韵在开头出现了一次，诗中出现了两次，诗尾呼应开头，接连出现了三次。a 韵也跳跃性地出现了三次。这体现出了一种音乐般的逐渐改变的节奏感，像是不同声部交叉进行，有渐慢的，有逐渐消失的，有渐强的。这些韵律不断变换，回环往复，很难说哪些是展面，哪些是刺点。真正的刺点出现在最后一句"我们是婴儿（e）脑子中浮动的冰山（an）"，句中重复了前三句的 e 韵作为一个延续，但是结尾赫然出现了一个 an 韵，这是一个在前面偶然出现过一次的韵脚，这使得此处的聚合轴增加到一个宽幅，扩展了整体韵脚的队列。并且和主要的 i 韵相比，两者正好处于舌位两端，i 是高元音，an 中开头的 a 是低元音，两者形成一个鲜明对照。这使得整首诗的音韵绵延不断，并在最后来了一记重击。这也许不是多多有意的设计，但是这种语感非常惊人。

　　不少学者都认为即使不成篇来看，多多的诗句本身就很优秀，比如多多的《通往博尔赫斯书店》（2008）最后几句："所有的进入，都是误入/误入以外，没有进入/路嗅出这些，于是渐宽……"前两句接连四个"入"，语音都是第四声，但是最后一句的结尾字，陡然转为第一声，这种欲扬先抑的徘徊感和畅快感，不但节奏感十足，也是刺点的极佳使用方法。

　　这样的诗句在多多的诗集中并不难找，而且使用方式也绝不止这几种，可以说总是有新的变幻方式。如果能够注意多多诗句中语音运用的特殊规律，不失为研究多多诗歌的一个方向。

　　2. 语句结构中的刺点

　　句式结构也是多多诗歌的亮点。王若琳研究多多诗歌中复杂状语的使用，她指出，多多诗歌中的怪奇意象以及含义复杂的短语，主要来自于复杂状语的使用，甚至出现了五种复杂成分构成的状语，如[8](P4)：

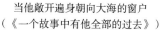

当他敞开遍身朝向大海的窗户
（《一个故事中有他全部的过去》）

多多也喜欢使用含有复杂状语的标题，如"当春天的灵车穿过开采硫磺的流放地"，这种复杂状语的刺点主要在于对常用搭配及用法的突破。王若琳也指出，随着年龄的增长，多多的诗歌中这种复杂状语形成的奇崛意象逐渐减少，但是多多还是保持了状语的模糊性和想象力。

多多诗歌的断句也别有特色，最突出的应该是《死了。死了十头》（1985）。

又多了十头。多了
十头狮子

死后的事情：不多
也不少——刚好

剩下十条僵硬的
舌头。很像五双

变形的木拖鞋
已经生锈

的十根尾巴
很像十名兽医助手

手中的十根绳子
松开了。张开了

做梦的二十张眼皮：
在一只澡盆里坐着

十头狮子，哑了
但是活着。但是死了

——是十头狮子

把一个故事

饿死了。故事
来自讲故事

的十只
多事的喉咙。[7](P115)

这首诗断句的特别之处在于，每一行诗虽然都断在句子中间，但是在空行之前的断句几乎都会造成在读下半句之前，给读者带来一种上半句其实是一个整句的错觉。比如"死后的事情：不多/也不少——刚好"这里很像一个整句的完结，但是当看到下一句"剩下十条僵硬的/舌头。很像五双"才会意识到"刚好"是和下一句连接的。这首诗用这种技巧几乎让读者在每次读到空行之后的诗句时都会觉得被震动，让读者在以为聚合轴已经闭合的时候又再次打开，形成一个个刺点。

3. 内容的刺点

诗歌追求刺点和标出，不仅是在形式上，更多的是在内容上。诗歌难解，但是诗歌并不是不可解。人生存在于意义之中，没有意义的诗歌是不会被接受的。即使迫于语境的压力，读者也会给一首诗寻找一个意义。

首先，刺点来自内容的突兀，在匀质化展面中，忽然出现一些不同的东西，就会成为刺点。比如多多的《在英格兰》（1989—1990）：

当教堂的尖顶与城市的烟囱沉下地平线后
英格兰的天空，比情人的低语声还要阴暗
两个盲人手风琴演奏者，垂首走过

没有农夫，便不会有晚祷
没有墓碑，便不会有朗诵者
两行新栽的苹果树，刺痛我的心

是我的翅膀使我出名，是英格兰
使我到达我被失去的地点
记忆，但不再留下犁沟

耻辱，那是我的地址
整个英格兰，没有一个女人不会亲嘴
整个英格兰，容不下我的骄傲

从指甲缝中隐藏的泥土，我

认出我的祖国——母亲

已被打进一个小包裹，远远寄走……[7](P168)

汤拥华在谈论多多的诗艺时提到这首诗，他说："他的意象仍然富有穿透力，甚至仍然让人震惊，例如'两行新栽的苹果树，刺痛我的心'，但这种震惊能够不露痕迹地汇入一条情感的河流中。"[9](P25)为什么整首诗中，这一句会最让人震惊，成为一个刺点？除了苹果树，这首诗还有其他不少意象，比如教堂的尖顶、城市的烟囱、英格兰的天空、盲人手风琴演奏者。在苹果树这句之后，诗歌转入抽象的描写，直到最后的泥土和包裹。苹果树作为前一系列实物意象的最后一个，和前几个意象最大的不同就是这是一个更贴近生活现实的意象。而且如果了解多多诗歌意象系列，就会知道果树和水果意象往往是家乡的象征。苹果树这句之所以能够让读者感到震惊，是因为前边都是外国常见的意象，而苹果树却是一个能够和家乡意象相通的意象，即使这可能是外国种的苹果树。在这里，本来的聚合轴是英格兰意象，这里却突然连接到了家乡，聚合轴此时形成宽幅，于是作者多多也情不自禁地说出了"刺痛我的心"如此直白而真挚的话语。

多多的诗《青春》（1973）：

虚无，从接过吻的唇上

溜出来了，带有一股

不曾觉察的清醒：

在我疯狂地追逐过女人的那条街上

今天，戴着白手套的工人

正在镇静地喷射杀虫剂[8](P15)

多多这首早期的诗并不难懂，表达出一种冷漠、虚无、价值失落的幻灭感。即使这么多年过去了，不少读者都对这首诗念念不忘，表达对这首诗的看重，谈论者总会提到最后两句："今天，戴着白手套的工人/正在镇静地喷射杀虫剂"。这首诗的刺点就在这里。这首诗的特别之处在于首先写了一种抽象的思想和感受，却把诗落在了具体意象上，并且有具体的时间、地点、人物。这相当于本来的聚合轴是更抽象的思想，却突然转变成了具体的意象，聚合轴扩大了范围，也转变了方向，形成了刺点。

多多的诗歌还有一个特殊现象，他很喜欢用一个词或几个词语串起一首诗，比如《能够》中的"能够"，《致太阳》中的"给我们"，《依旧是》中的"依旧是"，《只允许》中的"只允许"，《没有》中的"没有"，《看海》中的"一定"，等等。多多是一位经常思考世界的矛盾性和悖谬性的诗人，他诗歌中的这种重复几乎没有只是简单的同一方向的意象叠加，而是呈现出对立的刺点，即在对立的两方中，以悖论或反讽的形式来突出诗歌真正想说的意义。

比如他的《致太阳》（1973）：

> 给我们家庭，给我们格言
> 你让所有的孩子骑上父亲肩膀
> 给我们光明，给我们羞愧
> 你让狗跟在诗人后面流浪
>
> 给我们时间，让我们劳动
> 你在黑夜中长睡，枕着我们的希望
> 给我们洗礼，让我们信仰
> 我们在你的祝福下，出生然后死亡
>
> 查看和平的梦境、笑脸
> 你是上帝的大臣
> 没收人间的贪婪、嫉妒
> 你是灵魂的君王
>
> 热爱名誉，你鼓励我们勇敢
> 抚摸每个人的头，你尊重平凡
> 你创造，从东方升起
> 你不自由，像一枚四海通用的钱！[7]（P26）

这是一种悖论式的表达方式，即"似是而非"，是存在于文本表达层及组合轴中的冲突。诗中的太阳呈现出荒诞的面相，"给我们光明"的同时，也"给我们羞愧"；一面"给我们时间，让我们劳动"，一面"在黑夜中长睡"。诗人一面建设，一面拆解，在悖论的发展中最后大声疾呼，用最强音下了定论："你不自由，像一枚四海通用的钱！"在彼此拆解的话语中，聚合轴无所适从，但是最终聚合轴终于在混乱中选定了方向，成为刺点。

再比如多多的《白沙门》（2005）：

> 台球桌对着残破的雕像，无人
> 巨型渔网架在断墙上，无人
> 自行车锁在石柱上，无人
> 柱上的天使已被射倒三个，无人
> 柏油大海很快涌到这里，无人
> 沙滩上还有一匹马，但是无人
> 你站到那里就被多了出来，无人
> 无人，无人把看守当家园——[7]（P263）

这首诗看似和上一首《致太阳》很像，却全然不同。这首诗通过事物的"有"和人的"无"做对比，组成了一个对比存在的意象系列，但是这个系列在组合轴中虽然有对比但并不矛盾，没有形成悖论，而是意在言外。这是一首具有反讽意味的诗歌，反讽即"口是心非"，文本的矛盾之处在于聚合轴中，组合轴显现出的意义并非作者真正想表达的，真正的意义隐藏在聚合轴中，需要读者去推敲。解读这首诗的钥匙在于最后两行，前面是物和人的对比，"你站到那里就被多了出来，无人"，这句话看起来就好像"无人"是一个人的名字一样，一个被多余出来的特别的人——虚无。"无人，无人把看守当家园"，表面的意思是没有人把看守当家园，但是联系上一句，这个"无人"显然别有所指，在聚合轴中，一个虚无的"无人"还在坚守着，象征着把看守这种行为当作心灵的家园的一类人。

多多诗歌中闪烁着的刺点的光芒，充分证明了在当今时代他是一位杰出的诗人。诗人也许不会按照理论去写诗，但是在最终的层面上，诗人和理论研究者殊途同归。不是多多的诗如此适用于理论分析，而是因为多多是一位真正的诗人，他深深地懂得诗性，他用诗证明了诗性理论及刺点理论的实践性。本论文只是对诗性及刺点理论做了一个扩展，可以看出，对诗歌的刺点研究应该是一个宏大的课题，但是这种研究必须和实践相结合，才能有所突破。

参考文献：

［1］〔俄〕罗曼·雅柯布森．语言学与诗学∥赵毅衡编选．符号学文学论文集［C］．天津：百花文艺出版社，2004．

［2］赵毅衡．符号学原理与推演［M］．南京：南京大学出版社，2011．

［3］赵毅衡．刺点：当代诗歌与符号双轴关系［J］．西南民族大学学报（人文社会科学版），2012（10）．

［4］〔法〕罗兰·巴特．明室——摄影纵横谈［M］．赵克非译．北京：文化艺术出版社，2003．

［5］多多．边缘，靠近家园［J］．名作欣赏，2011（13）．

［6］乔琦、邓艮．从标出性看中国新诗的走向［J］．江苏社会科学，2012（3）．

［7］多多．诺言：多多集1972—2012［M］．北京：作家出版社，2013．

［8］王若琳．多多诗歌中复杂状语使用特征研究［J］．北方文学，2013（5）．

［9］汤拥华．词语之内的航行——多多诗论［J］．华文文学，2006（1）．

虚物以待物：蒋浩诗歌与新主体范式

冯 强[*]

（广西师范大学 文学院；广西桂林 541004）

摘 要："虚物以待物"化自庄子的"气也者，虚而待物者也"，它期待一种使当代诗歌写作重新与一种修养论对接的方式，这种方式不再囿于传统上以道德统辖美学的同一性主体，而是相反，以美学的、片段的、非连续和非同一的方式重新塑造一种新的主体范式。

关键词：蒋浩；修养论；主体范式

读蒋浩的诗歌，对其政治和批判性旨趣印象深刻，从早年《纪念》《罪中之书》到2014年的《夏天》等作品，一以贯之，但诗人的姿态又有所不同，如果前者是正面进攻，后者就是侧击，改沉郁为戏谑。离开"国身通一"意义上的帝国政治和寄生于帝国政治的反政治，改革开放将诗人重新带回日常生活政治，虽然人身政治并未有多少松绑，社会公共空间毕竟已经从国家话语的挤兑中重新开始，而诗人也被迫或主动丢弃启蒙者的中心地位，首次在帝国传统内获得一个相对独立的位置："诗人脱离开社会生活的中心，恰恰会获得某种独立的专业精神，去细化我们在其他方面的唯我独尊的感受力和判断力。诗歌一时变成少数人的游戏其实不是坏事，反而是对强权造成的暴力实施温柔的补救。"[1](P210)

"温柔的补救"——并非"温柔敦厚"的载道传统，看似诗人对政治的雄心已经减至最低——与之同时发生的是诗歌界开始接受欧美审美和语言转向的影响。根据康德的思想革命，"'事物的先验性完全是因为我们自己将它输入进了事物之中'，而我们首先输入其中的是'审美的'框架，即作为直觉形式的时间和空间"[2](P28)，除去康德的超验审美阐释，尼采也从隐喻角度对认知进行了有力阐释。蒋浩对此心领神会，从诗人角度，他认为"通过多种方式来扩大自己的词汇量，其实就是扩大认知"[1](P210)。承认"现实"和"真理"的审美性质并不意味着不尊重事物和客体，而是更深刻地意识到主观"现实"和"真理"中的建构角色，一方面加大对主观的反思和警惕，另一方面则令诗歌游戏的一面得以更充分地释放和演绎。蒋浩改写古典诗歌的努力，在于他以古典诗歌的均衡、大度甚至人文相应的观念来统摄审美和语言转向带来的语言在各个层面的全面解放。可以说，古典在于起点和终点，而诗歌的铺展则仰赖转向以来从欧美诗歌和中国现代诗

---

* **基金项目**：广西高等教育教学改革工程项目"汉语言文学专业课程群教学论研究与实践"（项目编号：2014JGZ107）的阶段性成果。
作者简介：冯强（1982— ），男，广西师范大学文学院副教授，文学博士，研究方向为新诗与诗学。

歌发展出的种种技术，由于古典的规范仍在，这些技术能够得体地演变为诗歌技艺。技艺和技术的区别，在于是否有一个可以仰仗的成熟主体由技返道，这就牵涉到当代诗歌能够为我们贡献出一个怎样的新主体范式。

米沃什认为"西方诗歌最近在主观性这条路上陷得太深了，以至于不再承认物体的本性。甚至似乎倡议所有的存在都是感觉，客观世界根本不存在"[3]，用弗里德里希的话来说，"现代诗歌如果涉及事实——物的或者人的事实——那么它也不是描述性的，对事实并不具备一种熟悉地观看和感觉的热情。他会让事实成为不熟悉的，让其陌生化，使其发生变形。诗歌不愿再用人们通常所称的事实来度量自身，即使它会在自身容纳一点事实的残余作为它迈向自由的起跳之处"[4](P2)。蒋浩同时保持对感知认识论和陌生化变形的热情，对目的论的、有意识的感知行动与无目的、无意识的自由美学游戏两种活动机制同样承认和尊重，重新平衡了诗歌中的主观与客观，为词与物的有效关联找到了一条可行的道路。

语言和审美转向带来的各种语言本体论是围绕关于"现实"的种种阐释建立起来的，"即使在万物的最深处，我们能看见的，能找到的，也是居于它们表面的"[5]，在另一个地方，蒋浩又说，现实"一定是万重山"[1](P210)，这中间发生了什么？犹如尼采在流水之上建构复杂的概念穹顶，蒋浩将诗歌比作风中之树，"现实"和"认知"的流动属性让其同时成为最简单的和最复杂的，而这其中的关键是语言，或者说是词与物之间的关系。《1984》中奥布莱恩曾对温斯顿说"权力乃是对人的权力，是对身体，尤其是对思想的权力，对物质——你所说的外部现实——的权力并不重要。我们对物质的控制现在已经做到了绝对的程度"[6](P249)，这同海德格尔从技术角度将"元语言"阐释为形而上学和人造卫星并指责它转变一切语言造成一个匀质、无根的世界是一致的[7](P147)。蒋浩拒绝了权力或者技术的唯名论思想，即他拒绝以权力或者技术消除词与物之间的距离，没有"让词语停滞在斜坡上，让音符/活在自身的暗哑里，把知识/由'力量'变成'权力'"（《陷落》），他凭借技术和力量之间的"技艺"摆脱了"知识—权力"的陷阱，以技艺之游戏和"无用"的一面将"权力"化解为"力量"关系的褶皱，回避了古希腊意义上受作者（制作者）意志控制的、（暴力）"制作"（"a poem is something made"）的诗歌，这种诗歌发展到极端，必然会沦为米沃什意义上的"主观性诗歌"。而蒋浩所谓技艺的"温柔补救"，在我看来——至少是从他技艺豹变的现阶段来说——第一，是保证"物"之在场（"尽量'客观'地写我之所见，每个句子都至少要有一个或多个可视之物"[1](P210)），避免了陷溺于主观化的泥淖，保证了审美意义上的自由民主："尽量让'物'出场，在一个可辨析的视阈内，不纠缠他们之间的偶然/必然，极力体现一种合理空间的存在感，显得民主而道德，既相互独立，又暗通款曲，使句子尽量变得安详静态而富于动态的弹性和启发"[1](P210)；第二，增加词与物之间的褶皱关联（"言之有物的出发点是物之有言"[8](P111)），也就是将物虚化，在保证其客观性的同时，根据当代的语境和汉语的特点增殖诗歌的关涉性，"以词语想象词语""像一束穿过无数镜子反射的折光"（《陷落》），保持了诗歌的游戏感和自由感，它看似无用，却能"保障漂亮的谎言突然有一天接近了真理"[9](P191)；第三，在"万物"的"表面"找到其"灵魂"和"万重山"，这一"灵魂"可能是出乎意外的"物"，也可能是"无"，以去主体化的方式更新了主体："而裂开的词语，在它们相互的裂缝里滚动，分散，在湖面留下大理石般的表象和足迹；而句子在延续，折断，悲伤地擦去了词语留下的一切。"（《恐惧的断片·伸进夜晚的阳台》）[10]这三点紧密关联在一起，为我们贡献出一个新主体范式——在无用之用的迂回意义上，看似沉醉于语词游戏的蒋浩恰恰又虔诚于"文如其人"这一技艺－人格论——"我相信有某种几乎没有技艺成份的伟大作品，也许，它们并不仅仅是文学作品。同样，我也相信，技艺在很大程度上还是与一个人的内在精神结构相关"[11](P22)，"技艺也是人格的部分，'技艺是对真诚的考验'。其实不仅是真诚，简直就是善和美的综合"[9](P191)。审美如果要避免同文化工业沆瀣一气为"日常生活审美化"，必然会面临同伦理的深层次关联。

关于蒋浩诗歌的风格演变，我曾专门著文讨论[12]，这里不再赘述，只是提醒读者，2000 年左右，蒋浩诗歌发生了明显的变化，《小悲哀（为病中女友作）》《静之湖踏雪》可以视为这一转折的代表。我们今天要讨论的成熟期的蒋浩主要建立在这个基点上。下面我们仍以《海的形状》为例，讨论其诗歌的一些基本特征：

> 你每次问我海的形状时，
> 我都应该拎回两袋海水。
> 这是海的形状，像一对眼睛；
> 或者是眼睛看到的海的形状。

两袋海水是大海的两个细节，两个局部，或者说在蒋浩这里是大海的两个面具。"像一对眼睛"颠倒了看与被看的关系，观察者被审视，这是蒋浩诗歌中常见的对待物和他者的民主和道德。"眼睛看到的海的形状"：大海的眼睛、观察者的眼睛和读者的眼睛，这里的眼睛已经一变为三，从物到词，开始了蹁跹：

> 你去摸它，像是去擦拭
> 两滴滚烫的眼泪。
> 这也是海的形状。它的透明
> 涌自同一个更深的心灵。

大海在这几节里从眼睛褶皱为眼睛流出的"两滴滚烫的眼泪"，"它的透明/涌自同一个更深的心灵"，透明的眼泪有一个不透明的源，这是大海自身。

> 即使把两袋水加一起，不影响
> 它的宽广。它们仍然很新鲜，
> 仿佛就会游出两尾非鱼。

　　把两袋海水加在一起不会影响到大海自身的宽广，而我们却得到一个与之前不同的形状。"非鱼"是蒋浩的自创——蒋浩生活的海南最常见的一种鱼叫罗非鱼，可能也与庄子、惠子的濠梁辩论有关。但那个辩论中"非鱼"是一个判断句，蒋浩在这里将它名词化，并保留了它原来语境中惠子对庄子的诘疑：你不是那条鱼，你如何了解那条鱼？这个问题从根本上规定了认知的残缺本性，即不可能完全了解一个他者，但这一不可能又反过来成为我们去了解这个他者的一个前提，这样一种无意识力量既"内在于主体性，又是主体性在其自身中所包含的他者"[13]。反过来，完全的了解意味着完全的透明，意味着将无意识彻底转换为意识，将"力量"彻底转换为"权力"，而诗歌只能发生在知识的残缺和缝隙当中，它尊重那个"更深的心灵"，构成了"知识"的阴影。"非鱼"与"非余（我）"之间的谐音恰好代表了我与物、物与词之间广阔的中间状态，这一中间状态正是蒋浩凭借汉语的隐形衣穿梭转换一展身手的呈现。2004年的《诗》，不妨视为在大海和天空、"（非）鱼"和"（飞）鸟"之间建立的关联，不同于庄子"抟扶摇而上"的鲲鹏，蒋浩不是以"水之积"而是以"词语之积"来抵达自由创生境界，就像词语波浪的每一次涌来和退去都在同时重复"否"和"是"，鱼鸟、非飞、是否、阴阳的互泳互化使诗人最高程度地将无意识自然和无功利自由确立为一种价值，词语的弹性带来的时间弹性造就的语言 - 时间场里，从"物"起跳的"现实"就拖着词语雕琢带来的各种"侧面"，构成一个更加复杂、多维的新现实。

> 你用它浇细沙似的面粉，
> 锻炼的面包，也是海的形状。
> 还未用利帆切开时，
> 已像一艘远去的轮船。

　　利用面粉和细沙在形状上的相似将对海的形状的探讨从液态引入固态，紧接着利用刀和帆的相近将制成的面包规划为一艘船，"大海的形状"在"海的形状"上起航。

> 桌上剩下的这对塑料袋，
> 也是海的形状。在变扁，
> 像潮水慢慢退下了沙滩。

　　蒋浩在这里用一对倒出水之后的塑料袋来操演潮水慢慢退出沙滩，沙滩作为海的底座同样是"海的形状"。

> 真正的潮水退下沙滩时，
> 献上的盐，也是海的形状。
> 你不信？我应该拎回一袋水，
> 一袋沙。这也是海的形状。

你肯定，否定；又不肯定，

不否定？你自己反复实验吧。

这也是你的形状。但你说，

"我只是我的形象。"

诗中，"大海的形状"不断被发送出去——眼睛、眼泪、面包、船、沙滩、盐——最后你会发现大海的形状只存在于这样一些关系当中，它并不单独存在。这些关系构成了尼采"既是一又是'多'"的"权力意志"之"诸种力量和力量波浪的游戏"，也构成了熊十力以大海水与众沤喻解的体和用，用蒋浩自己的话说，"从海水中提炼出一种波动的语法有助于把一个句子锻炼成波动的形状，这样的诗句延埴成器，再注入海水，带着深深的蓝，以及物质的盐。这个盛满海水的陶器像一个遗忘正在遗忘"[5]。蒋浩的方法，可以归结为这种"波浪的语法"对词语间蕴含的巨大能量的重新布置，在另外的地方，他以"用词语去想象词语"来表达他的类似想法："很多诗人实际上还只是用词语在挖掘自己的想象力，缺少必需的对词语的想象力。去想象字和词，用词语去想象词语，而不仅仅是事物。我有意识地训练过，或者我有的诗歌就是对词语的想象、判断、误读、歪曲、推论、顺接等等。词语即思想。"[1](P210)他利用"词语间相互的含混、折衷、机缘、挤压、磨损造成的不确定的运动风格"，"给顺时针的车轮装上一个逆时钟的轱辘，就像给道路在拐弯处顺便打个结"[8](P111)，在词语享乐的爆炸性狂欢中左右互搏。更突出的一点是，他大量改造、穿梭汉语的音形义（《蓝色手推车》："词与物不必苟且，音形义就是隐形衣"），这些音形义因为各种机缘和偶在关系引发的增殖在换行之外增加了蒋浩诗歌的呼吸器官（"我一直都是在用几条腿走路，几套器官来表达"），激发出汉语中蕴藏的巨大能量，这一点在《海的形状》中呈现得不多，但读过长诗《喜剧》等作品的读者相信会有深刻印象。[1](P210)

上面强调蒋浩诗歌中词语挣脱所指意义结构的冲动并不意味着一定要在能指链条上做无休止的滑动，那样会陷溺于主观性。在大多数诗歌里，蒋浩为我们保留了最低限度的现实语境，从"物"起步，由"物"牵引出"词"，并由"词"的能指滑移产生巨大的无意识能量（这个过程甚至连"技艺"也不能加以掌控）："树欲静而风不止也，树就是诗句和整首诗。而每件'物'都是一个窗口，我们可以通过传统的散点透视或现代的三维描摹，不断地别开生面。在这样的运思中，现实就挣脱了自然的时空限制，激发出每个句子中'物'的有机能量，句子和词之间慢慢地自由起来，相互召唤和牵引，期望获取一种'写作'状态中难以自制的最大的意外，这很像棋中的无理手。"[1](P210)这一以词语"隔物传功""把关注事物的终极转移到事物的起始甚至过程上来"的方法[9](P191)，实际上是把读者导向事物的初始状态，开启一个阿伦特意义上的"新端"，这一点其实异常地"古典"，并非为了陌生化而陌生化。"最大的意外"则意味着笛卡尔意义上的意识主体之失效，意味着权力或技术等任何可以操控"物"的因素之失效，以意识之物起，以无意识之物（能量或他者）终，中间是"以词语想象词语"的浩渺地平线，每一次诗歌都可以视为一次漫长的自我坎陷，将自身让到一种虚空状态中，即通过对能感知之物的虚化，"让主体进入去主体化的过程"，从而将自身和读者带到不能感知之物："有时，我们自己也谈论些我们不知道的事实，/忘了对所指事物的确切称谓时，/眼前会突然变得开阔"[《十二月三十日在西海岸某咖啡馆一下午（给张伟栋）》]。这样一种使目的论感知行动发生审美中断的，正是韦尔施所谓的"审美公正"，是深层次审美行动必然面临的伦理/政治问题[2](P93)。"意外"的不能感知之物中止了能感知之物引发的词语之能指滑动，无意识力量的无目的游戏逆转了作为有目的的意识主体行动，这是一种新型的体用关系，不是以权力或技术之"用"以裁"体"（"有用之用"），而是体用不二（"无用之用"），改用孟柯（Christoph Menke）的话，"诗人所能是不能。诗人乃能不能"[13]。正是通过"无用之用"和"能不能"这一褶皱关联，蒋浩更新了我们对当代诗歌的理解。"放下意识主体的目的性和意向性，以返回到意识主体定形之前的虚在状态"这一创造性源头，这是蒋浩同诗人萧开愚和孙文波之间共享的"积极虚无主义"。我将其概括为"虚物以待物"，"假如'虚化'是指回到未分别的虚在世界，物化则必定涉及事物的多样性和多元性，涉及物与物之间'必有分'的实在世界"，这既保留了意识主体的批判性，又引入了非意识力量蕴含的他者可能，而"虚与物之间来回往复"的"兼体不累"很有可能为我们提供出资本主义社会完全不同的、平等辩证的新主体范式。

最后，我还想稍微谈一下"虚物以待物"在蒋浩诗歌形式和主体范式上的对位。蒋浩偏爱空间："诗一定要有空间，而所有空间感都可以通过最基本最简单的平面来表现，也可以用空间来很好地表现时间。"[1](P210) 在所有的空间形式中，蒋浩又偏爱富有形式感的圆，"诗歌是一门关于圆的艺术……是一种关于对称的艺术"，这一"对称"是以（能感知）物始以（不能感知）物终的辩证"逆转"；诗歌是一种弧度，"曲线本身才是问题的核心，它要把两端的事物投入到自己的弧度中来"，而且从能感知与不能感知的角度看，曲线会变直，而直线本身也是一种弧度[5]。蒋浩在《恐惧的断片》屡屡谈及词语的"侧面"和"黑暗部分"，正是以正在感知之物修改已感知之物，"可以随时引爆潜藏在个人宇宙中的原本就有的多向度、充满悖论和苟同的对话轨道，形成立交桥般的纽状纠结"，而利用"复调和对位法"可以"最大限度地降低诗歌推进的速度"[1](P210)，其间的各种弧度使诗人在感知困境中仍能对自我和他者保持相应的开放能力，以去主体化的方式完成对主体的更新。诗歌"是对边界的否定或重新界定。我希望诗歌在大多数时候都是个可变的模糊不可知的气态生物，一种随物赋形的'云'诗歌"，蒋浩将"气"视为"中国文化关键词中的关键"，"落实到文学上，既是对作品内在生命精神的要求，也是作品外在美学形态的最好描述"[8](P111)。"虚物以待物"化自庄子的"气也者，虚而待物者也"，它期待着一个由技艺支撑起来的气化主体。"物物而不物于物"，这一主体写下的诗歌不仅具有作品的内在生命精神和外在美学形态，也与诗人的内在精神结构和人格紧密相关，这样，诗歌写作就是采气和养气的过程。"妙万物而为言"，这使一种朝向"断片"与多元、非连续性与非同一性的新主体范式成为可能。而我以为，使当代诗歌写作重新与一种修养论对接，是当代诗歌能从古典诗歌中获得的最大教益。

参考文献：

［1］蒋浩、木朵．我想要相信//孙文波编．当代诗（二）［G］.北京：文化艺术出版社，2011.

［2］〔德〕沃尔夫冈·韦尔施．重构美学［M］.陆扬、张岩冰译．上海：上海译文出版社，2006.

［3］〔波〕切斯拉夫·米沃什．反对不能理解的诗歌［J］.程一身译．上海文化，2011（5）.

［4］〔德〕胡戈·弗里德里希．现代诗歌的结构［M］.李双志译．南京：译林出版社，2010.

［5］蒋浩．海边谈话：一首回旋曲——海甸岛札记（向约瑟夫·布拉姆斯致敬）［J］.江河文学，2005
　　（1）.

［6］〔英〕奥威尔．1984［M］.董乐山译．上海：上海译文出版社，2003.

［7］〔德〕海德格尔．在通向语言的途中［M］.孙周兴译．北京：商务印书馆，2004.

［8］蒋浩．当代诗歌：一份访谈//张尔主编．飞地·十年的变速器［M］.深圳：海天出版社，2015.

［9］蒋浩．无所事事的男人（序言）［M］.海口：南方出版社，2004.

［10］敬文东．那些侧面，那些神秘，那些……［J］.读书，2003（8）.

［11］蒋浩．七十年代的诗人及创作［J］.鸭绿江（上半月版），2001（1）.

［12］冯强．从《纪念》到《喜剧》：蒋浩诗歌的理、事、情［J］.长沙理工大学学报（社会科学版），
　　2012（5）.

［13］何乏笔．气化主体与民主政治：关于《庄子》跨文化潜力的思想实验［J］.中国文哲研究通讯，
　　2012（4）.

【编者按】"京津冀文学研究"是"从孙犁到铁凝"的扩拓和延续。"从孙犁到铁凝"旨在研究以孙犁、铁凝为代表的河北作家的创作追求、承续发展，以及同时代发展、地域文化的关系。然而，孙犁在新中国成立后调往天津成为天津作家，铁凝十年前已调往北京，而且，新中国成立后，大批河北作家赴京津，京津冀作家出现穿插交织的局面。这种局面的背后是京津冀盘根错节的地域关系：北京地处河北腹地，其前身是燕国国都"蓟"，天津自古隶属河北，曾为直隶总督府治与河北省省会；近几年国家又提出京津冀经济一体化；追溯到远古，京津冀又同属北京湾。据此，将"从孙犁到铁凝"更名为"京津冀文学研究"。如此，可在更大的文化区域中更准确地把握作家，也可研究更多作家。这不仅具有历史文化价值，而且具有现实意义。

孙犁《芸斋小说》中的死亡叙事

李华秀*

（河北师范大学　文学院；河北石家庄　050024）

摘　要：《芸斋小说》以濒死、曾死、将死、亡故、弃世、被逼致死、吓死、正在死等多种样态，将人类的"死亡"问题提高到了哲学高度，让我们看到了"死亡"极其丰富的内涵。《芸斋小说》让我们意识到"死亡"并不那么单纯透明，也不那么整齐划一。人类的"死亡"就像人类的"活"一样丰富多"彩"。这一思想，不仅固执地肯定了人的个性，并顽固地宣称了人的难以规训性，即使将活人逼得不能活，人最终还有一死，只要能死，人就依然保留着一份权力。这种对死亡的深度思考，将填补中国生命哲学的一页空白。

关键词：孙犁；芸斋小说；死亡叙事

引　言

闫庆生先生认为孙犁晚年自觉地铸造了自己的人生哲学。[1]（P118）按照苏格拉底的观

---

* **基金项目：**"河北省高等学校创新团队领军人才培育计划项目"、河北师范大学 2016 年度人文社科博士基金项目"中国新文艺的拟象性"、河北省研究生创新资助项目"从群体突围到个体救赎——异质空间下孙犁小说叙事嬗变"（项目编号：SJ2015010）的阶段性成果。
作者简介：李华秀（1963—　），女，河北师范大学文学院副教授，文学博士，研究方向为中国现代小说研究、文艺美学。

点，追求哲学的正确方式就是从容面对死亡[2](P85)，因为死亡问题是人生哲学的重要节点，就像布朗肖所说："谁能把握住死亡，谁就能高度地把握自己……就是全面地具有能力。"[3](P77)之所以说孙犁铸造了自己的人生哲学，是因为孙犁在其晚年作品中认真思考了死亡问题。他首先思考了自己的死，他曾对儿子说："近来有很多老人，都相继倒了下去。老年人，谁也不知道，会突然发生什么变故。我身体还算不错，这是意外收获。但是，也应该有个思想准备。"[4](P214)其次，他考察了各种各样的死，将死亡当作生命形式之一种对待，完善了我们的生命哲学。再次，孙犁对死亡问题的考察是冷静、客观的，包含着对"活"的价值和意义判断，对后人具有警示作用。《芸斋小说》像《圣经》《柏拉图对话集》《论语》《庄子》等一样，是一个文学性和哲学性兼具的文本，它使用较为隐曲、含蓄、委婉的隐喻性表达，将自己对死亡的哲学思考深埋在碎片化叙事中。

一　极弱处境中的人屡死不成：叙述者

海德格尔把死亡当作"此在终结的尚未"[5](P287)，苏格拉底将死亡当作灵魂对肉体的捐弃，孙犁将死亡当作一种反抗的形式。因为，活着受到屈辱，无处申诉，死亡便成为人最后的选择，即所谓以死相抗。将死亡当作反抗形式颇具中国特色。中国底层妇女在忍受不了非人折磨或不愿过被指派的生活时常常选择死亡。《婚姻》中，如意的母亲不愿和比自己大 30 岁的大木僧结婚，结婚当天跑回娘家跳了井；玉华婶因为和丈夫闹矛盾，"跑进我家场院，就奔新打的洋井……把腿一伸，出溜进去"[6](P367)。刘黑柳《人的旅途》中的"她"因无法忍受婆婆和丈夫对自己的长期辱骂选择上吊自杀。即使现在，当很多人无力面对生活中的不堪处境时仍选择死亡。把死亡当作最后的反抗，是弱者对抗强权的无奈之举。其内在逻辑是：死亡是重大的不幸事件，自己的死亡会引起外界关注，总有正义力量帮助自己惩罚施暴者。在中国民间，若女人自杀，娘家会纠集家族势力，对婆家进行种种报复，让婆家人受尽屈辱，名声大损。还有些人相信死后世界里的公正，渴望在另外一个世界对施暴者进行惩罚。总之，对相信"好死不如赖活着"的中国人来说，死是无法活的明证，只要尚能活，中国人都会继续活着。因而，死是弱者求生无望时的一种行为叙事。

《芸斋小说》的叙述者是弱者，面对强大的政治势力无力反抗，甚至无处躲避。在《还乡》中，叙述者说自己之所以不去躲避，是因为"没有地方可以躲避，这是'四人帮'撒下的天罗地网，率土之滨，没有人敢于充当义士，收留像我们这样的难民，即使是乡亲故旧"[7](P350)。在这种情形下，只有两种选择，要么死亡，要么屈辱地活着，叙述者选择了死亡，以反抗不公正对待。《言戒》中，叙述者因无法忍受造反派的"百般凌辱"，"当天夜里，触电自杀"。《女相士》中，叙述者经常想着怎么死，他说："在铡草棚子里，我每天要用一把锋利的镰刀，割断不少根捆草的粗绳。我时常掂量着这把镰刀想：如果不是割断草绳，而是割断我的脖颈，岂不是一切烦恼痛苦，就可以迎刃而解了吗？"[8](P318)叙述者有什么烦恼痛苦呢？在《一九七六年》中，老赵不明白："为什么一个人，会一下子从老革命，变成反革命；从最被尊敬的、最被羡慕的，变成最被轻视的人，甚至弄到家破人亡？为什么过去最巴结他的人，现在却反过来欺侮他，对他进行迫害？"[9](P380)这也是《女相士》中叙述者痛苦烦恼之事。在《女相士》中，叙述者经常遭到"革命群众和当地农场的工人、儿童"对他们的"侮辱、恫吓，或投掷砖头"。如若加害自己的是敌人还可以忍受，但现在加害自己的是"革命群众、当地的农场工人"，甚至是天真的儿童，这是叙述者无法理解的，也是其无法忍受的。正是因为自己无辜地、冤枉地面对革命群众莫名其妙的各种侮辱、恫吓、投掷砖头等恶劣行为，活着才没有指望，没有乐趣。这样的生活对于经历过抗战那种衣食不继但却和革命群众心心相连的八路军战士来说是难以承受、不值一过的，死便时时诱惑着叙述者，甚至成为叙述者唯一的内心活动，成为他的一种追求。

《还乡》的叙述者说自己在十年动乱中，"每时每刻，都是在死亡边缘徜徉"。《一九七六年》中的老赵一直想着自杀，"'文化大革命'开始，他曾自杀一次，没有死掉，以后又多次企图自尽，都没有成功"。死亡成为叙述者十年动乱期间追求的目标，对于叙述者来说，自己唯一可以做到的反抗举措就是死。但实际上死并不那么容易，"屡死不成"成为叙述者的一种生存状态。当死亡成为人的唯一目标时，其生活的不堪忍受尽在不言之中。

叙述者的死也可以说是"我"的死亡体验，叙述者和隐含作者在《芸斋小说》这一独特文本中难以区分，且在"芸斋主人曰"部分又将所有文本连缀成一个大文本，每篇《芸斋小说》的叙述者都具有隐含作者的身份。因而，叙述者的死亡体验便是"我"的死亡体验。当"我"不但在行动上体验过死亡，而且在心理上不断体验死亡时，死亡便具有了另外一种内涵。如果按照海德格尔对死亡的界定——死是"此在终结的尚未"，那么，死亡体验也就是人生终局，"此在"从此"不在"。尽管每个人都是"向死的存在"，但不会把死的问题放在心里反复预备，甚至反复研究，毕竟那是一场由"此在"向"不在"的转化。但《芸斋小说》中的叙述者"我"却一直在体验死，并反复研究怎么才能死，他和死经常照面，时不时擦肩而过，叙述者"我"的存在溢出了通常意义上的"向死的存在"，变成了"向死想死而存在"。死，不但变成了一个缓慢且清晰的目标，还变成了一次又一次的精神之旅。这是一种心理上的死亡，是一种"死着"的活。这种特殊心理体验是弱者面对强大的压倒一切的权力机器时的极度悲愤，是个体连死都无法落实的极弱之处境，这种处境恰是对强权的一种无声哭诉。

"文化大革命"是历史上强权政治泛滥成灾的时期，叙述者通过不断想死却连死都达不到目的的这样一种特殊生命体验，揭示了人生的一种特殊状态。"我"作为一个主体性存在，这样一种处境，意味着主体性的不断弱化，几近于无。但毕竟"我"没死成，"我"还活着，这是《芸斋小说》留下来的一束希望之光。

二 献祭与被献祭：自杀者

苏格拉底说："正义的真正斗士，如果想要活下来，哪怕是很短暂的时间，也一定要把自己限制在私人生活中，远离政治。"[10](P20)但按照亚里士多德"人天生是一种政治动物"[11](P6) 的观点，远离政治如何可能？即使苏格拉底最后的死也是一种政治行为。因为人不可能是"无族、无法、无家之人"，也就不可能远离政治。你可以不把政治当职业，但你的生活也不可能脱离政治，在一些特定情况中，每个人都"不得不"参与到政治活动中。"文化大革命"就是一场全民性的政治运动，其深入程度、广泛程度超过了历史上任何一次运动。它把老老少少，角角落落，凡有人的地方都发动了起来。在这样一场轰轰烈烈的政治运动中，如何做到"远离政治"？于是，这场运动就变成了一部分人用另一部分人做祭品的献祭活动。孙犁清醒地认识到这一点，他说："'文化大革命'刚开始，我的脑子还是很清楚的：这又是权力之争，我是小民，不去做牺牲。但不久就看到，它是要把一些普通老百姓，推上祭坛的。"[12](P223) 被推上祭坛的首先就是那些老干部，献祭者则是革命群众，献祭仪式就是一场又一场的批斗会。这确实与历史上各国流传下来的献祭习俗有点相似。弗雷泽在《金枝》中记载了很多地方的活人献祭习俗，比如，"卡利卡特王国位于马拉巴尔海岸，国王叫萨莫林……萨莫林只能统治十二年。期限到了，他要先把所有的贵族们都请来举行宴会……宴会后，他辞别客人走上架子，在众目睽睽之下，从容地把自己的喉咙割断"[13](P302)。这种野蛮风俗在不断改变，几百年后，活人献祭变成了一种表演性质的节目。但"文化大革命"中的批斗会却与绝迹了几千年的活人献祭风俗不谋而合。很多受折磨的老干部回到家里就"从容地把自己的喉咙割断"，把自己献祭出去了。不同的是，在古老的习俗里，被献祭者曾经受到隆重的礼遇，他们主动参与了整个过程，献祭对他们来说是一种信仰。而《芸斋小说》中那些自杀的老干部是被推上祭坛的，他们没有受到礼遇，没有被尊重，没有知情权，在短时间内被强制推上"祭坛"，其目的是什么都莫名其妙。他们的自杀，形式上虽暗合了古代的活人献祭，但在精神上却完全不同。他们的死完全是一种做不成人之后的无奈之举，带有自我救赎的味道——他们通过自杀，将自己带离非人世界，带离任人宰割的现场，实现了对人性的救赎。

《女相士》中的叙述者孙芸夫，因为忍受不了"四人帮"的白色恐怖和"革命群众"的侮辱恫吓而选择"自杀"；《言戒》中的"我"，因为不堪凌辱，触电自杀未遂；《地震》中曾做过市委文教书记的老王，因目睹了叙述者"我"被批判、凌辱的场面，担心自己有此遭遇，当"江青、陈伯达在北京一点他的名，他就不想活了"[14](P347)，后来他才勇敢地自裁了；《一九七六年》中的老赵，无法忍受漫长的遭侮辱、被轻视、受迫害的日子，而"多次企图自尽"。《一个朋友》中的老张，喜欢做生意，对当官不感兴趣，几次被降职，但却初衷不改，在不断的政治运动中，他的爱好被当作政治问题进行批判，"文化大革命他竟跳楼自杀了"[15](P397)；《宴会》中的刘二，在"文化大革命"一开始就自杀了；《颐和园》中的 G 在流放时自焚。众多自杀者都因不堪忍受政治迫害而自动放弃生命。对他们来讲，活着却不得不说假话，不得不做违心的事，不得不忍受凌辱、打骂，那还不如不活。

但有趣的是，那些把别人当祭品的人，最终也成了祭品，比如小 D 和王婉。小 D 是典型的政治流氓，"文化大革命"刚开始，他只是观望，看到同事造反掌握大权之后开始行动。最初对干部还算客气，"随着政策的越来越'左'，对干部的迫害越来越重"，甚至发展到"打人骂人了"，[16](P385)小D对那些老干部和他们的家属也一起虐待，"往死的边缘推挤他们"，甚至用日本人、国民党等用来对付特务的办法对待老干部及其家属。就是这样一个人，却也有倒霉的一天。他得意洋洋地造反半年后，押带中层干部前往干校进行劳动改造。"中层干部都睡在牛棚里，从天不亮劳动到天黑。他只是监督着、斥骂着，各处走动着，巡视工作，或是坐在办公室听听密探们的汇报。"[16](P387)但又过了半年，小D竟被赶到"几十里地以外去晒大粪"[16](P387)，不久"他吞安眠药自杀了"[16](P387)。王婉本属老革命，"文化大革命"一开始，她也受到冲击，"去卧过一次铁轨"[17](P389)，但很快王婉却成了这个城市的大红人，掌握了这个城市的大权，就连"一位高级军官，全市文化口的领导，在她面前，唯唯诺诺，她说一句，他就赶紧在本子上记一句"[17](P390)。但"四人帮"倒台之后，"王婉被说成是江青在这个城市的代理人，送到干校，还没有怎么样，她就用撕成条条的床单，自缢身亡了"[17](P391)。

作为"文化大革命"的既得利益者，小D和王婉都对当时遭受磨难的老干部们犯下了罪行。尽管如此，他们仍然是政治的祭品。比如小D，虽然在流氓无赖盛行的环境里长大，沾染了相同的习气，但他注意到新中国成立后政府对"许多赫赫有名的流氓头子"进行了镇压，也就收敛了自己的行为，甘心做一名清洁工。即便他造反之后，也不是一开始就对老干部拳打脚踢的，而是随着形势越来越"左"开始越来越坏的。从某种意义讲，他是在贯彻执行上级领导的意图。就是这样一个听话的喽啰，也没有逃脱被献祭的命运。王婉是死过一次的，那时她是被迫害者，但没死成，也就阴差阳错地被利用了。当她成为江青在这个城市的代理人时，她自己是没有预见到后果的，她很可能曾暗自庆幸过自己的政治前途。但很快"四人帮"倒台，她也就知道自己在"文革"期间的所作所为属于什么性质了。

政治最终成为推手，将普通老百姓推上祭坛。一拨人先将另一拨人献祭出去，之后翻牌，献祭别人的又再次被献祭，只有意识清醒之人才不会双手沾满鲜血。然而做到这一点何其不易啊！有一位老同志在和孙犁谈起往事时激动地拍着两手说："看看吧，我们的手上，没有沾着同志们的血和泪。"[4](P215)但很多人的手上却沾满了同志们的血和泪，比如冯前。冯前在运动一开始便将老友"我"抛出去，后又出卖自己的老上级，导致其自杀。

毫无疑问这是一场灾难性的政治运动，但若把一切责任都推给政治，免去个人之责，似乎不合逻辑。毕竟政治运动终究是人发动起来的，在其中活动的也终究是活生生的人。不管是献祭一方，还是被献祭一方，都彼此熟悉。比如，《言戒》中的"我"和造反派头头，一个在收发室，一个在编辑部，属于同事关系。《小D》中的小D和被他管理的中层干部也是同事关系。《冯前》中的冯前和叙述者不但是同事，还是多年的老朋友。但在这场轰轰烈烈的政治运动中，他们表现出了前所未有的自私、狭隘和残忍。正是个人的自私、残忍、狭隘，才进一步推动了政治运动的扩大化和深化。如果每个人都有道德标准，坚持不伤及无辜的基本底线，那些被集中到牛棚劳动的人也不至于被"革命群众和当地农场的工人以及儿童侮辱、恫吓、投掷砖头"。就像《圣经》中耶稣对"淫妇"的审判，没有犯过罪的可以向她投石头，为什么没人用石头投掷"淫妇"呢？因为他们知道自己并不比此人更好。当时的中国百姓如有此认识，那么对被"劳教"的干部们就不至于如此残忍。如果每个人能像三马那样，对需要帮助的人施予援手，对需要安慰者给予问候，那些被政治迫害的人也不至于绝望到整天想着去死。政治激活了人性中的恶是因为人性中有恶，对于善良的人来说，没有东西可以激活他身体里的恶。但反过来，如果政治对人施予良好影响，人性中的恶也会逐步淡化以至于无。就像小 D 那样，没有"文化大革命"，小 D 或许会做一辈子清洁工，踏踏实实工作，平平凡凡做人，没有机会伤害无辜，"文化大革命"却给了他作恶的机会。《芸斋小说》将政治和人性的相互作用摆在现代人面前，希望现代人冷静反思其中的奥秘。政治应该是通过立法使人向善的，而不是相反。

三　高密度的死亡体验：不同样态的死

海德格尔说："'死亡过程'的心理学与其说提供了死本身的消息，倒不如说是提供了'垂死者'的生的消息。"[5](P284—285)《芸斋小说》提供的众多死亡样态也正是"文化大革命"期间人的多种生存样态，这种以死亡样态展示生存样态的特殊叙事，隐婉地表达着作者对生活的哲学思考。在一个疯狂的社会里，没有人可以生存，每个人都是垂死者。他们的特殊死亡样态正是他们特殊存在方式的证明。如果他们不能像人一样地活，还可以像人一样地死。"死"成为他们最后的选择和不可剥夺的权力。这时"死"向我们提供的不是"死本身的消息"，而是"生的消息"。在《芸斋小说》中，"死亡"具有濒死、曾死、将死、亡故、弃世、被逼致死、吓死、正在死等多种样态。

（一）濒死

"濒死"是一种自己看不见自己的"死"，但旁人却清楚看见这种"死"的状态。比如，观看车祸视频时，观影者都能看到"悬临"在车主头顶的"死"，但车主自己看不见。《高跷能手》中，李槐的"死"就悬临其头顶。叙述者似乎能看见这种死，但李槐自己看不见。"李槐总是安静不下来。他坐起来，乱摸他身下铺的稻草，这很使我恐怖。我听老人说过，人之将死，总是要摸炕席和衣边的。"[18](P323)当李槐"忽然举起一根草棍，在我眼前一晃"时[18](P323)，"我"吓得"出了一身冷汗"。这是李槐的濒死状态给"我"造成的恐惧。李槐的濒死，李槐自己并不知道，所以当"我"问李槐"你是哪一年到日本去的"时[18](P324)，李槐不但详细告诉了我，还边说边"往铺下面爬"[18](P324)，他站在"两排铺板之间"，"眼睛里放射出一种奇异多彩的光芒，光芒里饱含青春、热情、得意和自负"[18](P324)。这种表现，根本不像一个濒死之人，与他前一个晚上的表现相差千里。然而，"过了不多两天，他就死去了"[18](P324)。从前一天晚上的濒死状态到第二天的激情表演，再到几天后的死亡，李槐的"濒死"极具叙事功能。如果采取适当的救助或换一个环境，李槐的死是否会延迟？但不管怎样，李槐的"死"对他自己来说也许并不是坏事。在那样一种环境里，活着和死去究竟哪个更好呢，这真是一个问题。

（二）曾死

"曾死"是死过，是"死"的过去时态。"死"作为一个动词，指向一个特殊的动作，一个不可重复演练的动作，人一旦完成了"死"这个动作，就再也不能从事其他动作了。但在实际生活中，的确有很多人有过死亡体验，这意味着他们"曾死"过。《言戒》中的"我"经历过"曾死"，《王婉》中的王婉也"曾死"过。"曾死"者，如果不是绝望到极点，或许不会决然地奔赴死亡。毕竟死亡不是什么值得奔赴的场所，而是生命的终点，是时间的不再流动，是永远地被囚禁。虽然死亡将一个人背负的种种责任卸去，将人与生俱来的罪恶归还，但毕竟死亡也终止了一切选择。正如海德格尔所说："此在在死亡中达到整全同时就是丧失了此之在。"[5](P273)"曾死"之死是一种叙事行为，是态度的表达和价值选择。正如波德里亚所说："死亡冲动是对当前系统的最彻底否定。"[19](P219)《言戒》中的"我"和《王婉》中的王婉之所以选择去"死"，那是他们对当时社会环境的一种强烈不满，但二者都未死成。看来，"死"也不是那么容易的事情，就像"活"一样不容易。但经历过"死"之后的"活"已经是另一种"活"，所以《言戒》中的"我"对生命的体验充满了无畏的态度。王婉在第二次政治风暴中依然选择了死，毫不犹豫。对她来说，生无可恋，她完全迷失在忽"左"忽"右"的政治漩涡里。

"曾死"和"濒死"不同。"曾死"是主体性的死，是"主体"的一次"求死"经历。而"濒死"是非主体性的死，是被动的死。"濒死"之死给他人提供了死亡经验，自己却一无所知，是盲目地、茫然地死去。"曾死"者遭遇过绝望，属于精神领域里的"死"，而"濒死"是生物学意义上的死。"曾死"是过去时态，"濒死"是进行时态。"曾死"将人的毅然决然、将人的价值选择、将人对死和生的态度展示给我们。所以，作为叙事，"曾死"具有丰厚的意涵。当"曾死"之人不但活过来，而且经历了另一个完全不同的时代时，他对死和过去那段时光的理解将难以尽言。《言戒》恰就是一个"曾死"者的叙述，因而其控诉意味也就隐含其中了。

（三）将死

"将死"是一种将来进行时态，是"预叙"[20](P182)，是对死亡的一种提前播报，是公然地谈论某人的死亡。这意味着谈论者对"死"的一种无所畏惧，他们把"死"看作人的一种必然归宿，是与"死"和平相处。这是一种豁达的死亡观。"将死"和"濒死"的区别在于，"濒死"之死就悬临头顶，被人看见，死者与死相距不远。而"将死"则是理论上的"死"，死者与死之间的距离不可测定，就像存在主义所说的"向死而生"中的"死"。虽然每个人生下来都面临着死，但每个人的死都没有规定期限，到底何时会死，只有上帝知道。"向死而生"中的死属于哲学层面，没有人因为人的"向死而生"的属性而经常谈论别人的死。因而，"将死"之死与"向死而生"中的死并不在一个层面。"将死"是指到了该死的时候的那种"死"，平均寿命是七十的话，过了七十，人们就会公然谈论某人的"死"，某人的"死"就在不远的将来，将死之人也不会避讳自己的死。这个时候，关于某人之死似乎成了一个需要处置的问题，需要提交大家讨论。在杰克·伦敦的小说《生命的法则》中，科斯库什就处于"将死"状态，他的死成为一个需要解决的问题。按照惯例，他被遗弃在荒原，不能跟随部落转移，他的死得由自己处置，或者说由动物们处置。因为是部落风俗，没人觉得亏欠，就连科斯库什也没觉得孩子们亏欠他，他自己也是这样对待自己父亲的，这是自然法则。

《芸斋小说》中的"小混儿"便是一个"将死"之人。小混儿进入老年，孤苦伶仃，没有老伴，没有儿女，甚至没有本家，因为他是住在姥爷家的破房子里过了一辈子。对他来说，只有他的死是大家关心的问题，这里"死亡"由个人问题上升为社会问题。正是因为自己的"死"成了大家的问题，小混儿更不在乎。小混儿一辈子什么也没在乎过，无论时代发生哪些变化，小混儿永远是"一条土炕，一领破席。一只小铁锅，一个小行灶。一个黑釉大钵碗，一双白木筷。地下堆着乱柴，墙上挂满蛛网。被窝从来不拆不洗，也不叠起，早起怎么钻出来，晚上还怎么钻进去"[21](P359)。小混儿什么也不追求，什么也不梦想，所以什么也得不到，什么也不失去。"文化大革命""土地改革、合作化、抗日战争和解放战争"[21](P359)，这一系列重大事件使叙述者经历了种种挫折和磨难，经历了九死一生，然而"这些历史事件，对他都毫无影响"[21](P359)。他"有点钱，就吃，就喝，就赌"，对小混儿来说，没有什么可操心的。老了，进入"将死"状态了，小混儿也不像别人那样考虑后事，倒是别人替他着急，为他考虑后事。"近年老了，我们常和他开玩笑说：'小混儿，你可得节省下点钱来。至少，你死了以后，得叫守夜的人们有顿面条吃！'"[21](P360)在这里，死亡成为一个人必须预先考虑的问题。一个人可以不考虑自己的生，但必须考虑自己的死，可见死的问题比生的问题更为重要。人不但要为自己的死负责，还要为自己的死付费。因为自己的死是对他人的打扰，是他人的一个麻烦。但实际上，小混儿用不着为自己的死操心。因为在"芸斋主人曰"部分里，作者告诉我们，"今国家照顾孤寡"，小混儿"尚健在"，"当在五保之列，清静无为者必长寿"[21](P360)。可见，小混儿的"将死"不过是一种叙述手段而已。叙事者通过小混儿的"将死"状态，把普通人的死亡问题抛给我们去思考。"将死"之叙述，丰富了"死亡"的状态，也丰富了"生者"的状态。小混儿完全处于"非人"状态，像动物一样本能地活着，但正是这种活法使他躲过了一次又一次政治运动。那么，作为人像叙事者那样风雨一生好，还是像小混儿那样始终如一好，这是一个需要思考的问题。

（四）亡故

"亡故"是经验到他人之死，尤其是亲人、朋友们的死，并对这一"死"深怀忧虑、思念、凭吊等心理活动。海德格尔说："亡故作为摆列眼前的事件'只'在经验上是确定可知的。"[5](P295)但实际上，"亡故"作为事件，并不只是一种经验，它还会成为他人精神生活的一部分，凡是经历过"亡故"事件的人，在他的精神世界里便留下阴影，或可说是一种伤痛。在经历过亡故事件之后，我们打量世界的方式会因此而发生改变。亡故作为死亡之一种，因为距离较近，也较普遍，对我们的生死观产生着直接影响。《芸斋小说》涉及亡故之处较多，《三马》中涉及叙述者妻子的亡故，《颐和园》中涉及朋友的亡故，《一个朋友》中涉及老友老张的亡故。把亡故作为核心叙事的是《亡人逸事》，它讲述的是叙述者发妻的亡故事件。《无题》中也讲述到发妻的亡故，这给讲述者造成了深刻影响，"他"因为害怕和亡故之妻相见而"死不瞑目"。因为"他"以妻的处世标准量世，觉得对不起妻，害怕死后被妻子质问。

（五）弃世、被逼致死、吓死

"弃世"是成功从世上逃离。弃世者因为无人知晓的理由而主动去死。这与众所周知的"被逼致死"或因害怕而被"吓"死略有不同，但其死亡手段是一样的，只是缺少了一个理由。《三马》中的三马之死属于被逼致死，因为三马不想和两个疯子哥哥同居一室，自行搬到了叙述者住过的小屋，房管科知道后，把他逼了出来，还痛打了一顿。三马一气之下，喝敌敌畏死了。王婉之死属于"吓死"，她死过一次，但"未遂"。之后经历了10年的飞黄腾达，她在飞黄腾达的这段时间里，一定目睹过别人的死亡，并经历过因无法忍受屈辱而死去的人的死亡过程。所以，"'四人帮'倒台之后，王婉被说成是江青在这个城市的代理人，送到干校，还没怎么样，她就用撕成条条的床单，自缢身亡了"。王婉害怕经历她在飞黄腾达之时别人经历过的屈辱而自缢身亡。《小D》中的小D则属于不清不楚的"弃世"者。小D作为一个"地痞"性人物，完全可以对霸占他老婆的另一个造反派头头采取某种"报复"行为，但小D还是"吞安眠药自杀了。原因不明"。叙述者对小D并无好感，但小D的死还是引起了他的关注，这意味着叙述者对"死亡"类型的一种哲理性思考。

小D、王婉、三马是三个不同的弃世者。他们每个人的死都是对活着的人的一个警告。小D曾百般凌辱他人，致他人的死活于不顾，当他遭受屈辱时，是否领会到一些什么呢？让活着的人屈辱与杀人无异。王婉作为一个曾死者，再次经历死亡，多活了10年是更好还是更坏？就像芸斋主人所说："使王婉当年卧轨而死，彼时虽可被骂为：自绝于人民。然后日可得平反，定为受迫害者。时事推移，伊竟一步登天，红极一时，冰山既倒，床下葬命。名与恶帮相连，身与邪火俱灭。"[17](P391)

（六）正在死

"正在死"是一种进行时态的死，这种"死"是尚未完成整个过程的死。因为任何一种死亡，其终局都是将尸体处理干净，将死者从活人中间清理出去。但这需要一个仪式，在仪式尚未完成之时，死者还在活人中间，此时死应该是进行时态的，属于正在"死着"。《无题》中的"他"就正在"死着"。"他逝世了。紧锁的双眉，额上的皱纹，并没有因为死，而得到舒展。""他"还在活人中间，尚未完全消失，关于他的叙事正在进行。"他"尚在纠结自己一生的所作所为到底是怎么一回事，也就是说，他的"在世"的操劳已经终结了，但他还在为自己的死后"操心"，这和《小混儿》恰好构成一组对比。小混儿既不操心自己的活，也不操心自己的死。而《无题》中的"他"不但操劳一生——为国、为民、为家，连死后还要操心，死了还不能瞑目，是一个将"操心"延伸到死亡之后的人。死，不是一个普通事件，而是人最后的诉说。自杀导致的死，更是将人的尊严推至人的面前，把人活着的意义硬生生摆放出来，活着而没有尊严的时候连小D都会自杀。给人尊严，是让人活下去的底线。剥夺人的尊严，最终将把所有人变成小混儿。《一九七六年》中的老赵，很快就会变成另一个小混儿了，万幸的是"文化大革命"结束了，老赵没有继续堕落下去，没有变成小混儿。

着眼于死亡叙事，《芸斋小说》堪称一部死亡哲学。但《芸斋小说》并不迷恋死亡，而是通过思考"死"来思考人的问题。因为死亡是人无法回避的重大问题，只有敢于面对死亡，才可以更清晰地思考活。当政治运动来临时，只有不惧怕死亡的人，才不会迷失自己，不会将朋友推上祭坛。回避死亡，对人生高谈阔论，一旦面临重大选择，就会像冯前那样，成为大风派，甚至双手沾满朋友的血泪仍不反省。

参考文献：

[1] 阎庆生．晚年孙犁研究［M］．北京：中国社会科学出版社，2004.

[2]〔古希腊〕柏拉图．斐多篇∥柏拉图全集（第 1 卷）［M］．王晓朝译．北京：人民出版社，2002.

[3]〔法〕莫里斯·布朗肖．文学空间［M］．顾嘉琛译．北京：商务印书馆，2005.

[4] 孙犁．谈死∥孙犁文集（补订版 7）［M］．天津：百花文艺出版社，2013.

[5]〔德〕海德格尔．存在与时间［M］．陈嘉映、王庆节译．北京：生活·读书·新知三联书店，1999.

[6] 孙犁．玉华婶∥孙犁文集（补订版 1）［M］．天津：百花文艺出版社，2013.

[7] 孙犁．还乡∥孙犁文集（补订版 1）［M］．天津：百花文艺出版社，2013.

[8] 孙犁．女相士∥孙犁文集（补订版 1）［M］．天津：百花文艺出版社，2013.

[9] 孙犁．一九七六年∥孙犁文集（补订版 1）［M］．天津：百花文艺出版社，2013.

[10]〔古希腊〕柏拉图．申辩篇∥柏拉图全集（第 1 卷）［M］．王晓朝译．北京：人民出版社，2002.

[11]〔古希腊〕亚里士多德．政治学∥亚里士多德全集（第 9 卷）［M］．颜一、秦典华译．北京：中国人民大学出版社，1994.

[12] 孙犁．谈自裁∥孙犁文集（补订版 7）［M］．天津：百花文艺出版社，2013.

[13]〔英〕詹姆斯·乔治·弗雷泽．金枝［M］．赵译．西安：陕西师范大学出版社，2010.

[14] 孙犁．地震∥孙犁文集（补订版 1）［M］．天津：百花文艺出版社，2013.

[15] 孙犁．一个朋友∥孙犁文集（补订版 1）［M］．天津：百花文艺出版社，2013.

[16] 孙犁．小 D∥孙犁文集（补订版 1）［M］．天津：百花文艺出版社，2013.

[17] 孙犁．王婉∥孙犁文集（补订版 1）［M］．天津：百花文艺出版社，2013.

[18] 孙犁．高跷能手∥孙犁文集（补订版 1）［M］．天津：百花文艺出版社，2013.

[19]〔法〕让·波德里亚．象征交换与死亡［M］．车槿山译．南京：译林出版社，2012.

[20]〔美〕杰拉德·普林斯．叙事学词典［M］．乔国强、李孝弟译．上海：上海译文出版社，2011.

[21] 孙犁．小混儿∥孙犁文集（补订版 1）［M］．天津：百花文艺出版社，2013.

铁凝小说与电影改编

周雪花[*]

（河北师范大学　文学院；河北石家庄　050024）

摘　要： 铁凝的小说被改编成电影的有三部：《哦，香雪》《村路带我回家》和《没有钮扣的红衬衫》，并且都是由女导演摄制完成，体现出女作家和女导演在审美情趣和价值取向上的相似性。大自然、女性、纯净的心是她们作品中的主题，景物蒙太奇和悠扬的音乐是诗意的表现形式，而这份纯净与诗意是她们内心世界的天然流露，是对人类最自然童贞之爱的赞美与呵护。

关键词： 铁凝；女导演；诗性

作家铁凝的多部作品被改编成影视剧，其中改编成电影的有三部，分别是《哦，香雪》《村路带我回家》和《没有钮扣的红衬衫》（电影名为《哦，香雪》《村路带我回家》《红衣少女》）。这三部影片在当时都产生了广泛的影响，在国内、国际的一些重要电影节上荣获多种奖项。而且有意味的是，这三部影片均出自女性导演之手：《哦，香雪》《村路带我回家》均由王好为担当导演，《红衣少女》的导演是陆小雅。女作家的作品由女导演搬上银幕，这或许不只是巧合，因为女作家和女导演在身份认同和审美追求上会产生一种天然的默契。正是这种默契，使她们在艺术世界中心有灵犀、心灵相通。体察她们的内心世界，发现她们的艺术追求，唤起美与真的情感体验，是一种有意义也有趣味的研究。

一　大自然·女性

或许与女性天然的柔婉细腻相关，女导演们虽然也拍过多种类型的影片，但她们自己最钟爱的还是带有诗意化的电影，在舒缓的影像流动中表现诗情画意之美，达到自然之景与人心灵世界的相互融通、日常生活与存在哲思的相互生发。根据铁凝小说改编的三部电影都极为注重诗情画意的营造，尤其是王好为导演的电影《哦，香雪》《村路带我回家》，可以看成是诗化电影。王好为曾说："《哦，香雪》是一部散文电影，是我最

---

*　**基金项目：** 河北师范大学重点社会科学基金项目"新中国女性电影研究"（项目编号：S2015Z02）的阶段性成果。

作者简介： 周雪花（1970—　），女，河北师范大学文学院副教授，文学博士，研究方向为中国当代小说与电影。

珍爱的作品。"[1](P69)"《村路带我回家》这部影片是我珍爱的作品，它独具魅力的人物，它忧郁的诗情，是我经过长长的期待才书写到银幕上的。"[1](P62)陆小雅也曾经说："我本人是擅长写慢节奏的抒情性的心理戏的。《红衣少女》中安然在长满白杨树的林荫道上散步，看着树干上那一只只'眼睛'时的内心独白，就是一种富于诗意的心灵的抒发。"[2](P534)

诗画意境是女导演们的最爱，如果有可能，她们就会在作品中尽可能地将这种审美情趣发挥到极致，通过镜头对自然之景的捕捉，展现大自然的雄浑与秀丽，揭示人内心世界的纯朴与真挚。在人与景的交融中，在音乐的回环中，世间的美好情感通过影像传达了出来，使天、地、人和谐统一，相映成趣。而在这种意境的营造中，自然与人成为影片中极为重要的元素。

大自然的博大精深与质朴清新每每让人流连忘返，归隐山林是中国古代文人们心中不灭的梦。在现代社会中，城市生活的浮躁与喧嚣令现代人越来越向往大自然单纯的生活与心境，诗化小说和诗化电影就为我们提供了这样一个心灵休憩的艺术世界。铁凝创作于 20 世纪 80 年代的三部小说（《哦，香雪》《村路带我回家》《没有钮扣的红衬衫》）是带有诗意色彩的，而根据这三部作品改编的电影亦保留了这种诗意。当我们回望这些影片时，纯净的自然气息会扑面而来，带给我们清新愉悦和心旷神怡之感。为了更好地表现大自然的纯然与静美，三部影片都采用了实景拍摄的方法，即在外景地完成镜头的摄制。因此，对这几部电影来说，外景地的选择是电影拍摄很重要的一个阶段，外景地所展现的地理空间将为影片奠定特定的风格和基调。拍摄《哦，香雪》和《村路带我回家》时，在外景地的选择上作家铁凝和导演王好为下了很大的功夫。

小说《哦，香雪》的故事发生地在闭塞而秀美的大山之中，电影选取了后来开发为旅游景点的野三坡为外景地。对于《哦，香雪》外景地的选择，铁凝曾有过论述："电影《哦，香雪》的拍摄地在一个小村苟各庄，当年是河北涞水县最穷的村子之一，而现在，人们发现这里原本有着奇珍异兽出没的原始森林，有着可与非洲白蚁媲美的成堆的红蚁，有着气势磅礴的百里大峡谷，有着清纯明净的拒马河，还有我的香雪。"[3](P235)静默而神奇的大山、大山中的小山村，不仅为小说和电影提供了秀丽的自然景观，也与香雪的纯朴静美相互映照。

在《村路带我回家》中，导演将小说故事域由乡村改为了山村，对于这种变动，王好为曾有过专门的论述："拍《村路带我回家》时，铁凝和她的父亲（一位画家）陪着我们到保定附近的农村采景。原著写的是一望无际的冀中平原，我们就先去了清苑县。看了一些村子，全是一排排新建的砖房和高大的防护林带，已失去当年知青插队时的特点。于是，我们就往西走到接近太行山的浅山区满城县，那里砖比石贵，房、路、墙、堰，全是石头垒的，显得非常厚重好看，且有一种生活形态的粗粝和封闭感。这里比平原还要贫瘠，民风更加淳朴，且有影片所需的棉田和各式各样的草垛。虽不像江南水乡那般秀丽，也没有黄土高原的千沟万壑，但整个环境仍然有一种田园牧歌式的优美。在小小的杨树林里走一走，在小水塘边坐一坐，感到怡然自得。正是在那石基泥墙的村舍和静静的杨树林中，我体味到未来影片的优美、宁静和忧郁的诗情。我们决定把这里作为外景地，力求把环境拍得非常美，不仅要让我流连忘返，也要让乔叶叶愿意把这儿当成她的家。同时，乔叶叶的气质和命运，也决定了我们在影片格调上追求惆怅忧郁的诗情。"[2] (P503)

把这样一大段的导演自述放在这里，是想让我们通过导演的创作陈述，来真切地理解自然空间在影片中所起到的重要功用。外景地找对了，导演的灵感也就涌现了，影片的风格基调也就确定了。在诗化电影中，外景地一般都会选在山清水秀的地方，古朴幽静的"田园牧歌式"的格调也就油然而生了。

诗意的环境一方面为了营造电影美的意境，产生美的视觉效果，另一方面也是为了更好地刻画与塑造人物，使人在景中、情在景中，形成情景交融的审美境界。铁凝小说改编的三部影片都是以女性为主人公，《哦，香雪》中的香雪、《红衣少女》中的安然是女中学生，《村路带我回家》中的乔叶叶是女知青，她们三个虽然年龄不同，生活环境不同，却有着共同的性格特征，那就是纯洁与真诚。她们涉世不深，或者说她们本能地拒绝着尘世的世故与浮华，保持着内心的纯净与真挚，默默地坚守着心中的理想与一方净土。

香雪出生在一个小山村，十几岁的她还从没走出过大山。香雪质朴秀美，有着对生活和理想的美好愿望与憧憬，是大山孕育出来的女儿，是山的精灵。铁凝说香雪"是生命长河中短暂然而的确存在的纯净瞬间"[3] (P236)。王好为说："我是钟爱香雪的，为了她的纯洁，她的善良，她的质朴，她的坚韧和奋进。"[1] (79)

与香雪不同，乔叶叶出生在城市，是历史大变革中从城市到乡村的知青。乔叶叶更像是一个随波逐流的人，看似懵懵懂懂、不更世事。以这样的人物为主人公有些人觉得不可思议，有评论说："当年的知青生活充满血泪，大有可挖掘之处，写这么一个懵懵懂懂的人物，有何意义？"[2] (P499) 王好为认为："在那动乱的年代里，她悄悄地活着，既不幻想挟带什么风雷，也不曾为了给生活留下痕迹而制造任何创痛。小草般的柔弱，柳絮般的渺无声息。然而，她毕竟没有被政治的狂潮所污染。比起那些叱咤风云的'弄潮儿'来，她更快地把握住了自己。"[2] (P498) 乔叶叶初看起来是个完全没有个性的女知青，但也正是她的与世无争，她的善良单纯，使她能够超然于各种世事纷争之外，保持一份自然天成的清爽，在喧哗与争斗中静下心来，获得一份安然。这份淡泊而天然正是乔叶叶不被人觉察的独特的美的所在。

安然则是在城市中长大的女孩子，一名高中生，她秉持着真诚的做人理念，以一颗纯净的心来质疑并对抗复杂的社会与人情伦理，她要用自己的眼睛来观察社会，发现真善美。"眼睛"在电影《红衣少女》中成为一个题眼，给观众留下突出的印象，林荫路两旁杨树上各式各样的"眼睛"，安然正直的清澈的眼睛，在电影中都以特写镜头出现，以彰显安然对这个世界的思考与精神的纯粹。

香雪、乔叶叶、安然这几位小说/电影中的主人公，都是如清泉一般纯净清澈的女子，这样的主人公是诗化小说和诗化电影中最为重要的人物形象。她们没有杂质的内心世界使人的心灵得到净化，让人心生美好。而她们自身也成为天然的璞玉，散发着质朴无华的光泽。

如果作品中的主人公只具有天然质朴的一面，人物往往会流于苍白。而香雪们之所以闪烁着灿烂的光芒，不仅因为她们的清纯，更为重要的是她们的理想光芒以及由这光芒映照出的迷人神采。香雪用一篮子鸡蛋换取塑料铅笔盒的情节是小说中，也是电影中的一个高潮段落，那是山里女孩对知识与现代文明的呼唤与渴望，香雪高举着铅笔盒在大山中行走，那微微的光亮是大山迸发出的明亮与希望之光。乔叶叶从懵懵懂懂中悟出了生存的意义，在蓝天白云之下，在高高的棉花垛之上，乔叶叶突然间明白了回归本心的重要：乡村广阔的原野才是生存的家园，也是精神的家园。"村路带我回家"中"家"的寓指也就不言自明了，这也许就是人们费尽心力而无法获得的人性与人生的本真。在《红衣少女》中，导演极力突出了安然身上的没有纽扣的红衬衫，那红衬衫不仅是青春与美的象征，更是自由与主体性等 20 世纪 80 年代思想启蒙的旗帜与宣言。

二 诗意的画面空间

大自然和女性是铁凝小说和改编电影中的重要元素，要把这些元素以影像的形式展现在大银幕之上还需要一定的艺术手段。在诗化电影中，远景与全景的摄影景别、景物蒙太奇、舒缓悠扬的主题音乐，这些艺术手法的运用使影片呈现出富有诗意的声画空间。

运用远景与全景的景别设置。在影片摄制中，导演和摄影师通过对景别和景深的恰当选取，形成富有特色的画面空间。在诗化电影中，远景和全景是经常用到的景别，这样的景别可以最大限度地展现自然景观，并将人安放于大自然之中，使景中有人，人融于景，达到情景交融的艺术境界。

影片《哦，香雪》中远景运用很多，画面空间显得深邃而辽阔，更好地突显出了人在群山的怀抱之中，人与自然既友好又冲突的强大张力。而其中，表现人与自然相和谐的画面更多些，呈现出女孩子与大山的和谐与情谊。王好为曾谈到这样的镜头设置和景别安排，她说："影片第一个镜头就是桥头铁轨的特写，纵深是一串三个隧洞的透视线。铁轨做为画面主体，就像交响乐中的主导动机。峰峦下，几个山村少女说笑着走来，像一串欢跃的色点在铁轨上流动。"[1](P71) 这个远景拍摄的运动镜头使画面鲜活了起来，大山是背景，山洞、铁轨是前景，山村少女作为中景呈现在画面之中，层次错落有致，在大景深中，大山的雄奇与少女的活泼融为了一体。影片的最后一个镜头也是极为诗意化的："影片结尾，拍了姐妹们在铁路桥相会，总觉没什么情调。李晨声说儿时放爆竹，常用香头在黑暗中划出美的图形。于是改在山洞，树枝火把被山风吹灭，香雪又吹亮了火头，挥动着，红红的余烬象一条条火线随心所欲地飞舞。她怀着对美的渴望，用火头在黑暗中纵情地画着……影片结束在红色火线勾出的长长的不可重复的奇妙图画中。"[1](P79) 开头结尾的画面有着精心的设计，其实影片中几乎每个镜头导演和摄影师都做了精心的安排，如表现山中女孩子们在柿子树下劳作的那个镜头，导演和摄影师倾注了极大的热情，"用最辉煌的调子处理摘柿子这场戏。金红的柿子像星星那样多，姑娘们有的搭着几丈高的梯子过到树顶上去摘，有的用长竹竿绑的布兜拧……她们欢笑着嬉闹着，与硕果累累的柿树林互相辉映着融合着"[1](P76)。

但是，人与自然的关系并不总是和谐，也还存在着需要化解的矛盾。大山如一道屏障，阻遏了山里人与外界的交流，封闭与贫困也成为生活中的一种常态。这种对山里人真实生存景况的还原打破了田园乌托邦的想象，既很好地诠释了铁凝小说的主题意蕴，也使影片的表现更为丰富。香雪和父亲搬石头开垦荒地的故事段落，导演给出了一个时长为4分钟的镜头，在大远景中，沉重而硕大的石头形成如墙一般的阻隔，香雪和父亲撬动、搬运着一块块巨石。这一场景让我们感到了人在大山面前的渺小与生存之艰，同时也让我们为那份抗争与坚忍发出由衷的感叹。

远景与全景的景别设置将人与大自然融为了一体，此外，诗化电影为了更好地表现诗意和渲染人物的心情，有时就直接用多个连续的景物镜头，以达到渲染气氛、暗示人物心情的审美效果。用导演王好为的话来说，就是借鉴古典诗歌中的比兴手法，以景衬情。我们把多种景物连续剪辑的方法称为景物蒙太奇，景物蒙太奇不仅呈现美的视觉画面，还能隐喻人物的内心世界，含蓄而富有诗意。

在电影《村路带我回家》中，导演就运用景物蒙太奇来喻指人的心情，烘托人物的内心世界。影片开头有这样一组镜头：一群羊被牧羊人赶入池塘之中，其他的羊陆陆续续地爬上了岸，一只小羊爬了好几次又滑跌入池塘之中。虽然导演说这个镜头的摄制纯属偶然，但给人以意蕴悠长之感，寓示着女主人公的命运。此外，主人公乔叶叶是一个不善言谈的人，她的内心世界不易被人察觉，导演采取的办法就是通过景物蒙太奇来渲染气氛，以景物来渲染人物的心理："为了追求诗意，更好地抒发人物的内心情感，我们还在一些戏中运用了诗歌创作中比兴的手法……我们抢拍了乔叶叶送尤端阳上大学这场戏。在仰拍的大远景中，漫天的杨花迷濛一片。乔叶叶站在石崖上，目送着尤端阳坐马车慢慢远去。接着是一系列特写：杨树飞花，撒向漫空；杨花落在溪流中；杨花附着在溪边的泥土上；杨花在溪水中漂流；杨花在水中的枯树枝上颤抖。这一系列镜头不仅渲染了离情别绪，而且还具有某种隐喻象征的意义。托物寓情，杨花抒发出我们对乔叶叶命运的同情和叹息。"[2](P504)这种对景物进行连续剪辑的手法在诗化电影中确实起到了以景寓情的效果，让人生出无限的感怀。

《红衣少女》中景物蒙太奇的运用也比较明显，最为突出的有两处：一处是安然凝视林荫路两旁的白杨树，看到树干上遗落下来的疤痕如同各式各样的"眼睛"；另一处是安然与同学们去白洋淀划船，安然浮想联翩，前景是安然的面部特写，背景是安然脑海中浮现出的一幅幅自然与历史的画卷。这些景物蒙太奇也起到了暗示安然内心世界的作用。那一双双树的"眼睛"在"凝视"着安然，在窥探着她内心的秘密，而安然也在以这样的眼睛审视自己的内心和周围的世界。而那一幅幅浮现在安然脑海中的景观，则是白洋淀的历史文化在安然心中的积淀和反响。这种景物蒙太奇手法的运用不仅增强了画面的审美效果，而且极为有力地烘托出人物的内心情感，达到此时无声胜有声的视听效果。

悠远蕴藉的主题音乐也构成了诗化的特征。诗化电影以优美的自然景观取胜，人物的性格和精神世界也多通过景物暗示出来，显得极为含蕴。与之相应，人物的对白和独白就会减少。为了更好地表现人物、增强节奏与氛围，配乐在电影中成为必不可少的组成部分。如英国电影理论家林格伦所说："影片在表达感情和抒情的部分使用音乐是最合适的。"[4](P143)音乐在电影中必不可少，尤其是在不以故事情节见长而以诗意取胜的影片中，音乐会达到对白与独白无法取代的抒情效果。在电影《哦，香雪》中，民族乐器埙是主乐器。在《村路带我回家》中，手风琴独奏构成电影的主题音乐。而《红衣少女》则以优美流畅活泼的流行音乐为主调。

在电影《哦，香雪》中，音乐在影片的第一个镜头中就出现了，画面空间是桥头、铁轨、峰峦、山村少女，与这幅画面相伴随的就是音乐："画外响起埙的吹奏声，苍郁、古老，在它独奏的长音上跳出钢琴的几个活泼的音符。一种民族生活久远的历史感和铁路、少女交融在一起。"[1](P71)群山、铁轨、少女构成一幅多彩的图画，但是只有画面和画面中轰隆隆的火车音效会显得比较单调，于是音乐就为这幅画面增添了韵律，以传统民乐埙为主调，西洋乐器钢琴为辅助，悠扬而清脆的音乐在大山间回荡，给观众听觉上的美感自不必说，而且传统与现代相融合的主题性叙事也在埙与钢琴相伴随的音乐中隐隐地显现了出来。

《哦，香雪》的主题性音乐是埙的吹奏，《村路带我回家》中的主题性音乐则是手风琴独奏。王好为谈到这部电影的音乐时说："这部影片的音乐是多轨录音。混录时有很大灵活性。手风琴独奏的乔叶叶音乐主题柔美、动人、忧郁，与人物形象十分贴切。"[1](P65)显现主人公性格和命运的手风琴独奏贯穿于影片始终，而其中以乔叶叶的新婚之夜和影片尾声处的运用最为鲜明。王好为谈到新婚之夜时的音乐说："混录时，删去台词，只飘着孤独的手风琴声，前景剥花生倒水声也隐去，但保留远景的风声及狗叫，作为手风琴低音部的和弦伴奏。凄楚颤抖的音乐与幽远的寒夜的声息造成一种悲凉的氛围，与画面结合在一起，把我们追求的情绪和意境创造了出来。"[1](P66)在这个看似喜庆的日子里，影片通过音乐点染出了悲凉的氛围，压抑与凄清之感渐渐升起。

在影片结尾，手风琴音乐又响起："金召骑摩托从雪林中驶来，乔叶叶和女儿在长途汽车后座上望着他，他们欣喜地招呼着，在雪原中沿着村路远去。这组镜头拍得纯净而优美。混录时，台词效果加上去反而破坏了画面的诗意。后来，在金召追上汽车的刹那，删去一切声音，代之以乔叶叶的音乐主题。天地间飘着熟悉的手风琴声，勾起人们的回忆和情思，祝福、欣慰中含着惆怅。最后，一切归于寂寥，白雪中只有老柿树屹立着，和谐而纯净。这最后一张画面寄寓着我们对纯洁对美对生命的礼赞。"[1](P68)

影片结尾的这个镜头，一切声音都归于沉寂，只听到主题音乐手风琴的旋律，是很虚幻很唯美的一个场景。这如梦似幻的场景成为一个无限开放的空间，既寄予着导演的美好祝愿，也暗示着女主人公不可预测的人生。这种配乐方式在王好为的诗化电影中成为一个特色，除了音乐，其他的声响都归入寂静，人与自然在远景中都显得极为飘渺，有着别样朦胧的诗意。

三 古典文化意蕴与人类之爱的追寻

由以上的创作特色可以看出，作家铁凝与女导演王好为、陆小雅之间是有着审美和价值取向上的心理默契的，这种默契表现在对诗意的追寻，对人类最自然童贞之爱的赞美与呵护。虽然她们的创作都经历了不同程度的转型，但纯洁的心境与美好的情感依然是一份潜藏心底的不曾远去的梦。

《哦，香雪》小说创作于 20 世纪 80 年代初，电影则拍摄于 10 年之后的 90 年代初，两者在表现手法和表现主题上有些微小区别，这是由时代大的文化语境决定的。80 年代初，在改革开放的启蒙语境下，铁凝更加突出了山里人对外面世界的新奇与向往，对走出大山的强烈渴望，大山本身的雄奇秀丽作为潜文本隐含在了作品之中。在同名电影拍摄的年代，中国的改革开放已走过了 10 个年头，人们开始反观自身的文化，在呼唤现代性的同时，也开始对古老文化做深情的发掘，表现民族性格与民族文化心理。又由于《哦，香雪》是短篇小说，在电影拍摄中势必要将其扩展，而表现山里人的生存状态和民族气质的部分得到了更多的补充，以突出大山与山里人的自然纯朴和民族文化性格。"自给自足，这是中国农民传统的生存状态，我们要真实地表现它的笨拙、它的质朴，它的温馨、它的诗意、它的封闭和贫困。……'影片要通过造型和声音手段，通过丰富的细节描写，通过蒙太奇充分展示这氛围。这不是一般点到为止的环境描写，而是本片重要的展开部分。'"[1](P77—78) 这种文化的回归不单是因为 80 年代中后期的文化热，而是对中国古典文化的心理认同，是潜藏着的中国文化情结的释放，是中国古典文化中诗情画意、民风民俗、天人合一思想的显现。正如王好为所说："我之所以一直想拍铁凝的《哦，香雪》，就是因为那是一首异常优美的田园诗，那些纯朴善良的农村姑娘，那种宁静和谐的诗意，都令我心向往之。"[2](P503)

虽然电影对小说有些微调，但表现田园诗意、传达人类纯朴与善良天性的审美情感没有改变，因此，《哦，香雪》成为文学和电影中的经典，山里女孩子香雪也成为一个经典形象，如铁凝所感怀的："香雪并非从前一个遥远的故事……那本是人类美好天性的表现之一，那本是生命长河中短暂然而的确存在的纯净瞬间。有人类就永远有那个瞬间，正是那个瞬间使生命有所附丽。"[3](P236) 对人类美好天性的呼唤和赞美是铁凝创作的初衷，也是小说给予读者的感动，王好为的电影延续了这份美好与感动，并在对香雪及山里人的更为细腻的摄制中表达了这份自然的情感。而这种诗意表达也获得了世界性的赞誉，铁凝在散文《又见香雪》中提到了美国读者对小说的认同与喜爱，电影《哦，香雪》则获得了 1991 年柏林国际电影节青少年影片比赛艺术最高奖——国际儿童和青少年电影中心奖。在 1990 年的环太平洋国际电影节上，主持人早稻田大学教授岩本宪说："我研究过二百多部中国电影，《哦，香雪》很美，很动人，很有诗意。在日本，许久没有这样有诗意的作品了。"[1](P79)

对于《村路带我回家》，王好为也是着意摄制出自然与人内心的诗意。与乔叶叶一起插队的知青都走了，只有乔叶叶留在了农村。对这个看似懵懂的人物，铁凝曾谈到她的看法："同是知青，上大学走了和'落'在农村，其实都代表不了一个人的沉浮。世上原本没有那么多大惊小怪的事。乔叶叶发现天地像一个大圆屋子，人们不都住在这个圆屋子里吗？……有了乔叶叶的启示，你不是才有可能为自己在这间'圆屋子'里面找到一块立足之地吗？也许你还能因之而踏实。"[5](P264) 铁凝用"圆屋子"喻示人们共有的生存空间以及生命个体选择的自由权力。在对电影的阐释中，王好为对乔叶叶的人生选择做出了更为具体的注解："从什么活都不会干到学会种棉花，并不是她回到乡下去的主要原因，因为她毕竟不是植棉能手。农村中自然纯朴的环境，更能符合她的天性。"[2]（P499）从对于乔叶叶这一人物的相似理解，可以看出铁凝和王好为对人生选择有着相似的看法，对单纯和自由有着共同的赞叹。

《哦，香雪》《村路带我回家》的故事域在山村，易于展现自然美景和天地人的合一，《红衣少女》的故事场景除白洋淀是自然风光，其他大多数戏份发生在城市，不太易于营造诗意化的自然氛围，但导演的审美倾向却注定了她对诗意的发现和呈现，那就是在琐碎的日常生活中探寻倏忽即逝的美，这美是从喧哗中抽取出的清静，从复杂中提取出的纯净。导演陆小雅在读到铁凝小说时就有一种直感："我一开始就直觉地感到我和铁凝以及她的作品有某种艺术气质的相通。我一直深信，我适于改编，也能够改编好她这种具有散文诗般韵味并在平淡生活气氛中饱含哲理的作品。"[6]

铁凝的小说和小说改编的电影获得了极大的成功，这些作品饱含着作家和艺术家们的辛劳和努力。宗白华曾概括出艺术追求的三种境界：直观感相的模写，活跃生命的传达，最高灵境的启示。[7]（P128）对真善美的追寻与传达，难道不就是人类存在的意义，不就是最高灵境的启示吗？在对艺术的执着追求和对美好人性的不断叩问中，铁凝、王好为、陆小雅在向艺术的高地不断飞升。或许对于她们来说，这种追求并不需要太多的刻意而为，生为女性，她们本身就有着对自然之美的欣赏与爱恋，女性的天性是与大自然相通的。

虽然当今的电影越来越商业化，虽然好莱坞及国内一些大片越来越在形式上追求极致，但是自然的诗意与人间的纯情却如阳光雨露般给人以精神慰藉。在单纯之中寻找心灵的清澈与净化，在真性情之中感受人间的暖意，这是不可或缺的美与爱的滋养。

参考文献：

[1] 杨远婴主编 . 她们的声音：中国女电影导演自述 ［M］. 北京：中国社会出版社，1996.

[2] 罗雪莹 . 回望纯真年代——中国著名电影导演访谈录 ［M］. 北京：学苑出版社，2008.

[3] 铁凝 . 像剪纸一样美艳明净 ［M］. 北京：人民文学出版社，2006.

[4] 〔英〕欧纳斯特·林格伦 . 论电影艺术 ［M］. 北京：中国电影出版社，1979.

[5] 铁凝 . 会走路的梦 ［M］. 北京：人民文学出版社，2006.

[6] 陆小雅 . 《红衣少女》创作后所思所想 ［J］. 当代电影，1985（4）.

[7] 宗白华 . 美学散步 ［M］. 上海：上海人民出版社，2005.

铁凝创作与新时期文学中的性别书写

高艳芝[*]

（河北师范大学 文学院；河北石家庄 050024）

摘 要： 铁凝是活跃于新时期文坛的著名女作家，以自己独特的风格特色昭示着文学对社会生活和女性生活的关注。铁凝大量的以女性生活为叙述对象的作品中，显现着以女性作家的"性别身份"关注生活的性别视角、性别关怀和性别反思。

关键词： 铁凝；性别视角；性别关怀；性别反思

铁凝，从河北大地走出来的知名作家。铁凝在新时期文坛很活跃，作品屡屡获得全国优秀短篇小说、中篇小说等奖项，备受瞩目。铁凝在创作中一如既往地关注着发生在中国大地上的现实生活，关注女性生活与命运，成为新时期社会转型历史进程中女性书写的代表。

20 世纪的中国文学舞台上活跃着众多女作家的身影，五四时期以冰心、庐隐、凌叔华为代表的一批知识女性，乘着五四个性解放的东风，以前所未有的群体的姿态，冲破尘封的坚硬冰层，终于"浮出历史地表"[1]，改变了历朝历代几乎是男作家一统天下、女人们只是"被写""被读"的历史，使女性创作透过漫长灰暗的"史前期"迎来了自我书写的历史曙光。虽然这种女性觉醒的自我书写在此后的民族救亡图存的浪潮中几度被压抑、被遮蔽或者被迫让位，但女性要争取真正平等解放的愿望自始至终未曾真正放弃过。中国文学进入新时期，尤其是在 20 世纪 80 年代，随着西方各种思想浪潮再一次涌进中国，中国女作家们的性别意识开始真正觉醒，她们大胆地冲破根深蒂固的传统意识观念，"走出男权传统的藩篱"[2]，以撕裂与呐喊的姿态向传统男权意识开战，改写了五四时期只反父权不反男权的女性书写历史，也改变了以阶级斗争为纲的"十七年文学"女作家们自觉以"中性"姿态进行创作的范式，更是冲破了极左思想泛滥下文学作品几乎不敢涉足婚姻爱情的"文革"模式。在新时期文学浪潮迭涌的过程中，活跃着不同年龄女作家们的身影。张洁、舒婷、王安忆、池莉成为这一流派的领军人物，显现了女性"巾帼不让须眉"的创作智慧和能力。铁凝活跃于新时期文坛，但与舒婷等不同的是，她确实又不属于新时期任何一个流派，这种"游离"显示着一种姿态和风格。但仔细考察其创作脉络，我们会发现铁凝的作品与"潮流"又不约而同呈现着社会的发展和转型，呈现着源自西方的"女性意识"在中国发展的历程与步伐，或隐或显的"性别意

---

* **作者简介：** 高艳芝（1965— ），女，河北师范大学文学院副教授，研究方向为中国现当代文学。

识"贯穿着铁凝的每一部作品。铁凝笔下的女性生活，从山村到都市，从青春少女到成熟女性到老年妇女，描画了不同身份不同年龄女性的生存状态，显现着作为女作家独有的性别视角、性别关怀、性别审视与反思。

一　性别视角

铁凝是一个敢于主宰自己命运的女性，对创作才情的自我发现和老作家徐光耀的赞赏激励[3](P445)，使她在文学道路上坚持走下去，为此高中毕业后她放弃了留城工作、参军、考大学的机会，为了执着的作家梦一步一个脚印走下去。她主动要求以知青身份到冀中农村去感受不同于城市的生活。后来的创作事实证明，她的选择开阔了视野，体验了别样的人生，我们才看到了铁凝通过文字传达的中国历史进程中城市与乡村不同环境下女人们的生存境况。随着新时期"性别文学"在中国的进一步传播和观念的变化，众多女作家笔下开始显现鲜明的性别意识，比如在"伤痕文学""改革文学"浪潮中备受关注的张洁开始给女性寻找爱情的"诺亚方舟"；高唱《祖国啊，我亲爱的祖国》的舒婷有了性别意识强烈的诗作《致橡树》《神女峰》；以《烦恼人生》《不谈爱情》带来"新写实主义"浪潮的池莉开始有了《小姐，你早》这样的性别抗争作品……20 世纪 80 年代的文坛活跃着一批以性别创作闻名的女作家。此时铁凝的《对面》与这样的性别创作不期而遇。铁凝的小说《对面》与冯骥才的小说《高女人和她的矮丈夫》都揭示了人性中的弱点——窥视欲。对于国民性、人性中的弱点，鲁迅早就进行了不遗余力的揭示，表现为从小说《药》里无聊的看客到散文诗《复仇》里鉴赏无聊的复仇者。到了 20 世纪后半叶，这种"无聊"依然存在于群体和个体行为中，其表现形式之一就是喜欢打探、议论别人的隐私，以求得一种无聊生活的调剂和精神上的愉悦。冯骥才的《高女人和她的矮丈夫》和铁凝的《对面》都揭示了这种生活的无聊、人性的丑恶。但我们稍做比较会发现，作者性别不同，"窥探者"的性别有了明显区别。在男性作家冯骥才那里，窥探高女人为何嫁给矮男人并议论推理的代表是以裁缝老婆为首的"女人"，而在铁凝那里窥探者却是一个"男性"。显然这不是作者的一时疏忽，仔细分析，发现此中体现着明显的性别意识。

在男性视域中，"女人"喜欢婆婆妈妈，飞短流长，喜欢交头接耳，喜欢传递一些道听途说的小道消息，女人是所有是非发生的操作者，这种无聊可恶的窥探议论使当事人无辜陷落于关注和舆论的中心，她们的议论虽然被事实一一验证为妄加猜测，但在那个人人自危的年代给当事人带来了莫大的压力和磨难。而铁凝的《对面》，假如从男性的视角去看，女主人公不守妇道，丈夫不在身边却频繁约会其他的男人，无疑完全有悖于我们传统观念中的"坚贞执着"，是有悖于伦理和高尚情操的。这个女人还具有"暴露癖"，喜欢把自己裸露在自以为没人发现的空间里。但在小说中，铁凝显然不是站在道德评判的立场上去评判这种"婚外情""暴露欲"是否道德，而是站在性别立场展示人性之恶。窥探者是一个男性，因为受不了同屋小伙子每天熄灯后清洗身体隐私的"洁癖"，在一次同屋的"例行行为"正在进行时突然拉开电灯，并对受了惊吓的同屋大打出手，站在男性的立场上教训这个不配为男人的同屋，要求后勤部门例外安排住处，一句"只有仓库空着"的玩笑让他选择了仓库。这是个闲置不用的仓库，白天都少有人来，住在仓库对面楼上的少妇自以为阳台和卧室是属于自己的私密空间，可以自由自在地舒展身心让自己放松，毫无戒备外来者的"入侵"。"窥探者"发现了灯光照射下的少妇年龄不大，身材不错，穿着很少，得以免费欣赏，于是"窥探"和猜测就成了隐在暗处的"他"的例行功课。但一高一矮男子的出现引发了他的好奇心和嫉妒心，于是为了不让对方发觉对面有人存在，他处心积虑生活在黑暗中，晚上不开灯也不出任何动静，像一个蹑手蹑脚的小偷。较长一段时间里，"对面"在明处，"窥探者"在暗处，形成了不对等的"看"和"被看"的局面。在窥探中，他获得心理满足的同时嫉妒心与日俱增，悄悄准备了 4 个 500 瓦的大灯泡和一个大功率的双响录音机，等待一个时刻的到来，这里明显有了超越恶作剧的心理。等胖男子到来后，"窥探者"窥探到"对面"与胖男子两个人先是情意绵绵然后进入激情之时，突然拉开了所有电灯，打开了录音机，突然的光明和声音使这一对男女受了致命的惊吓。"我看见那男人沉重的后背凝固了一般僵持在我眼前，我看见我的对面正麻木不仁地和我对视，这是受了极度惊吓后的麻木不仁。"[4](P221) 而"他"则在嫉妒中享受着复仇的快感，人性之丑恶暴露无遗。铁凝在小说《无雨之城》中塑造了一个见利忘义、舍弃爱情、卑躬屈膝向老丈人乞怜、对弱势妻子实施家庭暴力，又借副市长的桃色照片敲诈其夫人的小人，此人也是一个猥琐的"男性"。显然，在对人性弱点的揭示中，因为作家性别的不同出现了创作视角的不同，显现出的作家的情感态度也明显不同。

二 性别关怀

在中外文坛上，男作家也塑造了众多经典的女性形象，比如托尔斯泰笔下的安娜·卡列尼娜、曹雪芹笔下的林黛玉。但女作家笔下的经典形象大多是女性，比如苔丝、林道静。其实女作家们也并非只写女人的世界，她们的视域应该是整个人类生活。但毕竟只有女人才最了解女人，所以女作家们潜意识里首先浮现的是女性的人生。铁凝的创作很多是以女性为主要表现对象的。香雪（《哦，香雪》）和安然（《没有钮扣的红衬衫》）是铁凝奉献给中国新时期文坛的两个独特纯情少女形象，一个带有山村少女的淳朴坚韧，一个带有都市女孩的聪慧无世故。香雪眼中的塑料泡沫铅笔盒是 20 世纪 80 年代初中国走向四个现代化征程中现代科技文明的象征；安然对待那件"没有钮扣的红衬衫"以及对待生活、学习、荣誉和男女生关系的态度，犹如喧闹嘈杂世故的都市里一朵清纯的荷花，令人赏心悦目。两篇作品都以"女孩儿"而非"男孩儿"为主人公，已经显现出铁凝作为一个女作家对女性生活不同于男作家的一种不自觉的性别关注。在男人的世界里，事业和美人是永远的追逐目标。他们希望拥有江山和美人，当二者不可兼得的时候，虽有不爱江山爱美人的先例，但多数的男人还是更爱江山，爱权力，他们理所应当地认为，拥有江山或者拥有权力，身边自然不乏美人。而女人，一旦真的爱了，会怀抱一个拯救男人于情感、成就男人于事业，与他建立美丽温馨的家的梦想。《无雨之城》作为"布老虎丛书"之一出版，在铁凝的整个创作生涯中算不上最好的作品，是一种可读性强、通俗写法的尝试，但通过一个略显俗套的爱情三角故事显现了鲜明的性别关怀：面对权力与爱情，男人最终会选择前途和权力，受伤害的多是女人。女记者陶又佳在采访政坛之星常务副市长普运哲之后两个人产生了爱情，进一步发展成情人关系，普运哲与妻子葛佩云之间是特殊年代凑合起来的婚姻，虽然也生儿育女，但两个人几乎没有精神的交流，即使是夫妻亲热之后普运哲仍然感到心里"皱巴巴"的。而陶又佳闯入他的生活带来了不一样的感觉。陶又佳因为激情之后女性生理周期的推迟担惊受怕，惊吓之后才告诉他虚惊一场，沐浴在爱情阳光里的普运哲温情脉脉信誓旦旦，希望有朝一日她以妻子的身份惊喜于生理周期的延迟。此时的普运哲计划着手离婚然后娶陶又佳，他也考虑过婚变会不会影响到公众形象，影响到仕途（关心公众形象的目的最终还是为了仕途升迁），但考虑升迁的机会应该是在一年之后，那时离婚再婚的"新闻"已经成为"旧闻"，职务晋升按部就班不会受到直接的或者明显的影响。但后来事情的发展出乎普运哲的预料，在面临仕途权力和美人爱情选择的时候，他没有犹豫，最终牺牲的是爱情。故事不复杂，却体现着铁凝的性别关怀：无论旧式的还是新式的女性，都曾经成为男人的拯救者，但又都在权力面前变得微不足道。虽然陶又佳插足别人的生活是不道德的，但她爱普运哲是真心的，是不求爱情之外任何回报的。读者在对她的身心受损唏嘘感叹的同时，也明显感受到了作者对"为什么受伤害的总是女性"的诘问和性别关怀。

《麦秸垛》中大芝娘在离婚之后还恳求对方给自己留下一个孩子，卑微如此是作家所不理解的，但大芝娘的善良和传统又是无害于他人的，让我们觉得"卑微到可怜"；大芝为了爱情，忘记了生产操作的安全隐患，为了让心上人看一眼她的大辫子而出了安全事故失掉了性命——就因为相好的说她的辫子好看；可怜的下乡知青杨青爱上了男知青陆野明，费尽心思讨好接近陆野明，但陆并不爱她，两个人的一夜情完全是杨青心甘情愿地"奉献"，事情败露后，在那个极左的年代，杨青一个人独自承担后果需要多大的勇气和胆量！

在《棉花垛》中，铁凝并不赞成米子、小臭子母女以性去谋求不劳而获的生活资源，但对于比母亲的结局更酷烈的小臭子的死，作者发出了对男性世界的质询：刚才还把你美成那样，你现在怎么就翻脸不认人，要置我于死地呢？死前被你泄欲，死后被你诬蔑！铁凝对男人写就的历史发出了质疑，对"不正派"的小臭子母女的生命存在发出了同情的质疑。

短篇小说《孕妇和牛》写了女人的成长。"怀孕"是一般女性都要经历的人生必然，"怀孕"对女人意味着什么是很多同时代的女作家共同关注的话题，她们从不同的角度不约而同写到了怀孕对女人精神的影响和改变。王安忆的《小城之恋》、池莉的《太阳出世》都写到了女性成为母亲之前或者为青春的骚动所惊扰，或者穿着新娘装就跟路遇者大骂大打出手，但女主人公一旦即将成为母亲，女性的母性意识觉醒，便开始真正地成长。殊途同归，铁凝在《孕妇和牛》中写到了这个牵着牛赶集归来的孕妇的精神成长历程。她从山区嫁到平原，婆婆疼爱，丈夫体贴，小日子过得满足而快乐，但停下来歇歇脚却发现石碑上的字全不认识，突然想到等孩子生下来了，懂事了，问到她的时候，她怎么回答孩子以及怎么面对孩子。没有什么文化和追求的"孕妇"前所未有地感到了自身的缺陷和不足，悄悄给自己制订了一个学习计划，开始尝试着弥补自身的不足。

《玫瑰门》中的司猗纹就像"一朵恶毒的罂粟花"，成为当代文坛典型的扭曲变态的"恶女人"形象，但铁凝没有一味地贬损这个人物，而是昭示了人物性格走向变态扭曲的原因。司猗纹的人生是一个悲剧，是社会的悲剧，也是女性的性别悲剧，作者给予司猗纹身上的理解与同情体现了铁凝对女性的性别关怀。

三　性别反思

综观铁凝的创作，我们会发现作品多以女性生活或情感为主要表现对象，作品中的女性有质朴纯真的少女，如香雪和安然，更多的还是成熟女性如大芝娘、米子、章妩、司猗纹、竹西、"姑爸"等，铁凝在她们身上寄予生活诗意和女性柔情。但铁凝并不是一味讴歌赞颂女性，通过作品和这些形象更有对女性命运与性格的审视与思考：在《没有钮扣的红衬衫》中，与安然恬静纯美的世界相对应的是以母亲和姐姐为代表的成人世界的世俗与世故；《无雨之城》中市长夫人葛佩云安于现状、不思进取，陶又佳的闺蜜丘晔满口脏话，好像不说脏话不足以表达对男权世界的对抗；《麦秸垛》中大芝娘面对已经跟她离婚的丈夫表露出既卑微又传统的求子观念；《棉花垛》中小臭子母女靠性获取生活资料的不劳而获；《玫瑰门》中司猗纹的扭曲疯狂，竹西与大旗的结合多少带有赌气和放纵欲望的色彩，"姑爸"以男性的标准装扮自己是向男权社会的认同与妥协；《午后悬崖》中韩桂心之所以决心说出儿童时代幼儿园小朋友意外死亡的事实真相，是因为她觉得结婚之后一直没有怀上孩子是老天对她在幼儿园犯下的罪过的惩罚，说出真相不是因为良心的发现而是出于自私和迷信……身为女性，铁凝是清醒的，她已经意识到几千年的封建宗法观念和男权意识在众多女性身上打下了历史的烙印。对此，铁凝没有回避、淡化或者视而不见或者一味袒护或者美化、丑化中国的女性，在她们身上，铁凝寄予着希望，也渗透着冷静审视与思考，通过一个个故事揭示这种性格形成的历史原因和个人原因并对其进行思考和批判。

《玫瑰门》中的司猗纹成为铁凝笔下"人性之恶""人性之丑""人性之扭曲"的最具代表性的女性人物。司猗纹也有过美好的刻骨铭心的爱情，恋人华致远的离去使一个充满爱的少女之心受到沉重打击，尤其是两个人的一夜激情使司猗纹失去了男权社会最看重的贞操，嫁到庄家被丈夫言语羞辱、冷暴力虐待，司猗纹的人性开始变异扭曲，以一种极端冷漠的方式对待丈夫显现了她的抗争，也显示了她的无助与无情。在丈夫去世之后又被公公以居高临下的姿态剥夺了做母亲教育一双儿女的权利，眼看一无所有的司猗纹采取了赤裸相对这样极端的方式报复公公，终于夺回了本该属于自己的做母亲的权利。情感缺失的司猗纹在极左的年代又被政治扭曲，热衷于街道组织的各种活动，主动上交财产检讨思想，可怕的是无情变态地对待一双儿女的婚姻，像极了张爱玲笔下的曹七巧。无疑，作为个体的人，司猗纹没有得到应有的尊重。作为女人，司猗纹在婚姻中没有得到真正的情与爱的幸福和快乐。冷漠和歧视带来了巨大失落和屈辱感，致使她从自怨自艾逐步走向扭曲变态，作者努力探寻造成她扭曲变态的外在和内在原因。为爱而献身的司猗纹曾经单纯可爱，面对公公的"越权""剥夺"，司猗纹以赤裸姿态迫使公公缴械投降，如果说此时的司猗纹有些行为过激还值得理解和同情，毕竟她"不择手段"争取的是自己的权利，后来对待自己的儿子、儿媳的婚姻生活，窥探儿媳和大旗的两性生活就显得变态。对待两个尚属幼年的外孙女，她没有外祖母应有的关爱与慈祥，让孩子们幼小的心灵尝到了备受虐待的滋味。司猗纹人性的扭曲显然与身处的男权文化对女性正常生活的约束扼杀有关，与她自身的放纵沉沦"以恶抗恶"有关，与在动荡纷扰的社会变迁中被抛离正常的社会生活轨道有关。

在《棉花垛》中，铁凝冷静审视米子、小臭子这些作为"第二性"的女人们如何依靠"性"的交换与付出获得生存资源。女人，在文明的时代，可以优雅幸福地生存；在动荡时代，本来可以自食其力，可以光明正大地获取生存空间。但长期以来形成的依赖性，尤其是在某些女人眼里，"性"成为不劳而获的交换条件，成为不劳而获的资本，完全置尊严和廉耻于不顾。可悲的是，女儿小臭子承继了母亲米子的生存方式，依然把"性"作为资本，把与男性的媾和当作获取生活来源和享受生活的谋求生存的手段，对此铁凝进行了历史的审视与犀利的批判。

新时期文学创作丰富多样，潮流迭起，而特立独行的铁凝并没有刻意去追逐什么，她只是真诚地潜入生活的底层，关注着社会生活的变迁，关注着不同年龄不同层次的女人们在历史生活进程中的喜怒悲欢。铁凝不属于新时期文学的任何一个流派。崔志远先生曾经探讨过"铁凝与荷花淀派"的关系，[5]铁凝在书写女性生活的过程中确有孙犁一样的对女性的柔情和赞美，确有对生活的诗意开掘。铁凝承继着孙犁的"诗情画意"，讴歌赞颂生活中的真善美，同时在创作中又多了一份对人性丑的冷静谛视，显现着燕赵大地的精魂和骄傲。

参考文献：

[1] 孟悦、戴锦华.浮出历史地表 [M].北京：中国人民大学出版社，2010.

[2] 刘慧英.走出男权传统的藩篱 [M].北京：生活·读书·新知三联书店，1996.

[3] 铁凝.真挚的做作岁月∥铁凝文集（5）[M].南京：江苏文艺出版社，1996.

[4] 铁凝.对面∥午后悬崖 [M].天津：百花文艺出版社，1998.

[5] 崔志远.铁凝与荷花淀派 [J].河北师范学院学报（哲学社会科学版），1990（3）.

解构批评三范例：命名、礼物与圣者书信

胡继华　王逸伦[*]

（北京第二外国语学院　跨文化研究院；北京　100024）

摘　要：解构不是虚无，解构批评也不是虚无主义。解构批评拆解人为的学科区隔，承纳传统，汇通哲学与文学，强化了诗思张力，尤其关切人文，却未废黜人文传统。通过解读诗人德吉、人类学家莫斯以及作家福楼拜笔下的柏拉图，德里达提供了解构批评的三个范例，论说了命名行为、礼物经济以及哲学与诗歌之对立的消解。

关键词：解构批评；命名行为；礼物经济；哲学修辞性

毕生以捍卫"正典"为使命却著书立说传扬"修正主义批评"的布鲁姆，将解构批评追溯到西方思想史上的"灵知主义"（Gnosticism）隐秘传统。"灵知是解构的开始，也是最有力的解构。"[1](P291—292)他补充说，灵知主义是一种误解的理论，作为一种创造性的误解，它对任何有影响的当代理论都是一个必要的模型。在修正主义批评的经典之作《影响的焦虑》中，布鲁姆断言，每一个强劲的诗人都有一种破坏性的创举。面对强劲的先辈，迟到的强劲诗人唯有破坏传统才能安身立命。正如黑塞《彷徨少年时》中灵鸟破壳而振飞的隐喻所喻指的那样，要砸碎一个旧世界，新生命才能诞生。在西方思想史上，灵知派代表着一种与正统相反的圣经解释学，解构批评以文学为视角延续并发扬光大了灵知主义的反抗、革命以及救赎的诉求。1982年，布鲁姆在《对峙：走向修正主义理论》中称赞灵知主义，说这一传统是"首次和最强有力的解构，因为它破坏了所有的世系，搅乱了所有等级，使所有微观世界/宏观世界的关系寓言化，把所有神的象征当作无所指状者加以拒绝"[1](P292)。布鲁姆所言，有言过其实之处，然而将解构的元祖追溯到西方历史上的异端，确实授人以柄，让人把解构与虚无主义相提并论。

然而，解构不是虚无，解构批评也不是虚无主义。"解构批评"一语，不仅歧义丛生，而且还同语反复。因为，说到底，在质疑、反思、转换和创生的意义上，批评就是解构。①为方便起见，使用"解构批评"可以做三种理解：援引解构，用于文学批评；解构与批评互相激荡，解构体现于批评实践，批评凸显解构之维；将一切阅读行为和批评活动都视为解构。无论在何等意义上理解，解构批评都彰显了四个特色：首先，解构批评通识博雅，拆解了人为的学科区隔，质疑了文类区分，将一切文献当作文学来展开修

---

　　*　**作者简介：**胡继华（1962—　），男，北京第二外国语学院跨文化研究院教授，文学博士，研究方向为比较文学、当代西方美学。王逸伦（1990—　），女，北京第二外国语学院在读研究生，研究方向为美学。

辞学和语言学阅读，让一切文本具有孕育和生殖能力；其次，解构批评承纳传统，而非颠覆传统，肯定而非否定乃是解构的初衷，尤其是肯定那种无法还原的绝对差异，是解构批评的担当所在；再次，解构批评汇通哲学与文学，强化了诗思张力，一方面让诗歌意旨杳深，一方面又让思想诗兴流溢[2](P1—25)；最后，解构批评关切人文，质疑过人类中心主义，却未废黜人文传统，相反却要建构面向未来的人文学。新人文学的基本领域包括：人的历史与"特性"；民主和主权观念的历史及其无条件性；传道授业、志业、职业以及劳动的历史及其世界化；文学与自由言说的历史及其无条件性；伦理、正义以及信仰；虚拟陈述以及影像的历史与特性；权威终结之后权威事件的降临，救恩历史的无条件性。博雅、包容、肯定以及面向未来的新人文，可能就是解构批评为文学涉世以及淑世易俗描绘的可能前景。[3](P495—504)

一　如何命名？

《如何命名？》是德里达为法国诗人德吉（Michel Deguy，1930—）的诗集《侧身而眠》（Recumbents）撰写的专论。诗人德吉，同时也是批评家德吉，还担任过德里达、利奥塔联手创办的"国际哲学学院"的院长。德吉与德里达是同龄人，他在西方诗学史上完成了德里达在西方哲学史上同等分量的工作——解构传统。不过，"解构"并非俗见所认为的那样，暴力拆解西方传统大厦，而是从根基开始全面理解传统，重新描绘西方精神的图谱，开启以新的姿态栖居于这一传统的可能性。以背叛表现至高的忠诚，以否定表达坚执的肯定，是德里达的哲学与德吉的诗学共同的一贯姿态和共同的一贯策略。[4](Pxiv)

仅就西方诗学言之，自现代主义诗人的鼻祖波德莱尔发起感性革命以来，法国诗学三个维度朗然开启：以兰波为代表的感性张狂，以瓦雷里为代表的抒情涵容数理，以及以马拉美为代表的音乐诗学和形上诗学。德吉的诗歌创作和诗学思考便在这三个维度上伸张其才华与理智。1985 年，德吉以组诗《卧像》（Gisants）荣膺"马拉美学术大奖"。Gisants，原指"双臂交叉在胸前的躺在墓穴里的亡人之雕像"，引申为"斜倚横卧""侧身而眠""相拥入睡"等。侧身而眠、相拥入睡的亡人雕塑，令人联想到雨果《巴黎圣母院》终篇那幅忧郁的图景：丑陋的撞钟人与吉卜赛少女在墓穴中相拥而眠，此乃浪漫的忧郁灵魂与绝对悲剧的一个基本隐喻。卧像更是一个同"创造""爱欲"和"死亡"隐秘关联的基本象征。德吉诗、思合一，融解文类区分，将异体和杂语化作悠长的诗韵，其中一条诗学公理乃是"类比"。类比的公式或者说"诗学的逻各斯"是"A/B = C/D"。[4](Pxi)用德吉的诗意描述，我们不妨说：雕塑的不同审美形象同卧像之间的关系，恰如一个人的肖像同埋葬在墓穴中的存在之间的关系。中间那个"恰如"（comme，wie，as if，as，like，gleich，as though）对于诗学的逻辑至关重要。德吉常常引用巴斯卡尔的说法："（我们）仍然必须将生命的绵延比之于生命的虚无——忍受乃是每一个人的劳作。"于是，"我的生命"通过劳作而比之于虚无。[4](Px—xi)

生命、劳作、虚无、创造、爱欲以及死亡，这些都是西方宏大的纪念碑式思想史上的大命题、大语汇。德里达和德吉都将这些大命题、大语汇同一种被称为"存在论"或"本体论"的令人费解的思想传统联系起来。所谓存在论或本体论，都是一些号称为"真理话语"的表达方式或者象征体系。德里达说，唯有通过解开差异结构，释放他者的绝对他异性，这种真理话语方可得以构建。解构就是建构，解构就不是否定，而是永远在肯定，所以同虚无主义一点关系都没有。换言之，在存在论传统之中的真理话语必须借道他者，方可再现自我、同一与统一。存在论差异之意义恰恰就在于：对于一物之存在的表现必须扎根在差异之中，而这些差异包括存在物与存在的差异、生存与在场的差异以及自我与他者的差异。德里达说，延异（différance）就是他者的绝对他异性，逾越了在场与缺场之间非此即彼的选择关系。德吉的实验诗学文本也处处表现出这种非此非彼、亦此亦彼的吊诡与悖论。

在幽灵出场的时刻，哈姆雷特的"存在还是虚无"的问句已告无效，危境危情之人必须在"存在和虚无"的双重可能性之中迈向深渊。用布朗肖的话说，"必须假借那种总是已经悬置或禁锢了'在场可能性'之物，在场形而上学才可以觅路前行"[4](Pxv)。所指的可能性，柏拉图"理念"的可能性，便是可以理智把握的可见形象。然而，如果没有书写的建构，这种可能性就根本不可能设置在这一景象之中，因为书写就是延异，就是可见形象的无根之基础。真理的形象仿佛立刻化作深渊之口，化作一道深渊：虚无敞开、吞没自我、同一和统一，同时又为理智构造和展开真理的形象。神话与逻各斯的交叉，仿佛在深渊之上建造了一道异体化生的津梁。解构便是"从根底处理解传统大厦"，不是摧毁，不是爆破，而是通过驱逐真理价值本身而剥夺意识形态统治和排斥的权利，剥夺真理作为经天纬地权力的地位。德里达杜撰"延异"之时，他还敏锐地注意到这个词语之中突兀的字母"A"具有金字塔的形状，象征着死亡的经济学。[5](P1—27)在这个意义上，德里达的哲学就是德吉的诗学，"延异"的空间也就是"卧像"的空间。德里达的解构，仿佛就是让神话与逻各斯在深渊之上交错配列，而超越有/无、善/恶、光明/黑暗等二元对立逻辑，将意义从封闭的体系和固定的地位释放出来。

在德里达看来，德吉是诗人与思者、游牧人与孤岛人。他的"诗学行动"乃是一场命名行动。[6](P192)万物因名而得相，所以名相让陌生之物成为熟悉之物，让陌路之人成为亲近之人。阅读德吉的诗，品读德吉的文，无非都是为一场诗学行动命名，或者叠合起来说，是一场对"命名行动的命名"。"一个合适的名相常常背叛它的起源"，这是德吉自己的说法，言外之意是：一切名相都同出生无关，背叛传统，因而缺少合法性。这种隐微之道，似乎非常合乎德里达的口味，因为在德里达看来，命名总是"延异"，名相总不符合事实，一切真理都是词语游戏的产物。可是，命名毕竟是一场崇高的游戏，一种严肃的戏谑。德里达以一个充满歧义的法语词"salute"简括德吉诗学的基本命题。"salute"是"致意、招呼、致敬"及其相关的仪式，又是"拯救、平安、健康、复活"的生命状态。无论在哪种意义上，salute都是一种责任行为，喻指面对他人、朝向他人以及为他人担负起一种绝对的责任。所以，命名就是致意，亦是拯救，还是责任以及回应。德里达的专论一开始，就建构了德吉诗学的三位一体——诗学行为就是"命名"（denomination）、致意（salutation）和责任（responsibility）。[6](P193)

德里达为德吉命名，德吉为但丁命名，但丁为贝雅特丽齐命名，命名就是诗学行动，而诗学行动乃是一种语言行为，凸显的不是言语的记叙性，伸张的却是言语的施为性。言语的施为性，就是诗的建构力量。因而，诗不是造物的忧伤叹息，而是存在建构属于自己的家园的艰辛劳作。愁苦的人因劳作而感到喜悦，忧伤的心灵因栖居家园而得到慰藉。诗学行为，始于对神的渴念，而对神的渴念又是对拯救和平安的渴念。[6](P197) 拯救与平安，是一种金刚不坏的圆满，一种自体免疫的安详，一种健康的生命状态和精神境界。诗人为万物命名，论者论说诗人及其作品，公众绎读诗人作品和评论家的文字，无非都是交换"致意"，彼此"招呼"，渴望"平安"，期待"拯救"。而诗句都是施为性语句，这种施为性言语行为将借着"名相的幽灵"创造一个充满张力而流动的世界，一方可以诗意地栖居的家园。诗人德吉，诗的思想家德吉，以诗为思的德吉，他的每一首诗都是一套仅仅适合于他的诗学。每一个诗学命题，每一个诗学论断，都是一首诗，一个独异的行为，标注了特殊的日期，不可替换，不可翻译，甚至完全不可能翻译为另一种语言，不可能翻译为另一首诗。这种独一无二性抗拒概括，无法被诉诸概念与命题。如果强行将这种独一无二性转化为法则，诉之于概念与命题，那就是对德吉的不公，对德吉所致意的但丁不公，对但丁所致意的贝雅特丽齐不公。所以，从理论上说，一切命名行为都必然失败。诗人之名，永远是一个代词而非名词，甚至还是一个永远需要致意和拯救的代词。由德吉的诗思所引发而生成的诗学，就是致意和拯救的诗学。

致意，在这种神圣的命名行为中，就不只是诗学行为，而且直接就是拯救行为。德里达写道：

> 致意，就是给他者命名。恰恰就是在这里，他者被呼召，从另一个将必须作为其目的地的地方被呼召。我要补充说，这也就是哀悼，以及无可救药的执念。恰恰就是在这里，他者再也不自我呼召，自我拯救，以及表示致意，仅仅是被祝福和被致意；在此，salute 的两种意义分道扬镳，彼此告别……作为健康、拯救、救赎和复活的致意（祝福），必然绝对不像作为呼召、作为"彼此呼唤"的致意（祝福）。两种致意，两种祝福，绝对地异质，具有不可和解的差别。不管我们为之感到欣慰还是感到惋惜，这种断裂都是必然……为了能够呼召自己和呼召别人，为了呼唤自己或彼此呼唤，以便能够呼召，致意都不只是唤名；但在这个场合，这种对健康或拯救的致意、对救赎或复活的致意都必然得不到保证。这不是说，这种情形决然没有问题，但它必然总是可能被拒绝、被危及、被丧失、被化作云烟散去：绝境没有出路，永无止境，永无止境的止境永无止境。拯救之不可拯救，健康之不可拯救，这种不可能性必定像幽灵一样萦绕着作为呼召的致意……我们只能呼唤他者，活着呼召就是活着的一种形式，濒死呼召也是濒死的一种形式，呼召在他者的消逝之中（sa mourance），呼召在自己的消逝之中，呼召在一种非生非死的生存之中。[6](P218)

如何命名？如何赐予诗人及其诗学以名相？"呼召在他者的消逝之中，呼召在自己的消逝之中，呼召在一种非生非死的生存之中。"不论是诗学行为（"命名"），还是宗教行为（"拯救"），都是一种不可能的行为。德里达引用德吉的话，艰难而权宜地作答：诗人之通名"越来越飘忽不定"，"越来越难以发为言辞"，因为那个被赐予名相的人，"也在奋力倾听，同时也在奋力让他自己在本源的意义上为别人倾听"。诗人之名，却有代词之功，我们必须避免用名词取而代之。对作为代词"诗人"而言，总是有必要随时取代一切专名，而这几乎是不可能的。试问，洛特阿蒙、阿尔托、孔明思、佩索阿、乔伊斯、庞德、纳瓦尔，这些诗人之共性何在呢？

如果有一句独创的诗，意在命名一种共同性，命名一种"没有相似的如同"，命名一种没有共同尺度的"如同"，再次浪迹到"神圣经典之前"，超越不同文体之间的经典区分，而这样的诗篇又充满了不确定性，那么，这么一种不确定性就超越了通用名词，而停滞在匿名的替换名词（"诗人"）之上，仅仅是为了期待以及见证专名，而这个专名每一次都显然有别。诗人名相确无定解，命名行为永无止境，每次命名都是一次新的行动，一次前所未有的决断。通过这种永无止境而前无先例的决断行为，诗人重新规定诗艺。以一种施为性、预言性和侵入性的姿态，诗人给予了诗艺一个新的规定，一个新的名相，为之重新施洗，因而在另一个空间通过发明一套新的制图法，分派给诗艺以一项新的使命。

> 他分配一项使命给诗艺，也就是说，他签署了一个新的诗艺概念，签署了一封同古代名相对应的信件，以及签署了一项新的责任。通过签名之举，他签署了一种秩序，一种使命，一幅地图，一桩义务。但是，这么一个新的使命，就是话中有话，以言论言，诉诸称谓，致意名相，因而它不仅事实上是而且还必须蕴含二义，晦涩含糊。晦涩含糊，一如 salut 蕴含二义，但它于物无伤，不会动摇任何秩序，也不会毁坏任何事物。相反，它构成了诗中之思的张力，"思想作为诗人"的张力。[6]（P205）

命名的诗学或者行动的诗学同时运行在三个层面上：第一，一首诗和一种行动的诗学，这里的行动也蕴含二义，即行动者以及笔录、签名、记录和传承；第二，一首诗和签名的诗学，在留下的踪迹之中被分派、被肯定、被要求的责任也蕴含二义；第三，一首诗和见证的诗学，这里蕴含的二义是指"cum"所表示的聚合同时性事件之中的现时在场，以及对诺言的回应或诺言的责任之中被分派的证词。于是，"行动"（act）、"签名"（signature）和"见证"（testimony）联结成网，成为德吉诗学之中独一无二的诗艺分派之中的三个主题，它们体现了命名、致意、传承、独异，而且以诗意的方式呈现了对基督教诗学甚至前基督教诗学的记忆。

在基督教诗学和前基督教诗学中，诗艺的分派联系着教义，联系着证词，联系着圣约，联系着遗嘱。词语与事物，作品与名相，语词与死亡，都被封印在诗艺的分派之中，从而预示着基督教诗学的命运。依据同样的分派大法，基督教诗学的要义可以在两个层面上得以阐述：第一，根本就不存在这么一种现存而被流传或被遮蔽（或有待发明）的基督教诗篇；第二，它是一份秘密证词，在其独特的施为之外，在其独特的见证之外，在其使自己独特的作品成为例外之外，就没有什么真理。在这个意义上，福音本身就是诗学行为，它携带消息和遗嘱，本身就是一份证词。福音的真理不在福音之外。于是，见证、诗学见证、消息、福音，都不是报告别的什么，所报告者唯其本身，唯其自身的施为事件。诗学的真理，一如福音的真理，只是自我示现、自我叙述，而抵制阐释，反对涵化。"我是真理，道路，生命"，福音之外无真理，诗艺之外无意蕴。[6](P210)

致意与拯救，招呼与复活，这就是诗艺的命名，也是诗人和思者所无法推卸的绝对责任。而这一命名之举，还不可避免地同幽灵相关，行为诗学因而难免染上一层悲剧色彩。"萦绕，蛊惑，诗歌的魔力萦绕着死且活着的幸存者的幽灵，他的魔力让诗篇附魅又祛魅，在魔力之中滑音——无需等待，立马向前，像艺术作品起源那么早，像诗歌的天赋那么早。附魅与祛魅，不复为二，而必须彼此萦绕，一种诗意的声音反复鸣唱。诗意的迷恋反复回荡在和弦中。而这就可能是发生在致意、命名和责任之上的事件。"或者，这就是海德格尔呼吁贫乏时代的诗人来担当的使命：以一种诗意的魔力许诺一种呼唤的机缘。

二　礼物的悖论

1991 年，德里达在芝加哥大学以"馈赠的时间"为题开设"卡彭特系列讲座"（Friedrich Ives Carpenter Lecture），对人类学家莫斯的《礼物》（The Gift）、波德莱尔的《伪币》（Cunterfeit Money）以及海德格尔的一些重要文本进行细研品读，解构狭义经济学、在场形而上学和基础存在论的循环结构，揭示"时间"与"礼物"的逻辑悖论，呈现主体性的困境、绝对知识的虚妄同主权政治学之间的微妙关联。②辑录在此的文本，是为德里达系列讲座的第一讲。[7](P161—187)

开讲之始，德里达讲了一段宫闱秘史。话说庶民出身而成为太阳王路易十四第二任皇后的曼特侬夫人（Madame de Maintenon）给女友写信说："吾君取走了臣妾的所有时间，其余的我都给了圣西尔，而对于圣西尔，我愿意给予一切。"[8](P1)虽位高权显，这位庶民出身的皇后说话实在是语无伦次：君王夺走了她的所有时间，何来其余？乐意把一切都奉献给圣西尔，又如何能让君王夺去她的所有时间？他人取之于她者，时间也。她不能给予他人者，亦时间也。给予的悖论，时间逻辑的绝境，由此得以凸显。一如拉康对于爱的论说：以己所无有，予他人之所不欲。女性一无所有，尤其是被剥夺了"菲勒斯"，拿什么奉献给她的爱人（她的收信者，另一个女人）？这个悖论，事关馈赠、礼物、时间，事关整个西方在场形而上学传统，以及这一传统笼罩之下的经济学与诗学。这个悖论之入口，就是不可能性。[8](P6)不可能给予，不可能馈赠，不可能谈论礼物，不可能谈论时间，甚至不可能谈论"人生在世"。

德里达开始于这么一种不可能性。解构之法，也受动于这种对不可能性的激情。作为馈赠的对象，礼物是不可能的。作为哲学谈论的对象，"时间"是不可能的。而且，将"礼物"与"时间"捉至一处，则更是令人匪夷所思。礼物与时间，究竟有何关系？"我们心甘情愿，让星斗转移、匆匆时序夺去一切。"正如曼特侬夫人心甘情愿地让太阳王夺去一切。付出而没有保留，给予而没有回馈，开支而没有盈利，远游而没有回归，挥霍此生此世而没有整体偿还——这就是德里达思考的广义经济学，一种拒绝宥限于在场形而上学的诗思，一种决裂循环的生命姿态。循环、圆圈、中心圆、封闭回路、交换关系、互惠关系、投桃报李、礼尚往来，如此等等，占据西方在场形而上学传统主导地位的隐喻，都阻死了通往无限的广义经济的道路，而限制了对时间和礼物的思考。经济学，古来就是有限的，理家持政，界限分明，法则既立，秩序已成。经济学讲究投入就有产出，开支必须盈利，付出一定偿还，因而它遵循着尤利西斯的结构——漫游而又回归。这种经济学当然是狭义的经济，被限制的经济学，投射到形而上学传统之中，那就是西方哲学史上从柏拉图到黑格尔到海德格尔一直在建构和重构的神话故事："绝对知识之中的理念，在这个意义上就是尤利西斯式的，一种经济学与一袭乡愁，一身怀乡病，一段暂时的流亡，而永远渴求回归，再度占有。"[8](P7) 循环结构不仅是经济学的特征，形而上学的标识，而且还总是与我们如影随形，无人可以规避。

在这种循环结构里，我们无法思考时间，因为时间不可逆，沿着"熵增"的箭头一直通往无限，可谓开弓没有回头箭。在这种循环结构里，我们无法馈赠，无法赐人以礼物，因为礼物是不求回报的广义经济行为，馈赠行为以打破循环结构为可能性前提。德里达将"时间"和"礼物"一并思考，凸显出传统形而上学的逻辑绝境：时间不可逆，不可给予，礼物非循环，不可互惠。然而，我们总是在狭义经济学的循环中，在黑格尔的绝对知识之粗糙织体之中，在博尔赫斯的圆形废墟上，在边沁的圆形监狱里，艰难地思考"时间"和"礼物"。殊不知，在循环结构之中，时间和礼物都是不可能性。怀着这种"对不可能性的激情"，德里达充满悲情地断言，"赐人以时"即"赐人以死"，"赐人以礼"即"赐人以无"。时间中的每一刻，广义经济学中的每一次付出，都是决断，前无先例的决断，濒临疯狂的决断，不考虑偿还，不考虑后果。于是，"赐人以礼"同主权政治行为没有什么两样，二者都是随缘而发，决断例外。所以，必须打破狭义经济学的循环，必须决裂形而上学思维的尤利西斯习性，人们才能思考"时间"和"礼物"。

礼物首先被看成是一个人类学的现象。人类学家莫斯通过研究奢侈的"未知类型的整体仪式"发现礼物交换具备了一种完整的经济体系：给予者有义务给予礼物，接受者有义务接受礼物，接受者有义务回报，这三个义务构成了一种互惠的循环。但是，马利翁认为，交换经济体系之中的礼物概念根本就不是礼物。交换经济体系完全被禁锢于形而上学的境域中，其中给予者按照"效用因"给予礼物，运用一种"形式因"和"物质因"来规定礼物和物化礼物，最后还追求"目的因"——希望找到善意的接受者以便实现给予者的荣耀。亚里士多德的"四因"一个也不少地体现在人类学"礼物"之中，而"礼物"之中所蕴涵的"所予性"也满足了充足理由律，而沉沦于形而上学的渊薮之中。如果不从"交换经济体系"之中将"礼物"拯救出来，如果不从"给予者—被给予的礼物—接受者"的格局之中将"所予"解放出来，那就根本无法将所予现象学贯彻到底，无法在现象学境域中接近作为一种可能性的"天启现象"。[9](P123)

德里达对"礼物"的研究为解除形而上学的魔咒迈出了可喜的一步，并为贯彻现象学还原以及陈述"所予性"提供了一个参照范式。在德里达看来，莫斯的交换经济体系之中的礼物概念自相矛盾，抽空了礼物之中的所予性，导致了所予现象的彻底消逝。与莫斯相反，针对"礼物"德里达提出了四个著名论断。第一，"哪里有礼物，哪里就必然没有互惠"。这个论断的含义是，为了拯救"所予性"，首先必须打破交换经济体系的循环，废黜充足理由律，与形而上学体制决裂。第二，"哪里有礼物，哪里接受者就必须没有回报，没有典押，没有偿还，没有自我清算，无须缔结契约，而且还一定没有约定在先，没有亏欠"。这个论断表明接受者心安理得地接受，既没有认识到落在他身上的东西是礼物，也没有意识到自己是受惠者，接受者可能无名无姓，敌友不分，并且可能忘恩负义，恩将仇报；因此，要解救这个未知的"所予"，必须将接受者悬搁起来。第三，"不仅对接受者而且首先对给予者而言，必须彻底地忘记礼物"。这个论断表明给予者对于礼物的意识是一种属于形而上学秩序的自我安慰和自我尊严；只要有自我意识，所予性就难以企及；只有悬搁给予者的自我，所予性才自我呈现。第四，"主体和对象皆为礼物所羁押的结果（arrested effect），简直是礼物的羁押（arrest of the gift）"；"礼物作为礼物，至少不应该对给予者和接受者作为礼物出现"；"如果他认识到它是礼物，如果礼物作为礼物本身向他呈现，如果现在作为现在向他呈现，那么这个简单的认识就足以取消礼物"。[8]（P12—15）这个论断是一个完美的修辞悖论：礼物作为存在、作为对象当下即时的呈现，就一定将所予性禁锢、冷却、冰封在形而上学的在场之中，导致了礼物的自我废黜。对礼物的沉思在这里限于绝境，这个绝境彻底吞没了"所予"。

三　柏拉图的书信

福楼拜（Gustave Flaubert，1821—1880）的《包法利夫人》因描写一个外省女人的风流韵事而被当局告上法庭。可是，"谁能为书中的女人判罪？"从《约翰福音》到《安娜·卡列尼娜》，宗教史和文学史都表明，不论是圣人还是文豪，都不可能为这个难题找到令人满意的答案。人们往往会不假思索地从道德角度谴责行淫的男男女女，然而道德的结论却不是挂在"庸人"的嘴上，而是写在小说的字里行间，镌刻在情欲丰盈的血肉之躯上。"庸人"乃是"时代精神"的祭品，"庸见"乃是"苦恼意识"的歪曲写照。庸人越多，庸见越是流行，一个时代越是苦恼，越是不幸。随着年岁的加添，福楼拜对世态愈来愈厌恶，对公共空间也愈来愈恐惧，对文化名利场愈来愈逃避。愤世嫉俗，自想惊世骇俗，作家决心创作一部爆炸性的作品来决裂周遭世界的愚昧、丑行以及邪恶。天不假年，事不遂愿，这部爆炸性的作品，只有未竟的《布瓦尔和佩库歇》残篇传世。同时，一部《庸见词典》却留下了作家的警世之灵。1852 年 12 月 17 日，福楼拜给女友路易斯·科莱写信，以一种反讽的语调私密地宣告："我将证明，多数永远有理，少数永远有错。我将把伟人送给所有的笨蛋去糟践，而且用一种极端夸张的、火箭迸发一般的文体。"平庸可耻，主动平庸有罪，而当庸见成为时尚而平庸攫夺主权，则一定会断送人类的丰功伟业，一定会将智慧的生存放逐到万劫不复的深渊。于是，《庸见词典》实则是魔鬼词典，是伏尔泰《哲学词典》之后的又一部神圣怀疑的杰作。同时，《布瓦尔和佩库歇》实则是对犬儒的宣战，作家借力打力，从庸人的愚蠢之中唤醒了一种怀疑和批判精神。更加值得关注和反思的是，在《庸见词典》《布瓦尔和佩库歇》和福楼拜的文学书简之中，哲学成为文学的基本主题。

当我们说，在福楼拜那里，哲学成为文学的基本主题，我们就不幸地落入福楼拜所宣战的"庸见"之中。德里达的《福楼拜的一个理念：柏拉图的书信》就可能帮助我们抗拒"庸见"的诱惑，逃离"洞穴假象"的囚禁之地。[10](P748—768) 按照德里达的一贯做法，就是将哲学文本当作文学文本来解读，认定能指的游戏之外别无他物，文本的意义就像福音书中所说，"我就是真理、道路与生命"。福音之外无真理，文字之外无意义。将解构思路贯穿到对福楼拜的研究中，德里达认定哲学不是文学的主题，而是文学的修辞手法。对哲学的宣告与张扬，甚至嘲笑了文学本身，并渗透在福楼拜对认识主题的认识话语之中，渗透在关于语言本身的元语言之中，渗透在对福楼拜全部文学视野的反思话语之中。而所谓哲学，往往同传统密不可分，以哲学为修辞，"观念"的发送、转换和流布又往往落入陈言滥调，成为福楼拜所深恶痛绝的"庸见"。任何一种批评的睿智，都势必导向"观念"，从柏拉图到黑格尔，一切"观念"都以概念成型，而僵固在体系之中。[11](P164—186)

> 在哲学中，这些恒固为"理念"（eidos）的原型集结为一个体系，越来越显赫扬名，不仅可以自我复制，而且还不断自我认同，更是借着这种权利而可能合法地被接纳，普遍地流布。所以，从柏拉图到黑格尔，批评睿智的积累便是理念的历史，或众多观念的故事，无论如何都无法阻止哲学在传统持续活着并以典范的方式广泛流通的地方变成现存庸见永无止境的列队游行，成为庸见的百科全书。这部百科全书不仅活力弥漫，而且吹毛求疵，就它产生观念且保护观念而言，其自身之内携带着衰朽之因。"理念成为物质，物质模制理念，位居愚蠢之首。"萨特如是说。如果我们注意到，这种理念向物质的生成焦急地期待着理念性，而且将观念的特殊形式据为己有，在首要程度上视之为首要元素，那么，萨特的陈述将显得更加犀利，更加一针见血。在此，愚蠢，以及最澄澈的心灵所渴望的愚蠢，却显得魅力无穷。故此，唯物论与唯灵论即便彼此扞格，也同样是无理取闹。也许我们会看到，某种观念论却迥然异趣。[10](P751—752)

可是，福楼拜说"观念论完全无用"，而哲学当受永远的蔑视，形而上学必须被立即废黜。原因在于，他们常常妄下结论，所以愚蠢万分，不可教化。然而，正是这种无用而愚蠢的观念，正是这些怪异而且邪恶的哲学，将福楼拜逼向了绝境。哲学性的本质在于愚蠢，可是这种愚蠢的极品却对福楼拜散发出一种本质上形同魔力的魅力。这种魔力的魅力引导着他的生活与创作的方方面面。一种魅力，一种诱惑，恰恰是哲学性的魅力与诱惑，如同俘获了圣安东尼的魅力与诱惑。《圣安东尼的诱惑》之结尾，魔鬼的言辞却披上了斯宾诺莎主义的绚丽长袍。魔鬼不是无神论者，同魔鬼相比，任何人都将是不折不扣的无神论。他起码没有像斯宾诺莎那样，否定上帝与实体的广延。一个完全被废黜了人性的上帝，免于一切人神同形主体性的上帝，一定是没有爱意也没有恐惧、没有情感也没有形式、没有命运也没有目标的上帝，这么一种思想完全征服了圣安东尼，他为这种思想而惊惧万分。福楼拜对斯宾诺莎充满了敬意，而斯宾诺莎的思想让他充满了惊异。他对斯宾诺莎崇敬有加，不过这种景仰之情乃是一个哲学门外汉自发的自我修养，以及初尝哲学智慧时表现出来的素朴惊奇，同时还预示着哲学体系根本上就是一件艺术作品，首先反射了艺术家的权力意志。福楼拜以这种姿态表明，他就是尼采的兄弟。

在德里达眼里，福楼拜与尼采乃是兄弟。何止是兄弟，而且是难兄难弟。形而上学、哲学、观念论体系、同心圆、圆形监狱，以及尤利西斯循环的还乡之旅，对他们的戏弄与糟践，让他们情同手足。而且，通过"庸见"而渗透到生活世界的体系及其权力，总是将自由化为乌有。而自由，总归是西西弗斯的悲愿。于是，星垂旷野，月涌江流，自由人幸福地戴上枷锁，快乐地寻找监狱。尼采要把柏拉图主义颠倒过来，只身追逐悲剧时代甚至古风时代的诗意智慧，纵身于狄奥尼索斯狂热激情的深渊。福楼拜向"庸见"宣战，立足不从俗流，在后浪漫生命颓荡的氛围中，通过魔鬼对圣安东尼的致命诱惑，向陈腐而邪恶的观念论发起了一场诗学政变。福楼拜和尼采，像他们的浪漫派前驱一样，发动诗学政变的策略就是让文学与哲学彼此污染。天生不能自我免疫的文学与哲学，彼此污染，又互相争执。在福楼拜那里，哲学被摘下了威严的冠冕，而成为文学的修辞手法，成为诗学政变的帮手、文学共和国的顺从奴仆。

用德里达的形象说法，可以说福楼拜拦截了柏拉图寄给后世哲人的"书信"，废黜书信中言述的"观念原型"——"理念"的主权地位。在写给侄女的信中，福楼拜推荐了柏拉图的《会饮篇》和《斐多篇》，一篇论情欲之爱，一篇论不朽之灵。而且，福楼拜推荐的是号称"哲人"的库申的译本。"我的娄娄，如果你迷恋理想，你会在这两部书之中找到理想的本源。"路易斯和古斯塔夫，侄女与福楼拜，二人仿佛在为理想而战，"哲人"库申不仅扮演着仲裁者的角色，而且还扮演着柏拉图的信史的角色。库申是柏拉图的译者，又是折中主义的哲人，他消融了传统，又将柏拉图的信传送到福楼拜、布瓦尔和佩库歇。同时，库申还是把最后一位理念论伟大哲人黑格尔的文字传输到法国的学者。于福楼拜，柏拉图仅仅是一个传闻，而黑格尔则是一则神话。在传闻与神话之间，哲学的"逻各斯"运行其中。就此，德里达论述说：

> 从柏拉图到黑格尔，一部观念史，以及"观念"的词汇史，如画卷展开，凝固于它独有的使命上，并自我封闭起来。没有这部历史，我们就无缘亲近负载着福楼拜之名并由他亲自签名的一切。首先，这种签名被镌刻在"观念"一词之上，给"观念"打上了叉号，而在福楼拜的话语之中，观念出现的频率及其独具一格的用法尤其引人注目，可圈可点，并随着文章脉络的变化修正或调校了它的意义。这个问题的一种形式还可以表述如下：如果福楼拜放任自己在非常肤浅的意义上为"观念"所蛊惑；同时，他是否把"观念"设定为主题，他都从来没有从这个问题之中提炼出一个主题；那么，它究竟意指什么？它仍然需要意指什么？它已经停止意指什么？简单地说，它不再可能意指什么？有上百段引文即可证实：在不同的语境下，福楼拜动用了传承于哲学史和语言史的全副语义学策略，因而就好像经过一次无形的飞跃，观念超越了观念，他显得像是用"观念"一词来命名一种未知的神秘；而这种神秘再也不属于那么一些历史。[10](P762)

在福楼拜手上，"观念"是一个诗学的隐喻，看似指称一切，实则内涵虚空。后黑格尔主义的福楼拜，以如此怪诞的反讽手法接近黑格尔，接近自我幽闭于整个柏拉图－黑格尔主义命运之中的"理念"，从而占有了一个可堪比拟于马拉美的历史地位。福楼拜用散文、小说、书信，马拉美用诗和诗学，把哲学变成文学的修辞，从而把"观念"及其神话带向了终结。诗人和作家都是哲学的终结者，他们的名字将永远镌刻在哲学枯竭的场所。自此以往，他们就再也无法按照一个哲学系统或思辨立场来组织文学写作，赋予其艺术世界以秩序。因而他们将继续将计就计，操控"哲学因子"，如同操控一种元语言，作为表演其书写之美的工具。他们便求助于最合适的哲学形式，借以表达书写之美的界限以及这种典范的不可能性意境。为美而美，为书写而书写，他们还会求助于具有柏拉图和黑格尔式外观的辩证法和观念论的幻象，这种幻象可能让他们再度整饬"哲学性"，当他们怀疑其对立面之时标画出"哲学性"的界限。这种界限之内的幻象，正好就是哲学概念本身。既非唯物论，又非唯灵论，同时也不是许许多多的别的理论，"哲学性"被福楼拜、马拉美化入了隐喻、神话、诗性之中，成为只可否定言说的"神秘"。在福楼拜和马拉美所提供的特定语境中，"观念"这个词语戏谑了柏拉图－黑格尔的大写"理念"，同时倾空了其形而上或辩证法的意涵，消磨减损，损之又损，使之成为"马拉美大写之书"的否定性崇高之美。

马拉美写作，犹如雅各与天使搏斗，志在书写一部大写之书，而上帝的创世之举又仅仅是为了这部大写之书的诞生。可是，大写之书却是虚无之书，我们亦可称之为福楼拜的"虚无之书"。将观念化为隐喻，将哲学化为修辞，福楼拜将形而上学带向了终结，而一部关于虚无的大写之书，乃是对一种不可能性之激情的写照。

注释：

① 克里斯托弗·诺里斯（Christopher Norris）《解构：理论与实践》："德里达从来就不否认，倒是尽力肯定，如果我们不仅必须恰当地理解那些文本，而且还必须确定那些症候式的重点——绝境时刻或逻辑张力，那么就必须遵循古典逻辑来思考。"（Christopher Norris. *Deconstruction*：*Theory and Practice*, third Edition，London and New York：Routledge，1982，p163）就遵循古典逻辑而论，解构批评就绝缘于虚无主义。

② 参见 Jacques Derrida. *Given Time*：1. *Counterfeit Money*，tr. Peggy Kamuf，Chicago and London：The University of Chicago Press，1992. 系列讲座第一讲研究时间悖论，第二讲研究礼物悖论，第三讲研究伪币悖论，这组系列讲座分别从现象学、人类学和诗学三个角度对不可能性展开了沉思。

参考文献：

［1］〔美〕约安·P. 库里亚诺. 西方二元灵知论：历史与神话［M］.张湛、王伟译. 上海：上海人民出版社，2009.

［2］J. Hillis Miller. "Derrida's Topographies"，in *South Atlantic Review*，Vol. 59，No. 1（Jan，1994）.

［3］〔美〕米勒. 信仰的告白∥王逢振、周敏主编. J. 希利斯·米勒文集［M］.北京：中国社会科学出

版社，2016.

［4］ Michel Deguy. *Recumbens*, tr. W. Baldridge, Middletown, CT: Wesleyan University Press, 2005.

［5］ Jacques Derrida. *Margins of Philosophy*, tr. A. Bass, Chicago: Chicago University Press, 1982.

［6］ Jacques Derrida. "How to Name." In Michel Deguy, *Recumbens*, tr. W. Baldridge, Middletown, CT: Wesleyan University Press, 2005.

［7］ Jacques Derrida. "Given Time: The Time of the King", tr. Peggy Kamuf, in *Critical Inquiry*, Vol. 18, No. 2 (Winter, 1992).

［8］ Jacques Derrida. *Given Time*: 1. *Counterfeit Money*, tr. Peggy Kamuf, Chicago and London: The University of Chicago Press, 1992.

［9］ Jean – Luc Marion, "Sketch of a Phenomenology of Gift", in Merold Westphal (ed.), *Postmodern Philosophy and Christian Thought*, Bloomington and Indianapolis: Indiana University Press, 1999.

［10］ Jacques Derrida, "An Idea of Flaubert: Plato's Letter", in MLN, Vol. 99, No. 4, French Issues (Sept, 1964).

［11］ Jacques Derrida. *The Beast and the Sovereign*, Vol. 1, tr. Geofrey Bennington, Chicago and London: University of Chicago Press, 2009.

莱辛的哲学思想[①]

卡尔·雅斯贝斯 著，孙秀昌 译[*]

（河北师范大学　文学院；河北石家庄　050024）

摘　要： 作为哲学家，莱辛是一位唤醒者，他的思想富有启发性，并不向人们明确地指定那种提供宁静的心绪和安全的港湾的真理。相反，他意识到，这样的目标是可望而不可即的：我们所能做的，就是沿着这条道路一直走下去。这种思维方式开辟着道路，并在寻求真理的过程中解放着人类。莱辛领悟到了一种人性观念，它主要不是对教育产生影响的人道主义，也没有回到古典时代的观念那里去。他的人性观念并不在于某种盛行的精神内涵，而只意味着他意识到了一种现代的人性，这种人性呈现出如下种种特征：宽容的观念，沟通、探讨、辩论的倾向，判断人类的伟大和衡估正义的方法，仁爱在这种状态下的可能程度。

关键词： 莱辛；理论哲学；实践哲学；现代人性；理性

一　关于理论哲学

（一）莱辛的出发点

当莱辛还是一个年轻学生的时候，他想要的就不是书本中的生活，而是生活本身；不是反观内在的宇宙，而是敞向外部的世界。他在当时就曾这样说道："书本固然可以让我成为一名学者，但却不能让我成为一个实实在在的人。"（拉赫曼编《莱辛全集》第17卷第7页）甚至到了晚年，他依然一再重申："我不想成为一个知识渊博的人……在某种程度上来说，我努力奋斗的全部目的，就是在必要的时候，能够随时借助别人那些赋有学识的作品来做自己的事……从他人那里汲取的经验，以及从书本中获得的经验，这笔财富只是学识，而个人的经历则是智慧。后者所提供的最少的本钱，其价值也要高于前者几百万倍。"（拉赫曼编《莱辛全集》第16卷第535页）

"质疑：学识"完全可被当作一种合理的工具来使用，这样的话，它就不会遭人鄙视了。但是，那种虚假的知识与教条化的体系，莱辛则认为绝对是有害的："该死的书本知识！"（拉赫曼编《莱辛全集》第1卷第257页）由于一度轻信书本知识，他几乎迷失了自己，而且白白浪费了时间。"那些愚蠢的智者"始终未能记住，"人类的知识只是一

---

* **基金项目：** 国家社会科学基金项目"雅斯贝斯艺术家论研究"（项目编号：13BWW003）的阶段性成果。
　　著者简介： 卡尔·雅斯贝斯（Karl Jaspers，1883—1969），男，德国哲学家，存在主义哲学代表人物之一。
　　译者简介： 孙秀昌（1970—　），男，河北师范大学文学院教授，文学博士，研究方向为文艺美学。

种假定"。他们"教会了我们傲慢自大的态度"。由于冥顽不化地执守那些教条化的体系，他们无法容忍"谨慎怀疑的态度"。对这种傲慢自大的态度来说，质询是"有危险的"，"顽固不化则能给它带来声誉"；"从成堆的谎言累积起来的高峰上"，他们假装看到"自然、幽灵和上帝……纷纷向他们揭去面纱"（拉赫曼编《莱辛全集》第 1 卷第 258 页）。

例如，在有关不朽的问题上，上述论调就愈加显豁起来。智慧女神自身则保持着沉默，"她永远把手指压在自己的嘴唇上"。相较之下，她的信徒们却非要"告诉我们智慧所教之外的东西"。愚蠢的人坚信听到了上帝在说话并相信"上帝所说的话"。莱辛写道，我也一样

> ……
> 屈从于傲慢与诱惑，
> 把哲学上的胡言乱语当作上帝的真理，
> 发疯的心灵冥思着骇人的奇迹
> 在那里凭空设想出一个王国，为乌有之乡插上梦想的翅膀。
> ……
> 直到一个残忍的医师撕碎他们的胡言乱语——
> 起初病态而富有的他现在才归于健全与贫穷。

刚开始的时候，他是贫穷而悲惨的。那么现在呢？

> 在时光把上帝、世界和我自身
> 带离之前，
> 谁会前来教给我我所相信与知道的东西？（拉赫曼编《莱辛全集》第 1 卷第 258 页）

已被推翻的那种东西不可能再被扶起来了。不过，质疑影响的只是知识、教条、"上帝的话"和傲慢自大。他并没有因此而绝望，因为他在自己的余生里继续于这种无知的状态下从事着哲学思考；他会允许自己被蕴含于传统中的那种根本性的东西所打动，他将检验、思考、征用与拥有某种值得信任的东西，至于这种东西的根基，他既无法证明，也不可丧失。

（二）莱辛关注的哲学问题

1. 青年莱辛在早期就初步认识了哲学在其自身历史上的本质——正如他所理解的那样。

1750 年，21 岁的莱辛将自己"关于摩拉维亚教派信徒②的诸多想法"写了下来。他在这部只有开始部分尚存的片段里，认为哲学家们所走的道路可以同宗教所沿循的道路做一番比较。

"人类被创造出来的目的，乃是为了行动，而不是为了吹毛求疵。"曾有那么一段时间，一切智慧都存在于简明的生活规则之中。当时，最有道德的人也被视为最渊博多识

的人。但是，七位智者的学生却背叛了这一目的。他们渴求知识，却遗忘了实践。"对他们的求知欲来说，那些人人可以掌握却不是人人能够实践的真理，统统都是过于华而不实的营养品。"他们想知道更多的东西。"天堂是他们先前所称颂的目标，现在则成为他们所推测的领域。那些数字向他们敞开了一个充满奥秘的迷宫……人中至贤"苏格拉底"想让他们放弃对教条的追求，以便把他们从这种大胆鲁莽的飞离中召唤回来"。"……在你之上的那种东西并不是为你而存在的！请把目光转向你的内心！……在这里，你要理解与掌握的唯一的事情就是：理解与掌握你自己！"（拉赫曼编《莱辛全集》第 14 卷第 155—156 页）

智者们反对苏格拉底的说法，他们叫嚣道："你这神明的亵渎者！你诱惑我们的民众！你祸害我们的年轻人！你就是祖国的敌人！……你这种离经叛道的教育的目的究竟何在？是为了诱惑我们的学生，还是为了剥夺我们从教的岗位？抑或是为了弃置我们于鄙视与贫乏之中？"（拉赫曼编《莱辛全集》第 14 卷第 156 页）

然而，那包藏祸心的怨憎能迫使一位贤明之士否弃真理吗？可以说，除了能够剥夺他的生命，它从这位贤明之士身上带不走任何东西。

"只有少数几个信徒沿着苏格拉底所指示的道路继续前行。"柏拉图开始梦想，亚里士多德则得出推断。纵观绵亘于我们面前的悠久的哲学传统，时而是柏拉图的思想占据优势，时而是亚里士多德的观点处于支配地位。这时，笛卡尔（Descartes）出现了。"在他的手里，真理似乎是以一种新的样式呈现出来的；它愈具欺骗性，就愈加光芒四射。"新的哲学开始经受测量技术的洗礼。"在古典遗迹方面几乎不屑一顾的科学，却以坚实的步伐引导着测量技术探向大自然最隐蔽的奥秘。人们似乎已在行动中发现了这种奥秘。"新科学的信徒们"不知疲倦地行进在发现新真理的道路上。他们在最小的空间也能借助于一些由符号连接起来的数字搞清楚诸多奥秘，而这些奥秘对亚里士多德来说则需要相当数量的推论才能说清楚"（拉赫曼编《莱辛全集》第 14 卷第 156—157 页）。

但是在谈及人类的时候，对新成就的赞许并不能够妨碍做出下面的判断："他们的头脑里填满了关于外部世界的知识，而内心却依然是空空荡荡的。他们引领着智力达至最遥远的天堂，然而感觉却由于求知的激情而被降至残忍的野兽水平之下了。"（拉赫曼编《莱辛全集》第 14 卷第 157—158 页）

莱辛继而概述了自己对未来哲学家的看法："让我们想象有这么一个人，他立于洞察力的制高点上俯瞰我们人类在求知方面所进行的那些主要的劳作，并以苏格拉底般的敏锐来辨识我们高度赞美的智者身上所具有的荒唐可笑的一面，进而敢于以十足的自信宣布：

> 啊！你们的科学尚处于智慧的初级阶段，
> 它仍是为专家提供的一种游戏，是给那些盲目自大的人们的一丝慰藉！

"可以设想的是……这个人会教给我们要严于律己，宽以待人；即使面临成堆的不幸与羞辱，他依然会教给我们要高度珍视美德，抵御那种极度愚蠢的行为……他还教给我们不仅要信仰上帝，最好还是要热爱上帝；最后，他教给我们要毫无畏惧地面对死亡，并且通过心甘情愿地退出这个世间舞台来见证我们坚定的信念——才智并不会让我们在生命的最后时刻摘下我们不再扮演的那个角色的面具。"（拉赫曼编《莱辛全集》第14卷第160页）

"让我们进一步来设想，这个人从来就不精通那种越派不上用场就越自吹自擂的知识。就让他对历史或者语言始终都保持这种天真无知的状态吧。对于那些美好的事物以及大自然的奇迹，让他只知将它们认可为伟大造物主存在的最可靠的证明就足够了。一个从未验证过这一切的人只会说：我并不知道它，我也无法理解它。"（拉赫曼编《莱辛全集》第14卷第160—161页）

"然而，这个人却有权拥有哲学家这一称号。同样，他也有勇气来否认官方因着人们所占有的公职的权利而授予他们的这一耀眼的头衔。如果他在任何一个团伙里都敢于冒着风险撕下他所发现的那种虚假知识的面具，由此导致他们的讲堂变得即使不是空无一人，至少也不再那么拥挤的话……我们的官方哲学家们将怎样来对付这个人呢？"（拉赫曼编《莱辛全集》第14卷第161页）

一位"傲慢的代数学家"会否认这个人的哲学家称号：他甚至不会"计算一个指数的微分"。一位天文学家则说："如果没有代数知识的话，你就无法拥有比我更好的关于月球的理论。"一位形而上学家则质疑道："你真的相信单子吗？是的。另一个声音则高喊：你真的反对单子吗？是的。那么，你怎么能这样——同时既相信又反对单子——呢？"（拉赫曼编《莱辛全集》第14卷第161页）

"假如他也耽于空谈的话……他自然会接受嘲笑者们提出的其他各种重要的问题，甚至会证明他的问题比他们的还要多……难道一个人不应该运用自己的理性来推断某些事物，而不是用来解释那种不可知的东西吗？他们会异口同声地叫喊：你就是个梦想家！一个从疯人院里跑出来的傻瓜！不过，我们保证你还会返回那里去。"

"感谢上帝，"莱辛总结道，"迄今为止，这样一位蛮勇的门外汉朋友在我们的时代尚未挺身而出，而且也不会起来反抗；那些颇为专注于事情的真实性的绅士们，将确保我的想象永远都成不了现实。"（拉赫曼编《莱辛全集》第14卷第162页）

在青年时代所发布的这个宣告中，莱辛作为一位思想家为自己的一生设定了坚定不移的方向，我们在这里发现了他同帕斯卡（Pascal）、克尔凯郭尔（Kierkegaard）、尼采（Nietzsche）的相似之处：他们都以自己的方式对现代科学做了理解，承认现代科学本身是具有价值的，而不是一味地鄙弃它。他们都积极地参与其中：帕斯卡涉足自然科学领域，莱辛与尼采则涉足哲学和历史领域。不过他们都知道，对人类来说至关重要的真理是无法在那里觅得的。

但是有关其他的真理呢？可以认为莱辛鄙视哲学吗？他的意图是为了让哲学思想陷入感觉与激情的漩涡吗？完全不是这样的。莱辛不仅认为莱布尼茨（Leibniz）和斯宾诺莎（Spinoza）都是伟人，还认为他们的思想都具有认知功能，因而都要求思想的清晰度、区分度以及深度。

2. 为未来的哲学家勾勒了轮廓的青年莱辛，同样为我们提供了这种哲学思维模式的一个范例。

　　莱辛既不贬抑各门科学，也不轻忽那种系统玄奥的哲学。他所要求的一切，就是想看到它们合理地得以实现，而不要彼此间混淆不清。

　　26 岁的时候（莱辛正和门德尔松［Mendelssohn］在一起，他很可能就是从门德尔松那里获得有关莱布尼茨与斯宾诺莎的信息的），他在题为《玄学家蒲柏》的论文中抨击了普鲁士科学院，因为它为一项有奖竞赛而准备的问题的措辞在形式上混淆了哲学与诗歌；尤为严重的是，它缺少哲学思维所要求的那种敏锐性。他诠释蒲柏③的方法，就是把蒲柏同莱布尼茨进行比较，在此基础上对蒲柏提出批评并审查他的各项主张，这些做法乃是莱辛在这一领域坚持系统性思维的明证。

　　（1）一首诗就是"极其完美而充满感性愉悦的谈话"（拉赫曼编《莱辛全集》第 6卷第 414 页）。诗人讲述的每一件事情都"应该即刻给人带来强烈的感觉；他谈论的每一个真理都应该感动并说服我们。为了达到这一目的，诗人往往根据此种体系来表达与之相应的此种真理，根据彼种体系来表达与之相应的彼种真理，除此之外，别无他途。在这里，他依据伊壁鸠鲁（Epicurus）发言……在那里，他则依据斯多葛派学者（Stoics）说话……"（拉赫曼编《莱辛全集》第 6 卷第 416—417 页）。

　　由形而上的真理所构成的某个体系却全然不同。玄学家须得说清楚他想使用的语词的含义，绝对不能偏离这个含义，他的思维必须是内在一贯的。

　　诗人和哲学家也许是一致的。"然而，一位富有哲思的诗人仍然不是哲学家，同样，一位富有诗意的哲学家依旧不能使他成为一位诗人。"（拉赫曼编《莱辛全集》第 6 卷第415 页）

　　（2）莱辛从蒲柏的诗篇中摘取形形色色的语句，然后把它们汇聚起来，这样就可构成某种类似于哲学体系的东西了。

　　在一切可能的世界体系中，上帝肯定已把最好的体系给创造出来了。在这个最好的体系中，所有的事物都须得彼此关联，否则它就会分崩离析。事物间的关联取决于一个完美的层级结构，一切存在物在其中都拥有自己的位置。这个伟大的链条从无穷一直延展到人类，又从人类一直延展到虚空。在这个不可改易的存在物的链条中，人类拥有其指定的位置。若要求人比他现在更加完美，就如同对手来说要求它是头脑却不是思维所驱使的工具一样可笑。若询问人缘何未被造得完美无瑕这个问题，就如同询问人缘何不是上帝、尘世缘何不是天堂一样无趣。"每一个创造物的福祉，都建基于与其本性相协调的条件之上"（拉赫曼编《莱辛全集》第 6 卷第 420 页），这也正是适合其本性和完善程度的情况。人就是依其条件尽可能地臻于完美的一个物种。

　　（3）莱辛把蒲柏诗篇的内容同莱布尼茨、夏夫兹博里（Shaftesbury）以及其他人做了比较。他发现在蒲柏那里存在诸多错误失真、肤浅鄙陋以及自相矛盾的说法，并且非常敏锐地对其做了揭露。不过，莱辛觉得这些瑕疵都是可以理解的。作为一位真正的诗人，蒲柏更为关切的是，"从形形色色的系统那里汲取可以带来感性愉悦的事物，并用这类事物来润饰自己的诗，而不是创建某个属于他自己的体系……"（拉赫曼编《莱辛全集》第 6卷第 432 页）。"他首先阅读那些处理过同样论题的这一位或那一位作家的作品，并未根据自己的基本原则予以审查，就从那些悦耳的诗篇中获取他认为最有助于表达的每一样东西。"（拉赫曼编《莱辛全集》第6卷第438页）莱辛证明了这样一个事实：蒲柏使用的素材中的玄学部分更多的是从他人那里借来的，而不是由他自己思考出来的。

正如蒲柏在书信的许多段落中所记录的那样，他本人也意识到了这一点。有人来替蒲柏做了辩护，他在反驳上述那些指责的同时也表达了有利于自己的观点。蒲柏在给这个人的信中写道："你已经清楚地表达了我的体系，跟我本应表达却未能表达出来的一样清楚……你比我更有能力表达我的思想。"（拉赫曼编《莱辛全集》第6卷第438—439页）不过，有关蒲柏诗句中附着的哲学思想，具有决定意义的乃是他写给斯威夫特（Swift）的这句话："请允许我留着哲学家那样的胡子，直到我自己将它拔掉，并且可以对它戏谑打趣。"莱辛就此评说道："这句话说出了许多东西！一旦发现某个著名的学术团体认为这绺假胡子竟值得严肃审查的话，他会感到多么地吃惊啊！"（拉赫曼编《莱辛全集》第6卷第445页）

（4）在表述方式上，争论的话题归根结底基于一个错误的前提。它要求人们"审查蒲柏的体系，而这个体系却被包纳于这样一个命题里：万事万物最终都是好的"（拉赫曼编《莱辛全集》第6卷第411页）。然而，这正是蒲柏未曾坚持的观点。他承认，大自然让很多灾祸都降临到了我们的头上。（参见拉赫曼编《莱辛全集》第6卷第426页）因此，他根本不可能说每件事物都是"好的"。不过他可以这样说，在事物发展的过程中，万事万物都是"正当的"。因此，他声称："无论是什么，它们都是正当的。"（拉赫曼编《莱辛全集》第6卷第425页）普鲁士科学院因法语译文"一切皆好"（tout est bien）而被引入了歧途。

（5）莱辛通过反对下述双方的做法挽救并保卫了哲学中最为重要的东西：他既反对想要取代哲学的科学研究，又反对由随心所欲、杂乱无章、毫无系统的争论所带来的思想混乱。然而，彼此对立的这两方却占据着学术上的要职，并且都是学术团体的骨干成员。

但是莱辛澄清了他所挽救与保卫的东西了吗？显然，他并没有通过前面提到的任何一种方法——科学的真理或者那种不加批判、随心所欲、模棱两可的混乱思想——来做这件事。那么，还有其他的什么方法吗？作为哲学家，莱辛是一位唤醒者，他的思想是富有启发性与令人不安的，并不向人们明确地指定那种提供宁静的心绪和安全的港湾的真理。相反，他意识到，这样的目标是可望而不可即的：我们所能做的，就是沿着这条道路一直走下去。

这就解释了莱辛与诸如莱布尼茨和斯宾诺莎这样的哲学家有缘的原委所在，也说明了他对这些哲学家始终怀有仰慕之情的内在根由。

莱辛能够以一种严谨的态度进行系统性的思考。在有限的范围内，他试图勾勒出那些体系来。但是，他并不是任何体系的创造者。只有一次，他趋近了这一目标，那就是在《论人类的教育》的接近结尾之处。在那里，他的哲学洞见与神学洞见似乎结合成了一体，但是从整体上看，它仍处于悬而未决的状态，而且他最后是以诸多疑问来收尾的。

莱辛认为，在体系中组织哲学的种种尝试乃是人类认知过程中非同寻常的领域。不过，无论在什么地方，他都反对某种结构或体系将自身假定为绝对之物。

就艺术领域中的哲学批评来说，莱辛从亚里士多德那里吸收了种种观念；就他的基本观点而言，他则偏向于莱布尼茨和斯宾诺莎。

（三）莱辛的思维方式

莱辛的思想辨析对象，限定论题，探向终极之物；这些思想迫使我们去清晰地询问我们的问题；结果是从属于具体的细节，而不是整体之物。无论在何种情况下，他的思想都向更广泛的思考、更深入的洞察以及更重要的东西敞开着，直到我们清晰地看到人们在达至确信不疑的时刻所面临的危险是什么。

从形式上看，阅读莱辛的作品可以训练人们清晰思维与精确表达的能力，让人们能够遵循一系列清晰的观念，避开那种并不相干的东西。不过，他也给我们带来了内容的完整性、真理的严肃性、沟通的自由度与表达的自主性。

这种思维是带有实验性的，它所遵循的路径是：预测可能带来的种种后果，通过预测的情感反应来传达即时性的感受，质问那些似乎神圣不可侵犯的东西，冒着丧失生命扎根于其中的基础的危险不断地追问，最后以问题作结。这是用概念、实际行动、人自身所进行的一个实验，也是人类自身作为一种会思考的存在所要承担的风险。

这种思维开辟着道路，并在寻求真理的过程中解放着人类。

在理论界，实验性的思维是一种基于假设的思维：如果假设是真的，那么我们便可以就此做出推断。

思路的清晰需要明确果断的表达。然而，这种清晰意味着它只不过是一种实验。这种实验性的思维并不能够在其思想的实质中找到基源——由于那基源是绝对的，因此，它今后只可能永远以自我为根据。

"……严格说来，我当作可能的观点所提出的这些建议，恰恰能够确保那些充满渴望的心灵获得平静，从而满足于基督教精神，而不是那种神学……精确地说，由麦斯柯先生（Herr Mascho）④转换成假设的那些主张，恰恰不属于基督教，而是属于神学。"（拉赫曼编《莱辛全集》第 13 卷第 146 页）

《圣经》诚然含有启示的成分，不过并不是上面提到的那种启示——二者之间的区别在于，前者立足于文字，后者则立足于精神。在那部《圣经》出现之前，宗教观念其实就存在了。（拉赫曼编《莱辛全集》第 13 卷第 145 页）

因此，莱辛并没有什么"体系"。不过，他却抓住了体系，设计了体系，甚至会在某种特定的语境下说"我的体系"。所有的体系都是实验性的，既可得到赞同，也可遭到拒绝。莱辛懂得体系，并不断地将体系性的思维付诸实践。不过，他并没有偏好某一体系而贬抑另一体系，也没有追随任何一个体系。由于他的真理观排除了体系，又由于思维就其本身而言总是体系性的，而且如果它是以某种体系的形式展开的，自然就需要种种先决条件，这样一来，体系对莱辛来说就转变成了许许多多的设定和可能性。最后，我们发现的并不是某个体系，而是某个问题。

在这个世界上，哲学家在作为一个人而被赋予的手段范围内开展工作。因此，他放弃了启示。不过，由于思维无疆和不安于现状，他自然就面临着对启示有所要求这一问题。在这一点上，莱辛的思想达到了它的高度和广度。一位哲学家是一个"在自然之光的照耀下独自观看与行动的人，他要让自己完全满足于这种光芒，并试图让这光芒尽可能地保持纯净和明亮"（拉赫曼编《莱辛全集》第 16 卷第 424 页）。

莱辛的思维方式是辩论性的。这种思维既发起挑战，又避免受到攻击。首先，它是反对独断论的：对他来说，任何声称是绝对化的理论、教条，或者断言是不容置疑的主张，就其真正的本质而言都是不真实的。其次，莱辛的思维是具有反讽意味的，因此，连他自己的那些声明也会立即就被他置于一种悬而未决的状态。

这种方法乃是文人雅士的特点。正如苏格拉底是智者的领袖，莱辛则是文人雅士的领袖。不过，苏格拉底和莱辛的思考都是辩论性的，而不是破坏性的。这里的差别在于，一个人到底是以一种武断的方式进行言说，在任何情况下都要炫耀自己智性的光辉，还是源自默识于心的信念进行言说，通过这样的形式，并以一种间接的方式来表明某种确凿可信的东西，只是因着这种东西无法直接道说，他才不让自己迷失于所说的话与说话者之中。这种既反对独断论又具有反讽意味的抗辩式思维究竟代表着什么呢？在这种思维中得到证实的东西又是什么呢？

尼柯莱（Nicolai）在谈及莱辛时曾这样说，他"在遵循自己的那些原则时是独断的，但是他在进行自己的那些审查时则是持怀疑态度的"。尼柯莱的评价是很中肯的，但是他在使用"独断"一词时却犯了错误。如果把莱辛所遵循的原则说成是具有"独断"的特征，那么这些原则就会有悖于他所做的构想。然而，它们恰恰是这种具有辩论性、实验性和讽刺性的语言避免在性质上沦为独断所凭借的手段，并且凭借这样的手段向我们传递某种整一的信念。可以说，这种完整性的思维是由一种基本的思维框架来支撑的。

这种思维框架直接表现在实践以及与实践相关的思考之中。

二　关于实践哲学

莱辛领悟到了一种人性观念，它主要不是对教育产生影响的人道主义，也没有回到古典时代的观念那里去。他的人性观念并不在于某种盛行的精神内涵，而只意味着莱辛意识到了一种现代的人性，这种人性呈现出如下种种特征：宽容的观念；沟通、探讨、辩论的倾向；判断人类的伟大和衡估正义的方法；仁爱在这种状态下的可能程度。

莱辛以极大的义愤和本明的清晰率先意识到我们中的犹太人在西方基督教世界中遭遇的不人道的评判和对待。他在最早的一部戏剧《犹太人》（1749 年）中就讨论了这个问题；在最后那部伟大的戏剧诗《智者纳旦》中，他选择一个犹太人来表现人在信仰、理性和人性方面的伟大之处。

他在稍后为《犹太人》所撰的序言中写道："在一个民族必然蒙受的耻辱的压迫下，我想，一位基督徒若没有一种崇敬之情，他就不会拥有一颗敬重之心。在我看来，过去这个民族中的许多英雄和先知就已发表过看法，现如今人们应该怀疑他们中间还能找出一位诚实之人吗？"（拉赫曼编《莱辛全集》第 5 卷第 270 页）

莱辛这种看法的意义需要通过比较予以澄清。在很长一段时间里，单个的犹太人就已被公认为是相当不错的了，不过在广大基督徒中间，人们依旧在很大程度上想当然地认为犹太人这个群体是邪恶的族类、高利贷者、骗子。诗人盖勒特（Gellert）就此指出："如果我们没有用蔑视的态度和狡诈残忍的方式让他们变得愈加卑劣和诡诈，也没有用我们自己的行径迫使他们痛恨我们的宗教，或许这个民族中的许多人会拥有更加慈善的心肠。"（施密特编《莱辛：生平及其作品》第 1 卷第 149 页）

莱辛是毫无保留地把犹太人作为人而不是作为异类来看待的第一人，在他看来，犹太人决不是一个低劣的民族。他并没有要求（如同在所谓同化的过程中所发生的那样）他们不再做犹太人。他不仅超越了那些早期的人道宣言，而且从根本上对那些宣言进行了改造。

在西方世界，莱辛可能是完全摒除了反犹思想和情感的第一人，他表明了自己（在他之前，巴尔塔萨·贝克［Balthasar Bekker］⑤也曾明确地反对对巫师盲信和迫害的疯狂态度）反对仇视、憎恶、迫害犹太人的疯狂立场。

假如我们就此给他贴上亲犹主义者的标签——亲犹主义者只是与反犹主义者相对应的一种人——的话，那么我们对待他的态度就是不公正的。在纯粹的人性氛围中，二者的这种对置就消失了。

1753 年前后，莱辛开始结识后来成为他最要好的朋友的摩西·门德尔松（Moses Mendelssohn）。不过在与门德尔松晤面之前的很长一段时间里，莱辛就已经阐明了自己有关犹太人问题的立场。1754 年，他在一封信中热情洋溢地描述了这位新结识的朋友："他的坦诚品格及其哲学精神让我倾向于把他视为第二个斯宾诺莎。除了他的那些失误，他和斯宾诺莎简直就不相上下了。"（拉赫曼编《莱辛全集》第 17 卷第 40 页）

莱辛早已招致人们的恶意中伤，人们诽谤他变成了许多公开支持犹太人的那类德国人。1778 年，坊间就流传着这样一个谣言：作为对莱辛攻击基督教（尽管并没有这类的攻击，但是在某些保守派的眼里，这类的攻击是存在的）的报酬，阿姆斯特丹的犹太人给莱辛赠送了价值一千块金币的礼物。

让我暂且岔开这个话题，转而谈论一下德国古典时代晚期的精神。正是有了莱辛和门德尔松，德国人与犹太人之间建立不可分离的精神上的联盟的伟大时代开始了。从此以后，就有了犹太裔的德国人或德国裔的犹太人，在原初的意义上来看，这其实都是一回事。他们用德语生活与创造，认为自己无疑就是德国人，不过并无须放弃自己的犹太人身份（早前就曾出现过此类歪曲的看法）。

自从迈出这一步后，那种博爱主义的精神、公平公正的精神、开放自由的精神本身就不能在其范围内容忍反犹太主义的存在了。反犹太主义不仅不合大体，而且还会对自由本身造成一种威胁。无论反犹太主义出现在何地，那里都存在着真诚、理性、公正、人类之爱的自我摧毁这样的情形——正如即将发生在广大的浪漫主义者圈子中的情形那样，举个例子来说，在反犹太主义者中，费希特（Fichte）就是一个秉持错误的德国民族主义立场的有害的倡导者。当特莱奇克（Treitschke）用奥弗贝克（Overbeck）的习语使得反犹太主义成为人们"规训有素"的习性时，当一个人可以在德国文化界发表反犹太人的言论却不会因此遭到鄙视时，精神自身也就开始走上了衰落的道路。就连残存于雅各布·布克哈特（Jacob Burckhardt）——一位独特而伟大的历史思想家——身上的那点反犹太主义色调，也打开了存在于历史观念之中的有关人类局限性问题的大门。[⑥]这让他的见解深度蒙上了一丝阴影。

在德国，不管流行的反犹太主义思想与犹太大屠杀之间存在着多么大的距离，如果没有反犹太主义思想的流行，就不可能出现这场大杀戮。它终结了德国精神的时代，并造成了目前精神上完全空虚的局面。它的标志就是 1933 年之后我们的哲学研讨精神的崩塌，在这段时期德裔犹太人是不在场的。

三　特征描述

（一）莱辛在历史上的地位

莱辛所属的国度肯定是令人感到压抑与窒息的，这个 18 世纪中叶的德国是在普鲁士国王弗雷德里克（Frederick）大帝统治下的一个不大的专制国家，它公然蔑视一切人尤其是德国人。在任用温克尔曼（Winckelmann）还是任用一个当时普遍认为并不怎么重要的法国人的问题上，弗雷德里克倾向于温克尔曼，但薪俸要低一些，他说："对一个德国人来说……这就足够了。"[⑦]在一篇文章中，弗雷德里克写到了他拒斥为可供批发兜售的次品的德国文学。他自己并不完全精通德语与法语，但他的生活方式却全然是法国式的。莱辛所处的那个时代也是被普遍赞同的正统派新教氛围所充斥的，这种新教相信《圣经》文本与狂热而虔敬的文字；正是通过这一事实，胆怯无力地生活在这个世界中的德国人认为一切非德国人的东西都是更加重要、正当而富有意义的——必须承认的是，这类的看法在那个时代常常被认为是理所当然的，但也是错误的，因为人们未能识别出自己民族中的伟大人物来。当然，并非所有的伟大人物都是黯淡无光的。从事哲学研究的思想家们会提到欧洲伟大的思想家莱布尼茨，他固然用法语和拉丁语写作，不过也用德语写了一些文章，并声称喜爱德国语言。后来，他所阐述的"绝对的精神"得到了康德的赞誉。在莱辛的世界里，莱布尼茨就是屹立于颇为伟大的人物中间的一员，这些伟大的人物以个人的正直与忠诚完成着旨在解决向现代思想转变的心智性任务。

然而，所有的一切，就连过去那些成功的探索，即便没有变成完全微不足道的东西，可以说也都被置换成无关紧要的东西了。

但是，这乃是在接下来的几十年里为德国古典文学培壅着地基的一种文化，凭借着这种文化，德国人真正地成了其自身。今天，我们仍然凭借我们的古典文化遗产继续做着真正的德国人。然而路德（Luther）却在他所发挥的后续影响中证实了信仰新教的那部分德国人所面临的一场灾难，那就是作为一个政治事件的俾斯麦帝国依然在困扰着我们，它将充满困惑的心灵控制在种种虚幻信仰的束缚之下，这些困惑的心灵已不再知道他们作为德国人到底该是怎样的一种人。

在德国古典主义时代，歌德（Goethe）是打开真正的解放与自由之门的第一人，正是他透过众多的西方观念而使那解放与自由之门得以洞然敞开。

莱辛作为一位先驱者、开拓者与拯救者，他尚未进入由他自己所筹划的那块领地。

但是，根据历史的观点并在此引导下，将莱辛视为推动德国文化转型的先驱，这对于所有的时代以及所有的人（甚至包括那些在古典领域取得了一流成就的人们）来说都是恰当的。

生活在每个时代的每位个体其实都是"与上帝比邻而居的"存在，他们就活在当下，并为着最好的自己而生活。

莱辛的伟大之处在于，他为了解决这些问题而不倦地努力着，并树立了一个恒在的范本，或许对今天的人们仍具有特殊的意义。

这种解决问题的努力还具有另一方面的意义：莱辛的世界属于启蒙运动的一部分，这是一场发生在欧洲上层社会的智力运动，随着民族气质和状况的不同而不断得到改进，它最早发生在英国，随后是法国，继而是德国，并越过这些国家而蔓延开去。

从笛卡尔、霍布斯（Hobbes）、斯宾诺莎、莱布尼茨起，植根于崇高的现代哲学思想的启蒙运动开始受到科学的发展、朝往自然的因而有效之物的倾向以及通过理性可以认知之物的驱动，它将能够而且应当（通过自然宗教、道德与法律）指导我们的生活。

由于进步的观念强化了改造与变革的意志，不仅各种细微之处发生了变化，而且我们人类的整体状况也发生了改变：我们相信自己的知与行同正在进行的某种必然进程无论如何都是协调一致的（"智力的启蒙"是一个虽然肤浅但依然强有力的观念）。

大众几乎未曾参与启蒙运动。毕竟，他们既不能读东西，也不会写东西。不过，启蒙运动对受过教育的各个阶层都产生了影响，这不仅包括为了争取更多的自由与权利而斗争的中产阶级，而且包括贵族阶层和牧师阶层。约瑟夫二世（Joseph II）在奥地利推行的改革取缔了倚靠罗马教廷的耶稣会，废除了弗雷德里克大帝的专制统治并消除了他按照合理性的逻辑精心设计的国家的粗暴本性，德国的哲学家们曾将这个国家视为一架"冷漠运转的机器"而予以拒斥，它鼓吹牺牲个人的权利而服从于国家的政治目标——约瑟夫二世所做的这一切在趣向上是与启蒙运动相一致的。

（二）康德与莱辛的关系

康德的《纯粹理性批判》在莱辛死后几周就出版了。两人都没有意识到彼此间存在的那种亲缘关系。康德曾怀着崇敬之情提及过莱辛——他从莱辛那里学到了美学与宗教方面的东西。

晚年，莱辛则删去了自己年轻时曾针对康德写过的一句出语刻薄的讽刺短诗。客观地看，这两位德国人都克服并超越了那些三心二意、浅薄无聊之士的见解，使得有关理性的启蒙成为一场真正的启蒙，这种启蒙乃是生存哲学的中介与前提。他俩都从事着"批判性"的工作，而"批判"这个词也一再出现在二人的著述之中。

不过这种批判并不是破坏性的：它所遵循的路径是区分、勾勒、阐明、净化和解放，以便"把地基打得足够牢固"，并"为信仰留出空间"，从而让人们意识到否定、净化、辩护、阐明的意义。

（三）大师们对莱辛的评价

关于莱辛的影响，诸多伟大的哲学家（门德尔松、黑格尔、谢林［Schelling］、叔本华［Schopenhauer］、克尔凯郭尔）和历史学家（策勒尔［Zeller］、布罗克豪斯［Brockhaus]、施密特［Schmidt]）都对此做出过评述。在莱辛所处的那个时代，几乎所有伟大的德国人都直接向他表达了感激之情，与其说这是因为他们通过莱辛学到了什么东西或者什么可供传授的东西（尽管也有这方面的原因），倒不如说是因为他们借助于莱辛这个范本并通过他们自身的自我教育而受到了莱辛的教育。几乎所有的人都认为莱辛富有个性，为人可靠、诚实、忠诚，并且秉具男子汉的勇毅气概。

（我的硕士生崔泽宇同学参与了本文初稿的翻译工作，在此致以谢意。）

注释：

① 本文选译自：Karl Jaspers. *The Great Philosophers—Descartes*、*Pascal*、*Lessing*、*Kierkegaard*、*Nietzsche*、*Einstein*、*Weber*、*Marx*，translated by Edith Ehrlich and Leonard H. Ehrlich，New York：Harcourt Brace&Company，1995。文中所引莱辛的文字来自于两种版本：一种是卡尔·拉赫曼（Karl Lach-mann）编辑的《戈特霍尔德·埃夫莱姆·莱辛全集》（第三版），共 23 卷，斯图加特/莱比锡/柏林：戈申，1886—1924；一种是埃里希·施密特（Erich Schmidt）编辑的《莱辛：生平及其作品》（第四版），柏林：魏德曼，1924。雅斯贝斯对引文采用的是文中夹注格式，凡引自前者的，括号内均标注为：拉赫曼编《莱辛全集》加卷数加页码；凡引自后者的，括号内均标注为：施密特编《莱辛：生平及其作品》加卷数加页码。——中译者注

② 摩拉维亚教派信徒（Herrnhuter）是 18 世纪虔诚的摩拉维亚教派（Pietistic Moravian sect）的成员，他们定居的"守望村"（受到主的保护）位于萨克森州的德累斯顿附近。——原注

③ 亚历山大·蒲柏（Alexander Pope，1688—1744）：英国诗人。——原注

④ 弗雷德里希·威廉·麦斯柯（Friedrich Wilhelm Mascho）：死于 1784 年，是一位独立的学者，《为天启基督教而辩》的作者。——原注

⑤ 巴尔塔萨·贝克（Balthasar Bekker，1634—1698）：荷兰改革派神学家。——原注

⑥ 约翰·戈特利布·费希特（Johann Gottlieb Fichte，1762—1814）：德国哲学家，德国唯心论的早期创导者；海因里希·冯·特莱奇克（Heinrich von Treitschke，1834—1896）：德国历史学家和政论家；弗兰兹·奥弗贝克（Franz Overbeck，1837—1905）：出生于俄罗斯的新教神学家；雅各布·布克哈特（Jacob Burckhardt，1818—1897）：瑞士文化史学家。——原注

⑦ 约翰·约阿希姆·温克尔曼（Johann Joachim Winckelmann，1717—1768）：18 世纪杰出的古典主义者、艺术史家和做出先驱贡献的考古学家，他从未在弗雷德里克统治下的柏林得到过任命。——原注

作为意志构造之意义创造的隐喻

——一种对保罗·利科隐喻诠释学的解读

王丽娜*

（廊坊师范学院　文学院；河北廊坊　065000）

摘　要： 隐喻研究的源起要追溯到保罗·利科在其《论解释——关于弗洛伊德的论文》中通过神–诗的诠释学而捕捉其中的意义创造的构想。利科的隐喻研究在以下两方面呈现了与其意志诠释学现象学的关联：第一，利科把隐喻研究分为隐喻意义研究和隐喻指涉研究，把诸多视角纳入整一的隐喻诠释学，这一范式成为利科后来以文本诠释为范型的行动诠释学的模型；第二，《活的隐喻》揭示了"活的隐喻"之语义学及哲学的意味，两种意味凝聚在作为古怪给予行为的隐喻上，使得在批判了意识幻象之后谈论隐喻的意向成为可能，这是构造意志的意义话题的继续；在主体问题上，隐喻研究或从隐喻的行为本身，或者从隐喻的指涉论及主体，变主体的投射作用为在文本面前理解–存在的作用，体现了利科意志诠释学现象学视域中意志的特征。

关键词： 保罗·利科；隐喻；意志；诠释学；意义创造

引　言

像很多把文学艺术作为一个不可缺少的环节纳入自己整体的哲学视野的西方哲学家一样，保罗·利科亦在其意志哲学中给了文学——最广义上的"诗"——以相当重要的哲学地位。这一做法发端于其 1965 年出版的《论解释——关于弗洛伊德的论文》，在 1975 年发表的《活的隐喻》以及 20 世纪 80 年代相继发表的《时间与叙事》三卷本中得到充分的实施。

《论解释——关于弗洛伊德的论文》为文学艺术的哲学地位勾画了轮廓：文学，广义上的"诗"，包括神话，是一种寻找意义的探索，是"以一种象征的方式来对我们与诸是（êtres）与那是（l'être）之间关联的探索"[1](P529)。"我们与诸是（êtres）与那是

---

*　**基金项目：** 廊坊师范学院社会科学基金项目"作为意志构造之意义创造的叙事"（项目编号：LSWB201404）的阶段性成果。

作者简介： 王丽娜（1980—　），女，廊坊师范学院文学院讲师，文学博士，主要研究方向为文艺美学、文艺批评。

（l'être）之间关联”是利科面对恶的意志这个问题时给出的。恶，在利科这里，涉及宗教、法律、道德，恶所涉及的领域不同，“那是（l'être）”的含义也不同，或者我们可以理解为基督教意义上的上帝，或者我们可以理解为雅思贝斯意义上的“哲学的上帝”，即哲学的最高追求，人们或者以现实称之，或者以真理称之。但不管怎么样，“那是（l'être）”与其说是一个具有明确含义的概念，不如说是一个包含了许多难以解决的问题的总的名谓。不管“那是（l'être）”的具体含义是什么，“我们与诸是（êtres）与那是（l'être）之间关联”是一个含有标准的规范性的说法。这个规范对于宇宙中渺小而短暂的生命个体来说是威胁性的、强迫性的，就像古希腊悲剧所体现的“命运”的观念对于剧中主人公所呈现的。我同意许多研究者的看法，他们认为恶的问题在利科那里具有核心性。的确，在利科完成《意志哲学》第一卷“意志本质学”的撰写之后，恶的意志的问题一直是搅动起利科如潮般的思绪的旋涡中心。如果我们紧跟这个时期保罗·利科的步伐，那么，我们发现，在解决这个问题的过程中，利科无论是在解决问题的方法上还是在问题的阐述方式上都有一个用心维度的转变。简单地说，在问题的阐述方式上，利科所追问的不再是恶是什么、恶从哪里来。在最终得出恶是难以抓破的，没有关于恶的“绝对知识”之后，利科从恶的伦理学视景最终来到了恶的悲剧。在恶的悲剧这里，恶不再是一个含义明确的概念，而是一个诗学的创造，用利科的话来说，恶本身是一个象征。这样，问题变为：如何解释恶的象征？随着问题阐述方式的转变，在解决问题的方法上，利科放弃了要制订一个恶的完备哲学的计划，而是投身于诠释学的运动。这样，恶不再是一种威胁人、胁迫人的焦虑，而是一种需要去倾听的神秘，一种象征，一个诗学的创造。这就好比是说，恶不再是一个无法面对的“命运”，而是晓谕某种“境界”的消息，恶隐含着一种呼告，从这些呼告中人们去寻找人生的意义，寻找人们与诸存在、与那个存在应有的关联。在利科看来，这个肯定的维度正是文学——最广义的“诗”所包含的。他从弗洛伊德关于列奥纳多·达芬奇的命运所说的话中分辨出了一条影响他以后致思走向的讯息：

> 在这些句子中我分辨出一种隐蔽的邀请，邀请我去把现实等同于自然，把自然等同于 Eros。这些“行动着的能量”，这些“从来没有存在于经验中的无限的理由”，这些……“数不清的尝试”，这些根本不是人们观察到的事实，而是强力，自然和生命的散佚的强力。但是这个强力，我只能在一个创造的神话中领悟。难道不是因此意象、理想和偶像的破坏者以神秘化现实而结束？他们把现实与幻象相对立，把其中一个称作狄奥尼索斯，变化的单纯，永恒的回返，把另外一个称作 Ananké，逻各斯。这个再神秘化难道不是关于现实的学科没有想象的恩赐就什么也不是的信号吗？这个再神秘化难道不是对于必然性的考虑没有对于可能性的提及就什么也不是的信号吗？正是通过这些问题，弗洛伊德的诠释学能够联结到运用于神话 - 诗的功能的另外一个诠释学上，对于这另外一个诠释学来说，神话不是寓言，也就是说虚假的、不实在的、幻想的故事，而是以一种象征的方式对于我们与诸是、与那是之间关联的探索。那负载这个神话 - 诗的功能的东西，这是语言的另外一个强力，

这个强力不再是欲求的要求，保护的要求，天命的要求，而是呼喊，在那里我不再要求什么，而是倾听。[1](P528—529)

这就是利科把对于文学艺术的思考引入其哲学中的渊源。正如笔者在《行走于意愿的和非意愿的之间——保罗·利科意志哲学之人文趣致探略》中所谈到的，在《论解释》的时代，利科还坦陈没有把握"给予我们组合原则的语言和想象的大的哲学"[2](P333)，并且他在一般意义上谈论象征，谈论象征隐藏－揭露的悖论的文本织体。可是，在利科20世纪70年代发表的著作《活的隐喻》以及80年代发表的著作《时间与叙事》中，他则通过对于隐喻和叙事的探索，依次研究了话语体系的三个等级——词语、句子、篇章，接触了与此有关的修辞学、语义学、符号学、文学批评、哲学、历史等话题，并挖掘出支撑起文学天空的两大类别——诗（隐喻）和叙事——的组合原则。与此同时，一个日臻完善的诠释学程序建立起来，这个程序与隐喻和叙事的组合原则有着密切的联系，体现了诠释学与现象学的亲密渊源，这就是诠释主体受诠释对象的影响，并且通过这个影响而得到扩展。反过来，诠释对象所呈现出的特征因诠释主体的思维活动而显现出来。简单地说，诠释过程分为说明和解释两个阶段，在说明阶段，隐喻和叙事的"意义"（sense）得到阐明，而到了解释阶段，隐喻和叙事的"指涉"（Référence）向诠释主体显示出来，并且被后者占为己有，后者也因此扩大了对自己的理解。正是在这一点上，隐喻和叙事对于利科意志哲学的意义得以彰显。隐喻和叙事的研究不仅各自通过文本理解的中介为行动的理解提供了一个理解范式，而且隐喻的理解本身构成自我理解的一个不可缺少的地点。在这篇文章中，笔者将揭示利科隐喻研究与利科意志的诠释学现象学的这两个关联。

一　隐喻的说明和解释

在《活的隐喻》中，人们可以找到从各种视角对于隐喻的分析，比如亚里士多德、热奈特、丰塔尼埃（P. Fontanier）等人的修辞学视角，艾弗·理查兹（I. A. Richard）、布莱克（Max Black）、比尔兹利（Monroe Beardsley）的语义学视角，亚里士多德的诗学视角，雅各布森、盖恩（Le Guern）的符号语义学视角，德里达、海德格尔哲学的视角，诸如此类。《活的隐喻》俨然是一个关于隐喻的百科全书式的知识总结。但是，为何利科能够把如此多样而复杂的视角统摄在其"活的隐喻"的总标题之下呢？在这里，对于利科来说，未来将成为其现象学诠释学的主体框架初次显露出来。利科的思路大致可以归总如下。首先，冲破了隐喻的修辞学视角形成的障碍，利科把隐喻复原为活生生的话语。隐喻的修辞学视角倾向于把隐喻看作名称的替换，因此是在词语层面上谈论隐喻，遮掩了隐喻意思产生的动态过程。唯有语义学能够把隐喻从统治词语的符号学视角中解放出来，把隐喻放到语义学的最小单位——句子中，使隐喻的意思产生过程在相互作用的理论中复原出来。在隐喻的语义学视角中，隐喻作为名称的替换的理论并没有错，通过说，隐喻"'聚焦'在词语上"，利科把替换理论整合到了相互作用的理论中。进而，在把隐喻的全部面貌复原在句子中之后，利科开始了作为话语的隐喻的分析。利科采用弗雷格受本维尼斯特启发后的理论，把话语分成两个部分——意义和指涉。在《隐喻与诠释学的中心问题》这篇文章中，利科把隐喻看成是话语，从而把运用在话语分析上的诠释学模式移用到隐喻上来。因此，通观《活的隐喻》的结构，我们可以把隐喻的意义分析对应诠释学的说明，把隐喻的指涉分析对应诠释学的解释。这样，在对于隐喻的说明部分，隐喻的符号学、语义学发挥着重要的作用，而在隐喻的解释部分，文学批评、隐喻的哲学视角则发挥着重要作用。需要说明的是，在《活的隐喻》中，隐喻的语义学不仅仅在对于隐喻的意义部分，而且在隐喻的指涉部分发挥着重要作用，更为准确地说，隐喻的指涉问题涉及两个层面，一个层面是作为句子的隐喻的指涉问题，这是属于语义学的范围；另外一个层面是作为缩微的诗歌的隐喻的指涉问题，即作为多个隐喻复合成篇的诗歌的指涉问题，这属于诠释学的范围。

> 当指涉的公设涉及人们称作'文本'，因此是比句子更大的延展的组合的话语的特别的实体时，它就要求一个与众不同的制作。从今往后，问题比起属于语义学来说更多的属于诠释学，对于前者来说，句子同时是第一个和最后一个实体。[2](P276)

尽管如此，只有把隐喻放入其整体的诗歌中，其指涉问题才得以凸显，"只有在话语的层面上，作为对现实进行'重新描述'的能力的隐喻陈述的指称问题才能获得充分的展开"[3](P60)。因此，我们提及隐喻的指涉问题，一般指作为篇章的指涉。这样，通过这两步，先后借重本维尼斯特在话语和符号之间的区分以及弗雷格在话语的意义和指涉之间的区分，利科把隐喻的各种研究视角安排进一个井然有序的诠释学世界中。

这一诠释学模式后来被利科推广到文本的诠释，并且通过文本诠释的中介应用到对于行动的诠释。就在《活的隐喻》发表的 20 世纪 70 年代，利科和多里安·蒂芬诺（Dorian Tiffeneau）一起修订出版的文集《行动语义学》（1977）同样表现了利科对于"行动"概念的关注。在后面这本著作中，"说，这就是做"是萦绕在整部著作的一个回响。在《思想自传》中，利科承认，这个《行动语义学》的进路步履维艰，一直到利科采取了"从文本到行动"的策略之后，"行动"研究才取得了长足的进展。"从文本到行动"，这就是把行动看作一个文本，文本诠释模式是行动诠释的模型，行动诠释的问题于是转化为文本诠释的问题。而文本诠释的模式，利科一直采用《活的隐喻》中对于隐喻的诠释方法，足见《活的隐喻》为行动诠释提供了诠释的模型。而行动诠释不过是利科意志哲学思想继《意志哲学》两卷后新的进路——诠释学的现象学或者说现象学的诠释学。此为《活的隐喻》和利科意志哲学的第一个关联。

如果说这个关联更多的是方法论方面的，那么，《活的隐喻》不只是为行动诠释提供一个诠释的模式，而且也直接地为意志哲学本身添砖加瓦。这一点涉及《活的隐喻》和利科意志哲学的第二个关联，隐喻本身作为行动推动对于意志的理解。

二 作为行为的隐喻

在《活的隐喻》中，尽管利科穿行于各种各样的隐喻研究视角之林，但是他为这些视角建立的秩序却表明，他努力地把隐喻首先复原为一个活动，一个过程，或者就像著作标题"活的隐喻"所示的，即便关注隐喻，利科关注的也是活生生的隐喻，而不是已经符码化为词典中被称作转义的隐喻意义。不过，"活的隐喻"不单纯是相对于词典中已经成为死的隐喻的词汇来说的，利科对"活的隐喻"有其更为深奥的界定。让我们通过理解提及"活的隐喻"的关键几处来理解"活的"的意味。

利科在某处提到："但是这个冲突还不是隐喻，隐喻毋宁是这个冲突的解决；在由上下文所提供的某些指针（线索）的基础上，应该决定哪些项能够形象地被把握，哪些项不能形象地被把握；因此，应该制定处境们的平行，这个平行将引导从一个处境到另外一个处境的图像的搬移。正是这个工作在习惯的隐喻的情形中变得无用了，在这种情形中，文化的惯用法决定某些表达的形象表示的意义。这仅仅在活的隐喻中，人们看到这个工作在活动中。"[2](P242)这是利科在评价保罗·亨利（Paul Henle）隐喻的"图像"理论时提到的。保罗·亨利把隐喻界定为"任何'从字面意义向形象表示的意义的滑动'"[2](P239)。对于保罗·亨利来说，"一切隐喻意义都是间接的，在下面这个意义上，即词语是'其字面意义的直接的一个符号和其形象表示的意义的一个间接的符号'；通过隐喻而谈论，这就是'穿越'（through）某个字面意义而说另外的某物"[2](P239)。在这里，"重要的是两个思想之间的一个平行，就像一个处境在另外一个与之相似的处境的语言中被展示或者被描写"[2](P240)。正是在这里，保罗·亨利引入了"图像"概念。活的隐喻意味着一个处境向另外一个处境的搬移，这是"图像地"搬移。因为，其中隐喻的两个项之间某种相似性支撑着这个搬移，所以，这是一个处境的搬移。但是，在其中，又没有真正的图画式的意象被搬移，而仅仅是被描绘出来的意象通过另外一个描绘出来的意象与之相似而被建立起来。这是隐喻的一种平行扩展功能，比如济慈的诗句：

When by my solitary hearth I sit,

And hateful thoughts enwrap my soul in gloom

（当我坐在我孤独的壁炉旁，可恨的思想把我包裹在忧郁里）（《致希望》）

其中，"包裹"这个词就发生着隐喻的搬移：从大衣对人体的包裹平行搬移到思想对于灵魂的包裹。在这里，包裹的两个处境是不同的，一个是具体的，另外一个是抽象的，正是具体的包裹使人联想起的意象被搬移到抽象的思想对于灵魂的淹没，"包裹"这个词除了给予后者以形体，还把某种感情搬移到后者，在某种意义上，被包裹得令人无力挣扎散布在两种情形中。在活的隐喻中，这样的搬移活动是生动的，因为诗句的改述是无限的，所以这搬移活动也是无限的，而在习惯的隐喻中，人们没有必要再做这样的搬移，因为文化的惯用法已经确定了某些表达的形象表示的意义。

另外一处是在相似的意思上来提及"活的隐喻"的。"除了在语词性与准视觉之间起桥梁作用之外,'看作'还保证了另一种中介作用:我们还记得,语义理论强调陈述的各个词项之间的紧张关系,强调由字面层次的矛盾所造成的紧张关系。与知识总体的这种紧张关系在平庸乃至死的隐喻中消失了。如果我们像卡西尔那样承认,神话描述了意识的一个层面,在那里与知识总体的紧张关系不再出现。那么,在神话中也许会出现同样的情形。在活的隐喻中,这种紧张关系是必要的。当诗人霍普金斯说'心啊,心有高山千万重!'时,读者知道,心灵实际上没有高山。字面上的'不是'伴随着隐喻性的'是'。"[4](P297—295) 在这里,活的隐喻指那种具有紧张关系的隐喻,这种紧张关系存在于作为陈述的隐喻的各个项之间,其文字层面意义的矛盾形成了这个紧张关系。而平庸的甚至死的隐喻意义变成了字面意义,在陈述中不再有矛盾,不再有紧张关系,就不再是活的隐喻了。

活的"工作"界定"活的隐喻",这还只是停留在"活的隐喻"之语义学的观察上。在讨论隐喻理论底下所隐含的哲学时,利科多次把活的隐喻和死的隐喻相对照,从而把"活的隐喻"引向其隐含的哲学意味上。

在谈论哲学话语和诗的话语之间应有的各自独立和相互交织关系时,利科以亚里士多德、托马斯·阿奎那、海德格尔和德里达为例。他注意到,像海德格尔和德里达这样的哲学家试图把隐喻和哲学密切地关联起来。前者宣称:"隐喻仅仅存在于形而上学的内部。"[2](P357) 后者把形而上学的产生同隐喻从活的到死的命运紧密地联系在一起,"形而上学在她自身中抹除了那传说的一个场次,这场次产生了她,然而这场次仍然是生动的,动个不停的,是以白色的墨水、不可见的并且隐藏在隐迹纸本中的轮廓刻写下来的"[2](P364)。在利科看来,事实上,前者通过谈论哲学中的隐喻而在一定意义上对形而上学进行了攻击,而后者则通过把隐喻的用坏现象与概念的产生相等同普遍而全面地解构西方的形而上学。利科批判了两人的观点,既肯定了哲学与隐喻的密切关系,又说明了哲学中概念的产生不同于隐喻中隐喻的用坏或者说隐喻的死去,从而强调了哲学话语的独立性,重新为形而上学挽回了声誉。"因此这不是隐喻负载着柏拉图形而上学的大厦;这毋宁是柏拉图形而上学的大厦占用隐喻的动作来使其为其利益而工作。"[2](P374) 就在这个辨析中,利科多次谈到了活的隐喻。其中关键的一处引人注目。当海德格尔谈论真正的诗是"'唤醒最为广阔视景'的那个,'使言语从其源头处重新攀登'的那个,'使世界显现'的那个"的时候,利科评论道:"难道不正是在那里是活的隐喻所制造的东西吗?"[2](P361)

在这里,真正的诗的效果被等同于活的隐喻的功能,即唤醒最为广阔的视景,或者说就像电影中拉镜头呈现出的一个更为全面的全景图画,言语从其源头处重新向描写、言说世界而攀登,由此使世界通过言语而显现出来。言语面对本源的世界进行言说,这一点,利科研究隐喻隐含的哲学的第八研究之前就提到过。在为相似性的逻辑地位争辩的时候,利科强调隐喻活动中"属的相近性"这个概念:

> 属的相近性这个概念是珍贵的;对于它隐喻地被表达这件事,没有什么主要的不便,因为我们承认隐喻教导;此外"遥远的"和"临近的"隐喻只使人继续使用

"迁移"的那个隐喻：迁移，这就是相拉近，去疏远。属的相近性这个概念把人朝向前概念特征的"家族的相似"观念而引导，在隐喻的手法中相似性的逻辑地位能够与这个观念相联系。[2](P247)

由之，利科做出这样的假定："穿越已经建立起来的范畴而铺就道路的思想的动力学是和那个产生所有分类的动力学一样的动力学。"也就是说，隐喻通过打破现有分类范畴而建立起的相似性也是属于一种分类，在这个意义上，隐喻所实施的活动事实上和语言言说世界之初的活动是相同的。"我们称作隐喻的话语的辞格，首先相对于已经建立了的用法显现为一个偏离现象，是同质于产生了所有'语义场'，因此同质于产生了隐喻所偏离的惯用法本身的过程的。使人'看到相似的'这同一个操作也是那个'产生了属'的操作。"[2](P251—252)从这个意义上说，隐喻使得话语活动中隐藏的活动显现出来，公开出来。"隐喻允许当场抓住这个预先于概念把捉的准备阶段，因为，在隐喻的手法中，朝向属的运动被差异的抗拒所阻止，并且可以说被修辞学的辞格所截取。正是以这种方式，隐喻揭示了活动在语义场的构造中的动力学，伽达默尔称作基础的'隐喻的'并且和通过相似性的概念的产生相混合的动力学。首先，正是家族的一种相似性把个体们相拉近，然后一个逻辑种类的规则才来统治他们。隐喻，话语的辞格，以公开的方式，通过等同性和差异之间冲突的手段，展示了那个以隐藏起来的方式通过差异们在等同性中的融合而产生了语义学领域的过程。"[2](P251—252)隐喻的这个公开、显现的功能还只是活动在其逻辑的层面、在其本体的层面上，隐喻的公开、显现的功能还更加地使人惊讶并给人以教益。

"如果活的表达说活的存在是我们体验的一个点，那么这就是那个点，在那里，我们重新登上语言的熵的斜坡的运动遇到了我们退回到未及区分行为、行动、制造、运动的那个运动。"[2](P392)利科没有正面解释过"语言的熵"这个概念，但他还在另外两处提及这个术语。"倚靠在前面研究上的同时，我希望展示出，死的隐喻的问题组是一个被推出的问题组，并且唯一的出路是通过一个新的话语行为来重新登上语言的这种熵。唯有隐喻陈述活动的语义学意向的这个复活能够重新创造在他们的差异中被充分认出的话语方式们之间的一个本身使人有生气的对峙的条件。"[2](P325)另外一处，"语言的熵，事实上，难道不是一个活的隐喻的哲学想要忘记的东西吗？"[2](P362)结合"熵"字面的意义以及这两处比喻的使用，我们把利科的"语言的熵"理解为语言与其所表达的对象之间的一种完美契合关系。这种完美契合关系是语言本身所追求的，并非是既得的。活的隐喻正是要以自身活的机制来象征所要表达的现实的活的演变过程。语言的这种攀登恰好在活的隐喻中与退回到不区分行为、行动、制造、运动的运动相遇，对于利科来说，行为、行动、制造、运动这些概念是对于一个活的现实中各种不同状态的区分，这些区分是限制和限定，而活的现实是那个"增长的东西的繁殖"，如同古老的亚里士多德的 phusis 概念所意味的。"如果我们不再在对象的领域，不再在物体和生命有机体所占据的领域去寻找这种意义，那么，的确只有在'显现'的整体的层面，富有诗意的语词才能指称现实。"[4](P430)

如果说，前面的说明局限于隐喻的意义，即隐喻内部的结构、命题所说的东西，那么，这里是针对隐喻的指涉而说，即意义是关于什么的。利科分析了句子层面上的隐喻的指涉，即在语义学框架中的指涉，又分析了在篇章层面也就是说许多隐喻连缀起来形成的诗篇层面的指涉，即诠释学框架中的指涉。在诠释学的框架中，利科破除了文学理论界"诗歌不指涉"的观念，提出指涉的一分为二的观点，认为诗歌的确不直接指涉现实，但是这个指涉是指涉的第一层级，是指对于现有现实的一种直接描写，还存在着指涉的第二层级，即对于一个以更为基本的方式存在的东西的指涉。为了更为确切地说出指涉的第二等级，利科重新界定了"现实""真理"等一系列相联系的概念。利科发现，人们习常所理解的"现实"和"真理"是与实证主义思维密切相关的概念，是"可以核实的"。这一思维影响到文学理论中认知与情感的二分、内涵与外延（实指）的二分。通过援引古德曼的艺术符号学的理论，利科制定了一个普遍的实指的理论。内涵与传统意义上的实指都可以被涵盖在普遍的实指概念下。传统意义上的情感也是一种实指。利科再次引用了自己以前的著作《意志哲学》第二卷中关于情感也是本体的、是对于世界的一种参与式的把握的理论，指出诗歌同样指涉现实。不过，这个现实不再是可以见到的、可以触摸到的事实，而是一个在行为（实现）与潜能辩证中的现实，或者说一个活的存在。由此，隐喻的指涉，其第二等级的指涉指向一个活的存在，指向一个新的含义上的现实。这是本体论意义上活的隐喻之含义，活的隐喻想说活的现实。

以上我们分析了利科"活的隐喻"所包含的语义学意味、哲学意味（包括逻辑层面的和本体论层面的）。关于哲学意味，我们还需一个澄清：隐喻本身不是哲学概念，但隐喻本身隐含一种哲学。隐喻的指涉隐含一种假定，即隐喻言说语言之外的什么。这个假定本身需要解析，第八研究所做的正是这个。利科从亚里士多德、托马斯·阿奎那一直到海德格尔和德里达的哲学话语和诗的话语之间的有时模模糊糊的关系谈起，他从中辨析出哲学话语和诗学话语之间绝对的差异，因此两种话语既相互吸引又相互排斥。具体到隐喻理论所隐含的哲学话语和隐喻本身所是的诗的话语之间的关系，这种吸引和排斥表现在，隐喻为概念勾勒了一个草图，这个草图呼唤思辨的话语用概念来阐明其内在的关节。

　　但是，比单纯的陈述更多的，隐喻的陈述只构造一个语义学的草图，相对于一个概念的规定来说是处于匮乏中的。草图，这是在两个名义上来说的：一方面，在涉及意义上，它在超出那个意义已经被构造起来的熟悉的指涉场的意义路线的一部分中重新生产一个运动的形式；另外一方面，它使一个未知的指涉场来到语言，在其活动范围之下，语义学意向实施作用并铺展开来。因此，就在动作的源头处，存在着我这边称作一个语义学意向的本体论的猛烈性的东西，这个语义学意向被一个未知的场所推动，而它负载着对这个未知场的预感。正是这个本体论的猛烈性使意味脱开其最初的锚泊，把它作为形式从一个运动中解放出来并且把它搬移到一个新场中，它能够告知这个新场其形象表示的优点。但是这个本体论的猛烈性，为了被说，只支配一点也不是意义的确定的意义的指示。一个体验要求被说，这不仅仅是一个单纯的感受到的痛苦；其被预感到的意义在单纯的意味的动态——被一分为二

的意味的那个动态接班——中找到了一个草图，现在重要的是把这个草图置于与概念的要求的关联中。[2](P379)

把这个"草图"与概念的要求关联起来的正是解释。"解释是概念的活动。它不能不是一个阐析清楚的工作，在词语胡塞尔的意义上，结果是一个为了单义性的战斗。"[2](P383) 这些解释能够以这样的方式被陈述："这样或者那样的象征似乎想要关于一个单纯被预感到或者被预测到的指涉场而说未发表过的某物。"[2](P383) 在这个过程中，解释实施一种合理化和单义化，其代价是退出了活的隐喻的真正地域，"退出穿越隐喻的动作来到语言的体验"[2](P383)。这是对于隐喻的一种破坏。但这种化简的解释不是两种不同形态的话语相互作用的唯一出路，可以构思一种同时满足两种话语要求的话语形态。"人们能够构思一个诠释学的风格，在其中，解释同时回应概念的想法和追求以隐喻的方式被说的体验的构造着的意图的那个想法。于是，解释是一个话语的形态，它在两个势力范围的交叉处发挥作用，即隐喻的势力范围和思辨的那个范围。这因此是一个混合的话语，就像这样的，不能不忍受两个敌对要求的吸引。一方面，它想要概念的清晰——另外一方面，它追求保存概念使之停住并且固定下来的意味的动态。"[2](P383) 意味的动态使活的隐喻是开放的，还有概念所不能穷尽的东西需要更多地去思考，这个开放性也是活的隐喻本体论意味所蕴含的。"在这里所说的照亮了我们自己的活的隐喻的概念。隐喻仅仅在它使一个被构造的语言是有活力的意义上才是活生生的。隐喻在它把想象的冲力刻写在一个概念层面上的'更多地去思考'中的意义上是活生生的。正是这个为了'更多地思考'——在'使……是有活力的源头'的引导下——而做的斗争是解释的'灵魂'。"[2](P384)

由于隐喻的这种无限，利科多次强调，隐喻只能用隐喻去说明、解释，不能完全地进行释义。事实上，也只有这样一个语言的现象才能与活的、自身孕育着变化潜能的现实相配衬。在这个意义上，隐喻所透露的消息指向未来，指向现实尚未显露的部分，指向现实尚未清楚地说出的部分，正像利科所说的："……哲学的话语以故意的方式使用活的隐喻以便从语义学的不恰当中抽出新的意味并且把处在语义学创新最前列的现实的新的方面带到日光下来。"[2](P370) 那么，活的隐喻何以能够说活的存在？这其中有怎样的机制？利科对于亚里士多德一句话的沉思道破了秘密：

> 向上在我们工作中回溯的时候，对于就像（l'être-comme）的解释使我们返回来回忆起亚里士多德一个谜样的评论，这个评论在亚里士多德著作的其余部分仍然是没有回声的，就我的认识来看：对于活的隐喻来说，"把……放在眼下"（或者，根据翻译，"绘画""制作图画"）想要说什么？修辞学，第三，回应说，"把……放在眼下"，这就是"以行为来意味事物"（1411b 24 – 25）。并且哲学家明确道：当诗人借给无生命的事物以生命时，其诗句"使运动和生命恢复：然而，行为就是运动"（1412a 12）。[2](P388—389)

这段话把活的隐喻的语义学意味和其哲学意味关联了起来，把隐喻的意义和指涉关联了起来。前已说明，活的隐喻指一种相互作用在工作的隐喻。正是这种相互作用作为运动、作为行为本身能够意指事物。以行为来指称事物，这就是把事物看成是有潜能的，在运动中的，能够变化发展的。这有点类似于事物的自然显露，近似于海德格尔的"显现"的概念。以行为来指称事物，而不是以一个名谓来指称事物，这就是说所指称的并非是一个静态的、客观的存在，而是一个在行为－潜能的辩证中的事物。隐喻以其不能完全释义、不能以一个名谓来明确说明的意义的机制恰好能够表达那作为指涉的同样是变动不居的事物本身。以行为来指称事物，这就是保持事物的一种开放性、发展变化的可能性，这些开放性以及可能性恰好是活的隐喻不能用化简的解释来处理的原因，隐喻有哲学的概念涵盖不了的成分，用利科的话说，使人去更多地思考的成分。隐喻是"浓缩的诗"，而"诗的话语带到语言上的东西，这就是一个前－客观的（pré-objectif）世界，在这里我们被找到是属于天生的，而且在其中，我们投射了我们最为本己的可能性。因此，应该动摇客体的支配，通过使我们对一个我们居住于其中的，也就是说同时先行于我们并且接受我们活动的印记的世界的原始的从属是（être），并且使这个从属被说"[2] (P387)。

隐喻以行为所指称的事物和指称事物的行为密切关联着。事实上，在论证相似性的逻辑地位，也就是开掘逻辑层面上"活的隐喻"的意味的时候，利科就提出过一个可媲美于雅各布森普遍化隐喻中符号替换现象的普遍化的概念，即"隐喻动作"。"新近这个普遍化允许我们重拾被留在悬而未决中的雅各布森那里隐喻手法概念的讨论。就像雅各布森一样，事实上，但是在一个不同于他的方向上，我们形成一个'隐喻动作'的概念，对于这个概念来说，修辞学的比喻扮演着揭示者的角色。但是，不同于雅各布森，在隐喻中那能够被普遍化的，不是其替代的本质，而是其述谓的本质。雅各布森普遍化了一个符号学的现象，通过另外一个项对于一个项的替代；我们普遍化了一个语义学的现象，通过一个古怪的给予（attribution）两个意味的领域实现了从一个到另外一个的同化……隐喻——古怪的给予——是一个语义的动作，在本维尼斯特的意义上，也许甚至是在话语事件层面中名副其实的那个基因的现象……"[2] (P252)

由此可以看出，"活的隐喻"的语义学意味和哲学意味凝缩在作为给予的隐喻的动作上。这一古怪的给予动作不仅是隐喻意义存在的形式，而且是隐喻指涉存在的形式，前者是其语义学意味，而后者是其哲学意味。直到第八研究，我们才明白利科何以要在前七个研究中不断强调隐喻不是单纯的词语替换的现象，而是一个主语加一个奇怪谓语的述谓行为，隐喻是一个句子，而不是词语。单纯说隐喻是动作，而不说隐喻何以是动作，我们将感到意犹未尽。

对于我们来说，就作为行为的隐喻，我们可以谈隐喻的意向，不再是创造隐喻的作者的心理学的意向，而是隐喻的语义学的意向，不管这语义学是哲学话语的还是诗的话语的。隐喻的语义学意向，以及利科在 20 世纪 80 年代谈论的文本的意图，在术语选择上的深意是一贯的。因为语义学意向这个术语与隐喻指涉的不能明确地以一个名谓来指称是密切相关的，由此利科可以不必承受诸如"意图谬误"这样的攻击而谈论一个不是以实在的面目而是以意向的方式存在的事物。在这个意义上，尽管利科不再谈论创造主体的心理学内容的意向，但语义学意向、文本意图等概念的运用表明他仍然工作在意志哲学的畛域，不过，术语选择的本身关系到利科意志哲学方法论的一个转变，即从意志的现象学进路转为意志的诠释学现象学的进路。

对于利科来说，隐喻的意向只有在把隐喻放入其完整的诗歌的织体中才能更为清楚地被谈论。事实上，其隐喻的真理也正是在把隐喻放入诗篇中时才使谈论诗歌的指涉得以明确起来。对于利科来说，诗篇谈论我们对于一个居住于其中，也就是说同时先行于我们并且接受我们活动印记的世界的原始的所属，而思辨话语相对于我们与世界之间的拉近乃是一种距离化，诠释学恰好因为它是居于思辨话语和诗的话语中间的混合话语，所以可以实施一种思辨话语的距离化和诗的话语的所属体验的辩证，用这种风格的诠释学来因此呈现隐喻的意向最合适不过。在利科这里，诠释学并不是一个有着固定方法体系因而可以拿来为我所用的工具，而是从对于隐喻的探索中自自然然地生发出来的一种话语，它既采用思辨话语中的概念，又倾听活的隐喻那似乎难以穷尽的消息。从这个意义上来讲，当我们说隐喻不是关于已经实现了的事物，而是关于某种意向的时候，我们所说的具有了柏拉图意义上"知识"的尊严。

那么，隐喻作为活动，它能指示其语义学的意向，这对于利科前期的意志哲学意味着什么？我们从隐喻与主体的关系进入这个问题。就主体作为隐喻的创作者和隐喻的理想的接受者，隐喻能揭示什么？

三 隐喻与主体

在《活的隐喻》中，对于主体这个话题，利科保持着一种微妙的距离，这表现在他既因对隐喻的语义学理论的反心理学倾向，而对反主观主义倾向表示赞同，同时又保持着一种回溯到关于主体、关于自我的某种讯息的渴望，其早期意志哲学的出发点和归宿正是这个主体。于是，我们看到，当隐喻研究涉及主体这一话题时，利科认同一种关于隐喻的"后语言学的"心理－语言学。

在试图把隐喻研究史上一直与替代理论相联系的相似性与隐喻的相互作用理论，即把隐喻看作一种述谓相联系的时候，利科谈到了直观想象这些术语，他问道："人们将说人们疏远了语义学以便转到心理学的方向上去吗？"[2](P248) 表面上，利科坚持待在语义学的范围内，与心理学保持距离。但他接着澄清："被心理学教导没有什么可羞耻的，尤其当它是一个操作的而非元素的心理学时。格式塔心理学在这方面非常有教育意义……"[2](P248) 不过，利科很快就把心理学的问题转换成语义学的问题，他说："天才和计算之间、直观和建立的心理学步伐的这个悖论，事实上是一个纯粹语义学的悖论：在话语的事件中，他涉及谓语的给予的奇怪的特征。"[2](P249) 内尔逊·古德曼（Nelson Goodman）把这个语义学悖论表达为"通过抗议而让步"[2](P249)，对于隐喻来说，这就是通过"眼看"越过不一致而觉察到相似性，也就是说，相似性不是单纯语义上的，而是主体某种行为的结果。相似性作为"意象"的地位，或者更准确地说，"作为被形象表示的展示、作为描画抽象关系的意象的地位"[2](P253)，能够非常清晰地说明这个问题。

　　"意象"属于想象的范畴,谈论心理学似乎是难以避免的了。"然而人们也看到,语义分析越是被置于一个逻辑的语法之下,它就越防备自己去求助意象概念,这个概念被判断为与一个劣等的心理学密不可分。"[2](P253)为了延宕心理学时刻的到来,利科首先谈论了不涉及和感官、感觉有联系的"想象",这种想象只能是康德意义上的"生产性想象",它指称"先验模式",通过它意味诞生了。"我们关心首先把想象的这个非言语的内核,也就是说在准视觉的、准听觉的、准触觉的、准嗅觉的意义上被理解的想象置于括号中。从一个语义学理论方面也就是说从言语的层面来涉足想象问题的唯一的方式,就是通过康德意义上的生产性的想象开始,并且尽可能地推迟再生产的、虚构的想象的那个问题。作为先验模式被看待后,意象展示一个言语的维度;在是枯萎了的印象之前,它是诞生着的意味的地点。因此,就像先验模式是范畴的子宫一样,图像是新的语义恰当的那个子宫,而新的语义恰当在矛盾的打击下诞生于语义学领域的捣毁。"[2](P253)在这一新的视景下,"隐喻看起来像是在其中隐喻的赋予产生的模式论。这个模式论把想象变成形象表示的意义在等同性和差异的游戏中显露的地点。而隐喻是在话语中的这个地点,在这里,这个模式论是可见的,因为等同性和差异并没有混淆在一起而是相互对峙"[2](P253—254)。

　　"生产性想象"谈论了言语的和非言语的结合,但尚未谈论非言语本身。谈论非言语的成分使利科最终与隐喻的"心理-语言学"相遇。然而,就在心理学被置于高亮之所的这个时刻里,我们仍然看不到他对于主体的描述,因为这个心理-语言学不是"前语言学的",而是"后语言学的",其目的是在一个新的学科中关联起语义场的元素的分析和经过这个语义场的精神的操作。而且,这个"后语言学的"心理学甚至还力图避免对于主体的描述,后者是受批判的。"这个学科因此将不落在从前——以正当的理由——向一个这样的心理学所发出的批评之下,这个心理学其双重的缺陷是比涉及操作更多地涉及内容(意象、概念),并且变成这些内容之间关联(诸如观念的联结的依次的版本们)的机械的一个复现表象。"[2](P255)此外这个心理-语言学和利科前面所称赞的完形心理学一样是操作的心理学,它"诞生于一个完全特别的语义分析所带来的贡献,诞生于在它们下语言的层面所领悟到的操作的一个描写所带来的贡献"[2](P255)。比如,这些操作对于加斯东·埃斯诺(Gaston Esnault)来说是"增加或者缩减引申(也就是说一个概念应用于其上的实体的数目)或者理解(也就是说组成一个概念的特征的数目)的能力"[2](P255),其中,所谓的"理解"是隐喻中的操作。从利科对于这些操作的描写看来,一方面,只是主体的精神操作被关注而不是主体本身被关注,另一方面,也正是通过对于这些普遍的操作模式的观看,某些个性的、主观的因素被提到,但局限于此。尽管如此,主体的某些消息已经从这些精神的操作中透露出来。然而,这还不是意象问题的全部。

　　"人们能够走得更远一些并在一个语义理论之上联结上可感的那个时刻——没有这个时刻,生产性想象本身将不是想象吗?人们理解了这个意图所遇到的抗拒:这样做的时候难道人们不是要重新为心理主义的狼打开羊圈门吗?"[2](P264)利科承认这个反对是有道理的。但是,对于他来说,他正是想要借助康德批判的先验方式在语义学的这个边界上为心理学的参与寻找锚点。他的工作假定是："上面所制定的赋予的一个模式论观念就在语义学和心理学的边界上构造了想象在隐喻的一个语义学理论中的扎锚点。"[2](P264)这意味着向个体更加详细的消息方面更进一步。

马库斯·贝·赫斯特（Marcus B. Hester）从盎格鲁-撒克逊文学批评（主要涉及诗的语言）中保留了三个主题："意义和感官之间的融合——，变成材料的语言的浓稠度——，被这个非指涉的语言所展开的经验的潜在性"[2](P265)，这三个特征被归结到一种言语图像的概念中。接着，马库斯·贝·赫斯特通过把对于诗的阅读看作胡塞尔意义上的悬置而使言语图像可感的特征朝向想象而转向。因为悬置"通过悬搁所有对于自然现实的设定，解放了所有材料的源出的权利"，所以，"阅读，也是对于一切实在的悬搁，是'朝向文本的一个积极的开放'"。在这里，悬置和开放的概念主导了作为局部的隐喻和作为整体的诗的上述三个特征。关于第一个特征，"阅读行为证实了，诗的语言的本质特征不是意义和声音的融合，而是意义和使人联想到的或者被激发起来的意象们的一个涨潮之间的融合；正是这个融合构造了真正的'意义的图像性'……这个图像性很好地展示了阅读行为的两个特征：悬置和开放；一方面，意象尤其地是自然现实的中立化的作品；另一方面，意象的展开是'来临'的某物，意义朝向之而不限定地开放，给予解释一个不被限定的场地；随着这个意象化了的流，说，阅读，这就是把其源出的权利给予所有材料，这就是正确的；在诗中，向文本的开放是朝向意义所解放了的想象的开放"[2](P266)。在这里，意象的展开是某种非意愿的产物，而意义则是主体意愿的结果。

关于第二个特征"变成材料的语言的浓稠度"，悬搁和开放表现在，变成了材料的语言倾向于成为一个朝向自身而封闭的客体，因此成为非指涉性的，就是"被投入到想象中的意义"[2](P266)，这意味着，"不仅仅隐喻的等同于图像的，而且，图像的被解释为就像这样的虚构的"[2](P267)。关于第三个特征，"被这个非指涉的语言所展开的经验的潜在性"[2](P266)，其悬搁和开放表现在，因为想象的准-观察的特征，它才能支撑准-经验的特征，因此能表现与诗的阅读相联系的幻想的特征。悬搁是对于经验实在的悬搁，而开放是对于潜在经验的开放。由于潜在经验的概念间接地引入了与现实的一种"相关"，补偿了言语图像与实在的差异和距离的特征，因此，对于隐喻整个来说，悬搁和开放表现在："隐喻不局限于悬搁自然的现实，而是通过从想象这边打开意义，它也从现实的一个维度来打开了意义，而现实的这个维度与普通语言在自然现实之名下所意向的东西不相重合。"[2](P267)随着在想象世界的深入，我们愈来愈接近现实中的主体。某种愈来愈确凿的行为的显露是主体愈来愈鲜明的标志。这一点在利科对于马库斯·贝·赫斯特"看起来像……"的沉思中凸显出来。对于利科来说，"看起来像……"一半是经验，一半是行为。

这个概念是阅读行为所揭示的一个因素，"使人一起来抓意义和意象的直观关系"[2](P269)，"是诗的语言的可感的面孔；半-思想，半-经验"[2](P270)。为什么这么说呢？因为人们在这里有选择。在阅读隐喻的时候，人们拥有想象的准-感觉的流动，人们从中选择出这个想象适合的各个方面，并形成其整体面貌。这同时是被动和主动的："一方面，意象的波浪逃避一切意愿的控制：意象突然来到、发生，没有任何规则教会人们'拥有意象'；人们看到或者人们没有看到；'看上去像……'的直观才能不被传授；顶多他能够被帮助，就像人们帮助人在模棱两可的形象中看到兔子的眼睛那样。另一方面，'看上去像……'是一个行为——理解，这就是做出某物；意象，人们在上面讲到，不是自由的，而是被束缚的；并且事实上'看上去像……'安排流动，规约着图像的铺展。正是以这种方式，'看上去像……'的经验‑行为保证了想象在隐喻意味中的隐含：发生的同样的想象也意味着什么。"[2](P270)下面这句话还更为精炼地总结了其中的被动而主动："就以这样的方式'看上去像……'非常精确地扮演着统一空洞的概念和盲眼的印象的先验模式的作用；通过其半‑思想和半‑经验的特征，他把意义之光和意象的充实联结在一起。"[2](P270)

根据以上分析，主体本身虽未呈现在分析话语中，但体现主体意味的行为却历历在目。尽管利科处处保持着对心理学的戒备，即保持着对直接叙说主体的做法的戒备，但他又处处在谈论主体，不过是通过主体的行动来谈主体，通过能够显露主体的因素来谈主体，以一种行动的诠释学来谈主体。隐喻研究在构建利科的解释学转向过程中发挥着先驱的作用。《隐喻和诠释学的中心问题》这篇文章非常明确地提到这一点。这里我们只涉及关于主体的部分。此文在涉及诠释学的解释阶段时，提到"自我指称"这个概念，主体的作用便被明确地描述出来。

"自我指称"是隐喻指称的一部分，即"朝向一个世界的意向性的方向和朝向一个自己的反思性方向"[5](P308)。可是关于"朝向一个自己的反思性方向"在这篇文章中所谈甚少，而且利科一再强调，对于指称的占有不是占有作家的"精神意向"，"不再是建立在意识融合、移情或同情基础上的模式化"，而是"指向一个作品自指的世界视域"，"是某种世界的语言的降临，而非识别另一个人"[6](P140)，因此，我们把这个"朝向一个自己的反思性方向"或者应该最终归结到"文本的意图"，或者理解为对利科在后来的著作《作为他者的自身》中所谓"自己的诠释学"所做工作的预期。就是在这里，在谈到文本的意图面前读者的所为时，利科明确地提到主体的作用："如果占有是揭示的对立面，那么主体的作用不一定在投射的基础上得以描述。我倒倾向于说，读者是在文本面前，在作品的世界面前理解自己。在文本面前理解自己完全不同于展现自己，以及自己的信仰和偏见；而是让作品及其世界扩大我自己已有的理解视域。"[6](P140)读者作为主体的作用不再是首先投射自己，投射自己的信仰和偏见，而是首先在文本面前理解自己，让作品关于之而进行言说的"世界"——不同于处境，而是类同于一个理想的可以居住的世界——扩展我自己已有的理解视域。然而，利科没有停留在所谓的"理解本体论"上，这一理解最终为是、为存在本身服务。"诠释学循环并没有遭到拒绝，而是从主体性的层次被转移到存在论的层次。这一循环处于我的存在模式（在我可以拥有的知识之外）与作为作品世界的文本所打开的模式之间。"[6](P140—141)读者占有作品的世界，是为了理解什么样的可能性才是最为本己的，并且由此出发构筑意义，并着手"存在"。这一阐述表明了利科从意志现象学到意志的诠释学现象学的方法论转变。

我们知道，"投射"是利科意志现象学阶段论述主体作用的一个经常使用的概念，然而，胡塞尔现象学本身存在的问题使基于现象学方法之上的意志现象学以及包括意志现象学在内的更为宏大的哲学构想出现问题。利科在 20 世纪六七十年代的思考致力于用诠释学嫁接在现象学上来解决这个问题。于是出现了《论解释——关于弗洛伊德的论文》这部著作以及其后著作中一个一以贯之的构想，即首先把自我迁离开意义的中心以便破坏意识本身的幻象，接着从创造意义的神话 – 诗的想象中学习意义，最后再让自我重新回到中心来占有意义而重新恢复主体的地位。在《论解释——关于弗洛伊德的论文》第三部分，利科构筑了一个这样的三部曲：主体的考古学——目的论——象征的诠释学。主体行动的目的不再是主体自发的投射，而是来自精神现象学的学习，学习来自象征的意义启示。在《活的隐喻》中，正是隐喻占据了象征的位置，隐喻的诠释学揭露了目的的产生过程，隐喻是"作为出现的意义"[6](P142)。读者在作为文本的隐喻以及隐喻所在的篇章层面——诗歌面前理解自己，占有隐喻所透露的新的意义，并且就像作家创造诗歌那样，创造一个新的自己。就像利科从加斯东·巴什拉（Gaston Bachelard）那里化用的："那是'语言的一个新的是'的东西，变成了'意识的一个增长'，或者更好地说，'是的生长'（《梦的诗学》，第 2—5 页）。"[2](P272)

在这个意义上，隐喻作为"正在出现的意义"[6](P142)是意志构造的某个契机，隐喻显露了"追求新意义"的意志。这"追求新意义"接下了利科在《论解释——关于弗洛伊德的论文》中所谓的"目的论"与"考古学"辩证的接力棒，正是对于为所谓的"主体考古学"之欲望寻找出路的意义的探求。而欲求 – 意义是在《意志哲学》第一卷《意愿的与非意愿的》中看起来都是内涵明确的两个概念"意愿的"与"非意愿的"的一种变形，这种变形受启于以弗洛伊德、尼采以及马克思为代表的怀疑解释学对于意识的明证性的批判，历经这次批判后，欲求和意义变得不再是自明的，而只有通过针对符号的解释学才逐渐被揭示出来。隐喻正是这样一个符号。通过对于隐喻的一个形式研究，我们可以管窥新意义创造的过程本身；通过对于隐喻的一个内容研究，或准确地说，通过对隐喻连缀成篇的诗歌的研究，我们在诗歌面前理解我们自己，理解我们自己的欲求，并且我们不仅在诗歌面前理解我们自己，也理解世界，理解世界向我们敞开的新的可能性。由此，在世界向我们敞开新的可能性的同时赋予世界新的意义。意义由此创造出来，这构造了意志的半壁江山。此为隐喻研究与利科意志哲学的第二个关联。

参考文献：

［1］ Paul Ricoeur. *De L'Interprétation. Essai sur Freud*. Paris：Editions du Seuil，1965.

［2］ Paul Ricoeur. *La Métaphore Vive*. Paris：édutions du Seuil，1975.

［3］ 赵娜. 保罗·利科语义想象理论［D］.山东大学文学与新闻传播学院博士论文，2012.

［4］〔法〕保罗·利科. 活的隐喻［M］.汪堂家译. 上海：上海译文出版社，2004.

［5］ Mario J. Valdés. *A Ricoeur Reader：Reflection and Imagination*. Toronto and Buffalo：University of Toronto Press，1991.

［6］〔法〕保罗·利科. 诠释学与人文科学［M］.孔明安、张剑、李西祥译. 北京：中国人民大学出版社，2011.

弗洛伊德"焦虑"范畴解读

王 杨*

（河北师范大学 文学院；河北石家庄 050024）

摘 要："焦虑"作为一个正式的范畴最早是由弗洛伊德提出来的，他将动力生理学引入人类精神的研究领域，就此形成了一种全新的心理学说。作为现代精神分析学之父，弗洛伊德将焦虑分为客观性焦虑、神经性焦虑、道德性焦虑三种类型，在对各自的根源及其特征做了深刻揭示的基础上，对焦虑的摆脱之途做了进一步的阐发。

关键词：弗洛伊德；焦虑理论；客观性焦虑；神经性焦虑；道德性焦虑

作为揭示现代精神体验的一个核心概念，"焦虑"这种情绪状态几乎无处不在。对精神健全的现代人来说，荒诞的生存状态就是焦虑之源；对精神病患者来说，焦虑也是其最主要且最常见的症候之一。在此基础之上，弗洛伊德指出："焦虑这个问题是各种最重要的问题的中心，我们若猜破了这个哑谜，便可明了我们的整个心理生活。"[1](P317)作为现代精神分析学之父，弗洛伊德将焦虑分为客观性焦虑、神经性焦虑、道德性焦虑三种类型，在对各自的根源及其特征做了深刻揭示的基础上，对焦虑的摆脱之途做了进一步的阐发。本文即就这一学术话题做一种解读，敬请方家指正。

一 "焦虑"的类型及其根源

众所周知，潜意识理论贯穿于弗洛伊德创构的整个理论体系之中，它不仅是弗洛伊德精神分析学说的基础和核心，而且其中作为弗洛伊德后期关注焦点的三元人格心理结构论，对探索焦虑的根源也具有重要的意义。笔者拟从本我、自我和超我这三种心理模型的关系中挖掘焦虑的发生机制，从而区分三种不同类型的焦虑各自独具的理论根源。

（一）客观性焦虑与自我

弗洛伊德将心理人格划分为本我、自我和超我，他曾用"一仆不能同时侍二主"来形容本我、自我和超我的关系，即可怜的自我因要努力调和三位严厉的主人的要求而使自己的处境变得更糟，而那三个严厉的主人便是：外部世界、超我和本我。自我三面受困，受到三种危险的威胁。自我凭借后天的不断学习和对外部世界的逐渐适应而发展起来，与本我代表桀骜不驯的激情所不同的是，自我崇尚理性和审慎。然而，在自我企图

---

* 作者简介：王杨（1989— ），女，河北师范大学文学院2016届研究生，研究方向为文艺美学。

调节本我和现实的过程中，它还要不可避免地受到超我严格的监控，倘若它私自打破超我设定的规范，便会受到其严厉的惩罚进而萌发强烈的罪疚感。在如此狭窄的夹缝中生存，自我终要迫于无奈承认自己的弱小，由此焦虑就会产生，即有关外部世界的客观性焦虑、有关本我中激情力量的神经性焦虑和有关超我的道德性焦虑。基于此，自我便是焦虑的唯一支撑，它作为一种情感状态只能为自我所感觉。而焦虑的三种主要类型（即客观性的、神经性的和道德性的）也很容易与自我的三种依赖关系（即与外部世界的、与本我的和与超我的）发生联系。

客观性焦虑又称为"现实性焦虑"，它产生于外部世界的真实的危险情境。正常人所患的焦虑，是面对外部世界时表现出的软弱状态。弗洛伊德曾在《抑制、症状与焦虑》中记录了小汉斯的案例，即一个性早熟的小男孩从患上对马的恐惧症到治愈的全部过程。弗洛伊德在早期的理论中认为："是男孩把母亲作为对象所给予的力比多精神贯注在压抑下转变成为焦虑，并表现为（从症状的角度而言）附着于父亲的替代物之上……并非压抑产生焦虑，焦虑早就有了；产生压抑的恰恰是焦虑。但到底是哪一种焦虑呢？这只能是那种面对具有威胁的外部危险时的焦虑——即现实性焦虑。"[2](P78)究其根源，这种焦虑产生于男孩对母亲的爱，这种爱在他看来似乎是一种内在的危险，对此他应放弃对象以回避这种爱，因为他惹来了某种外部的危险，由此内部的本能危险就成为外部的、实在的危险状态的决定因素和准备因素。而男孩因爱恋母亲而恐惧的现实危险就是被阉割的危险，显然这并非一个关于阉割是否被执行的问题，但却证明了危险来自于外部的恐吓且男孩也信以为真了。可见，是焦虑产生了压抑，而不是像我们一贯认为的，是压抑造成了焦虑；而那可怕的本能情境最终可还原于外部的危险情境。基于此，自我是通过某种本质上同于正常思维的方式在帮助自己，即用一种实践性的正常的思维方式帮助自己。

（二）神经性焦虑与本我

本我作为人格结构中最不易掌控的部分，它构成了我们人格中色欲焚身、好勇斗狠的那一部分。弗洛伊德也将本我称作"伊底"，在他看来，本我既包括我们与生俱来的追求快感满足时的冲动，也包括愿望、痴迷等在追求快感满足时所形成的强烈情感。弗洛伊德将本我、自我和超我所构成的三元人格心理模型看成是一个动态的系统，而来源于人格系统的内在能量推动着三元人格心理模型这个动态的系统不断地发展和变化，这种内在的能量就叫作"心力"。心力接受的是本能所供给的能量，本我可以说是心力的最初储藏池，而自我主要是将能量发挥于抛开本能欲望的满足等他种目的，以开发诸如记忆、知觉、想象和推理等心理过程。故而，心力是在能量宣泄和反宣泄的对抗中变化发展为其他的强烈情感。宣泄作为冲动的力量同时存在于本我和自我中，而反宣泄是一种内部的挫折，它作为抑制冲动的力量却只为自我所拥有。宣泄和反宣泄的对抗就是内心冲突，每个人都经历过无数次的内心冲突，大体表现为本我—自我冲突和自我—超我冲突这两大类。多种本能可为宣泄提供能量，但由于反宣泄的抵抗，宣泄亦不能完全消除紧张，故二者就在长期的矛盾和冲突中促成了人的焦虑这种强烈情感。

神经性焦虑就属于能量宣泄和反宣泄的矛盾冲突下的本我—自我冲突，它是由于认识到来自本能的危险而产生的。神经性焦虑表现为自我害怕本我会由于呈现出霎时的鲁莽行为而阻碍其按照道德的标准规范去行事。弗洛伊德在《精神分析引论》一书中着重对自由浮动着的期待性焦虑和关联于恐怖症的焦虑这两种类型的神经性焦虑进行了详尽而精准的阐述。[1](P323-324) 在此之前，弗洛伊德还曾在《癔症研究》中分析了露西·R 小姐的病例。这位患有化脓性鼻炎的年轻小姐因出现反复的幻觉而呈现出慢性的癔症症状，当被问到什么样的嗅觉一直使其烦恼时，露西的回答是"一种烧焦的布丁味"，看来这种味道来源于一段客观遭际过的创伤经历，即来自格拉斯哥的母亲的书信。这封书信的到来中断了露西渴望照看孩子的强烈情感，取而代之的是不得不离开孩子去陪伴母亲的主观情感，两种情感交织在一起并演化为一种情感创伤，这一创伤又莫名其妙地与烧焦的布丁气味纠缠在一起进而印刻在脑海中并成为一种创伤的象征。可见，"烧焦的布丁味"作为一种刺激性条件为焦虑情感的生成提供了温床，这种味道就像本能的冲动一样使自我陷入了深深的焦虑。所以说，癔症的体验常常与神经性焦虑的症候相联系，并于自我同本我的冲突中完成了情感的蜕变。

（三）道德性焦虑与超我

超我是自我中存在着的一个等级，又称作"自我典范"。超我大体上是由"良心"和"自我理想"这两部分构成的，它不光是对违背道德规范的行为进行惩罚，还同时为自我建立了良好的典范。弗洛伊德也将超我看作"奥狄帕司情结的继承者"[3](P227)，但是，超我并非完全等于良知，它也不比本我善良、理性和宽宏大量，它同样会以毫不妥协的方式追求伦理完善。超我的功能是监督、检查并奖惩自我，当自我达不到其理想的自我鉴定时就会产生谦卑的宗教感。"超我是专制主义者，它不接受越界，无论这越界是多么的微不足道；它不接受疏忽，无论这疏忽是多么不足挂齿；它不接受例外，无论这例外是多么稍纵即逝；它不接受妥协，无论这妥协是多么的用心良苦。"[4](P73) 所以，超我的要求总是需要由本我的需要来抗衡，由自我承认"人是不完美的"这一事实予以相对化。同时，超我还具有一种专制性，它追求绝对的善，其结果要么是因"世事日薄西山"而终日忧郁不安，要么是产生"毁灭一切、推倒重来"的强烈冲动。

道德性焦虑也许可以看作超我在追求至善之路上所表现出的终日忧虑不安的情感，它是超我在监督自我的过程中，由超我中的良心所省识到的危险唤起的，并使自我产生一种罪疚感，且这种负疚感或羞愧感来源于自我因担忧自身的言行违背了良心的标准或自我的理想而遭受到超我的处罚。在弗洛伊德看来，西方文学史上的三部杰作（《俄狄浦斯王》《哈姆雷特》《卡拉马佐夫兄弟》）都以弑父行为为主题，且弑父行为的动机都是与情敌去争夺一个女人，故而潜意识的情杀动机与严重罪疚感的癫痫症和神经症就成为创作文艺作品的重要起因，可以说这三部文学作品均完美地诠释了自我与超我之间的矛盾冲突以及道德性焦虑得以产生的根源。弑父是人类，也是个人最原始的罪恶倾向，表现为男孩与其父亲之间的关系是一种"既爱又恨"的矛盾关系：首先，他妄图取代父亲这个敌视的对象，但同时还要面临父亲可能会出示的阉割的惩罚手段，他最终摈弃了取代父亲进而霸占母亲的想法归根结底还是受到了阉割的威胁，即便如此对阉割的恐惧感仍无法阻止潜意识中占有母亲的愿望，而这便是产生罪恶感的根基所在；其次，男孩还会通过逐渐地倾向女性那一方来躲避阉割的威胁，为了成为父亲的恋慕对象而试图转化成母亲的角色，归根结底这一幻想体现的是男孩渴望被自我所接纳，然而却变成了在与自我进行顽强抗争时所存在着的一种独立力量，我们将其称作"超我"，在某种程度上，自我又从受超我的虐待中（即罪疚感中）寻求满足。

二 "焦虑"的基本特征

"焦虑"作为现代精神体验的核心范畴，在神经病等心理学研究领域中占据着中心地位，而以弗洛伊德为代表的精神分析学派是最早也是最全面地研究焦虑问题的流派。弗洛伊德曾在《精神分析引论新编》中强调："倘若自我被置于被动地承认自己软弱的情境，它就会呈现出一种焦虑状态——关于外部世界的客观焦虑、关于本我中本能欲望的神经症焦虑和关于超我的道德焦虑。"[5](P78) 但无论是哪种形式的焦虑，此刻软弱的自我都会表现出一种创伤状态。倘若能够揭示出各种焦虑类型所特有的创伤状态，就能够洞悉焦虑理论的本质性问题，并能够更加清晰地梳理出精神分析理论诸种概念间的内在联系，进而解释人的心理病症以便更好地指导我们的实际生活。

（一）客观性焦虑的基本特征

客观性焦虑起于人对外界的危险情境所产生的痛苦的情感经历，这"危险"可能是对人产生伤害的外界状态，对此的担忧和惧怕久而久之就会演变为创伤体验。

1. 原欲理论视域下的婴幼儿所呈现出的普通创伤。我们通常将一种与生俱来的来自潜意识的力量称为原欲，这种心理能量又被称作"力比多"。婴幼儿的力比多常表现在"生殖前组织"阶段，此时呈现出来的一个最早的创伤就是婴儿处于从保护性的子宫中被驱逐到子宫外的危险境地中。接下来出现的无助和需要则依赖于他们任意找到的、无法控制的看护者，这种生存状态所呈现出的精神倾向就是"幻觉的愿望满足"。当婴儿在现实中无法找到进食的途径时，睡眠则可以帮助他们梦到过去愉快的进食和感受，虽然能够暂时体会到进食的愉悦但却得不到真正意义上的进食满足，他们醒来后还是会觉得饥饿，在寻求喂养者无果后心理上被睡眠、梦境以及幻觉中对不快的消除所充斥，进而呈现出的创伤状态就是危机面前的嚎啕大哭。随着年龄的增长，婴儿时期的原始创伤就慢慢地演化为幼儿时期的焦虑。他们从出生开始就对其看护者格外依赖，总是因害怕失去自己所爱之人而表现出焦虑不安，且这种焦虑不安也是由于原欲得不到满足而流露出的创伤感。当他们再长大一些，幼儿的好奇心就会在他们不知疲倦地提出问题的过程中显现出来，对于婴儿从哪儿来的问题，他们拒绝相信大人们给予的些微信息。但他们关于婴儿从何而来的研究终究一无所获，第一次由好奇心引发的智慧尝试的失败所造成的印象是一种长久的、深深的挫败感，而由此挫折引发的焦虑也是他们自出生之日起所经历的创伤中最为严重而猛烈的一次，且这种创伤感也是印证客观性焦虑本质特征的最为鲜明的一点。

2. 结构模型影射下的儿童所呈现出的阉割恐惧。儿童在婴儿时期残留下的单纯地追求本能欲望的满足的心态与成长过程中不断受到文明约束的现实同时存在着，而文明的自我与本能支配的本我显然是为了解决一系列持续性冲突而设计的。随着一种中介性的力量（即超我）的诞生，人的精神生活便以一种相对连贯和适应的方式发生作用并向前发展直至成熟。在弗洛伊德看来，超我主要从儿童对其"巨大"的父母的认同中获得能量，而孩子们对父母权威的幻想则主要体现在对诸如完全抛弃或生殖器阉割这些潜在的极端惩罚的幻想上。进入了青春期的儿童，总感到自己很脆弱并易于遭遇危机，这突出表现为他们每个人都开始与父亲或母亲争夺母亲或父亲的爱意，弗洛伊德将这种精神状态称为"俄狄浦斯情结"，即幼小的女孩保持与她们原始的第一个爱恋对象（即母亲）相认同，而幼小的男孩则必须用早期的母方认同换取一个父方理想，且他们是在幻想的阉割恐惧下完成这一转换的。在阉割恐惧的威胁下成长，男孩须与其父亲相认同，并放弃他们与母亲的女性认同，同时仿佛正式地将她从性对象中排除出去；对女孩而言，她们虽然也有阉割情结，但却不可能形成那种遭到阉割的恐惧感。对此，弗洛伊德认为未受阉割恐惧的女性所形成的这种不太分化的"俄狄浦斯情结"造成了女性对幻想的过分依赖，即把她们被"阉割的"自我形象隐藏起来，并形成复杂而晦暗的女性心理。

（二）神经性焦虑的基本特征

神经性焦虑之所以会产生，是因为预测到了来源于本能的危险情境，而表现出的恐惧感往往也是针对潜在的有可能对自身形成伤害的事物或情境。弗洛伊德对神经性焦虑的研究大致经历了前后两个阶段：早期，他将神经性焦虑的根源归纳为自我持续经受着的来自本我的威胁反应或被压抑着的本能欲望的冲动；后期，他以心理动力学为视域提出了"焦虑的信号说"。

1. 二元心理模型视域下的神经性焦虑及其基本特征。弗洛伊德认为存在着一种强有力的心理过程或观念，它由潜伏的但能够变成意识的前意识和被压抑的不能变成意识的潜意识这两部分构成。而无意识就像一个地下室，我们在那里存放秘而不宣的冲动和记忆，它是永远运动着的、施展其法力的一股强力，而作为一切心理活动和行为的动力，无意识所蕴藏的心理能量也是判断一个人心理正常与否的首要标准。基于此，弗洛伊德将神经性焦虑看作其解释神经症疾病之根源的重中之重。在他看来，神经性焦虑有如下三个特征。

（1）无意识性。焦虑之所以会产生，归根结底是无意识中的性冲动在作祟，也可以说罪魁祸首是被称为"力比多"的心理能量。在弗洛伊德看来，期待的焦虑或一般性焦虑与性生活中的某些事件或者说"力比多"的使用有着密切的关系。性的限制与焦虑状态之间的关系是不可否认的，强烈地要求宣泄的"力比多"倘若找不到满足的方法就得不到升华。虽然他并没有对无意识中的本能冲动如何转化为焦虑这一问题做出强有力的论证，但根据他的无意识理论我们能得出神经性焦虑的"无意识性"特征。无意识中的本能欲望在现实生活的重压下必须延缓已经获取的满足感，但一旦无法获得满足感，神经性的焦虑症状就会显现出来，而由这种病症所引发的结果却是双向的。癔症患者正是因为没能把自己渴望得到满足的冲动从意识中成功地排除掉，而使无意识中的本能欲望占了上风，最终那些冲动才以癔症的器质性症状的形式悄悄溜了回来。可见，导致神经性焦虑产生的一个重要原因就是无意识中的本能欲望没有得到满足，这种"无意识性"

既会引发致病性的癔症焦虑，同时也有可能升华为一种艺术气质。

（2）无对象性。弗洛伊德通过对癔症的分析，发现了能够解释神经性焦虑之基本特征的第二个线索。[1](P326) 以由战争所激发的创伤性神经症为例，由此而引发的焦虑表现为本我对于自我的持续威胁反应，尽管病人说不出焦虑的具体对象，但仍然愿意以保护自我为契机持续这种状态从而免受危险的再次侵袭。战争或疾病的创伤确实时常使他们陷入深深的焦虑中，但这焦虑究竟何时会产生、何处会出现就不得而知了，因此，焦虑的存在和发生从这一层面来看还体现出了无条件性。弗洛伊德还通过对癔症状态的洞悉，把焦虑形象地比喻成通用的钱币。例如，安娜在惊恐中试图伸出过去睡觉时常靠在椅背上的右臂来抵挡蛇，从那时起每当她看到任何像蛇样的物品时，右臂就不自觉地僵直起来。释放最初情感的经验，即兴奋转换成躯体症状，我们将其描述为心理创伤，以这种方式引起的病理现象，即由创伤引起的癔症症状。所以由创伤性癔症所引起的心理性兴奋既非来自外部的刺激，又非来自正常的心理反射的抑制，而是来自于联想过程的抑制，故癔症患者的焦虑情绪就像兑换一切情感的通用钱币，同时印证了神经性焦虑的"无对象性"的特征。

（3）症状化倾向。有些病人为了避免焦虑情绪甚至会采取强迫的行为，这一症候的形成无疑指向了神经性焦虑的又一典型的特征——症状化倾向。倘若阻止癔症患者那些强迫动作，前所未有的恐惧感就会顺势袭来，受压抑的人格就会因得不到及时的宣泄而爆发混有谵妄症的焦虑情绪。追溯到原始人类的禁忌仪式中，他们对待图腾的方式也基本上类似于神经症患者的强迫性行为。例如，他们不能触摸任何红色的东西或者只能在人行道的特定区域内行走，这些强迫性的禁令和命令就像原始人类的禁忌一样以由此及彼的方式扩散开来。可见，强迫性行为表现出摇摆不定、爱恨交加的特征，而神经症患者总是对那些在无意识层面上渴望而意识层面上痛恨的行动设立障碍。障碍之所以高不可攀地使神经症患者无法忘怀，主要还是因为他有一种强烈的无意识愿望，驱使其去做那些不允许做的事情。而症候之所以形成，是无意识和意识两种力量间的对抗，最终二者妥协并达到和平共处的效果，同时它也是无意识中本能欲望与冲动的替代性满足。所以说，一般的症状的形成只是为了逃避焦虑的产生，进一步说就是刻意地拒绝焦虑可能会带来的恐惧感，而神经性焦虑的"症状化倾向"特征实际上就是以逃避痛苦、追求快乐为原则来缓解潜在的消极情绪。

2. 三元人格结构论视域下的神经性焦虑及其基本特征。在对神经症的后期研究中，弗洛伊德通过对心理结构的进一步洞察修改了无意识的概念，并主张应在三元人格结构心理模型的范式下探讨焦虑的根源，从而发现了焦虑在经历了原始创伤状态的现实性焦虑的阶段之后，还会迎来后续焦虑阶段。但是，焦虑发出的这种信号会使人害怕被自身内部的某种冲动所征服，进而驱使自己做出对其有害的事情。所以，在"焦虑的信号说"的情境下生成的神经性焦虑又呈现出如下三个特征。

（1）浮动着的预期性。有焦虑性期望这种症候的人们有时连自己的影子都害怕，确切地说他们害怕的是人格中无法掌控的本我。对于焦虑的期望，弗洛伊德认为它是一种自由漂浮且普遍存在的忧虑，即那些发泄不了的"力比多"兴奋被激起了，却没有得到满足和利用，于是忧虑随之代替"力比多"，并在被利用的过程中逐渐被消磨掉，而那未得到满足的"力比多"就直接演变为焦虑。以塞林格《麦田里的守望者》中主人公霍尔顿对死亡的幻想为例，先是弟弟艾里的死使他悲痛至极，紧接着好朋友杰姆斯的死又强烈地打击着他，接二连三的不幸发生在自己的身边，霍尔顿开始出现对自己死亡场景的幻想，直到有一次走进实验室站在埃及木乃伊的旁边，这一幻想才激发了他想自杀的念头。归根结底，这一切幻想都是霍尔顿渴望减轻焦虑的方式，因为在他生活中形成的刺激性创伤已经通过幻想死亡而演变为一种期待性焦虑。

（2）极度的恐怖性。在弗洛伊德看来，还存在与上述焦虑症状相反的第二种焦虑，即害怕的程度和所害怕的东西之实际危险程度极不成比例，弗洛伊德将其归纳为"各种不同的特殊的恐怖症的焦虑"[1](P322)。弗洛伊德后来又针对构成恐怖症的具体对象按类别将其概括为三组。第一组中，那些能令我们常人产生恐惧感的事物和现实的危险情境有一定的关联性。譬如，骁勇善战、无所畏惧的美国总统华盛顿就坦言自己有活埋恐怖症，他甚至在临终前还吩咐身边人至少要在他死后两天再将他放入土中。第二组中，所有的对象与危险之间仍有关系，但我们常常忽视这种危险。例如，我们知道倘若船沉了乘客就会有危险，但我们却从未把这些危险放在心上，以至于在游玩时不管是乘车或坐船也都从未担心过。第三组的恐怖症我们对其往往无法完全理解。比如，一个健壮的成年人在自己所在的城市里竟然害怕过街道或广场，一个健康的女人竟然会因为身边有猫经过而惊慌失色。在以上恐怖症中，有些是长大后形成的，有些则是与生俱来的，不管是哪一种它们都应属于焦虑性癔病。

（3）与现实危险情境的无关性。此种神经性焦虑因为看似与现实的危险事物或情境毫无关联而常常使人们陷入迷惑之中。这种类型的焦虑常出现于癔症或歇斯底里症中，它们有时会单独发作，有时裹挟着其他症状，但无论以哪一种状态出现，都无法明显地与外部的危险情境扯上关系，归根结底在这类神经性焦虑中人们所害怕的仍然是自己的"力比多"。以比利时画家保罗·德尔沃的超现实主义作品《不安的城市》为例，画中展现的整个城市的男女个个都面露惊恐，不知道发生了什么大事，乍一看画面中不存在任何的危险情境，肉体如林的众生中只有一个穿黑色衣服戴眼镜的人，究竟这个人是不是不祥之物也不得而知，总之在这超现实版的创世纪花园里人们都表现出了焦虑和恐慌。可以说，不管是对人的身心构不成危害的一般事物的恐惧症，还是无危险情境下所表现出的惊恐、战栗、心慌、呼吸困难等表现，均可被叫作"焦虑的相等物"，它和焦虑本身有着同样的临床型和起因，都是出于无意识的冲动，因消除了本我对自我的压力而减轻了神经性焦虑的症状。

（三）道德性焦虑的基本特征

弗洛伊德对道德性焦虑的界定是基于其三元人格结构理论的。在他看来，道德性焦虑源于自我中的一种负疚或羞愧的感觉，它由超我中的良心所知觉到的危险所唤起，表现为被超我掌控着的自我与严格执行道德准则的超我之间难以调和的关系。乍看道德性焦虑是本我与超我的明争暗斗，事实上它体现着现实原则和理想原则的激烈对垒。道德性焦虑具有避免人们实施有损于道德规范的不良行为并引导人们追求至真至善至美的境界的作用，它在本质上呈现为一种道德情感，且这情感表现为人们在日常生活中因自身的思想、行为和规则与社会上的道德标准相冲突而形成的令人不快的憎与恶的心理体验。

1. 道德性焦虑作为一切人类行为的推动力而具有其社会性。我们人类之所以区别于动物而表现出文化意义上的斗争，是因为一种被称为"道德"的罪疚感在作怪。人类行为中的攻击性欲望经由道德性焦虑会被送回到它所起源的地方，也就是说，附属于超我的自我与严厉的超我构成了一种紧张的关系，且这种紧张感要通过对惩罚的需要来消解。基于此，文明便通过在个体内部建立一个行使监视职能的机构来减弱或消除这种紧张。探讨产生道德性焦虑的原因首先要追溯罪疚感的来源，其根源我们可以用有意识的罪疚感和无意识的罪恶感来概括。这两种形式作为人类的一种独有特征而推动着一切人类行为，我们还可将此心理状态称为"邪恶的良心"，它是因害怕失去爱而形成的一种"社会的"焦虑。尽管每个人都有自己独特的道德性焦虑，但是特定的社会人群以及社会发展的特定时期人们的道德性焦虑还是有共性的。对儿童而言，这焦虑显然是他们害怕失去其所依赖的父母亲的爱；而在许多成年人身上，他们的焦虑则体现在较大的人类社会中，只和害怕被察觉有关，所以当前的社会必须考虑这种普遍的心理状态。但是当这个权威通过超我的确立而发生内化时，其焦虑状态会使得他们的良心达到一个更高的水平，即越是正直的人才越容易以更加严格的目光审视和反省自己的行为。所有的民族都是这样行动的，并且在特定的社会发展时期都一如既往。由此，我们便可明了罪疚感的两个根源：一个来自于对超我的恐惧，另一个则来自于对权威的恐惧。不管是哪种根源引发的罪疚感，它都使得人类所特有的道德性焦虑呈现出一种"社会性"的特征。道德性焦虑在早期人类社会里通常指对无法避免的自然灾祸的担忧以及对反人类的社会暴力的恐惧；而当代社会中的道德性焦虑则主要指对个体虚无感与荒诞感的反思以及对社会崇尚权力与欲望的叩问。可见，道德性焦虑作为一切人类行为的推动力，加速了文明社会的发展进程。

2. 道德性焦虑是原始自然本能的净化和升华且具有建设性。自我方面的本能主要表现为对良心、悔恨和罪疚感共同构成的批评性机能的害怕以及对惩罚的需要，道德性焦虑就表现为自我中的内部破坏性本能的那一部分，用来形成对超我的一种依恋。故而，道德性焦虑在肯定了人的原始的自然品格的同时，又有助于指导人类淡化本能欲求以实现自我理想。通常说来，本能的压制是文明建立的基础。可以说，随着道德性焦虑的不断普及和深化，本我中的原始本能欲望被一点点地消耗殆尽，取而代之的是超我统辖下的那种被净化了的"性道德"观念。所以在现代文明中，人格中的支配欲、好奇心、侵略性和报复心等倾向都要因着道德性焦虑的存在而做出一定的牺牲，并通过这种牺牲积累起仅供公众使用的文明的素材和精神的财富。因此，道德性焦虑在发挥其净化和升华原始自然本能的作用时还要讲求适度原则，从而突显其有利于社会道德完善的建设性特征。此外，我们知道，东方文化因强调外部社会对人类行为约束力的重要性而被称作耻感文化，而西方文化则因提倡制定绝对的道德准则被称作罪感文化。两种文化虽然出发点不尽相同，但最终目的都旨在建立规范化的向善的人类社会，且罪感和耻感背后所蕴含的心理状态都是道德性焦虑，这对文明社会的推动都具有积极的建设意义。例如，在美拉尼西亚，一个男孩与其母亲和姐妹间的交往有着种种限制；在英属东非的某一族，女孩子在青春期后及成婚前必须回避其父亲直到结婚为止。由此不难看出，原始民族对乱伦关系的产生有着极度的恐惧感，而这恐惧感的背后仍然是道德性焦虑在作祟，他们旨在通过建立严厉的道德禁制来维持正常而健康的社会秩序。可见，在道德规范制定得并不健全的远古社会，罪恶感和恐惧感所引发的道德性焦虑确实为社会秩序的稳定发挥了建设性的作用，并且加速了文明社会的进程。

三 "焦虑"的摆脱之途

在如今物欲充塞、人欲横流的多变世界里，人们因本能欲望和金钱欲望的膨胀而在无情的现实中屡屡受挫，由此而滋生出越来越多的焦虑情绪，影响着人类的健康发展和社会的文明进步。走出焦虑，也就成了当今社会亟须解决的热点问题。如何走出焦虑呢？弗洛伊德在其毕生的精神分析研究中为我们提示了诸多摆脱焦虑的途径。

（一）客观性焦虑的摆脱之途

客观性焦虑又称作现实性焦虑，表现为由于认识到外界可能存在着的危险而产生的一种痛苦的情感创伤的经历。婴幼儿时期不成熟的人格由于易受创伤而更易产生恐惧，故客观性焦虑在这一时期也具有普遍性。在弗洛伊德看来，五岁以前的婴幼儿、成年人的梦境与幻想以及精神分裂症患者常借助妄想性投射、神经病性否认和歪曲作用等方式来抵御客观性焦虑带给他们的现实恐惧，以暂时性地摆脱焦虑并获得心理上的慰藉。

1. 被压抑者的缓释：由无意识固恋到多态性倒错。"自恋"是从希腊神话中借来的一个观念，它讲述了纳西索斯这位只爱自己的倒影而不爱他物的青年，后来变成了可爱的水仙花的故事。以男孩演变成同性恋者为例，当他对母亲的恋慕受到阻碍时，他便要被迫抑制爱恋母亲的情感而令自己取代并变成母亲的形象，这样他就将已经被母亲同化的自己作为范本经由自恋这条捷径寻找到了下一个爱恋的对象，待他长大成人以后，他现在爱的男孩就是他自己儿童时代的替代性形象和复活。弗洛伊德就此指出："通过上述方式成为同性恋者的男人，在记忆里保持了对形象的无意识固恋。"[6](P134)他对母亲体现出的绝对的赤诚主要是通过将对母亲的恋慕之情隐藏在潜意识里这种方法，表面上看他好像同性恋者一样在寻找男性伴侣，但实际上他是在排斥那些有可能致其不忠的女人，由此我们可以说这种同性恋倾向是客观性焦虑袭来时必须压抑自我所表现出的无意识固恋。弗洛伊德通过理论分析和医疗实践发现，被压抑之物总是与性心理（即性征）联系在一起。以儿童为例，他们的性驱力是用来获得各种不同的快乐感觉的，他们的性快感主要来自于对身体的某些特别敏感部位的适当刺激。对此，弗洛伊德将婴儿和幼儿描述成"多态倒错者"。首先，为了获得常态性发育这种性取向，儿童的许多原始驱力要受到压抑；其次，在非常态的比如性倒错的道路上，双性恋倾向往往极易产生；再次，并非人人都能成功地处置自己的原始驱力，正常人处置驱力的方式是压抑之，性倒错者处置驱力的方式则是实施之。所以说，对无意识的压抑也必须是一个持续不断的过程。在被压抑的状态下，无意识总是在极力抗拒，因而构成儿童多态倒错的所有驱力还是能够在成年人那里找到蛛丝马迹的。

2. 爱幻想者的释放：由掩蔽性记忆到妄想性修饰。人们总是认为人类童年阶段尚存的记忆对后来的生活都是无关紧要的，但是弗洛伊德经过仔细研究发现那些琐碎的记忆似乎存在一个移置过程，即这些内容是对另一些重要的记忆内容的替代，或是这些内容的再现，故这种记忆被称为"掩蔽性记忆"。经研究发现，有的人的童年记忆可以上溯到六个月时的生活经历，因而我们可以大胆地假设或许是现实中的恐惧和焦虑刺激了童年有形的视觉性记忆，进而促使儿童不得不掩蔽这段记忆以缓解已经形成的焦虑。以弗洛伊德童年记忆中一个保留了很长时间的情景为例，他对哥哥打开衣橱、他的哭叫以及母亲的到来三者间的实质联系存在疑惑。经过努力分析，他意识到自己在不到三岁的时候知道有个即将来到人世的妹妹就生活在母亲的身体里，他不赞成在这个家庭里增加这么一个新成员，由此对此事充满了敌意的他产生了焦虑感并认为母亲的身体里隐藏着很多孩子；而衣橱作为掩蔽性记忆就代表母亲的身体内部，这一意象缓解了他儿时的焦虑感；而哥哥打开衣橱这个举动作为掩蔽性记忆就代表了他对异母哥哥的敌意已经形成，但当他发现衣橱是空的时的焦虑和童年时期由哥哥的举动而习得的创伤都随着其苗条的母亲的出现得到了缓和。弗洛伊德还在《达·芬奇的童年回忆》一书中对达·芬奇的一段早年记忆进行了探讨，即当他还在襁褓中的时候，一只秃鹫飞向他并用尾巴撞开了他的嘴，并且还多次撞到了他的嘴唇。弗洛伊德认为这并非达·芬奇童年时对这一记忆的保留，恰恰是其在成长过程中形成的一个意象，而秃鹫这一意象正是他童年时期的妄想。他所保持的这段童年记忆也许是母亲给他讲的故事，以后就像经常发生的那样他很可能把这个记忆当成自己的直接经验。对此，他还指出："我们不能放弃我们的期望；或者，如果说得好听点，是不能放弃我们的偏见，即这类幻想必定是有'某种'意思，与另外一些心理创造（psychical creation）——一个梦、一个幻想或一句妄想——有相似的方式。"[6](P122)对一个童年幻想进行剖析的主要目的是区分其中哪些是真正的记忆，哪些是后来为摆脱现实性焦虑而不得不对记忆进行的修饰以及对动机的歪曲。以达·芬奇的真实情况为例，他把自己幻想成秃鹫的孩子实际上是为了修饰童年缺少父爱的那段痛苦的记忆，以摆脱现实焦虑带给他的不安。

（二）神经性焦虑的摆脱之途

神经性焦虑主要表现为能量宣泄和反宣泄的矛盾冲突下的本我—自我冲突，倘若以精神分析法干预神经症性焦虑，自我防御机制则是将病人从折磨人的焦虑中解脱出来的最快且最有效的途径。但由于所有的自我防御机制都是在无意识的情况下进行的，所以焦虑的内容只是暂时地被搁置到了无意识之中，这些内容迟早还会以改头换面的形式重新回到意识之中。后来，弗洛伊德发现使无意识中的东西被意识化则是缓解神经性焦虑的好方法，这不仅不会耗费过多的自我活动能量，还能大大地削弱焦虑的症状。

1. 神经性焦虑的防御：压抑理论与移情作用。抵抗与压抑的理论作为弗洛伊德精神分析法的基本内容，对解释人性本能欲望等问题具有十分重要的意义。在弗洛伊德看来，压抑介乎逃避和责难之间，其本质在于赶走某些东西并让它与意识保持距离，但当其没能成功地将不被社会所接受的东西抑制住时，疯狂和神经病就会闯入意识之中。在人的心理王国，遭到压抑的思想通常会用梦境等幻觉满足人的心理需求；但倘若采用梦境这种便捷方式不能缓释人的受压抑的本能欲求，心理就会建立一种能够使其精神尽快融入人的假想环境，于是自身产生了保护作用并依附于自我制造的能力，最终便形成了一种在真实与虚假之间的游移的路线。所以说，当心理受到压抑时，人的精神会不由自主地制造出许多打击或伤害机体的复杂情感，且这些情感在挥发时往往遵循唯乐原则，而压抑的作用旨在抑制这些情感的出现，以更好地担负起无辜的心理器官所承载着的重压。可见，压抑理论是我们认识神经症的一块基石，在一定程度上它还能有效地抑制神经性焦虑过早地出现。弗洛伊德还在对神经症患者的临床实践和观察中发现，病人在抗拒医生时的情绪是异常激烈的，且面对医生的治疗他们能够熟练自如地运用不同的抗拒形式。在他看来，患者把现实世界中过去或现在某个心爱（痛恨）之人（真实的或假想的）的品性无意识地赋予精神分析者，明目张胆的方式就是移情。无论积极意念的迁移，还是消极想法的投射，移情对解释分析神经症患者的表现以及防御或缓解神经性焦虑都有不可忽视的价值。其价值主要体现为：移情是患者无意识的情感生活的自然呈现，因此可以用来引导精神分析者把握患者病痛的无意识根源。患者并非在回忆，而是以实际行动展现了一部分的被压抑之物。这样做还可以提供重要的线索，告诉精神分析者究竟是什么东西占据了患者的无意识。由此，以移情作为治疗神经性焦虑的方法的意义不仅在于它在一定程度上抵抗了压抑带来的不良后果，而且它还有助于把潜意识里的一些想法带进意识之中，并使得自我的力量愈发强大。可见，移情作用化解了患者"力比多"与自我之间的矛盾，进而升华了的"力比多"消除了神经性焦虑的症状。

2. 神经性焦虑的疏泄：释梦理论与自由联想法。弗洛伊德曾在《梦的解析》一书中提出了"梦是一种欲望的替代性满足"这一具有启发意义的观点，在他看来，梦的运作之下的审查机制将那些不被道德认可的愿望转化成了被道德接受之物。在梦中，我们内心深处的欲望总在想方设法地抛头露面，而梦的运作通过将那些本能欲望置于符号化、戏剧化、置换和浓缩的进程，使它们更易于为我们的社会良知所接纳。但是，弗洛伊德在解析梦的运作时发现了"焦虑的梦"是个复杂的问题，其中的恐惧或不适通常只停留在显性的层面上，隐性的内容依然包含着愿望的满足。有感于自己的欲望的极端性，做梦者裹足不前了，他做的梦令他感到恐慌。还有另外一种可能性，即焦虑的梦自始至终都是在满足愿望。对此，他通过解释"焦虑的梦"巩固了其释梦理论：梦是对无意识愿望的偷偷摸摸的满足，梦还是理解人类心理的无意识活动的捷径。梦同时给我们提供了一个缓解精神压力的阀门，使我们跳出了神经性焦虑带给我们的压抑感和恐惧感。在运用释梦的机制分析了各种神经症之后，弗洛伊德越发感受到进行自我分析的艰难，亲身体会到精神治疗法会引起病人各种形式的抗拒，于是他又开创了"自由联想法"这一精神治疗法。自由联想法是弗洛伊德在创立了精神分析学理论体系后治疗精神病患者的一种独特方法，它实际上也是释梦工作的衍生物。他主张精神病患者不应该老是停留在自己的症状上，而是应该让其自由地狂想，由一个想法触发下一个想法以至无穷，于是他们漫无目的的自由联想便可以引导精神分析者把握患者焦虑的无意识根源。还需强调的是，自由联想法也不完全指向绝对的自由，精神病人的心智活动虽然没有被引导到一个绝对明确的目标上来,但其精神状态仍处于医生的控制之中,而他们依然可能产生"阻抗"。可见,利用神经症患者的阻抗,也是抵消其抗力的重要一点。这样,在自由联想的过程之中精神活动就得到了彻底的解放,潜意识尝试打破压抑的束缚,超越心理的自我防御,经自由联想洗礼后的精神态度就因涤除了一切外界滋扰而呈露出一种纯净的精神状态。由此,人们可以在看似混乱而缺乏逻辑性的自由联想法的启发下挖掘出自身精神活动的最原始状态,使心理保持畅通无阻,进而缓和神经性焦虑带给我们的忧惧。

(三)道德性焦虑的摆脱之途

道德性焦虑来源于自我中的负疚感,通常由超我中的良心所知觉到的危险所唤起。不管是个人还是社会,当道德性焦虑出现的时候,本我应该怎样做才能被自我所接受、被超我宽恕呢?弗洛伊德的三元人格结构理论揭示了人之所以为恶的原因在于本我的冲动,而人之所以为善的原因则在于超我的监督。那么,只有借助一些成熟的防御机制来去恶从善、惩恶扬善才能帮助我们剔除道德性焦虑投射出的罪疚感。

1. 背负起沉重的十字架,用苦难和惩罚来摆脱罪孽。众所周知,西方社会的原罪意识是基督教民族所崇尚的宗教理念,它强调任何人都是负罪而生的,背负着罪恶的人们只有深陷苦痛和艰难的困境才能涤除罪孽,进而实现人格的净化和灵魂的救赎。以耶稣基督为例,他被残忍地钉在十字架上所承受的苦难是为了拯救全人类,而他所做出的牺牲则体现了大无畏的自我毁灭精神。于是,道德性焦虑的出现便警示了罪恶即将到来,而已经到来的罪恶还会反过来扩散焦虑的杀伤力。所以说,只有将灵魂中的罪孽祛除才能从根本上摆脱道德性焦虑。可见,苦难是克服道德性焦虑的必由之路。再以陀思妥耶夫斯基的《罪与罚》为例,标题中的"罚"字不仅仅指代因犯杀人罪而被流放并进行苦役的简单意义上的法律惩罚,更重要的是它体现了那追求精神苦难的心灵惩罚。小说中,只有索尼娅选择的道路才是真正经由苦难通向救赎的大道。尽管她的身躯是幼小而柔弱的,但她却用无穷的力量撑起了沉重的苦难。在她看来,经苦难洗礼后的灵魂能够彻底地摆脱罪孽并得到永生。索尼娅把苦难的历程看作为赎罪而必须担负起的责任,背负着沉重的十字架的她拥有纯净的灵魂,从而真正地消解了道德性焦虑。弗洛伊德还将俄狄浦斯神话视为人类命运的范例,他通过分析其命运性因素发现了俄狄浦斯最后的结局是内部心理上的道德性焦虑促使其要用惩罚自己的方式来获得精神上的救赎以摆脱深重的罪孽。背负着杀父娶母罪名这副沉重十字架的俄狄浦斯为了被超我所宽恕,决定用刺瞎双眼的惩罚方式来洗刷不可饶恕的罪孽,以彻底地摆脱道德性焦虑带给他的不安。可见,惩罚也是克服道德性焦虑的终南捷径。再以安妮·赖斯的魔幻小说《夜访吸血鬼》为例,路易被莱斯特变成吸血鬼之后,始终无法摆脱道德性焦虑,他为了避免杀害人类而选择了用吸食动物血液的自我惩罚方式克服内心的焦灼感。当莱斯特以克劳迪娅作为要挟强迫他去杀人时,人格中的超我再一次变得格外艰难,此时的超我因无法苟同吸血鬼接触人类并杀害他们的生存法则而使良心充满了负疚感,道德性焦虑也在无法继续忍受莱斯特时爆发了,于是决定去恶从善的路易与克劳迪娅用"毁灭一切,推倒重来"的惩罚方式了结了莱斯特并最终克服了焦虑,获得了永生。

2. 在宗教幻想下裹足前行,用图腾与禁忌来维持秩序。在弗洛伊德看来,宗教是人类文明发展到一定历史阶段的必然产物。受俄狄浦斯情结的启发，弗洛伊德认为在社会的最初发展阶段，社会只是一个原始的父系游牧部落，由一个专制、残暴和充满妒忌的父亲统领，久而久之，父亲的残忍暴行逼迫其儿子们最终杀死了父亲。然而，儿子们虽然在心理上解除了愤恨，但他们对父亲的情感是爱恨交加而摇摆不定的，因此出于为人子的罪疚感，他们创造了两个图腾式禁忌以在情感上削弱已经产生的道德性焦虑。这两个最重要的图腾禁忌是：第一，禁止屠杀图腾动物；第二，禁止与同一氏族的成员交媾。图腾成了父亲的替身，久而久之还演变成了氏族社会里群体共同的崇拜对象。同时，弗洛伊德还强调图腾崇拜在某种意义上还具有一种自我审判的况味，即要是父亲像图腾一样对待我们，那么我们也绝对不会伤害他。所以，为了维护来之不易的极不稳定的社会平衡，两个最初的图腾式禁忌逐渐放大并最终构成了一套完整的道德约束系统，于是宗教思想也由此而产生了。由此可见，年轻的儿子们为摆脱由道德性焦虑衍生出的恐惧感和罪疚感而把受到每一位部落成员的崇敬并供养起来的图腾视为父亲的象征，随着时间的消逝图腾崇拜发展成了真正的宗教，而那位父亲的替身也获得了更为坚实的神圣地位。此外，在广大的俄狄浦斯平原上展开的基本上都是乱伦性质的斗争，它的后果连同其放弃、压抑、认同和禁忌将有助于建立一道阻挡乱伦的屏障。故弗洛伊德说："无论谁触犯了这两大禁忌都是在犯令原始社会深恶痛绝的绝无仅有的两大罪恶。"[7](P184) 而与其他氏族成员结婚即"声名狼藉、神秘兮兮"的异族通婚，在弗洛伊德看来是强烈的乱伦恐惧导致的结果。可见，在原始社会中，谋杀和乱伦便可算是唯一能引起人们痛恨的罪行了。但原始时期的禁忌大多将其看成是神秘的大自然的超能力对人类的惩罚，尽量要躲避天灾的人们就顺势制定了一些禁令以约束部落群体的言行。进一步讲，原始社会人们表现出的畏惧也只能是简单意义上的本能欲求让位于图腾禁忌时产生的心理。人类世代的休养生息和社会秩序的有条不紊，需要依赖的便是以更为规范的道德准则避免人们踏进乱伦这片禁区。久而久之，人类也在不断的社会实践中对原始的本能欲望和复杂的乱伦关系形成了一种免疫力，即终日以畏惧心理生活在道德性焦虑的状态之中的他们也必然会进行一系列严厉而冗长的赎罪仪式。由此可见，对乱伦的禁忌有利于维护早期的家族秩序，它作为开启人类伦理生存模式的钥匙，同样促使人类有了道德观念的约束和标准，体现了人们逐渐趋向文明的要求。

参考文献：

[1]〔奥〕西格蒙德·弗洛伊德. 精神分析引论 [M].高觉敷译. 北京：商务印书馆，2013.

[2]〔奥〕西格蒙德·弗洛伊德. 精神分析新论 [M].郭本禹译. 南京：译林出版社，2014.

[3]〔奥〕西格蒙德·弗洛伊德. 自我与本我 [M].林尘等译. 上海：上海译文出版社，2011.

[4]〔荷〕亨克·德·贝格. 被误读百年的弗洛伊德 [M].季广茂译. 北京：金城出版社，2010.

[5]〔奥〕西格蒙德·弗洛伊德. 精神分析引论新编 [M].高觉敷译. 北京：商务印书馆，1987.

[6]〔奥〕西格蒙德·弗洛伊德. 达·芬奇的童年回忆//车文博主编. 弗洛伊德文集（第10卷）[M].北京：九州出版社，2014.

[7]〔奥〕西格蒙德·弗洛伊德. 图腾与禁忌 [M].文良文化译. 北京：中央编译出版社，2013.

从俄国的文化图腾"双头鹰"谈起

刘文飞[*]

（首都师范大学　外国语学院；北京　100089）

摘　要：本文梳理了作为俄国国徽主要构成的"双头鹰"图案的来龙去脉，分析其所具有的象征意义和文化内涵，认为这一文化图腾既是俄国历代君主自视为拜占庭或罗马帝国正宗传人之心态的真实体现，也是俄国横亘欧亚大陆的地理位置的真实写照；既是俄国文化结构中固有的东西方二元模式的具象概括，又是其民族矛盾性的形象展示。它作为俄罗斯国家、民族和文化的最佳识别符号，作为俄罗斯民族心理和国家类型的拟人化象征物，也在数百年间不断地强化俄罗斯民族的文化身份认同。

关键词：俄国；双头鹰；文化图腾

一

俄国的国徽是一只双头鹰，这只左顾右盼、东张西望的双头鹰早已成为俄国人心目中的文化图腾。

汉语中的"图腾"是个外来词，这个词据说源自印第安语，有"亲属""标识"等义。作为一个现代学术概念的"图腾"一词，最早出现在1791年伦敦出版的英国人类学家龙格所著《一个印第安译员兼商人的航海探险》一书中。将"图腾"一词引进汉语的是严复，他在1903年翻译英国学者甄克思的《社会通诠》一书时首次把"totem"译成"图腾"，并在译者序中写道："夷考进化之阶级，莫不始于图腾，继以宗法，而成于国家。"[1](Pix)"图腾"的汉译极好，因为加入了"图"字，使这个词具有了生动的形象感。如今，关于"图腾"的正式释义是："一个族群的精神存在、圣化客体或象征符号。"

世界各民族均有其图腾，多以动物为主，如中国的龙、法国的公鸡、草原部落的狼、森林民族的熊，但世界各国用得最多的动物图腾恐怕还是作为兽中之王的狮子和作为禽中之王的鹰，狮子和鹰的图腾后来有许多都演化成了国徽、国旗中的重要构成。俄国国徽中的双头鹰也经历了这样一个演变过程。

双头鹰的图案由来已久，并非俄国所独有。考古发现，距今5000年的苏美尔文明遗

---

　*　作者简介：刘文飞（1959—　），男，首都师范大学外国语学院教授，研究方向为俄罗斯文学、俄罗斯文化。

迹中就有双头鹰的图案；公元前 2 世纪，赫梯人已正式使用这个图案作为其王国的标志符号。在近现代的欧洲，许多国家的国徽均以鹰为标志，用双头鹰图案做国徽的也不止俄国一国，还有阿尔巴尼亚、塞尔维亚等国家。提起俄国的象征符号，尤其是在贬损地提起俄国时，人们往往首先联想到熊，尤其是北极熊。棕熊也是俄国人偏爱的动物，被俄国人爱称为"米沙"（Миша）的小棕熊，往往会成为俄国举办的各种大型活动的吉祥物，1998 年在莫斯科奥运会闭幕式上小熊米沙流下的道别泪水曾感动无数世人。此外，伏尔加母亲河、白桦树、鱼子酱、伏特加酒、泰加森林、圣像画等，也时常被人们当成俄国的识别符号，后来真正升格至文化图腾地位的俄罗斯民族标识还是双头鹰。

双头鹰图案首次出现在俄国的官方文件中是在 1497 年，它成为伊凡三世所使用的国玺的主体图案。关于这只双头鹰的来历有这样一个流传很广几乎已成定论的说法：莫斯科大公伊凡三世迎娶拜占庭最后一位皇帝君士坦丁十一世的侄女索菲娅·巴列奥略为妻，同时从拜占庭引进"沙皇"的称呼（即恺撒）、基督教（即东正教）以及双头鹰的图案，以此象征俄国对拜占庭王朝的继承权。但是，这个"定论"曾遭质疑，俄国拜占庭学者尼古拉·利哈乔夫早在 1911 年就发现，拜占庭其实并无一个贯穿始终的作为国家象征的徽章，各个皇帝所采用的徽章均不尽相同，而且其中也都没有出现过双头鹰图案："如果能够证明，拜占庭（以及罗马帝国）并无国玺，帝王的徽章上亦无鹰的图案，那么显而易见，莫斯科当政者便无可能从拜占庭继承连拜占庭自己都没有的东西。"[2] 有人发现，伊凡三世是在 1472 年迎娶索菲娅的，而在 1497 年伊凡三世颁布的一份文件的印章上才首次出现双头鹰图案，这中间长达 25 年的间隔是难以解释的。但无论如何，伊凡三世国玺上的这个徽章还是被俄国历史学家卡拉姆津认定为俄国国徽的正宗源头。还有一些俄国学者指出，"双头鹰"的图案如同"双首神""双首人"和"双头马""双头鸟"等图案一样，很早就出现在俄国北方原始部族的民间创作中。

如果说双头鹰并非一件来自拜占庭的礼物，那么它究竟是从何处"飞落"俄国的呢？一种较具历史逻辑的解释是这样的：考古发现，最早的双头鹰图案约在公元前 3 千纪至公元前 2 千纪出现在小亚细亚苏美尔人和赫梯人的文明中，后被塞尔柱人所继承，中世纪成为伊斯兰文化中一个很常见的图案。十字军东征后，欧洲人把这个图案带回西方，并渐渐将这个同时具有图腾意义和世俗装饰性质的符号转化为权力的象征。自 13 世纪起，双头鹰的图案开始出现在西欧许多国家的钱币和印章上，与古罗马时期就已存在的单头鹰图案并存。14 世纪，俄国南部的保加利亚和塞尔维亚皇帝都曾采用这一图案，考虑到当时莫斯科公国与南部斯拉夫国家紧密的政治和文化联系，人们倾向于认为，俄国是从南方引进这一符号的。

我们猜想，伊凡三世在当时决定国玺图案时可能也曾面临"单头鹰"还是"双头鹰"的选择，他没有采用单头鹰而选择了双头鹰，其实有其内在的心理动机：罗马皇帝用双头鹰，罗马帝国的诸王国则用单头鹰，踌躇满志的莫斯科大公自然要采用最高等级的符号，就像他根据"恺撒"（кесарь）一词而将自己命名为"沙皇"（царь）一样，就像称莫斯科是继罗马和君士坦丁堡之后的"第三罗马"的理论总能赢得俄国帝王的欢心一样，就像俄国东正教名称中那个标榜自己宗教来源之正宗的那个"正"（право-）字一样，其中都包含着俄国君主欲独霸欧洲东部、与整个拉丁化的西方相对峙的雄心或野心。换句话说，伊凡三世的双头鹰图案应该是从罗马帝国那里模仿来的，伊凡三世试图用这个符号来向整个欧洲宣称，自己才是罗马皇帝奥古斯都的正宗传人。

谈到俄国国徽为双头鹰时，很多人忽略了这只双头鹰胸部的盾形图案：一个骑在马上、手持长矛刺向毒龙的武士。据说这个图案来自拜占庭，后被用作莫斯科公国的象征，图案上的骑士是圣乔治。如今，这个图案依然是莫斯科的市徽，只不过其中的骑士被解释为莫斯科城的奠基者尤里·多尔戈鲁基。这两个形象之间有着某种联系，因为圣乔治曾是多尔戈鲁基的保护神。曾为莫斯科大公的伊凡三世在为"全罗斯"制定国家符号时加入这一具有"地域特征"的图案，也是意在彰显莫斯科公国的地位和实力。

在伊凡三世之后，俄国历代君主大多继承了双头鹰加骑士的国徽图案，不过也不时有所添加：从 17 世纪开始，双头鹰左右两个鹰爪上分别加上了象征君主权力的权杖和象征国家统一的金球；1625 年，在米哈伊尔·费奥多罗维奇当政期间，戴有皇冠的两个鹰首上方又被加上一顶皇冠；1667 年，在阿列克谢·米哈伊洛维奇当政期间，他专门颁文解释国徽，称三个皇冠分别代表喀山、阿斯特拉罕和西伯利亚三个王国；彼得一世当政时，将国徽的颜色正式定为金色背景下的黑色双头鹰；亚历山大二世和亚历山大三世当政时，都曾进行过"徽章改革"，提出大、中、小等不同的国徽图案，图案设计也更加复杂和规范；二月革命后的俄国临时政府在废止绝大部分皇家符号时，却保留双头鹰国徽，只去掉了其中的骑士图案；整个苏维埃时期，双头鹰国徽被彻底废止；苏联解体后，俄罗斯联邦总统叶利钦发布总统令，宣布恢复使用帝国时期的双头鹰国徽，但关于国徽的争论却持续很久。俄共不同意这个国徽方案，认为它具有过于浓重的宗教色彩和皇权特征；许多俄罗斯知识分子也认为目前这个国徽的"帝国色彩"过于强烈。2000 年 12 月 25 日，俄罗斯国家杜马通过了《俄罗斯联邦国徽法》，并由普京总统签署，正式确立了如今的国徽图案。新版《俄罗斯联邦国徽法》第一款这样描述国徽图案："俄罗斯联邦国徽为一红底方形盾牌，盾牌底边两角为圆弧状，底边中间向下突出一尖角，盾牌中央为一只双翅向上展开的金色双头鹰。双头鹰戴两顶小皇冠，其上方另有一顶大皇冠，三顶皇冠由飘带联结。双头鹰左爪握权杖，右爪握金球。鹰的胸部有一红色盾牌，其上有身披蓝色斗篷的银甲骑士骑一匹白马，用银色长矛刺向一条仰卧在地、被马践踏的黑龙。"[3]

二

如今关于俄国国徽双头鹰的官方解释通常是这样的：双头金鹰雄视东西两边，代表俄国是一个地跨亚欧两大洲的国家，三顶皇冠象征国家的统一，金球和权杖象征国家神圣不可侵犯的权力，中心小盾牌上的勇士圣乔治骑在白马上用长矛刺杀恶龙，象征俄罗斯民族不忘历史、勇于同敌人斗争的精神。无疑，这样的解释是在努力淡化宗教色彩和皇权意识，淡化俄国过往的殖民历史。其实，双头鹰的"双头"，原来不仅指东方和西方、欧洲和亚洲，它在很长一段时间里都被解释为皇权和神权、宗教和世俗的并立。至于双头鹰头顶上的三顶皇冠，原来曾被皇室解释为代表被俄国吞并的三个鞑靼汗国，即喀山、阿斯特拉罕和西伯利亚，现在的官方解释则语焉不详，只说象征着国家的统一，而在俄国民间则有多种"解读"，有说是东正教的圣三位一体的象征，也有说代表东斯拉夫三兄弟俄罗斯、乌克兰和白俄罗斯，还有人调侃说是为了给鹰的两个脑袋遮风挡雨。

不过，俄国国徽上的这个双头鹰图案无疑含有深刻的文化内涵，它是俄罗斯民族文化结构的整体象征，是俄罗斯民族集体无意识的具象模型，是俄罗斯民族属性的形象概括。这只双头鹰同时注视着两个方向，具有俄国国家地理位置的象征意义。与此同时，它一身两首，顾此失彼，也是一种双重人格、分裂人格的具象化，是俄国社会构成的一种形象体现。双头鹰的图案如今被解释为俄国欧亚两部分合二为一的象征，其实伊凡三世在采用这一图案时未必曾有这样一种清醒、自觉的意识，但随着俄国的不断扩张，随着俄国文化中不同因素的不断冲突，随着人们对俄罗斯民族特性之认识的不断深化，双头鹰的确渐渐地成了俄罗斯国家的复杂构成或曰俄罗斯民族的分裂性格的绝佳象征物。

俄国的东西差异大于南北差异，这大约与俄国大多数江河的流向有关。大江大河既是文化的阻隔，也是文化的纽带，因此在古代，相距遥远的河流两端的文化往往会逐渐走近，而近在咫尺、隔河相望的河流两岸的文化却往往差异甚大。比较一下中国和俄国的地图，不难看出两者间有很大不同，中国的长江、黄河等大河均自西向东流，而俄国的河流大多为南北流向，伏尔加河、涅瓦河等由北向南流，鄂毕河、勒拿河等由南向北流。因此，中国的文化分南北，而俄国的文化分东西。关于俄国文化板块的构成，在俄国有过这样三种比较有代表性的说法：

一是别尔嘉耶夫的"东西方"（Восток-Запад）说。他在《俄罗斯命运》一书中写道："俄国置身于东方和西方之间的中心地带，她是东西方。"[4](P122)"只有在东方和西方这个问题的范畴内，俄国才有可能意识到自我，意识到自己的使命。她置身于东方世界和西方世界的中心，可以被定义为东西方。"[4](P127)而在他的另一本书《俄罗斯思想》的开头，作者几乎原样重申了这一概念："俄罗斯民族不是纯粹的欧洲民族，也不是纯粹的亚洲民族。俄国是世界的一个完整部分，是巨大的东西方，它将两个世界结合在一起。在俄罗斯的灵魂中，永远有东方和西方这两种因素在相互搏斗。"[5](P14)在提出这个概念之前，他还写有这样一段话："俄罗斯民族是最高程度上的两极化民族，它是若干对立面的并存。它可以使人迷恋，也可能使人失望，它那里永远有可能发生意外的事情，它最能激起对它的强烈的爱和强烈的恨。这是一个正在引起西方各民族不安的民族。每个民族的个性就像每个人的个性一样，都是一个微观世界，因此其中必定包含有各种矛盾，但是程度却有所不同。俄罗斯民族就其极端性和矛盾性而言，也许只有犹太民族可以与之相提并论。正是这两个民族具有强烈的弥赛亚意识，这并非偶然。俄罗斯灵魂的矛盾性和复杂性也许与这样的背景有关，即东方和西方这世界历史中的两大潮流在俄国发生着碰撞，产生着相互作用。"[5](P13—14)也就是说，在别尔嘉耶夫看来，地处东方和西方之间的地理位置既给俄国的命运带来某种不幸，导致俄罗斯民族性格和民族文化上的矛盾和分裂，但与此同时，它却在新的历史背景下凸显了俄罗斯民族独特的历史使命，将极大地提升俄罗斯民族在世界舞台上的地位和影响。

　　二是德米特里·利哈乔夫的"南北结构"说。在很多人就俄国文化究竟具有东方属性还是西方属性的问题争执不休的时候，俄国著名学者利哈乔夫院士却对俄国文化的南北属性给予关注，并进而对俄国文化的总体特征进行了一番独到的思考。集中表述其观点的著作就是他的《思考俄国》一书。像任何一个谈论俄国文化属性的人一样，利哈乔夫也无法回避俄国文化中的东西方矛盾问题。像俄国思想史上大多数西方派一样，利哈乔夫也给出了一个坚决的论断：俄国从来不是东方。不过，他创造性地提出了"斯堪的纳斯拉夫"（Скандославия）这一概念，这个单词由"斯堪的纳维亚"和"斯拉夫"两个俄语单词的词根拼合而成，意指俄国文化主要是北欧和南欧文化相互交融的结果。所谓来自南方的影响，主要指拜占庭和保加利亚对俄国在宗教信仰和文字起源等方面的影响，最为突出的例证就是东正教信仰和基里尔字母的传入；而所谓来自北方的影响，则主要体现在社会结构和军事体制等方面，最为突出的例证就是瓦兰人的应召入俄以及留里克王朝的建立。利哈乔夫写道："人们通常将俄国文化定性为一种介乎于欧洲和亚洲之间、西方和东方之间的过渡文化，但是，只有从西方看罗斯，才能看出这一毗邻状态。事实上，亚洲游牧民族对定居的罗斯之影响是微不足道的。拜占庭文化赋予罗斯以基督教的精神特性，而整个斯堪的纳维亚则赋予罗斯以武士侍卫体制。"[6]（P35）这一文一武两种极不相同的文化潮流纵贯辽阔的东欧平原，共同融合成俄国独特的文化传统，因此，利哈乔夫坚定地重申，在俄国文化起源中"发挥决定性作用的"，"是南方和北方，而不是东方和西方；是拜占庭和斯堪的纳维亚，而不是亚洲和欧洲"[6]（P36）。

　　三是列夫·古米廖夫的"欧亚论"。列夫·古米廖夫是俄国白银时代著名诗人古米廖夫和阿赫马托娃的儿子，他是从研究东方历史起步的，但他后来的研究重心却主要放在民族学和人类学上。在他看来，国家的历史不仅仅是经济、政治和文化的发展史，同时更是种族自身的演变进程。在《种族起源和地球生物圈》一书中，他提出研究历史过程的三个基本参数，即"空间""时间"和"种族自身"。"空间"就是某一民族生存的自然环境，列夫·古米廖夫又称之为"养育的风景"，它决定这一种族的行为方式，并赋予这一种族区别于其他种族的特征。比如，山民的生活习性就不同于沿海居民，森林民族的文化传统就有异于草原部族。"时间"就是一个民族的存在时限，一个民族像一个人一样有其童年和老年，有其祖先和后代，有其过去和未来。列夫·古米廖夫认为，种族和单个的人一样也有生老病死，迦勒底人和伊特鲁里亚人如今已不存在，就像从前并不存在法国人和英国人一样。他甚至还认为，每个种族的"寿命"大约就是1500年。"种族"也就是一个共同创造出文化和历史的集体，"生活在特定空间和特定时间中的种族，就是历史剧中的主角"。从生物学的角度看待种族起源，用"科学"的方法研究民族的历史，列夫·古米廖夫学术的最后落脚点仍在于他关于俄罗斯民族和俄国文化的"欧亚一体论"。其实，早在列夫·古米廖夫之前，俄国就一直有"欧亚论"和"第三条道路"等说法，认为俄国既不是西方也不是东方，既不属于欧洲也不属于亚洲，俄国就是俄国，其文化是独特的，是欧亚两种文明的有机合成。列夫·古米廖夫继承这一学说，并在其中注入某些新的内涵。俄语中先前的"欧亚"（Евразия）一词就是由"欧洲"和"亚洲"两个俄语单词拼合而成的，列夫·古米廖夫则喜欢使用"欧亚主义"

（Евразийство）这一更为抽象的概念。在其最后一部著作《从罗斯到俄国》（1992）[7]中，他将集合了多种种族基因和民族文化的俄国称为"超种族"，欧亚大陆能联合为一体，往往就依靠此类"超种族"的形成和活动。在俄罗斯民族之前，突厥民族和蒙古民族曾两次扮演这样的角色。而作为一个"超种族"的俄国是在 13—14 世纪形成的，列夫·古米廖夫甚至还给出了一个精确的"生日"：1380 年 9 月 8 日，也就是库里科沃战役爆发的那一天，当时，莫斯科公国军队击败蒙古大军，动摇了蒙古人对俄国的统治。列夫·古米廖夫认定，正是在那一天，具有清醒的民族自我意识、感悟到"欧亚"大陆之主宰的使命感的俄罗斯民族正式诞生了。既然俄罗斯民族注定要在欧亚大陆上发挥核心作用，那么再朝拜西欧无疑就是一个错误的选择，这就是列夫·古米廖夫给出的结论。

三

俄国的文化图腾双头鹰既是俄国地理位置的象征，在一定程度上也是俄罗斯民族性格的折射。俄罗斯人性格不稳定，爱走极端，体现出强烈的矛盾性，即所谓"双重人格"。别尔嘉耶夫在《俄罗斯命运》和《俄罗斯思想》等著作中，试图去打开俄罗斯灵魂的秘密，他发现了俄罗斯民族诸多的矛盾性。对于这样一种所谓"矛盾性"，别尔嘉耶夫在文中还先后使用过许多不同的概念，如"二律背反""悖论""极端性""两极性""对立性""两重性""双重信仰""二元结构""矛盾组合""双重性格"等等。在别尔嘉耶夫看来，首先，一方面，俄国是一个最无政府主义的国家，俄罗斯人是最无政府主义的人民，俄罗斯人向来不善治理国家，几乎所有的俄国思想家、作家和政论家，无论其倾向如何，都具有天生的无政府主义精神；另一方面，俄国又是一个最官僚的国家，俄国创建了世界上最为庞大的帝国，在俄国一切都会转化为政治的工具，为了国家、政治的利益可以牺牲其他一切利益，数百年来俄罗斯人的血和汗几乎全都用于巩固和捍卫国家，而无暇顾及个性的发展和自由的创造性生活。结果，最缺乏国家意识的人民却建立了最庞大的帝国，最具无政府主义倾向的人民却成了官僚政体最恭顺的臣民，一个天性自由的民族却仿佛不去追求自由的生活。其次，一方面，俄国是一个最少沙文主义的国家，俄罗斯民族从未像德国人、英国人和法国人那样充满自信和傲慢，俄罗斯人向来缺乏足够的民族自豪感，甚至羞于承认自己是俄罗斯人；另一方面，俄国又是世界上沙文主义色彩最为浓重的国家，也一直是一个民族冲突最多、民族压迫最甚的国家之一，大俄罗斯沙文主义的影响不仅遍及俄国，而且超越了国境。俄国在世界大战中的表现使它时常保持有"欧洲救星""各民族的解放者"的良好感觉，俄国强烈的民族主义情绪在俄国东正教会的意识形态中有集中、充分的体现，"莫斯科是第三罗马"的学说在俄国思想史中也一直很有市场。最后，别尔嘉耶夫在俄罗斯民族性格中也发现了这类二律背反。在《俄罗斯思想》的最后，别尔嘉耶夫写道："应当记住，俄罗斯人的天性是完全极端化的。一方面，是恭顺，是对权利的放弃；另一方面，是由怜悯之心激起的、追求正义的暴动。一方面，是同情，是怜悯；另一方面，是潜在的残忍。一方面，是对自由的爱；另一方面，是对奴役的接受。"[8](P247—248) 自由和奴性，浪游和停滞，这两者之间巨大的差异也许是由于俄罗斯灵魂中阴阳成分尚未糅合。

别尔嘉耶夫罗列的这些矛盾在每一民族中都程度不等地存在，只不过在俄国，其对立的色彩尤为鲜明罢了。之所以如此，恐怕既有地理上、文化上的无归属感，也有社会结构上下层之间的脱节甚至鸿沟；既有在基督教世界之内的东正教独立意识，也有在整个欧洲文化范畴内独树一帜的冲动愿望。诸如此类的深层原因还可以找出一些，如俄国皇室的血统问题。公元 9 世纪起北欧的瓦兰人应邀入主罗斯，之后俄国和西欧皇族间不断通婚，俄国的统治者常常具有西方血统，如北欧或日耳曼血统。以恭顺、忠君为美德的俄国人所臣服的却往往是这些"外国人"，隔阂乃至冲突自然难免，无怪乎俄国历史上的农民起义大都打着驱逐异族的口号。再如战争的因素，俄国与东、西边境上的邻国一直战事不断，战争作为一种独特的"文化交流"方式会以一种强加的方式提供出对比，每一次战争，俄国无论是战胜还是战败，都会在国内引起激烈的思想反省和社会动荡。在俄国历史上，战争不仅仅是"政治的延续"，而且还是政治的深化，是社会改革的起因，左冲右突的俄国在与东、西方持续不断的碰撞中不仅没有缩小距离，反而因为每每的顾此失彼而加大了选定朝向的难度。上述这些原因，自身也许就是互为因果的，它们相互之间存在着复杂的互动关系。正是这些直接的导火索和间接的因素、表层原因和深层原因的共同作用，导致俄国人在东西方两种价值取向上长期无所适从。

四

提起双头鹰，人们往往会联想到赫尔岑在《往事与沉思》中谈到斯拉夫派和西方派的关系时说过的一段名言："是的，我们是对立的，但这种对立与众不同。我们有着同样的爱，只是方式不一……我们就像伊阿诺斯或双头鹰，看着不同的方向，但跳动的心脏却是同一个。"[9](P171—172)伊阿诺斯是罗马神话中的门神，其两副面孔一个望向过去，一个朝着未来。而双头鹰却左顾右盼，一个脑袋看着东方，另一个脑袋看着西方。赫尔岑这段话不仅形象地概括了两个派别当时的对峙态势，同时也给出了关于俄国文化结构的一个整体模型。作为一个文化史、思想史流派的斯拉夫派和西方派是在 19 世纪 30 年代、40 年代之交正式形成的，然而作为俄国整个历史中源远流长的两种思潮、两种文化倾向，斯拉夫派和西方派在此前和此后相当长的历史时间里都一直存在着程度不等的对峙，不能把斯拉夫派和西方派的论争看成是俄国历史上一个独立的、短暂的文化现象，这两种思潮的对立和转换、渗透和交融实际上贯穿了整个俄国历史。从 16 世纪中期爆发的伊凡四世和库尔勃斯基公爵的书信之争，到大司祭阿瓦库姆与尼康主教的宗教意识形态之争；从 19 世纪 30 年代恰达耶夫的《哲学书简》点燃斯拉夫派和西方派思想论争的导火索从而引发俄国思想分野的开端，到斯拉夫派和西方派的激烈争论，到 19 世纪 60—70 年代以陀思妥耶夫斯基等为代表的"土壤派"理论的逐渐成熟；从 19 世纪、20 世纪之交的白银时代以别尔嘉耶夫、布尔加科夫、格尔申宗、司徒卢威、弗兰克等为代表的"路标派"及其提出的"第三条道路"思想，到苏联时期形成以俄国为主体的巨大的、红色的东西方合成体；从戈尔巴乔夫和叶利钦的亲西方改革，再到索尔仁尼琴的"新斯拉夫主义"和普京的被迫朝向东方，种种迹象表明，面对不同的国家发展道路和文化类型，俄国这只双头鹰始终并依然面临着艰难的抉择，不同文化取向的对峙还存在于当下的俄国，并且可能还将长期地存在下去。

最近读到俄国学者安德烈·佐林的一本书，题目叫《"喂养双头鹰"：文学与 18 世纪后 30 年至 19 世纪前 30 年的俄罗斯国家意识形态》[10]。这个题目使我意识到，双头鹰与俄国文学之间或许也存在着某种关系。在俄国古典主义文学时期，双头鹰作为至高权力和官方意识形态的象征，自然会在众多颂歌体诗作中得到庄严的赞美和歌颂。在浪漫主义文学时期，作为自由之象征的鹰频繁出现在普希金、莱蒙托夫等诗人的诗作中，比如普希金就在《囚徒》一诗对那只被喂养的"年轻的鹰"说道："我们一起飞去！/我们是自由的鸟；是时候了，兄弟！/飞去天边白雪皑皑的山冈，/飞去闪耀着蔚蓝的海洋，/飞去只有风……和我们散步的地方！"

而在批判现实主义时期，双头鹰甚至成了俄国批判现实主义作家的一面活靶子，以双头鹰为代表的官方意识形态遭到了大多数俄国现实主义作家的抨击和批评，至少在当时的俄国文学名著中，我们很少能看到对双头鹰的正面歌颂和描写。看来，鹰是双头还是单头，还是很不一样的，两者分别作为权力与个人、专制与自由、官方和在野等等的象征，在富有人道良心和社会正义感的俄国文学中获得有区别的对待。如此一来，"单头鹰"和"双头鹰"的并列、对峙和相互转换，倒也成了俄国文学中一个贯穿的主题。

双头鹰这一文化图腾，既是俄国历代君主自视为拜占庭或罗马帝国正宗继承人之心态的真实体现，也是俄国横亘欧亚大陆的地理位置的真实写照；既是俄国文化结构中固有的东西方二元模式的具象概括，又是其民族矛盾性的形象展示。作为俄罗斯国家、民族和文化的一个意味深长的最佳识别符号，这一文化图腾既是俄罗斯民族心理和国家类型的一种拟人化的象征物，同时，在数百年的历史进程中，它似乎也在不断地凝聚、加深并强化俄罗斯人的这样一种文化身份认同。

参考文献：

[1]〔英〕甄克思. 社会通诠［M］. 严复译. 北京：商务印书馆，1981.

[2] 转引自：Г. Вилинбахов "Родословная российского герба" // «Родина», 1993 № 1。

[3] О Государственном гербе Российской Федерации. федер. конституц. закон от 25 дек. 2000 г. № 2 – ФКЗ（ред. от 28.12.2010 г.）// Собрание законодательства Российской Федерации. 2000. № 52（Часть I）. Ст. 5021.25.

[4] Н. А. Бердяев. Судьба России，М.，Советский писатель，1990.

[5] Н. А. Бердяев. Русская идея，М.，АСТ，2002.

[6] Д. С. Лихачев. Раздумья о России，СПб.，LOGOS.

[7] Л. Н. Гумилев. От Руси к России：очерки этнической истории，М.，Экопрос，1992.

[8] Н. А. Бердяев. Русская идея，М.，АСТ，2002.

[9] А. И. Герцен. Сочинения в девяти томах，М.，Художественная литература，1955，т. 5.

[10] А. Л. Зорин. «Кормя двуглавого орла...»：литература и государственная идеология в России в последней трети XVIII— первой трети XIXвв，М.，НЛО，2001.

《崩塌的山岳》中的文化拯救主题

史锦秀*

（河北师范大学 文学院；河北石家庄 050024）

摘 要： 钦吉兹·艾特玛托夫在最后一部长篇小说《崩塌的山岳》中，描写了 21 世纪初期吉尔吉斯斯坦被市场经济裹挟着进入全球化的真实图景。在吉尔吉斯斯坦的城市和山村，经济全球化、市场化的大潮汹涌地冲击着人们的理念和生活，裹挟着人们奔向市场化的交易形态。作家将"永恒的新娘"的神话传说贯穿作品始终，用它串联古今，把古代和今天人们的痼疾曝晒在阳光下，并让其承担起拯救人类灵魂的使命，将民间传说的劝谕功能和文化拯救价值凸显到极致。

关键词： 艾特玛托夫；崩塌的山岳；永恒的新娘；文化拯救

钦吉兹·艾特玛托夫（1928—2008）是苏联时期著名的吉尔吉斯族作家，苏联解体后，他作为吉尔吉斯斯坦作家继续创作。2006 年，他发表了最后一部作品《崩塌的山岳》。在这部长篇小说中，艾特玛托夫回归了他创作初始的吉尔吉斯斯坦山村，把目光聚拢到久违的故乡。面对被市场经济裹挟着进入全球化的吉尔吉斯斯坦，有感于商业化对吉尔吉斯斯坦人生活的方方面面的影响、传统的人际关系的消失，尤其是文化的终极追求和意义在货币面前的惨遭失败，作家在他的这部绝笔之作中，倾其心力表达了他的社会批判与文化拯救思想，以求唤起人们对文化传统的继承，回归精神家园。

一 艾特玛托夫的文化拯救观念

艾特玛托夫是一个具有强烈使命感的作家，把创作看成是"义不容辞的天职"。他认为作家是自己时代的良心，作家要对读者负责，对当代生活负责。他在《自述》中讲道："文学应该勇敢地肩负起自己艰难的使命——要干预复杂的生活，以及使人认识和喜爱自身、他人身上和社会上的全部善良的、美好的、受到尊敬的东西，并为此而操心不息。就在这一点上我看到了艺术的真正使命所在。"[1](P11) 作为一个作家，艾特玛托夫始终具有明确的创作理念，他关注人类的生存状态和精神状态，把批判假恶丑和宣扬真善美放在首位，强调文学艺术的批判性和拯救功能。

对于作家来说，写作不是单纯的个人行为，更多的是社会行为，他们的肩上负载着

---

* 作者简介：史锦秀（1953—　）女，河北师范大学文学院教授，博士生导师，研究方向为比较文学与西方文学、俄苏文学。

沉重的社会责任，希望自己的作品对读者、对社会产生积极的影响。艾特玛托夫从登上文坛的那一刻起，就坚持创作的崇高性和真实性原则，从不趋炎附势，迎合时政，而是从人民的利益出发，讲人的精神和道德，讲人的沉沦和升华，讲人对美和人生真谛的探索，讲他对真理的强烈渴望和维护公理的决心。他认为文学应该反映世界的全部复杂性，以便让读者和作者穿过巨大的精神空间，登上更高的水平。"我想唤醒人们的良心，让他们深刻地思考，以便更好地认识自己的时代，自己的生活。"[1](P196—197)艾特玛托夫明确地意识到作家在艺术创作中特殊的、独有的、非凡的任务，有意地在作品中引导人们去认识复杂的生活，并和各种不良现象进行斗争。他认为艺术要真实地反映现实，不回避现实中的弊端，同时要弘扬正气，描写人性的美，这是一个作家应尽的义务。他说："当一部作品吸引了读者，激起他的良心和意识，用美好事物的画面，或者相反，用生活中丑陋的画面去震撼人的心灵，驱使他更加注意观察自己和周围的人们时，我们说，这就表现了艺术的力量。"[1](P78)

艾特玛托夫非常重视文学的教育功能，他把培养在社会上能积极行事的，同时又是全面和谐发展的人当作自己的任务。"为了培养人，艺术家必须自身也是一个人，是一个思想坚定、勇敢而诚实的人。他应该善于通过自己的创作，表达自己对世界的看法。"[1](P48)在早期的中短篇小说中，艾特玛托夫塑造的主人公大多是汽车司机、养路工、垦荒队员、乡村教师和牧民，描写了他们不同的生活经历和思想历程，对一些旧风俗、旧观念进行了温和的批评，对道德败坏者进行了严厉的批判，表现了人民朴素的人生观、道德观和为新社会而奋斗的精神风貌。在描写卫国战争的作品中，他赞扬了后方妇女和儿童在生命极限状况下的伟大精神品格和人性美，谴责了那些自私自利者的卑劣行径。中篇小说《永别了，古利萨雷！》和《白轮船》，一方面严厉抨击官僚主义作风和破坏自然生态的恶行，痛斥人类的道德和精神缺陷；另一方面歌颂勤劳善良、不畏艰苦、不怕强权的普通牧民，赞扬小男孩誓死不妥协的精神，表现了对人性善的肯定。在长篇小说《一日长于百年》《断头台》等作品中，作者对劳动人民的形象进行了更深入的刻画和更本质的挖掘，大胆地触及当代社会的矛盾及痛点，从人与自然、人与社会的角度探讨精神和道德的永恒价值。叶吉盖作为"那些被称为支撑大地的人们中的一员"、鲍斯顿作为"一位可以开天辟地的牧人"被认知和颂扬。艾特玛托夫最终以一颗寻求真理和体现人类愿望的艺术良心征服了苏联和世界。古奇凯曾经指出，艾特玛托夫的作品之所以能对读者产生强烈的影响，首先是因为他完整的世界观及和谐的处世态度。人们喜爱他笔下的人物，就是因为他们能同周围的人、同自己的历史、同自己故乡的大自然构成一个完整的统一体。[2](P275)

艾特玛托夫一贯坚持文化拯救观念，他提倡通过民族文化传统教育人民，宣扬人道主义。他将民族神话、传说、寓言与现实生活联系起来，借古喻今，达到文化拯救的目的。他说，"要在自己的心灵里，继承先辈们的艺术的、精神的经验，就像保护自己的、个人的、神圣的东西那样"。[1](P92)他认为神话是原料，是人民意识的发酵因子，应该把神话吸收到自己的创作中来。"神话成分能帮助我们重新认识事件，并在其中找到复杂的、无形的、有时甚至是矛盾的联系，并真正引导人去认识生活的本质。"[1](P127)他借助神话系统和结构，在作品中成功地触及历史和当代的各种本质问题，把神话、传说、当代事件融为一体，把历史的和时代的经验合二为一。对于艾特玛托夫来说，传说、神话、寓言的运用也是现实主义精神的表现。他认为那些古老的过去最能展现或者使人相信神话中有着强烈的未来感，具有借古喻今、警示后世的作用。面对 21 世纪复杂多变的社会现实，面对金钱泛滥的市场交易，面对道德和信仰缺失的人们，艾特玛托夫在《崩塌的山岳》中再一次将民间传说引入作品，再一次从民族文化传统中寻求救助。在这最后的呼唤中，他更加强调了传说的历史价值和现实意义，将民间传说的劝谕功能和文化拯救价值凸显到极致。

二　通过此在批判社会

艾特玛托夫不是一个远离政治与漠视社会现实的小说家，相反，他对于政治的或世俗的社会现实往往给予更多更直面的关注。无论是中短篇小说还是长篇小说，他都提出一些社会热点问题和痛点问题，这一创作特点在苏联时期就已鲜明地表现出来。20 世纪末 21 世纪初，他把目光转向全球化背景下人类共同面临的危机和问题，对人们在精神领域中的信仰缺失、道德弱化和物欲主导等方面的问题大胆地进行揭露和抨击，表现了作者对社会问题、人生问题的热切关注和思考。他通过自己的创作，不断地对复杂的精神世界进行测量，及时表现人身上蕴含的那些同恶做斗争的人性力量，通过力量悬殊的精神搏斗和恶压倒善的结局，把对人性美的追求表现为对人性恶的憎恨和批判。

在最后一部长篇小说《崩塌的山岳》中，作家描写了 21 世纪初期吉尔吉斯斯坦被市场经济裹挟着进入全球化的真实图景。在吉尔吉斯斯坦的城市和山村，经济全球化、市场化的大潮汹涌地冲击着人们的理念和生活，推搡着人们奔向市场化的交易形态。在寡头统治和市场强大的威力面前，商业文化、大众文化以及消费主义占领了文化市场，新闻界成了市场的奴隶，广播通讯、电视也是为市场服务的，人们陷入了市场的暴力之中。主人公阿尔森·萨曼钦是一名新闻记者，所谓的精英人物，同时又是一个"思想的疯狂捍卫者""教研室出身的人""迷途而又狂热的乌托邦分子，不幸的孤家寡人""全世界性的全球主义者"。对于他来说，世界上思想高于一切，他具有知识分子的社会批判性和拯救理念，一心想把民间传说"永恒的新娘"创作成歌剧，由他的恋人艾丹娜演出。而这位歌剧舞台上的女神、剧院的首席独唱演员却经不住诱惑，放弃了与他共同创作歌剧的计划，不顾一切地跳进了"商业的天堂"，投入了大众文化的怀抱，成了艾尔塔什商业演出的奴隶，由"歌剧女神变成了流行小曲儿的皇后"，唱着"高级轿车"，带领人们奔着高级轿车去了。人们看到，"现在歌剧院成了荒芜的圣殿。歌剧舞台上占统治地位的是低俗的胡闹、滑稽表演，以及其他娱乐性节目"。[3](P65)演传统剧目的剧院或者勉强维持生存，或者已不能维持生存。阿尔森为了重塑信仰体系，挽救伟大的歌剧"永恒的新娘"，多次来到昂贵的欧亚饭店，想劝说艾丹娜放弃这种赚钱的营生，却不能接近她，最后被饭店经理像驱赶怪物一样赶了出来，他不但没有能力把艾丹娜争夺回来，反而受到了驱逐、威胁和侮辱。与阿尔森的无力形成鲜明对照的是艾尔塔什，他拥有很多饭店、剧团、运动场，有很多广告公司和电视频道，这一切都是公开的。他完全合法地掌管着这一切，掀起了大众文化的巨浪，报纸也要为他服务，整个文化界也要仰仗他的财政兴奋剂，一切都将在他的操控之中，包括效益和权势。在市场时代，人们有了另一个上帝，即"商人上帝"。任何人如果不能用时尚的方式来说话、打扮和生活，其生存就会遇到威胁，他要么被当作傻瓜，要么被看作偏激的怪人，他必须接受和赞同流行的大众文化，不然他就得不到现代生活的护照。在市场经济独步天下的社会，金钱不仅摧毁了人际交往的纯洁性，也激发了人性恶，人类传统美德的巍峨山岳面临崩塌。

进入21世纪以来，经济全球化与跨国公司的深入发展，既给世界贸易带来了推动力，同时也给各国经贸带来了诸多不确定因素，使其出现许多新的特点和新的矛盾。在市场经济一统天下的今天，一切都要围着市场转。作品描写了在经济全球化时代，吉尔吉斯斯坦的城市和乡村贫富悬殊越来越大，所有的人都在市场经济的控制之中，表现出对财富和权势的病态追求。阿尔森的哥哥阿尔达克原先是个内科医生，现在从事养犬业，繁殖中亚警犬销往欧洲，他善于适应市场，大发其财。阿尔森的叔叔别克图尔·萨曼钦曾担任图尤克－贾尔村集体农庄主席，农庄解散后，他成了乌津吉列什－马镫山地区有名的狩猎企业家，成立了"梅尔根"狩猎公司，全年都有业务活动，按季节猎杀各种不同的野生动物，有山盘羊、大角山羊、熊、雪豹等，许多外国客户与他合伙从事狩猎活动。脆弱的牧业生产无法适应市场经济和经济全球化，猎杀雪豹等珍稀动物的商业旅游成了吉尔吉斯人唯一的生活来源，狩猎业几乎成了山村的主要生产方式。人们根本不顾狩猎生意对生态带来的危害，"市场经济不仅把人，而且把他们的灵魂也逮进了自己的罗网"[3](P176)。在现代化进程中，吉尔吉斯人体验着从传统中被连根拔起的感觉，而作为交换手段的货币在现代社会中变成了人们追逐的最终目的，贫富悬殊也越来越大。有钱人陶醉在批发文化和高级轿车的生活中，而牧民们穷得一贫如洗，没有出路，阿尔森的同学塔什阿富汗的孩子买不起上学穿的鞋。

作品描写了"梅尔根"狩猎公司老板别克图尔·萨曼钦为了接待前来猎杀雪豹的阿拉伯石油巨头们，请阿尔森为他的公司担任翻译，请牧民塔什阿富汗和其他四个年轻人做围猎人。在巨大的经济利益面前，以塔什阿富汗为首的穷苦牧民认为："如果有人无比的强大、富有，那么我们怎么办？坐以待毙吗？为什么到咱们这里来的这些阿拉伯猎人可以为所欲为，用一个小钱儿就把咱们大家全都买到手，咱们还要乐呵呵地玩儿命给他们赶雪豹呢？"[3](P124)所以他们义无反顾地决定劫持阿拉伯人做人质，把他们引进山洞，要他们为自己的命付款，赎金每人一千万美金，如果不付款就炸毁山洞，他们要从世界资本中获取自己的那一份儿。"富人们有自己的全球化——不管青红皂白，把全部财富都搂进自己的怀抱中。我们也有自己的全球化：参与分配，伺机夺取自己的那一份儿。劫持来到山里的阿拉伯人，向他们索取自己的赎金——这是我们的权利。"[3](P129)他们胁迫儿时的伙伴和同学阿尔森参与他们的活动，为他们提供翻译帮助，一起绑架阿拉伯人，否则就要他的命。

为了摆脱贫困，为了金钱，吉尔吉斯人遗失了美好的品德，远离了内心的神性。艾特玛托夫不惜笔墨，描写了各类人物的精神破损，无情地揭露了在物质文明的现代社会中人们的物欲横流、道德沦丧和人性泯灭等现象。通过主人公阿尔森·萨曼钦的质疑、抗争和愿望，探讨精神道德的堕落对人和人类社会的影响。

三　以民族文化传统拯救人的灵魂

艾特玛托夫发现吉尔吉斯的民族观念中蕴含着对伦理道德的高度赞扬和对人的生命意义的精辟理解，民间流传的神话和传说在无形中深刻地左右着乡民的精神世界，规范着他们的行为举止，使他们严肃认真地按古训生活着。作家由此获得了对艺术表现内容本质上的把握，在创作中将现实与历史神话传说结合起来，突出强调了神话与传说对人的训诫、劝善作用，古老的科穆兹琴曲、长角鹿妈妈、"鱼女"、耶稣的神话、"曼库特"的传说等都不再具有它们当初的地域性意义，而是艺术地发展了其中永恒的、同一的人类精神和道德内涵，从而实现了作者探求民族文化现代启示意义的创作主旨。

在艾特玛托夫的作品中，与现实交织的历史往往由具有假定性质和象征意义的神话传说、民歌、寓言、梦幻构成，它们与现实的叙述融合在一起，构成了一种警示作用。如《白轮船》中引入长角鹿妈妈的传说，将奥罗兹库尔枪杀母鹿做成鹿肉宴和古人将鹿角作为炫耀家族的标志的残暴行为相对照，以小男孩誓死不妥协的精神对抗残杀母鹿的罪行痛斥人类的道德和精神缺陷，告诫人们遵循古训，摒弃堕落与邪恶。《一日长于百年》透过"曼库特"的传说，影射了在科技文明与现代工业社会中失去记忆、在人性和道义方面堕落的现代"曼库特"，向世人发出了回归自我、追求精神生活的充实和心灵完整的呼吁。《断头台》中耶稣基督的神话，主要是取其丰富的道义和启迪内容。在这里，上帝是否存在或对教规遵从与否并不重要，重要的是对上帝的认识，对耶稣的崇高精神和爱的理念的认识。作者让阿夫季在昏迷中与耶稣神奇相遇，将历史与现实、古老与现代瞬间艺术地重叠起来，试图在时空的交汇中通过阿夫季这一象征人物，通过宗教完成一条通向人的道路，用信仰和爱来拯救这个充满暴力和犯罪的邪恶世界。

《崩塌的山岳》描写了经济全球化背景下的吉尔吉斯斯坦处处物欲横流，文学艺术遭受冷落和庸俗化，人类精神家园失守，人类崇高理想的信念丧失，文化精神生态失调，象征着吉尔吉斯传统美德的巍峨的山岳即将崩塌。为了制止由商业狩猎活动诱发的绑架人质的恐怖行动，阿尔森献出了自己的生命，也使"梅尔根"公司国际狩猎生意一下子跌进了深渊。狩猎生意的破产招致村民对阿尔森歇斯底里地咒骂，狂暴的人群砸碎了阿尔森的汽车，撕烂了他晾在绳子上的衣服，连他的姐姐和姐夫也遭到殴打。塔什阿富汗和他的同伙甚至不顾阿尔森还未安葬就要炸毁山洞。为了报复阿尔森的不配合，这些儿时的朋友已丧失了理智和基本的伦理道德。艾特玛托夫把审视的目光投向人性的缺陷及其造成的恶劣后果，对人类自身的缺陷和错误进行了深刻反思，对人性进行了庄严的道德审判。他通过引进民间传说"永恒的新娘"来捍卫道德的纯洁性，与精神空虚、物欲主义及其不良现象做斗争，在揭示人性恶和社会弊病的同时，努力进行人类的道德拯救和文化拯救。

艾特玛托夫将"永恒的新娘"的神话传说贯穿作品始终，用它串联古今，把古代和今天人们的痼疾曝晒在阳光下，并让其承担起拯救人类灵魂的使命。传说在吉尔吉斯斯坦大山里住着一位青年猎人，他具有非凡的力量，身手敏捷，能够追上野山羊，他用自己的狩猎所得养活着部落里的许多家庭，人们非常尊敬他，将他视为部落未来首领的最佳人选。小伙子俘获了当地最漂亮的姑娘的心，他们举行了隆重的订婚庆筵和追新娘活动。有人嫉妒年轻猎人会做未来的领头人，在举行婚礼的前一天，暗中绑架了新娘，并散布新娘与旧情人私奔的谣言。族人们受不了这奇耻大辱，呼喊着杀死不要脸的新娘。新郎一气之下，发誓再也不见世界上的任何人，也不让人见到他。他徒步翻越大山，消失在群山之中。新娘脱险后飞快地来找新郎，却再也见不到新郎了。从此，她也消失了，成为永恒的新娘，只有她的呼唤和哭泣的声音在山岭之间回荡。据说，后人为了纪念他们，在新娘消失的夜晚总会燃起篝火，民间歌手纵情地即兴演唱，为永恒的新娘伤感，向崇山峻岭倾诉衷肠，召唤永恒的新娘。在这则传说中，新郎愤怒地拒绝了与人世间的一切联系，他以弃绝人寰的行为揭露恶人破坏人类的美好情感、争权夺势的罪恶，这是对人的本质的挑战，他断然不接受恶，而人们却经常容忍恶。新娘用至死不渝的献身行为表现了对真理的追求。新郎为抗议人的恶行而弃绝人世，她则为人类的恶行而永恒地忏悔，她的爱情和苦难的力量与深邃就在这里，她是人世间苦难与呻吟的象征。永恒的新娘不能容忍仇恨与嫉妒煽惑起来的恶，她想以自己的行为呼唤人性的复归，呼唤人们回归原来的生活。这种救世的激情，这种对真理的追求，对于人类精神来说，无论在时间上还是在空间上都没有极限。

这个劝谕性的叙事传说蕴涵着离愁别恨，蕴涵着对人世间处处存在的恶意所造成的悲哀以及为恶付出的惨重代价。小说中的阿尔森是现实版的新郎，他为了弃绝恶、维护善毅然赴死；山村姑娘艾列斯与永恒的新娘呼应，她继承了永恒的新娘忠于爱情和真理的精神；塔什阿富汗们则与传说中的恶人对应，他们为了一己私利残杀了自己的同伴，成为道德败坏和人性恶的代表。当今，吉尔吉斯人正面临一种空前严重的精神危机，表现为传统价值观的崩溃，无度的欲望膨胀带来了生态的破坏、精神的破损和生活焦虑。与之相抗衡的是传说中永恒的新娘的不朽的爱和崇高的精神境界，是象征正义力量的新郎对世间丑恶的不容忍。新郎与新娘的结合象征美好的未来和幸福人生，新娘永不停息地寻找新郎象征人们对美好生活和崇高境界的不懈追求。这是吉尔吉斯人的希望之所在，也是小说副标题"永恒的新娘"的含义。"永恒的新娘"表现的是自由、希望和友谊的精神，是生命中一种担当和不屈的精神。阿尔森坚持把她改编成歌剧，就是希望宣传她的这种精神。小说最后，塔什阿富汗也带上黑纱，泪流满面地和大家一起把阿尔森抬出山洞。作者以塔什阿富汗的悔悟，进一步以"永恒的新娘"的不懈精神表达对未来的希望。

在作品中，"永恒的新娘"的传说成为阿尔森的精神依托，他为了把它改编成歌剧付出了自己的一切，新娘的呼唤与哭泣贯穿小说始终，阿尔森以生命的咏叹调奏响了"永恒的新娘"的精神之歌。在他的意念中，永恒的新娘不再是神话传说中虚拟的人物，而是真实的全知全能的命运之神，是这深山里动物的保护神。在山民的意识里，她无处不在，可以预告未来。当一些人利用发达的信息技术和先进的卫星通信设备谋划着要在永恒的新娘居住的地方进行猎杀箭雪豹的活动时，永恒的新娘提前发出警告，由鸟儿用力拍打窗户；当山区女孩艾列斯与阿尔森因共同的理想相爱时，永恒的新娘感觉到了阿尔森与艾列斯的幸福，便跨越一座座山峰来为他们祝福；当阿尔森为了保护箭雪豹不被灭绝，为了阻止对阿拉伯大亨的绑架勒索，为了吉尔吉斯人长远的利益献出生命时，他听到了永恒的新娘的呼唤；当闻讯赶来的艾列斯面对山洞里已经冰冷的爱人悲痛欲绝时，从遥远的山里传来了永恒的新娘的呼喊声："你在哪儿，你在哪儿，答应啊，我的猎人？"神话中失去猎人的新娘与现实中失去阿尔森的艾列斯产生了一种心灵的共鸣。作者用艾列斯回应神话中永恒的新娘，也用神话中永恒的新娘的遭遇来衬托艾列斯的悲剧命运。神话中的新娘是远古时代悲剧的牺牲品，艾列斯则是全球化时代的牺牲品。作者借助神话传说的光焰审视今天的生活，揭示人类生存环境遭遇全球化经济趋势侵凌的忧思。而艾列斯将继续追寻永恒的新娘，以救世的激情和对真理的追求存留于人类的精神史上。

神话中的形象和情节承载着人们的内心世界，负载着深刻的社会根源，神话中古人的弱点与现代人的弱点有着某种超时空的一致性。作者借助"永恒的新娘"这一神话所揭示和表达的内容是丰富而深刻的，它不仅给吉尔吉斯人，同时也给整个人类敲响了警钟，对于我们认识世界与人生的终极真理尤为重要。永恒的新娘以满腔的热血、极度的悲伤，用不停的奔跑和深沉的呼唤，提醒人们不要忘记：我们都是人，是精神上的兄弟，应该按照人的规律生活，追求和平，追求友谊。只有这样，人类才能和睦地生存，不断地发展。

在21世纪的今天，全球化使生活在地球上的亿万居民超越政治、经济和文化的差异不断融合，但也带来了不可忽视的社会震荡，直接或间接地催生了种种负面现象。艾特玛托夫强调在新的历史条件下要捍卫道德的纯洁性，他的小说总是以对现实社会揭示之深刻、干预生活之大胆、悲剧意识之强烈形象地向人类疾呼：坚守精神家园。在绝笔之作《崩塌的山岳》中，他不仅对人类的善恶爱恨等纯道德问题进行哲理性的思考和探索，更为重要的是，他以自己的作品作为社会批判和文化拯救的基石，在国家、民族范围内对历史与现实中具体的问题进行精神的反思，在世界范围内对人类生存的现状与未来一系列问题进行灵魂的剖析，体现出一种前瞻性的忧患意识和拯救精神。

参考文献：

[1]〔苏〕艾特玛托夫. 对文学与艺术的思考［M］. 陈学迅译. 乌鲁木齐：新疆大学出版社，1987.

[2] Писатель—совесть своего времени, Чингиз Айтматов собрание сочинений в трех томах. М., 1984.

[3]〔吉尔吉斯斯坦〕钦·艾特玛托夫. 崩塌的山岳［M］. 谷兴亚译. 上海：上海译文出版社，2008.

21 世纪日本芥川奖获奖
女作家叙事策略研究

王玉英*

（长春理工大学　文学院；吉林长春　130022）

摘　要： 新价值追求是 21 世纪日本女作家文学世界的最终的落脚点，是解读日本当代女作家文学创作的关键所在。21 世纪获芥川奖女作家的创作有一个共性的关注，即对 20 世纪末年轻一代普遍存在的失语症问题的关注，她们不约而同地从改变小说言语形式与叙事技巧入手，用组合式的语言与多种创作模式的叙事话语诠释着对 "'我'要走向何方" 的理解，诠释着对 "自我建构" 的认知。

关键词： 芥川奖；女作家；叙事策略

芥川奖①是日本文坛有影响的纯文学奖项之一，是日本现当代纯文学发展的风向标与高度灵敏的晴雨表。在其 80 多年的历史发展中，男性作家一直是获奖的主力军。然而，截至 2014 年，却有 16 位女作家折桂，占同期获芥川奖总人数的 48.5%，呈现出集中获奖的态势，在日本文坛形成了女作家领跑的局面。

始于 20 世纪 90 年代初的泡沫经济的崩溃，使日本从 "最完善的" 工业社会跌入 "失去的十年"。1998 年的金融大爆炸宣告了日本群体社会的瓦解，随之而来的是各项制度逐步向个体社会过渡，对突如其来的前所未有的历史巨变，日本人几乎没有做好任何心理准备，对社会与经济发展方向表现出迷茫，出现了自我价值感迷失、自我意义感丧失的自我认同危机，急于寻找心理的安慰和精神的寄托。

失语症是覆盖 20 世纪末年轻一代的具有普遍性的问题，日本语的结构形式、日本人的生活态度都已经发生裂变。如果用图式来描述的话，到 20 世纪 70 年代为止是经济的时代，80 年代是文化消费的时代，90 年代是包括宗教的心灵的时代。"疗愈""早熟""创伤" 成了流行语，反映了 "崩溃" 的心理现实。正是在这样的背景下，21 世纪获奖女作家用比较宽泛的视点对社会现实进行了多角度的扫描与透视，通过自己的 "眼睛" 与 "手指" 书写着变化着的日本社会。

语言是人类最重要的交际工具，现代日本社会自我存在感的丧失也反映在人的语言

---

* **基金项目：** 国家社会科学规划项目 "平成年代芥川奖获奖女作家及其作品的价值取向问题研究"（项目编号：16BWW026）的阶段性成果。

作者简介： 王玉英（1965—），女，长春理工大学文学院教授，文学博士，研究方向为日本当代文学、对外汉语教学理论与实践。

中。言说者的语言形式代表与确立着言说者的身份。身体与心灵分离导致了当代日本人的语言认同危机，具体表现为日本语言中弥漫着大量的外来语，川端康成笔下的《雪国》《伊豆舞女》式的具有日本感觉的日语已经消亡，日本的现实世界与文字、文学世界充满了日本语言的异质。在多元的后现代语境里变化了的日本，"日本人"用"日本语"书写的文学被切断。21 世纪以来这种泛滥愈演愈烈。女作家以自己独特的语言与叙事策略、叙事技巧进行创作本身是作家自我确证的重要一环，甚至是本质一环，她们用组合式的语言与多种创作模式进行着自我身份的追寻与认同。

一 "混搭式"的语言组合

在日本文学史上，以著名小说家二叶亭四迷发表于 1887 年的《浮云》为代表，夏目漱石、森鸥外、谷崎润一郎等一代文豪独特的日语表达，在"国语"的保卫建设中发挥了积极的重要作用。然而当下日本语言语义的多重性、模糊性与增殖性被夹杂着大量外来语的变了形的"日本语"消解。21 世纪日本女作家当仁不让地担负起了历史的重任，她们以自己精雕细琢的文学语言拯救着变了形的日本语。她们的目光集中到了古语、假名、俗语与方言的组合上。

（一） 物语言说的古语混搭

黑田夏子 2013 年获奖的小说《分枝的珊瑚》（『ａｂさんご』，2012 年发表）打破了日本文学传统的写作形式，以横写、平假名、零度外来语、零度人称代词等独特的散文言说方式拯救着正在衰退的物语。她从颠覆小说的形式入手，强化了小说的语言表达功能，避开了当今文坛小说写作的"沉闷感觉"。这种语言表达的魅力还在于出声朗读的感觉要好于阅读。黑田夏子所用的汉字偏向古日语的汉字词，三个汉字连用较为突出，这种物语言说行为还体现在语言的节奏感和音乐感上，具有了日语的古风之文韵。黑田夏子在作家的使命感与责任感的召唤下，从改变小说形式入手拯救蜕变的日本语，这也呼应了日本当下正在进行的"21 世纪活字文化项目"[②]，也表明了女作家对读图时代的到来的应变策略。21 世纪初，全球已进入了网络化与信息化的时代，"快餐化阅读"已经成为日本人阅读的一种被动接受的新趋势，随之而来的是日本社会大部分年轻人的文字书写与运用的能力每况愈下。日本为了预防由此衍生的下一代人思考力与创造力低下，进而导致作为人的能力衰退，启动了旨在"保卫书与报纸的活字文化"的"21 世纪活字文化项目"。黑田夏子在用创作回应该项目的同时，还诠释了声音与绘画稍纵即逝，只有文字才能够浓缩现实而保存文化意义的内涵，旨在通过小说来推动活字文化的发展。

黑田夏子小说采用了希腊式横写形式。希腊是人类文明的源头之一，让人想起古希腊神话的物语功能，其言说是否具有了人类与世界的权威性呢？"我从前从一位曼底内亚女人狄欧蒂玛那里听来的关于爱神的一番话。她对爱的问题，以及对许多别的问题，都有真知灼见。……她所说那些话，我要向你们转述。"[1] (P325) 这是柏拉图在《会饮篇》中对狄欧蒂玛作为指导者的身份与地位的确定。柏拉图的《会饮篇》被称为"柏拉图最重要的两篇对话"之一，其地位非常重要。《会饮篇》主体部分的"狄欧蒂玛言说"表明，苏格拉底是"全雅典最智慧的人"，既然他是柏拉图等人的导师，无疑他是全雅典人的导师；狄欧蒂玛是苏格拉底的导师，那么她可以称为"人类的导师"，狄欧蒂玛是在向人类言说。黑田夏子的希腊文的横写形式采用了与教科书书写不同的模式，其言说的目的不仅仅是一个改变阅读方式的问题，更深层的寓意则不言自明。"文学是一种社会现象，也是一种思维方式，一种思想结果。女性文学也不例外。"[2](P9)黑田夏子直面现代人对任何问题的注意力和兴趣持续缩短的时代现实，力图从阅读上不断维持自己的注意力，进而推出新的阅读范式，向读者解释一种复杂的社会现象以便疏导或简化他们的选择，放慢脚步，用心灵体味，回归原生态，如同珊瑚一样渐渐分枝，勇于面对生活的挑战，构建一种全新的价值体系。现代社会是知识、技术和伦理并存的时代，逻各斯的解释能力的局限迫切需要一种新的思维模式，也有人提出了回归意识。如果说"紫氏部在《源氏物语》中充分吸取了物语文学的优长，将虚构物语与歌物语进行了创造性的结合，扩张了《源氏物语》的记叙功能和内在韵致"[3]，那么，黑田夏子以超越日本当下文学家的大手笔，以虚构物语与歌物语的形式描绘了知识分子家庭中的分枝的"珊瑚"。这表明以黑田夏子为代表的日本女作家是对狄欧蒂玛言说的承继和补充，尽管日本当代女性文学的言说还不完善，还没有完成，但其趋向十分明显。即便还没有达到重建，但已为这种重建预备了神话、土壤、空气、环境乃至新生命的胚芽、新世界的雏形。这就是希望所在。

（二）京都腔与大阪方言的混搭

21 世纪日本文坛从整体上打破了平成文学的口语表达平衡。京都腔与大阪方言的运用，是 21 世纪获奖女作家文学语言的一大特色。她们在小说语言中夹杂着方言，将带有记号性与身份象征的地域方言塞进自己的文学世界，用陌生化语言变熟见为新异，化腐朽为神奇。

赤染晶子的《少女的告密》（『乙女の密告』，2010 年发表并获奖）里的对话部分，少女们说的是京都腔。作者采用第三人称叙事视角，巧妙地将京都方言与第三人称叙事进行整合，从而打破了第三人称叙事与方言相互排斥抵制的叙事范式，把第三人称与容易拖拉的京都腔调完美地融合在一起，形成了紧凑的节奏感。赤染晶子处理得非常巧妙，衔接得也很自然、得体，干净利落地将多余的成分剔除，精炼简洁的文章便呈现出来。京都方言动辄絮絮叨叨，带着让人听起来有些不舒服的语调，但赤染晶子把它变成了一种和音，使得第三人称与京都腔宛如一个优美的和旋久久回荡。在这种优美的旋律中出场的少女们，她们都不练习普通话。京都腔与东京话的组合隐喻了在少女成长中"他者"因素的多元，扩大能指本身的表现形式，强调了符号本身能指的无限能量，在有限的时空内生成了无限话语。在标准的东京语和京都腔的差序中表现出了小说语言的跌宕感与违和感，京都方言把"以吐血的精神活"的拼搏精神释放得淋漓尽致。带着京都腔，赤染晶子和她塑造的美少女团行走于京都的大街小巷，实现了赤染晶子通过小说弘扬京都人的拼搏精神、释放正能量的写作意图。

津村记久子的《绿萝之舟》（『ポトスライムの舟』，2008 年发表，2009 年获奖）透过"不俯瞰、一味地匍匐在地上生存的女人们的视线产生出了苦闷的生活真实感。但是

若是把舞台置于东京，也许就会带有提出一个个生硬的问题的形式，如忍耐、努力、艰苦、不合理的抗议等等，那一定会失去这部作品中的不可思议的温暖。也可以说保持低调视线的关西人的气质和语言很好地把握了时代"[4]。"穷忙族"单身女性长濑的无奈与心酸如同单口相声的大阪方言，尾音的独特处理带有某种"噪声"的语用效果，像一叶叶单薄的绿萝，在生命的旋涡中挣扎，在惨淡的现实中飘零，却隐忍而坚韧，孤勇而执着。

川上未映子的《乳与卵》（『乳と卵』，2007 年发表，2008 年获奖）"是一部在结构和策划上很完美的小说。在三天两夜这样短的逗留时间里整齐地构建了故事。适量掺入大阪方言而形成的饶舌的口语风格的文体很巧妙，时常回响在读者脑海中"[5]。凭借大阪方言独特的节奏与结尾的声调、拟声词的爆发力，将卷子、绿子与小姨在东京三天两夜的"哭""失语""呕吐""打""看焰火"等情节变成了"破冰之旅"，在动态中植入作者的写作意图。小说从一开始就弥漫着"变"与"不变"，反映出川上未映子在变革时代的思考与对读者的导向。该作恰是语言能量的释放，作品语言被赋予语音，大阪方言的独特语气与节奏将"乳房"与"卵"具有沉重意向的话题变得轻松，"通过只有女性存在的三天两夜，像边哭边笑一般地描写了女性的身心的真实状态。一气呵成的文章是有了'我'说的大阪方言的支撑才取得成功的"[6]。陌生感下滋生的阅读快感，在大阪方言与樋口一叶《青梅竹马》式的语言张力下得以实现。"作为散文式小说《乳与卵》，夹杂着普通人讲的大阪方言是川上未映子小说的特征之一"[7]，相对于日语固有的汉字与假名混合，《乳与卵》的语言呈现出汉字、假名与俗语的混合。从古代的日本语言是由假名与汉语的交织、混合的角度看，川上未映子新瓶装陈酒的语言观也折射出了 21 世纪芥川奖的评选在语言方面的导向，"日本人""日本语""日本文学"与"日本文化"四位一体的内涵值得玩味，他们欲从语言上打造日本新国民形象。

（三）汉语与日语混搭的陌生化

2008 年，《浸透阳光的早晨》（『時が滲む朝』，2008 年发表）获得第 139 届芥川奖，旅日作家杨逸用一种陌生化的日语讲述了一名中国男子东渡日本后，在日本十余年的生活中所体验的理想与现实的差距的故事。《短歌行》式的中文诗歌，"衣锦还乡"等中文特有而日文中尚未使用的成语的直接引用，或是将诸如"大肚便便"等中文常用的比喻转化成日文，被视为为日文带来了一些新鲜的元素。评委高树信子认为："现今中国的经济不容置疑地给日本带来大的冲击，且不仅仅是经济，在文学方面，这次获奖给日本文学带来的冲击性也很大。"[8]对于杨逸在汉语与日语之间的混合表达，沼野充义认为："语言和生物其实是相通的，如若缺乏多样性，总在狭隘的封闭的小空间中千篇一律地重复自我只会导致衰退。接受多样性，对于不同事物不必怀有恐惧感，正由于此，日语才不断得以丰富与发展。"[9]"日本重生成为一个全球性标准的国家是非常困难的一件事。因为，日本社会没有'他者'……在全球化空间里，'他者'既不能被吸纳，也不能被排除，它要求人们'将他者当作相同的人平等地对待'。所谓'他者'，具体地说，是指人种、宗教、文化以及母语并不相同的非日系的日本人。"[10]（P245）在当今日本文坛，外国人写的小说以"越境文学"的形式在日本走上了新的阶段。在杨逸获奖之前，欧美出身的李碧英雄、戴比特·佐比提、阿萨·比纳德等用日语写作，但终未能获取文学大奖。杨逸之后，伊朗人西林·奈泽马费在 2009 年获得了日本文学界新人奖。西林·奈泽马费的《拍动》入围第 143 届芥川奖候补作品，虽然最终未能角逐过赤染晶子的《少女的告密》，但也显示出了外籍作家的实力，表明以杨逸为代表的"越境文学"在日本渐渐有了一些势头，体现了日本文学及芥川奖的国际化视野，是日本女作家追问身份的"他者"与参照物。

女作家作品中的语言重组是将日本语、日语的古语、日本的方言、古代汉语、假名进行了混搭式的组合，制造了视觉与听觉上的错序与落差，呈现出了由感性到理性的非对称美。这种语言组合，一方面，迎合了后现代人的普遍意义上的审美追求与艺术欣赏；另一方面，在语言符号的背后还嵌入了日本传统文化的某些意念与元素，使得语言组合的语义与语用泛化到文化意义层面。这种重组与率先扛起平成文学口语旗帜的村上春树的"既非纯粹的黄油式英语味的表达，也非完全脱离英语的纯粹的日本语表达的重组"[11]有所不同。村上春树在两种语言的转换组合中，即此亦彼，非此即彼，共时存在，是建构全新的日本文学语言的一种尝试。但终因奶油味过浓，"日本年轻人已经基本不再读村上春树的书了"[12]。当今的日本，正如大江健三郎所言："不远的将来，在日本，能够构建新小说思想或思想性小说这种文学世界的，唯有（日本的）年轻女性们。"[13]

21 世纪的获奖女作家以文学语言的重组形式在继续关注语言的历史性、多样性的同时，开始关注语言的生命性、能产性以及语言的文化功能。从语言的历史性、多样性、生物性等方面将文学的物语式言说推向新的历史阶段。"文学越来越成为'语言的游戏'，现代文学的危机就是语言的危机"[14](P607)，日本女作家从文学的语言观入手，用重组的日本语言来书写变化了的日本的"新现实"，将人内心世界的"新认识"与"新现实"写成小说展示给阅读者，她们在完成着历史赋予日本作家的使命。

二 多样化叙事方式的探索

21 世纪获奖女作家首先从叙事形式入手进行积极的文学创作。在她们的努力之下，文坛呈现出了叙事形式的多元化与独特性的局面。20 世纪七八十年代以来，日本文化、文学处于动荡的转型期，传统的文学观念受到严峻挑战，新的事物不断涌现，日本小说世界呈现出萎缩的倾向。在平成文学的前 10 年中，埴谷雄高、中村真一郎等战后派作家一一退场，但是，"战后文学产生出来的精神还在依然存在着——争夺世界、展望社会未来的多元的开放的文学之魂还依然存在于平成文学之中"[15]。日本文坛、日本作家们正在努力做出新的探索和新的选择。颓废的日本文学急需新的写法、新的类型出现，无论是现实主义作家还是现代主义作家，仍然沿用过去的写作模式去描写变化了的日本社会现实显然是过时了，日本作家必须打破以往的、单一的文学模式，与多元的日本社会与全球化的国际相接轨。事实证明，21 世纪获奖女作家们就是通过自己的叙事模式进行着杂糅与创新。

（一）成长物语中的动漫叙事

赤染晶子 2009 年发表的《少女的烟草》（『少女の煙草』）开篇画面："绫小路夫人曾经是京都的第一大美人，现在不是了，已经不是了。'不要丢下我。'虽然不是第一美人了，还在酒馆向别的男人抛媚眼，咧着血红的嘴笑着。'和我一起逃走吧。'约好时间、地点，打算私奔。'一生一次的请求'这是绫小路夫人的口头禅。"[16]作者从 2004 年发表的处女作《初子》（『初子メン』）开始至今，几乎一直用同一种模式进行着创作。这些如同剪贴画的叙事均采用了客观的第三人称，但在画面里的议论"今后的世界会越来越暗""约好时间、地点，打算私奔"这些表述中，仍有贴近主人公内心的接近于"第一人称"的语言出现，再现体会到的现实感，这是用现代现实主义手法所写不出来的东西。

"不要丢下我""和我一起逃走吧""一生一次的请求""我的梦想是和喜欢的人恋爱、结婚"，这些台词是传统意义上的电视所无法实现的表达效果，而只有少女漫画中才能实现，只有动画才能表达出那种非现实的东西。从《少女的烟草》开头的"曾经是京都的第一大美女"这样的表述中，读者会想象出与之相适应的不同场景，那么作者为什么会从处女作开始避开更像小说的现实主义，而执着于动漫一样的东西呢？"近代日本文学从形成到发展的全过程，是西方文学的近代意识与日本文学的传统理念冲突、融合的历史进程，通过从表层文学的变革到深层文学的变革，由文学形式的更新到文学观念的更新，使日本固有文学与引进的西方文学逐步由外在的结合而达到内在的融合。"[14](P424)赤染晶子要通过自己的创作来改变这种融合，尝试着推出一种全新的日本文学创作——文学动漫叙事模式来挑战近代文学，以拯救颓废的日本文学。

文学动漫叙事模式并非赤染晶子首创，1993 年山田咏美的《我不会读书》就已经开辟了文学动漫叙事的先河。1997 年内田春菊的短篇小说《还记得我吗》、1994 年的短篇小说《神》到 2001 年川上弘美的长篇小说《老师的皮包》等，都对文学中动漫叙事进行了尝试。"2000 年赤染的《初子》，不再用私小说延长线上的第一人称来叙事，而是采用了非现实主义的漫画或动画片的写作手法来叙事，这标志着动漫式的现实主义完全替换近代现实主义时代的到来。"[17]《少女的告密》用动漫式的记述来叙事，小说的开头用非现实主义同语反复进行了描写："少女们一声不吱地低着头，安静的教室到处响起翻书的声音，日本教授停下在黑板上写字的手，一下子回过头，教室立马恢复了安静，少女们抬起头，恬静地笑了。难道是错觉，教授又面向了黑板，少女们又开始翻书。"[18]小说开篇的场面描写从现代日语表达视角来观测的话，这段描写明显地被赋予了记号式，"少女"与短句、简单句的同语反复呈现出动画的元素与动画效应。接下来的这段话揭示了"少女"这个词是从现代日本文化外部传来的东西。"这里是京都的外国语大学，学生很明显大多数是女生，外国语大学的少女和女子大学的不同……少女们经常随身携带着辞典，用来查不认识的单词。'少女们!'突然，巴哈曼教授闯进来了，巴哈曼教授负责德语演讲小组。现在是德国国情课，只有德语系，每个月有这么一次莫名其妙的事件，美佳子叹了口气。"[18]这是在日本教德语的德国人巴哈曼教授向日本女学生教授的语言。在这个地方，作品中"少女"这个单词所象征的动漫式的小说记述，表明这是战后日本的东西。《少女的告密》中，"乙女"在日语中指的是未婚的年轻女孩，没有被世俗玷污的纯洁女子，带有"标记"的意味。

当今日本动漫的视觉传达艺术非常发达，影像表现成为自然，日本动漫凭借剧情的创新性与画面的趣味性在全球占有着重要地位。战后，日本把动漫提升到与文学同等的地位。"漫画之神"手塚治虫在1952年创作的作品《铁臂阿童木》轰动了全日本，对战后日本精神世界的构建起到了巨大推动作用。这种精神被大塚英志概括为"阿童木命题"。大塚英志对《铁臂阿童木》进行了深入的研究，他把在世界范围内被广泛接受的"战后日本"亚文化中的漫画或动画片用"阿童木命题"来阐释，手塚治虫用"记号"来描述"生命"，用"布制玩偶"来描写人的身心成长，通过"矛盾"与格斗来描写战争与被占领的场面。这个记号就是人工的身体，永远长不大的阿童木的人物造型。"大塚英志所说的'阿童木命题'就是没有成熟可能性的人努力之后有可能成长。"[17]作为研究在大屠杀中牺牲的人，安妮·弗兰克的《安妮日记》中的德国人巴哈曼教授为了唤起二战的记忆，被赋予了"标记"，通过他的视线，从战后日本外部以"乙女"式的动漫现实主义来记述主人公大学生美佳子的成长物语，从正面解释与呼应了"阿童木命题"，进而引发了我们对"战后日本"在世界中"成熟"可能性的思考。

（二）魔幻现实主义创作模式的再现

小山田浩子的《洞穴》（『穴』，2014年发表）是2014年第150届芥川奖获奖作品。《洞穴》运用魔幻现实主义手法描写了松浦朝日因丈夫转勤于婆婆家所在的城市而辞去工作，跟随丈夫一起搬到婆婆家生活，在与婆婆一家人相处的过程中，她不小心掉入河滩上不知何人挖出的洞里，相继发生了一系列不可思议的故事。"无意识地浏览着仿如与平日完全没有差别的极为平常的风景的'我'的视野中出现了一匹黑色的奇怪的野兽，体态似乎比中型犬类稍大，是'我'从没见过的种类。好奇心顿起的'我'紧紧追赶它走下了河堤，进入河滩。就在'我'全神贯注于不断前行的黑色怪兽时，突然，毫无征兆地'我'陷入了洞穴里。从脚开始利索的掉落，保持着那个姿势，'我'的双脚便到达了穴底。"[19]小山田浩子正是用这样的描写"向我们展示了一个视觉信息被均一化了的现实世界的不为人知的一面"。[20]

《洞穴》"既直白又有趣。通过妻子搬家这样一个普通主题，将新出现的事物、失去的事物用高级手法巧妙地构筑起来……这是作为书写现代社会的作家的正统方式"。[21]在芥川奖150年之际，文坛隆重推出"正统"派作家与作品，令人深思。文坛在呼唤着什么呢？在村上龙看来，"标题'洞穴'象征什么？这不是什么大不了的问题。虽然应该是象征着什么的，不过我觉得作者也明白如果明确地把这些表现出来的话，作品就会陷入固定的模式中了。感觉到绝对不要把'洞穴'象征着什么明确表现出来的意思了。这是作为书写现代社会的作家的正统方式。在第150届这个节点上，这样一个拥有正统创作姿态的作家获奖，对于芥川奖来说，也是一件幸事。"[21]小山田浩子一方面用幻想和非日常的、魔幻现实主义的手法描写了一个被年轻的婆婆、丈夫的耳背并反应开始变得稍稍迟钝的祖父、老于世故的邻居们包围着的世界。"她就像在黑色的怪兽的引导下追赶白兔的爱丽丝那样掉到洞穴里，接触到一些并非日常生活的情况。"[22]别人好像看不到的、充满活力的、影子很浅的孩子们，丈夫的哥哥那个谜一样的男人，或者总是在玩手机的丈夫，都可以看到设置在现实与非现实的分界点的、好像扑克牌的图案一样的东西。"作者用在洞穴中间摸索让'鼻子'好使的节奏，描写了地方小镇和丈夫的亲人身上的奇异之处。控制过度幽默的认真劲儿成为偏离日常的'定论'的力量。"[22] 妻子身上接连出现的不可思议的事件抹去了与日常的界限，把读者带到非日常的洞穴中，这种平滑的处理方式就是作者不同凡响的实力的证明。

魔幻现实主义写法最早出现于 1993 年池泽夏树创作的《马西阿斯格里的下台》小说中。这部小说描写的是曾经被日本占领的南太平洋小岛的总理的故事，既有幻想性又有细节描写，最大限度地运用了魔幻现实主义的手法，描绘了南太平洋气息。小山田浩子把乡土风俗魔幻化，让主人公往返于现实与非现实之间，"由土地和家孕育而来的著者的小说，意欲挖掘浸润到'每个角落的都市型生活中的现代日本社会'所不为人知的一面。作者并非受到拉丁美洲文学中业已成熟的魔幻现实主义的影响，而是在以一己之力与土地之力量对话的同时进行开拓"[23]。有别于池泽夏树笔下想象中的、割断了与日本本土的联系的南太平洋小岛，而是如同中国作家莫言笔下的接地气的"高密县"的设置，这带有了日本本土的气息，成为日本本格派的魔幻现实主义。

（三）比喻修辞建构的现实与超现实世界

柴崎友香的《春之庭》（『春の庭』，2014 年发表）是 2014 年第 151 届芥川奖获奖作品。小说以东京世田谷区的古旧公寓为舞台，各种趣事围绕着离婚独居的太郎、女邻居、公寓边上的美丽洋楼展开。但是，生活并非一直如此平静，他们迎来了旧公寓的拆迁、搬家……柴崎友香善于从平淡无奇的生活中剪取鲜活的片段，发掘不易被察觉的时间流逝的痕迹，作品里弥漫着浓浓的生活气息。

"（平成文学）单身作家们所关注的不再是昭和文学意义上的大问题，而是认为文学要想存活下去要依靠细节描写。"[15]《春之庭》是一部创作手法细腻扎实的小说，写作风格独特。"柴崎的作品是精美细腻的，此外还是有灵魂的。故事暗藏玄机，其悬念和伏笔环环相扣、动人心弦。让读者从一开始就对小说产生兴趣。"[24] 柴崎友香给沉闷的日本文坛带来了小清新的感觉，轻松诙谐的风格"让人读过之后有种春风拂面的轻快感。在不经意间深刻地表达了住所与居民的紧密关系，就好比蜜蜂与蜂巢之间密不可分。作品中出场人物也好，住所名称也好，都用了巧妙生动的比喻"[25]。在一定高度俯瞰全局，从而把城市中人与物和各自的烦人生活刻画得惟妙惟肖。"文中运用大篇幅的比喻、紧密结合主题，有逻辑地将故事完整地展现给读者。这也是作品能够获奖的直接原因。"[26] 柴崎友香一直把城市、街道、建筑作为故事的中心，赋予其生命力，并一直试图揭开其真正的意义。视点并不是固定在某个人物上，而是用一种讲故事的方法总揽全局。小说完美地塑造了一个奇妙的微型花园，把世界和时间缩景在其中，过去、未来交织在一起，一种浓郁的怀旧之情贯穿故事始终。

柴崎友香的作品既是书本又是故事，其情景现实而梦幻。在亦真亦幻之间把东京世田谷这个地方多层次立体地表现出来。其描写手法绝对是半现实甚至是超现实的，这种特殊的视点对于小说来说是画龙点睛之笔。柴崎友香用梦幻视点把一个特别的世田谷展现给读者，佐伯房东家、水色之家、开放式的厅堂，空间被描述得极具空间感，既是一幅美丽的画卷，又是立体的四维空间。作者从鸟瞰的角度细致描写，读者在广阔的视野下欣赏生动的《春之庭》。小说中的巨大金库、水色之家和房东的家等建筑在东京世田谷的现实中可以找得到。这座公寓于 1982 年建造完毕，其风格是当时普通的集体住宅。房东家的房屋在战争空袭中被破坏了，那座古老的二层建筑在 1964 年东京奥林匹克运动会时被翻新。小说里这些风格迥异的建筑像一个真实生动的博物馆一样，将日本各时期的生活融入其中。小说中描写空间的手法自然中带着现实，现实中又有一点儿虚幻，表达了人要走出过去，敢于面对现实的主题。

(四) 神话原型叙事

鹿岛田真希的《冥土巡游》（『冥土の巡り』，2011 年发表，2012 年获奖）开创了 21 世纪神话原型叙事的新次元。小说以奈津子的回忆为线索，形式上以第三人称为视点展开叙事，行文中却暗含了第一人称"我"作为小说中的重要叙述者，成为主观化了的主体，进而用叙述创造叙述。

原型写作是鹿岛田真希重要的叙事策略，在《冥土巡游》中借用、改写、再现神话原型成为她小说整套奏鸣曲的伴奏乐。在后现代社会里，人们已经告别了神话心理，但精神深处还保存着神话的基本元素。鹿岛面对灾后的"失语症"，通过神话原型形象的呈现，以神话原型的力量来疗愈 2011 年"311"东日本地震后日本国民的内心创伤。借用《灰姑娘》中的寓言故事原型对人物、社会、环境等进行嘲讽，揭示人们精神世界的空虚与身份的迷失。

《灰姑娘》价值实现的关键是午夜冲出家门参加舞会，场所的移动改变了她的命运。同样，《冥土巡游》里的奈津子瞒着母亲与弟弟，陪丈夫去区公所办理了相关手续，自己购买了去往旅行目的地的新干线车票。旅途贯穿在对母亲与弟弟诸多的骄横与无理的回忆中。在再现母亲及弟弟的骄横并经历了回忆中暴力的洗礼后，在挣脱母亲与弟弟的控制与依存关系后，在太一神一样的无比宽大的胸怀里，在太一隐忍的处事中，她受到了启发与醒悟，心里开始原谅他们。宾馆所谓高级背后的真相、美术馆中一幅幅充满浓浓爱意的画作一下一下地冲刷着奈津子的心灵。"没有记忆，人就不能辨认自己，也就不再存在"[27](P39)，奈津子在回忆过去、经历现实及想象未来的格式塔效应中获得人生顿悟，在太一超然的生活态度中确认了自我的存在与价值。"我会成为像叶子姐姐那样的女人，变成一个强悍又充满矛盾的女人"[28](P78)，在经历了灰姑娘一系列的痛苦之后得到了救赎。这一切发生在两天一宿，与灰姑娘午夜十二点离开的时间效应相当，具有相同的故事结局。原型叙事在救赎与确立奈津子的自我之上也产生了白雪公主、灰姑娘效应。

(五) 时间叙事的创新

时间叙事的创新之作《贵子永远》（『きことわ』，2010 年发表，2011 年获奖）"是一部以时间主题为中心的作品，是少有的成功的范例"[29]。写作技巧的创新与追求，是朝吹真理子文学创作的一大特色，也是其获得该届芥川奖的重要理据之一。"朝吹擅长时间的处理手法，能够像普鲁斯特和杜拉斯那样依靠味觉和嗅觉重新编制记忆，可能把似乎是过去的过去再现出来是她的拿手好戏。她的文章表达经常会运用到所有的五官。"[30]

朝吹真理子用"梦"和"回忆"寻找过去的时间,推进情节的发展,把现实、过去和未来自由地编织在一起。她的时间叙事策略在模仿意识流写作技巧的基础上,通过身体的感觉转移,使读者在听觉、视觉、嗅觉、味觉、触觉等不同感觉的相互沟通中产生联想,在陌生的感受中去捕捉时间变化与移动的内涵,这充分显现了朝吹真理子的文学表现力与创新力。

朝吹真理子使用电影镜头的方式在回忆中播放着故事,将长达四分之一世纪的时间长度在一天完成。《贵子永远》中的时间序列是多元开放的,确定的时间与不确定的时间,明晰的时间与模糊的时间,瞬间与永恒,过去、现在与未来,实在的时间与消亡了的时间,这些因素是这样难解难分地共生在一起。叙述者按照故事的实际进展叙述,使小说在总体上呈现为线性特征。但是在线性的时间轴上,不断有回忆和梦境插入,把线性的时间轴截成一小段一小段,甚至回忆和梦境本身都不是线性的,它们又被另一端梦中之梦或回忆中的回忆打断,形成更小的碎片,让人在无穷、永远、不变中感受到了不断的变化、无止境的反复与无终点的流转。对于人来说时间是什么?作者通过记忆中停滞的时间、自然界无始无终的时间、别墅内老爷钟显示的 25 年前后的时间、别墅里外的时间、贵子与永远子的时间等等表述,在难以言状的时间里,永远不变的是人与人之间的爱,它不需要交流与客气,它是人类交流最自然的情感与最原始的情感。女作家及其笔下的主人公在隐藏于时间的爱里通过自己的表述确立了自我。

当 21 世纪女作家改革与探索叙事模式、拯救颓废的文坛之时,"手机小说""轻小说"与"推理小说"等畅销书以咄咄逼人之态势向"纯文学"发起强攻,并与之进行着旋风式的争夺。21 世纪后出现的这些"后现代文学"虎视眈眈地挑战现存的"文学制度"。无论文学界如何看待这些新生事物,无论他们对此的态度如何,平成文学以后,像"战后""第三新人派""内向时代"的作家那样以厚重感来书写历史、书写记忆的青年作家越来越少。文学书写历史的纵轴开始出现断裂,文学摆脱了近代自我与纯文学至上主义的束缚真正进入了新的时代。"崩溃"也好、"失语"也罢,文学的感受性与接受性的调和是日本文坛的当务之急。

21 世纪女作家首先从叙事形式入手进行积极的文学创作。在她们的努力之下,文坛呈现出了叙事形式的多元化与独特性的局面。女作家一方面立足于日本文学的传统写作模式,继承了私小说的写作技巧,"正统"的写作模式、"物哀"的感觉书写与字斟句酌的修辞细节描写在当代女作家中不乏其人。她们频频获芥川奖足以证明在读图时代到来的日本社会,传统叙事模式并未过时,像《蛇舌》《一个人的好天气》等无复杂结构的作品反而更能博得读者与评委的好感。在第 150 届芥川奖作品评选时,村上龙把票投给了叙事结构简单的《洞穴》,指出:"并非用复杂的结构就可以表现复杂的问题。"[31]他还明确表示:"在第 150 届这个节点上,这样一个拥有正统创作姿态的作家获奖,对于芥川奖来说,也是一件幸事。"[31]这体现了芥川奖对获奖作品叙事模式的创新及文坛对传统文学的态度。另一方面,21 世纪的女作家为使文学走出低迷,正在克服"内向时代"颓废的个人感受追求,在东奔西突中进行着突围,在关注文学的现实性基础上进行着文学形式的创新。将动漫叙事模式植入纯文学的创作让我们看到了日本文坛创作形式改革的力度与魄力，神话原型叙事推开了日本文学与世界文学相连的窗口，魔幻现实主义的创作代表了日本文学的世界步伐，时间叙事的创新标志着日本文学对"人"的官能认知的深化。她们以自己的叙事形式昭告：日本文坛正在走向多元。叙事格调的改变不仅体现了平成文学的多面性，同时也说明文学顺应着超速发展的时代不断通过自身的改变来寻找生存空间，在这一过程中，日本女作家成为这一文学变革中的主力军与先锋。

注释：

① 芥川奖，1935 年设立，2000 年到 2014 年间共有 16 位女作家折桂，分别是：藤野千夜、大道珠贵、金原瞳、绵矢莉莎、丝山秋子、青山七恵、川上未映子、杨逸、津村记久子、赤染晶子、朝吹真理子、鹿岛田真希、黑田夏子、藤野可织、小山田浩子、柴崎友香。

② "21 世纪活字文化项目"：日本在 21 世纪来临之际，为了保存与培养日本年轻人文字书写能力，由日本读卖新闻社牵头，日本文部科学省、文化厅、NHK、日本书籍出版协会、日本杂志协会等多家组织与机构协同开展的促进活字文化活动，以防止出现 21 世纪日本年轻一代因远离文字而导致人的创造力低下的危险。该项目定期在大学等部门组织讲座或举行相关的座谈会等，以多种形式进行推进。参见日本网站：http://katsuji.yomiuri.co.jp/about.htm。

参考文献：

[1]〔古希腊〕柏拉图．柏拉图对话集［M］.王太庆译．北京：商务印书馆，2011.

[2] 阎纯德．二十世纪中国女作家研究［M］.北京：北京语言大学出版社，2000.

[3] 潘会平．物语文学探源［J］.青海民族大学学报（教育科学版），1994（4）.

[4]〔日〕高樹のぶ子．そこそこ小説の終焉［J］.文藝春秋，2009（3）.

[5]〔日〕池澤夏樹．仕掛けとたくらみのいい小説［J］.文藝春秋，2008（8）.

[6]〔日〕黒井千次．大阪と中国の女性達［J］.文藝春秋，2008（3）.

[7]〔日〕いとうせいこう．野蛮な本格［J］.文學界，2008（3）.

[8]〔日〕高樹のぶ子．二十年［J］.文藝春秋，2008（9）.

[9]〔日〕沼野充義．新しい世界文学の場所へ――大きな楊文学についての小さな論［J］.文學界，2008（9）.

[10] 橘玲．（日本人）：括号里的日本人［M］.周以量译．北京：中信出版集团股份有限公司，2013.

[11] 王玉英、赖晓晴．后现代语境下村上春树文学语言的增殖策略――以《海边的卡夫卡》为中心［J］.东方论丛，2010（2）.

[12]〔日〕岛田雅彦．专访日本"文坛王子"："村上春树过时了"［EB/OL］.http://ent.163.com/11/0905/20/7D7CGT5L00032DGD.html.

[13] 李墨．从家庭观的嬗变管窥日本当代女性文学发展［J］.现代语文，2006（3）.

[14] 叶渭渠．日本文学思潮史（第 1 版）［M］.北京：经济日报出版社，1997.

[15]〔日〕浦雅士．「平成文学」とは何か［J］.新潮，2002（新年特别号）.

[16]〔日〕赤染晶子．少女の煙草［J］.文學界，2009（1）.

[17]〔日〕田中和生．"戦後日本"的世界の記号の"我"――赤染晶子論［J］.文學界，2010（9）.

[18]〔日〕赤染晶子．乙女の密告［J］.文藝春秋，2010（9）.

[19]〔日〕小山田浩子．穴［J］.文藝春秋，2014（3）.

[20]〔日〕大竹昭子. 書評空間［EB/OL］. http://booklog. kinokuniya. co. jp/ohtake/archives.

[21]〔日〕村上龍. 選評［J］. 文藝春秋, 2014（3）.

[22]〔日〕堀江敏幸. 鼻子と定説［J］. 文藝春秋, 2014（3）.

[23]〔日〕清水良典. 穴小山田浩子著妖しい土俗的魔力たたえる小説［N］. 日本経済新聞朝刊,
2014 – 02 – 16.

[24]〔日〕田雅彦. 何度目でも正直な人々［J］. 文藝春秋, 2014（9）.

[25]〔日〕高樹のぶ子. 揺らめく住まい［J］. 文藝春秋, 2014（9）.

[26]〔日〕宮本輝. モノの命［J］. 文藝春秋, 2014（9）.

[27] 邵鹏. 媒介作为人类记忆的研究——以媒介记忆理论为视角［D］. 杭州：浙江大学传媒与国际文
化学院, 2014.

[28]〔日〕鹿島田真希. 冥土巡游［M］. 刘姿君译. 台北：联经出版事业股份有限公司, 2014.

[29]〔日〕池澤夏樹. 時間をめぐる離れ業［J］. 文藝春秋, 2011（3）.

[30]〔日〕島田雅彦. はじめてのおつかい［J］. 文藝春秋, 2011（3）.

[31]〔日〕村上龍. 選評［J］. 文藝春秋, 2014（3）.

《论语》 训诂疑案的文献学分析

蔡英杰*

（云南大学　人文学院；云南昆明　650206）

摘　要：作为一部重要的先秦典籍，《论语》至今还存在着一些训诂疑案。训诂疑案的产生，很多情况下反映文献的背景不清楚。如果我们把文献的时代背景与上下文关系搞清了，训诂疑案也就迎刃而解。本文致力于对这些训诂疑案的文献背景做出正确分析，使之得到确诂。

关键词：论语；训诂；疑案；文献背景

文献典籍中词语的意义，往往需要通晓文献背景才能得到确诂。文献背景既包括时代背景，又包括语言背景。时代背景指这一时代的政治、经济、文化等各方面的情况，语言背景指该词的词义在文献中的使用情况及该词与其他词语的搭配情况。本文即立足于文献背景的考察，力求对《论语》中的训诂疑案做出正确的解释。

1. 学而时习之，不亦说乎？有朋自远方来，不亦乐乎？人不知而不愠，不亦君子乎？（学而）

　　杨伯峻译："学了，然后按一定的时间去实习它，不也高兴吗？有志同道合的人从远处来，不也快乐吗？人家不了解我，我却不怨恨，不也是君子吗？"[1](P1)

　　李泽厚译："学习而经常实践，不是很愉快吗？有朋友从远方来相聚，不是很快乐吗？没有人了解自己，并不烦恼怨怒，这不才是君子吗？"[2](P28)

句中的"亦"，杨伯峻译"也"，李泽厚未译，大概是看作表示强调语气的语气词了。"亦"的词性究竟为何，两者究竟孰是孰非，需要对先秦文献"不亦……乎"这一格式做出调查分析，才能得出结论。

通过对先秦文献的检索，我们发现："不亦……乎"这一格式表现为三种语义类型：Ⅰ.A，P；B，P，不亦可乎？Ⅱ.M，P，不亦M乎？Ⅲ.P，不亦X乎？

Ⅰ类，如：

---

　　*　作者简介：蔡英杰（1966—　），男，云南大学人文学院教授，文学博士，研究方向为文献学、汉语语法学。

（1）吴乘我丧，我乘其乱，不亦可乎？（《左传·昭公二十七年》）
（2）平王杀吾父，我杀其子，不亦可乎？（《左传·定公四年》）

这类句子中，A、B所要采取的动作行为P性质相同，A的动作行为已经发生，B的动作行为尚未发生。B认为，既然A已经采取了某种动作行为，自己效仿A采取同样性质的动作行为，是完全正当的，因此用"不亦可乎"强调其动作行为的合理性。由于后一动作行为是对前一动作行为的效仿、认同，因此这里的"亦"可译作"也"，"不亦可乎"译作"不也可以吗？"这类句式的A、B是两个例，即两种具体的动作行为。
Ⅱ类，如：

（3）曾子曰："士不可不弘毅，任重而道远。仁以为己任，不亦重乎？死而后已，不亦远乎？"（泰伯）
（4）子曰："因民之所利而利之，斯不亦惠而不费乎？择可劳而劳之，又谁怨？欲仁而得仁，又焉贪？君子无众寡，无小大，无敢慢，斯不亦泰而不骄乎？君子正其衣冠，尊其瞻视，俨然人望而畏之，斯不亦威而不猛乎？"（尧曰）

这类句子中，首先提出概念M，然后用P对M的内涵加以解释，最后以"不亦M乎"作结，强调P正体现了M。M是名，P是实，这类句式体现的是名实一致性。M与P是型与例之间的关系，不是例与例之间的关系，因而句中"亦"的意义已经模糊、虚化，只表强调意义，不能译作"也"。
Ⅲ类，如：

（5）叔孙武叔语大夫于朝曰："子贡贤于仲尼。"子服景伯以告子贡。子贡曰："譬之宫墙，赐之墙也及肩，窥见室家之好。夫子之墙数仞，不得其门而入，不见宗庙之美，百官之富。得其门者或寡矣。夫子之云，不亦宜乎？"（子张）
（6）吾过而里革匡我，不亦善乎？（《国语·鲁语上》）

这类句子，只有P，而没有M，X插在"不亦"与"乎"之间，表示对P的评价。由于"不亦M乎"，既是强调P与M的一致性，也是表达对P的评价，因而"不亦X乎"与"不亦M乎"之间的继承关系还是显而易见的。"不亦X乎"中的"亦"已经完全虚化为语气词，不可译为"也"。"学而时习之，不亦说乎？有朋自远方来，不亦乐乎？人不知而不愠，不亦君子乎"显然为第三种类型，"亦"为语气词，无义，不宜译作"也"。
2. 攻乎异端，斯害也已。（为政）

杨伯峻译："批判那些不正确的议论，祸害就可以消灭了。"注曰："已，应该看为动词，止也。因之我译为'消灭'。"[1]（P18—19）
李泽厚译："攻击不同于你的异端学说，那反而是有危害的。"记曰："有三种解释，大多数解'攻'为'专攻'，即致力、学习，就是说学习异端邪说，是有害处的。十余年前出土的《论语》，'攻'作'功'，似可证实此说。第二种解释说，攻剿异端邪说，于是它们就失去危害了，如杨译本。这似乎是毛时代斗争哲学的有趣反映。传统旧注中也有主此说的。我则选择第三说，认为这可以表现儒学的宽容精神：主张求同存异，不搞排斥异己。"[2](P73)

问题的关键是对"已"的理解：动词还是语气词？这要考察"也已"组合中"已"的用法。《论语》中，"也已"共出现 13 例，其他 12 例"已"都是用作语气词。如：

(1) 子曰："如有周公之才之美，使骄且吝，其余不足观也已。"（泰伯）

(2) 子曰："亦各言其志也已矣。"（先进）

(3) 周之德，其可谓至德也已矣。（泰伯）

(4) 子曰：君子食无求饱，居无求安，敏于事而慎于言，就有道而正焉，可谓好学也已。（学而）

(5) 能近取譬，可谓仁之方也已。（雍也）

(6) 泰伯，其可谓至德也已矣。（泰伯）

(7) 虽欲从之，末由也已。（子罕）

(8) 说而不绎，从而不改，吾末如之何也已矣。（子罕）

(9) 四十五十而无闻焉，斯亦不足畏也已。（子罕）

(10) 子曰："年四十而见恶焉，其终也已。"（阳货）

(11) 子曰："浸润之谮，肤受之诉，不行焉，可谓明也已矣。浸润之谮，肤受之诉，不行焉，可谓远也已矣。"（颜渊）（注："也已"有 2 见）

检索先秦文献共发现 45 例"也已"组合，除去《论语》的 13 例，剩余 32 例，"已"全部是语气词。如：

(12) 其弃诸姬，亦可知也已。（《左传·襄公二十九年》）
(13) 夫差先自败也已，焉能败人？（《国语·楚语下》）
(14) 后世虽有作者，虞帝弗可及也已矣。（《礼记·表记》）
(15) 此其利也，不可失也已，君必灭之。（《国语·越语上》）

先秦文献中 45 例中的"也已"组合除本例以外的 44 例均为语气词组合，足以说明表示判断语气的"也"与表示限止语气的"已"的组配在先秦是一种常见的固定的组合形式，本例中的"也已"也应当是这样一种组合，出现意外的可能性是很小的。

3. 孔子谓季氏："八佾舞于庭，是可忍也，孰不可忍也？"（八佾）

杨伯峻译："孔子谈到季氏，说：'他用六十四人在庭院中奏乐舞蹈，这都可以

狠心做出来，甚么事不可以狠心做出来呢？'"[1](P23)

李泽厚译："孔子评论季氏说：'在自己的庭院居然表演天子享用的舞蹈。如果这可以容忍，那还有什么不能容忍？'"[2](P86)

杨伯峻译"忍"为"狠心"，李氏译"忍"为"容忍"。杨伯峻认为："忍，一般人把它解为'容忍''忍耐'，不好；因为孔子当时并没有讨伐季氏的条件和意志。"其实，能否容忍，只是一种情感态度，与是否有某种条件与意志没有关系，因此杨氏的这个理由并不充分。本句中的"忍"是"狠心"还是"容忍"，还需要结合先秦语料做出分析。

检索先秦文献发现："忍"用作狠心义时，受事通常是人。如：

（1）对曰："人将忍君。"（《左传·成公十七年》）

（2）野人之无闻者，忍亲戚、兄弟、知交以求利。（《吕氏春秋·节丧》）

（3）君无忍亲之义。（《穀梁传·襄公三十年》）

如受事为事，则用其否定形式。如：

（4）欲终而释之，而不忍百姓之无天也。（《庄子·田子方》）

"忍"用作容忍义时，受事通常是事。如：

（5）乃废天之命，讫文考之功绪，忍民之苦，不祥。（《逸周书·大开武解》）

（6）孰为盾而忍弑其君者乎？（《穀梁传·宣公二年》）

（7）今吾刑外乎大人，而忍于小民，将谁行武？（《国语·晋语六》）

如受事为人，则用其否定形式。如：

（8）夫国之疑二三子，莫忍老臣。（《管子·大匡》）

"孔子谓季氏：'八佾舞于庭，是可忍也，孰不可忍也？'"一句中，"忍"的受事是"季氏八佾舞于庭"这一件事情，用的又是肯定形式，当为容忍义，非"狠心"义。

4. 里仁为美。择不处仁，焉得知？

杨伯峻译："住的地方，要有仁德这才好。选择住处，没有仁德，怎么能是聪明呢？"注曰："里——这里可以看为动词。居住也。""处，上声，音杵，chǔ，居住也。""这一段话，究竟孔子是单纯地指'择居'而言呢，还是泛指，'择邻''择业''择友'等等都包括在内呢？我们已经不敢确定。《孟子·公孙丑上》云：'孟子曰：矢人岂不仁于函人哉？矢人惟恐不伤人，函人惟恐伤人。巫、匠亦然。故术不可不慎也。孔子曰，里仁为美。择不处仁，焉得智？'便是指择业。因此译文于'仁'字仅照字面翻译，不实指仁人。"[1](P35)

李泽厚译："孔子说：'居处在仁爱的邻居乡里中才是美。居处不选择仁，怎谈得上聪明智慧？'注曰："《集释》郑曰：里者，民之所居也。居于仁者之里，是为善也。"[2](P117)

杨伯峻、李泽厚都认为"里"是居住的意思。但我们通过对先秦文献的检索发现，除本例外，"里"用作居住义的只有一个用例，《周礼·夏官·量人》："量其市朝州涂，军社之所里。"在这个孤例中，"里"是否作"居"的通假字还很难说，即使用作本字，也是不带宾语的；即使"里"是居住义，也只能带方所名词做宾语，不能带其他成分做宾语。因此要把"里仁"中的"里"训作"居住"，证据是很薄弱的，很难成立。《周礼·地官·遂人》："五家为邻，五邻为里。"邻、里析言有异，浑言无别，故可组成"邻里"一词。在先秦文献中，我们检索到多处"邻"用作动词的用例。如：

（1）夫吴之与越，接土邻境，道易人通。（《吕氏春秋·长攻》）
（2）削株无遗根，无与祸邻，祸乃不存。（《韩非子·初见秦》）
（3）晋居深山，戎狄之与邻，而远于王室。（《左传·昭公十五年》）
（4）夷德无厌，若邻于君，疆埸之患也。（《左传·定公四年》）
（5）韩亡，秦尽有郑地，与大梁邻，王以为安乎？（《战国策·魏策三》）
（6）七日不火食，死生相与邻。（《庄子·天运》）

"里仁"中的"里"当训为邻，义为"做邻居"，"里仁"是"与仁人做邻居"。

"择不处仁"杨伯峻译"选择住处，没有仁德"，李泽厚译"居处不选择仁"，两译均误，因为他们完全不顾句法，进行了随心所欲的跨界组合。杨译以"择"与"处"组合，"不"与"仁"组合，按照此种组合，句应作：择处不仁。李译以"择"与"仁"组合，"不"与"择仁"组合，"处"与"不择仁"组合，按照此种组合，原句应作：处不择仁。在原句能够解释通顺的情况下，这样随意调整语序的做法，是很不严谨的，也是不可能得出正确结论的。

"处"作动词，有"居住""处于""处理""处置""相处"等多个义位。前几个义位，均不能与"仁"（仁德、仁人）搭配，只有"相处"一个义位，可以与"仁"搭配。"处仁"中的"仁"是"仁德"还是"仁人"呢？通过检索，在先秦文献中，"处"用作相处义，共26例，搭配对象除1处为动物（麋鹿）外，其余全部是人。如：

（7）太王亶父曰："与人之兄居而杀其弟，与人之父处而杀其子，吾不忍为也。"（《吕氏春秋·审为》）
（8）吾以国人出，君谁与处？（《左传·定公十年》）
（9）久与贤人处则无过。（《庄子·德充符》）

（10）庄王曰："子去我而归，吾孰与处于此？"（《公羊传·宣公十五年》）

可见，"处仁"中的"仁"是仁人，"处仁"就是"与仁人相处"。"择不处仁，焉得知"，意思是说"选择邻居而不与仁人相处，怎么能算得上聪明呢？"这与《晏子春秋》中的"君子居必择邻，游必就士"的语义是一致的。由于前句中"里仁"的"里"是"做邻居"的意思，因此这里的"择"只能是"择邻"，而不会是"择业""择友"等等。

5. 由也好勇过我，无所取材。（公冶长）

杨伯峻译："仲由这个人太好勇敢了，好勇的精神大大超过了我，这就没有什么可取的呀！"注曰："材——同'哉'，古字有时通用。有人解做木材，说是孔子以为子路真要到海外去，便说：'没地方去取得木材'。这种解释一定不符合孔子原意。也有人把'材'看做'剪裁'的'裁'，说是'子路太好勇了，不知道节制、检点'，这种解释不知把'取'置于何地，因之也不采用。"[1]（P44）

李泽厚译："子路比我还勇敢哩，就是不知道如何剪裁自己。"[2]（P149—150）

"取材"是不是有"剪裁"义呢？通过检索先秦文献，除本例外，我们找到了4个"取材"的用例。

（1）故讲事以度轨量谓之轨，取材以章物采谓之物。（《左传·隐公五年》）
（2）及夫日月星辰，民所瞻仰也；山林、川谷、丘陵，民所取材用也。（《礼记·祭法》）
（3）引而信之，欲其直也。信之而直，则取材正也。（《周礼·冬官·考工记》）
（4）五良：一取仁，二取知，三取勇，四取材，五取艺。（《逸周书·大武解》）

前两例是"选取物质材料"的意思，后两例分别是"选取皮革原料""选取才干"的意思，均无"剪裁"之义。可见，以"剪裁"训"取材"是站不住脚的。那么，杨伯峻先生的看法是不是有道理呢，我们通过检索，在先秦文献中发现了5例"无所取"的用例：

（5）今有人于此，修身会计则可耻，临财物资尽则为己。若此而富者，非盗则无所取。（《吕氏春秋·务本》）
（6）望而视其轮，欲其幎尔而下迆也。进而视之，欲其微至也。无所取之，取诸圜也。望其辐，欲其挈尔而纤也。进而视之，欲其肉称也。无所取之，取诸易直也。望其毂，欲其眼也。进而视之，欲其帱之廉也。无所取之，取诸急也。（《周礼·考工记》）
（7）非彼无我，非我无所取。（《庄子·齐物论》）

这 5 例中，第 1 例是"没有什么地方获取"的意思，中间 3 例是"没有别的要求"的意思，最后 1 例是"没有什么价值（可取之处）"的意思。由此可见，"无所取"在先秦是一种较为固定的搭配。"无所取"与语气词"哉"结合，构成"无所取哉"，表示感叹，是可以成立的。

《论语》中，孔子曾对子路勇敢有余、思虑不周、缺少谋略多次提出批评：

（8）子路曰："子行三军，则谁与？"子曰："暴虎冯河，死而无悔者，吾不与也。必也临事而惧，好谋而成者也。"（述而）

（9）闵子侍侧，訚訚如也；子路，行行如也；冉有、子贡，侃侃如也。子乐。"若由也，不得其死然。"（先进）

（10）子路问："闻斯行诸？"子曰："有父兄在，如之何其闻斯行之。"冉有问："闻斯行诸？"子曰："闻斯行之。"（先进）

（11）子路曰："君子尚勇乎？"子曰："君子义以为上，君子有勇而无义为乱，小人有勇而无义为盗。"（阳货）

（12）子曰："由也！女闻六言六蔽矣乎？"对曰："未也。""居！吾语女。好仁不好学，其蔽也愚；好知不好学，其蔽也荡；好信不好学，其蔽也贼；好直不好学，其蔽也绞；好勇不好学，其蔽也乱；好刚不好学，其蔽也狂。"（阳货）

这也证明了"无所取材"就是"无所取哉"，杨伯峻的意见是对的。

6. 子谓子贡曰："女与回也孰愈？"对曰："赐也何敢望回？回也闻一以知十，赐也闻一以知二。"子曰："弗如也，吾与女弗如也。"

"吾与女弗如也"，杨伯峻译："赶不上他；我同意你的话，是赶不上他。"注曰："与——动词，同意，赞同。这里不应该看作连词。"[1]（P45）

这句话，李泽厚译："是不如他，我与你都不如他！"记曰："因推崇孔子，最后一句许多译解都释为'我允许（同意）你不如他。'这岂不是多余的别扭话？其实，韩愈早说过：'弟子不必不如师，师不必贤于弟子。'刘逢禄《论语述何》：'夫子亦自谓不如颜渊。'何况这正是孔子自谦、逊让的词呢？"[2]（P152）

分歧在于"与"的词性，是动词还是连词？如果是动词，它的宾语就是一个主谓结构。先秦时期，作"赞同"义的"与"能否带主谓结构，就成了解决问题的关键。先秦文献中，"与"作赞同义时，一般只带由名词或代词充当的指人宾语。如：

（1）桓公知天下诸侯多与己也，故又大施忠焉。（《国语·齐语》）
（2）使人请食于越，越王弗与。乃攻之，夫差为禽。（《吕氏春秋·长攻》）
（3）若使秦求河内，则王将与之乎？（《吕氏春秋·应言》）

（4）彼请地于韩，韩与之。（《战国策·赵策一》）

如需指出赞同某人的某种特性或行为，则在"与某人"后加以补充说明。如：

（5）穆公曰："吾与公子重耳，重耳仁。"（《国语·晋语二》）

我们在先秦文献中只查到两例"与"带主谓结构做宾语，且只见于《公羊传》：

（6）曷为不使齐主之？与襄公之征齐也。曷为与襄公之征齐？桓公死，竖刀、易牙争权不葬，为是故伐之也。（《公羊传·昭公十八年》）

考虑到《公羊传》为战国时齐人所著，晚出，因此可以说，春秋以前，"与"作赞同义时，是不能带主谓结构做宾语的。"吾与女弗如也"的"与"应是连词，全句意为：我和你都不如他。

7. 子谓子产："有君子之道四焉：其行己也恭，其事上也敬，其养民也惠，其使民也义。"（公冶长）

"其行己也恭"，杨伯峻译："他自己的容颜态度庄严恭敬。"[1](P48)李泽厚译："他的行为态度谦逊、庄重。"[2](P159)

"行己"与"事上""养民""使民"一样，都是动宾结构，两位先生或译为定中结构，或译为并列结构，均不够确切。

"行"有一个义位是"做某事"或"从事某种事业"。如：

（1）郑也与客将行事。（《国语·晋语三》）
（2）我欲行礼，子敖以我为简，不亦异乎？（《孟子·离娄下》）
（3）使管子行医术以扁鹊之道，曰桓公几能成其霸乎？（《鹖冠子·世贤》）

"己"的本义是自身，但可以转指与自身有关的事物。如：

（4）君子博学而日参省乎己，则知明而行无过矣。（《荀子·劝学》）
（5）仁者如射，射者正己而后发，发而不中，不怨胜己者，反求诸己而已矣。（《孟子·公孙丑上》）
（6）故君子不处幸，不为苟，必审诸己然后任，任然后动。（《吕氏春秋·遇合》）
（7）克己复礼，仁也。（《左传·昭公十二年》）
（8）知彼知己，百战不殆。（《孙子·谋攻》）
（9）子路问君子。子曰："修己以敬。"曰："如斯而已乎？"曰："修己以安

人。"曰："如斯而已乎?"曰："修己以安百姓。修己以安百姓，尧舜其犹病诸?"（宪问）

第 1 例，"己"指自身的行为；第 2 例，"己"指自身的心理；第 3 例，"己"指自身的才能；第 4 例，"己"指自身的欲望；第 5 例，"己"指本方的军事实力、战略战术等；第 6 例，"己"指自身的品德、行为等。

结合上下文，"行己"之"己"当指自身的事务，即私事。"行己"即做私事或处理私事。在先秦文献中，除本例外，还有 4 例"行己"，也都是"处理私事"的意思。

(10) 行己有耻，使于四方，不辱君命，可谓士矣。（子路）
(11) 行己而无私，直言而不讳。（《晏子春秋·外篇上》）
(12) 行己不顺，治事不公，不敢以荏众。（《晏子春秋·内篇上》）
(13) 子曰："上好仁，则下之为仁争先人。故长民者，章志、贞教、尊仁，以子爱百姓，民致行己以说其上矣。"（《礼记·缁衣》）

最后 1 例的"行己"当为"行诸己"的省略，其他 3 例"行己"均为"处理私事"的意思。"行己有耻"即处理私事时有羞耻心，"行己而无私"即处理私事时没有私心，"行己不顺"即处理私事时不遵守伦理。《汉语大词典》把"行己"训为"立身处事"[3](P1818)，这样就跟"事上""养民""使民"没有什么区别了，不确。

8. 愿车马衣轻裘，与朋友共，敝之而无憾。（公冶长）

杨伯峻译："愿意把我的车马、衣服同朋友共同使用，坏了也没有什么不满。"注曰："这句的'轻'字是后人加上去的，有很多证据可以证明唐以前的本子并没有这一'轻'字，详见刘宝楠《论语正义》。"[1](P53)
李泽厚译："我愿意把自己的车、马、高贵皮衣和朋友们一同享用，即使用坏了，也没有什么遗憾。"[2](P170)

分歧在于"轻"是否为衍文。我们检索发现，先秦文献中共有 9 例"衣裘"，除《论语》外，并无"衣轻裘"。如：

(1) 为游士八十人，奉之以车马衣裘，多其资币，使周游于四方。（《国语·齐语》）
(2) 二十而冠，始学礼，可以衣裘帛，舞大夏。（《礼记·内则》）
(3) 故曰尧之容若委衣裘，以言少事也。（《吕氏春秋·察贤》）
(4) 其为舆马衣裘也，足以逸身暖骸而已矣。（《吕氏春秋·重己》）
(5) 夺人车马衣裘以自利者，有鬼神见之。（《墨子·明鬼》）
(6) 无衣裘以御冬兮，恐溘死不得见乎阳春。（《楚辞·九辩》）

（7）以时颁其衣裘，掌其诛赏。（《周礼·天官·官伯》）

9例"衣裘"，"衣"与"裘"均为并列关系。"衣"为夏服，"裘"为冬服。

（8）冬日麑裘，夏日葛衣。（《韩非子·五蠹》）

（9）夏不衣裘，非爱裘也，暖有余也。（《吕氏春秋·有度》）

（10）九土所资，或农或商，或田或渔，如冬裘夏葛，水舟陆车，默而得之，性而成之。（《列子·汤问》）

对于贵族来说，冬日穿的裘还要在外面罩上一层衣，称为"裼"。如：

（11）缁衣，羔裘；素衣，麑裘；黄衣，狐裘。（乡党）

（12）君衣狐白裘，锦衣以裼之。（《礼记·玉藻》）

（13）君子狐青裘豹袖，玄绡衣裼之。（《礼记·玉藻》）

9例当中，有4例"车马衣裘"，1例"舆马衣裘"，可见车马、衣裘、车马衣裘均是比较固定的搭配。唐以前的版本均无"轻"字，学者已论之甚详，辅之以我们的语料分析，"轻"为衍文，当无疑义。

9. 不有祝鮀之佞，而有宋朝之美，难乎免于今之世矣。（雍也）

杨伯峻译："假使没有祝鮀的口才，而仅有宋朝的美丽，在今天的社会里怕不易避免祸害了。"[1]（P60）

李泽厚译："没有祝鮀那样的尖嘴滑舌，没有宋朝那样的美丽容色，在今天这个社会里，恐怕是很难避免灾祸的了。"[2]（P188）

分歧在于"不"的辖域是仅仅管着"有祝鮀之佞"，还是兼管其下"有宋朝之美"。除本例外，我们在先秦文献的检索中，未发现其他"不有……而有"的用例，却发现其同义同构句式"无……而有"17例。如：

（1）婴无倍人之行，而有参士之食，君之赐厚矣。（《晏子春秋·内篇·杂下》）

（2）无恒产而有恒心者，惟士为能。（《孟子·滕文公上》）

（3）无大夫冠礼，而有其昏礼。（《仪礼·士冠礼》）

（4）小国无文德而有武功，祸莫大焉。（《左传·襄公八年》）

（5）无亢山名谷，而有付丘于其四方者，雄城也。（《孙膑兵法·雄牝城》）

（6）人无百岁之寿，而有千岁之信士，何也？（《荀子·王霸》）

（7）无御相之劳而有其功，则知所乘矣。（《吕氏春秋·分职》）

（8）天下无粹白之狐，而有粹白之裘，取之众白也。（《吕氏春秋·用众》）

"无……而有"均是"没有……却有"的意思，"无"只管前一句，不管后一句。由此可见，"不有……而有"也应当是"没有……却有"的意思。

10. 民可使由之，不可使知之。（泰伯）

宦懋庸《论语稽》云："对于民，其可者使其自由之，所不可者亦使知之。或曰，舆论所可者则使共由之，其不可者使共知之。"杨伯峻认为，这样的话，"则原文当读为'民可，使由之；不可，使知之'。恐怕古人无此语法。若是古人果是此意，必用'则'字，甚至'使'下再用'之'字以重指民，作'民可，则使（之）由之；不可，则使（之）知之，方不致晦涩而误解。"[1](P80—81)

杨氏的分析很有道理，但杨氏认为：

"这两句与'民可以乐成，不可与虑始'（《史记·滑稽列传补》所载西门豹之言，《商君列传》作'民不可与虑始，而可与乐成'）意思大致相同，不必深求。"[1](P81)

因而把这句话译作："老百姓，可以使他们照着我们的道路走去，不可以使他们知道那是为什么。"[1](P81) 同样值得商榷。按照杨译，"使"字下同样可以加一"之"字，作"民可使（之）由之，不可使（之）知之。"这个"之"在显性的句法层面并没有出现，可以看作"使"的隐性宾语，这个隐性宾语"之"与句子的主语是同指的。但据我们对先秦语料的检索，"使"的宾语无论是显性的，还是隐性的，都不可能与句子的主语同指。

（1）高宗梦得说，使百工营求诸野。（《尚书·说命序》）

句子的主语是"高宗"，"使"的宾语是"百工"。

（2）神农氏没，黄帝尧舜氏作，通其变，使民不倦。（《周易·系辞下》）

句子的主语是"黄帝尧舜氏"，"使"的宾语是"民"。

（3）冬，曹伯使其世子射姑来朝。（《左传·桓公九年》）

句子的主语是"曹伯"，"使"的宾语是"世子"。

（4）虞舜侧微，尧闻之聪明，将使嗣位。（《尚书·舜典序》）

句子的主语是"尧"，"使"的隐性宾语是"舜"。

（5）凡厥正人，既富方谷，汝弗能使有好于而家。（《尚书·洪范》）

句子的主语是"汝"，"使"的隐性宾语是"正人"。

（6）君今来讨弊邑之罪，其亦使听从而释之。（《国语·鲁语上》）

句子的主语是"君"，"使"的隐性宾语是"弊邑"。

（7）遂南征伐楚，济汝，逾方城，望汶山，使供丝于周而反。（《国语·齐语》）

句子的主语是齐桓公，"使"的隐性宾语是"楚"。

（8）若为小而崇，以怒大国，使加己乱，乱在前矣，辞其何益？（《国语·鲁语上》）

句子的主语是"若"，"使"的隐性宾语是"大国"。

正确的断句应该是，子曰："民可使，由之；不可使，知之。"意思是，孔子说："老百姓能够使役，就让他们按照我们的指示去做；不能够使役，就让他们明白道理。"这与《宪问》"上好礼，则民易使也"，《阳货》"君子学道则爱人，小人学道则易使也"的精神是一致的。另，《学而》："子曰：'道千乘之国，敬事而信，节用而爱人，使民以时。'"《公冶长》："子谓子产：'有君子之道四焉：其行己也恭，其事上也敬，其养民也惠，其使民也义。'"两句均出现了"使民"（使役民众）的字眼，由此可见，"使民"在当时是一个常见的搭配。

11. 子罕言利与命与仁。（子罕）

杨伯峻译："孔子很少（主动）谈到功利、命运和仁德。"注曰："《论语》一书，讲'利'的六次，讲'命'的八九次，若以孔子全部语言比较起来，可能还算少的。因之子贡也说过，'夫子之言性与天道，不可得而闻也。'（公冶长篇第五）至于'仁'，在《论语》中讲得最多，为什么说'孔子罕言'呢？于是对这一句话便生出别的解释了。金人王若虚《误谬杂辨》、清人史绳祖《学斋佔毕》都以为这句话应如此读：'子罕言利，与命，与仁。''与'，许也。意思是'孔子很少谈到利，却赞成命，赞成仁'。黄式三（《论语后案》）则认为'罕'读为'轩'，显也。意思是'孔子很明显地谈到利、命和仁'。遇夫先生（《论语疏证》）又以为'所谓罕言仁者，乃不轻许人以仁之意，与罕言利命之义似不同。试以圣人评论仲弓、子路、冉有、公西华、令尹子文、陈文子之为人及克伐怨欲不行之德，皆云不知其仁，更参之以儒行之说，可以证明矣。'我则以为《论语》中讲'仁'虽多，但是一方面多半是和别人问答之词，另一方面，'仁'又是孔门的最高道德标准，正因为少谈，孔子偶一谈到，便有记载。不能一记载的多便推论孔子谈得也多。孔子平生所言，自然千万倍于《论语》所记载的，《论语》出现孔子论'仁'之处若用来和所有孔子平生之言相比，可能还是少的。诸家之说未免对于《论语》一书过于拘泥，恐怕不与当时事实相符，所以不取。"[1](P86)

此说缺乏坚实的证据，其训诂难点是"与"的词性问题，一派认为"与"是连词，"利""命""仁"构成并列关系，一派认为"与"是动词，表示"赞同"，"罕言利""与命与仁"构成并列关系。要弄清这一点，关键是看在三项以上的并列词语中，古人是否会连用"与"做连词。如果在先秦文献中所有三项以上的并列式词语，没有连用"与"做连词的，那么本句中"与"也就不是连词。反之，则不能否定本句中"与"有用作连词的可能性。通过检索，发现有连用"与"的。如：

（1）善说者若巧士，因人之力以自为力，因其来而与来，因其往而与往，不设形象，与生与长，而言之与响。与盛与衰，以之所归。（《吕氏春秋·顺说》）

（2）夫弗及而忧，与可忧而乐，与忧而弗害，皆取忧之道也，忧必及之。（《左传·昭公元年》）

（3）是以明主之治世也，急于求人，弗独为也，与天与地，建立四维，以辅国政。（《鹖冠子·道端》）

（4）愿闻其人情物理，所以啬万物，与天地总，与神明体正之道。（《鹖冠子·玉鈇》）

以上只有《左传》中的1例是用作连词，且连接的是动词性成分，其他皆用作介词。由此可见，三项以上的并列名词，古人是不用"与"连接的。故此，"子罕言利与命与仁"只能译作：孔子很少谈到利，赞成命、赞成仁。

参考文献：

[1] 杨伯峻. 论语译注 [M]. 北京：中华书局，1987.
[2] 李泽厚. 论语今读 [M]. 北京：三联书店，2008.
[3] 罗竹风主编. 汉语大词典 [Z]. 上海：上海辞书出版社，2007.

《玉台新咏校正》抄本补述

张　蕾[*]

（河北师范大学　文学院；河北石家庄　050024）

摘　要： 纪昀《玉台新咏校正》存世抄本有撷英书屋抄本、梁章钜过录本、翁同龢转录本及徐行可校本等。撷英书屋抄本成书较早，其祖本地位不可取代，但其缺憾也显而易见。翁同龢转录本因缺少校对环节，故品质大打折扣。而徐行可校本则因精细校勘，成为抄本中的精校本。

关键词： 纪昀；玉台新咏校正；撷英本；翁抄本；徐校本

　　《玉台新咏校正》（以下简称《校正》）是清代学者纪昀对六朝诗歌总集《玉台新咏》所做的校订、批注，是乾嘉学者对总集进行整理、校勘的典范之作。此本广为传抄，形成了朱墨批本与缮清本两大版本系统。[①]在缮清本系统中，据笔者所见，除藏于国家图书馆的稿本原件，尚有撷英书屋抄本、梁章钜过录本、翁同龢转录本及徐行可校本等抄本存世。这几种版本有的已在刘跃进、傅刚先生的相关著述中著录，[②]但尚有可述之处；有的尚未见相关文献述及，故本文略加补述，以就正于方家。关于梁章钜过录本，笔者已另撰文述其特点、价值，[③]以下仅就其他三种抄本加以研讨。

　　从形制特点来看，三抄本与稿本相同，每五卷为一册，共二册。各卷分列目录，首行卷次标目下署"河间纪昀校正"。内容亦均由两部分构成，一是《玉台新咏》正文及以双行小字插入其间的校订文字；二是每页天头的评点之语。而辗转传抄，也有些不完全同于稿本之处，或对稿本有校改，或因参照其他版本而批校内容略有出入，或讹误相袭而未及校对，因此形成了品质各异的情形。而题跋、钤印所传达的信息，对于我们理解这部重要文献的成书背景、传抄情形也很有裨益。以下分而述之。

一　撷英书屋抄本

　　此本藏于国家图书馆。国家图书馆著录："玉台新咏校正十卷　陈徐陵辑　清纪昀校正　清撷英书屋抄本　失名批点。"（以下简称撷英本）刘跃进《〈玉台新咏〉版本研

---

[*] **基金项目：** 国家社会科学基金后期资助项目（项目编号：14FZW007）、河北师范大学重点项目（项目编号：S2011Z01）的阶段性成果。

　　作者简介： 张蕾（1965—　），女，河北师范大学文学院教授，研究方向为魏晋南北朝文学。

究》、傅刚《〈玉台新咏〉版本补录》亦均著录，但某些信息还值得进一步讨论。

此本卷一目录后有贴条，对抄、校情形有所交代：

> 玙按：委校诗集，间有笔误。均剪小纸粘上改写，未敢涂坏法楷也。惟目录一页小字，似以重写为妥。老眼昏花，恐有不到处，仍祈原谅。此请鹤翁老兄即安。弟勖顿首。

下册有二题跋，其一题于封面：

> 辛巳秋于虎林得《续玉台新咏》五卷，不详撰人名氏，卷后刻明人跋一首，亦不详编辑者年代。所录诸家自陈迄隋而止，疑是唐人所选，偶读纪氏本，因并及之。九月一日。

其二题于护页内侧：

> 是书向以宋陈玉父刻本为最善，自元明以来，绝少佳本。馆目《玉台新咏考异》十卷，纪容舒撰。检是编，首题河间纪某校正，末题观弈道人书，均无容舒名。考《知足斋集》载《纪文达墓志》则云，文达父讳容舒，曾官姚安太守，乃知代其先人所作也。序中记壬辰、癸巳，公官侍读，总纂《四库》时作。考订精审，不减两卢公。曾手编《镜烟堂十书》，惜未经刊入尔。

前段借"偶读纪氏本"之机交代所见明刻《续玉台新咏》的情形；后段跋文则对《校正》的成书时间、批校品质有判断与评价，且辨析了《考异》的著作权问题，明示四库所收《玉台新咏考异》虽署纪容舒之名，确为纪昀"代其先人所作"的事实。

此本所钤藏书印尚未见相关著述予以描述，其中所传达的信息也被长期忽略。除"臣光焵印"（白文）、"盐官蒋氏衍芬堂三世藏书印"（朱文）二方印外，上册"古诗八首"题注下端及下册卷六目录首行下端都钤有"臣曹锡龄"白文方印，尤为值得注意。曹锡龄（1741—1820），字受之，汾阳人，曹学闵（号慕堂）之子。曹学闵与纪昀为同年进士，曹氏逝后，纪昀作《曹宗丞逸事》称平生"交最契"，"求如慕堂之古谊，指不数数屈"[1](P320—321)。据《山西献征》卷六《曹慕堂先生事略》所附《曹锡龄事略》记载，曹锡龄为纪昀门生，关系不同寻常。而纪昀《校正》稿本末所题"观弈道人记"，叙及《校正》的成书过程："余既粗为校正，勒为《考异》十卷。会汾阳曹子受之问诗于余，属为评点，以便省览，因杂书简端以应之，与《考异》各自为书，不相杂也。"这表明《校正》是在完成了以校订为主的《考异》（即录入四库的《玉台新咏考异》）之后，又应门生曹锡龄（受之）之请加以眉批评点。尽管他在题跋中谦虚地表示："曹子如平心静气以言诗，则管蠡之见或不无小补；如欲高论以骇俗，则仆不敏焉。"但纪氏本人很看重评点部分，曾计划单独成书。可以说，曹锡龄的请教成为纪氏评点《玉台新咏》的机缘，纪昀许多重要的诗学思想正是借助评点的形式表达出来的。④而撷英本钤曹锡龄之印，至少表明此本是与稿本问世时间最为接近的抄本。傅刚先生认为"此本当依纪昀定本"，刘跃进先生甚至推许其"几可乱真"。或许因其过录时间、品质最接近稿本，此本遂成为后继传抄的祖本（后文详述）。而所钤"臣曹锡龄""臣光焴印"似能说明此本曾是进呈朝廷以供御览之书，这一背景又堪保其质量之上乘。然而，此本也有与稿本所不同处，一是加了"玙按"；二是对稿本略有校改。

关于"玙按"，除上述贴条交代抄校情形外，尚有两处眉批。其一，徐陵序"可代彼萱苏"句，稿本无注，撷英本则有眉批：

> 萱苏，冯本作"皋苏"。玙按：王粲书"蘛苏释忿"。又考字书，"蘛"，一作"皋"。

其二见于卷一目录"徐幹诗二首室思一首情诗一首"眉端。此目下，稿本有双行注：

> 按：目所云"二首"，即下《室思》《情诗》，不宜复出。以宋刻列目如是，姑仍旧本书之。

撷英本照录此注，又外加一段眉批：

> 玙按：冯本以"沉阴""高山""浮云""惨惨""思君"五首为《杂诗》，"人靡不有初"一首为《室思》诗，此本合六章为一首，俱作《室思》诗，未详孰是。

这两处"玙按"或增补考异，或对稿本注做进一步说明，不无价值。

撷英本对稿本疏误的校改之处，如卷一《古诗无名人为焦仲卿妻作》之"入门上家堂，进退无颜仪"句，稿本眉批："'进退'五字传神之神。"后"神"字旁标有墨点，似为转录者的校点，撷英本改此"神"字为"笔"，正是对稿本笔误的修正。又如卷三杨方《合欢诗五首》之四"紫荣合素芬"句，《校正》稿本、《考异》四库本皆注为："'合'疑作'含'。"而撷英本注为："'合'疑作'含'"，证之梁章钜《玉台新咏定本》注："'合'字疑'含'字之讹。"显然撷英本为是。再如卷十萧纲《愁闺照镜》："别来憔悴久，他人怪容色。只有匣中镜，还持自相识。"稿本眉批：

> 言外有丰韵犹存之意。如作貌惟已识，正见他人不识解，则意浅而语复矣。

"貌惟已识"，撷英本作"貌惟己识"，改正了稿本的笔误。

但此类校改毕竟比例太小，相反，时有抄写错讹的情形，导致后继抄本的以讹传讹，不能不说是影响此本品质的一大憾事（详见下文）。

二　翁同龢转录本

此本藏于上海图书馆，二册，无框格。上图著录："清翁同龢跋并封面题字，又过录清纪文达评。"封面题写："纪文达评　丁亥五月假阎相国藏本传录。"阎相国，即阎敬铭（1817—1892），字丹初，晚清重臣，曾任户部尚书、东阁大学士等职。

此本首录翁同龢题跋，次录纪昀原序，纪序眉端右侧钤"翁万戈藏"朱文方印。次录徐陵序，有双行注插入，眉端有"玙按"。正文十卷，各卷目录首行均书"河间纪昀校正"。书尾录"观弈道人记"、陈玉父《后叙》。除首录翁氏题跋外，形制同于撷英本。

翁同龢题跋曰：

> 嘉定本《玉台新咏》向在汲古阁，吾虞多传钞者，此亦从嘉定本出。纪河间作《考异》并加评语于眉端，颇可观览。丁亥正月假阎相国藏本命胥录一通，讹谬处宜再校正。瓶生记。

文中所言抄录时间与封面所题有出入，或许说明录入时间自正月始，至五月完成。但据《翁同龢日记》，阎敬铭以"纪批《玉台新咏》抄本"见假一事，时间为光绪十二年十月初六日[2]（第五卷，P2095）；又《翁同龢集》所录翁氏致阎敬铭手札，谈及此事者有三通，如光绪十二年八月十二日云："所示纪评有家法，其校勘亦甚审慎，但传抄不无一二讹失耳。暇时当一对看，稍迟奉缴何如？"[3]（P325）九月二十八日云："公手临纪氏批《玉壶新咏》，珍重奉到，（钱通政书苏公和陶一册，并缴上）三数日即缴。其踳驳处，宋刻已然，恐难是正矣。"[3]（P330）光绪十四年九月初八日又云："尊处给佣书，每千字直几许？便中示下。至《玉壶》两册，俟略对过即缴，顷写得一本也。"[3]（P413）（按，函中"玉壶"当是"玉台"）这几通手札透露出阎敬铭手临之《校正》为翁抄本所本，翁氏略加校勘，即已发现了辗转传抄中的"一二讹失"。唯信函时间皆与上引题跋"丁亥"（光绪十三年）不合。

翁氏直言"纪河间作《考异》"，明确将《玉台新咏考异》的著作人归纪昀，并非从《四库全书》署名而归"纪容舒"，或许因翁氏对纪昀之于此书的研究情形颇为谙熟之故，抑或《考异》的署名问题在清代并无疑义。

此本以楷书誊抄，复现了纪氏缮清本及撷英本样貌，例如纪氏据《永乐大典》核校之处一一转录，眉端及目下"玙按"亦皆保留，颇显可贵。但此本的缺点，正如翁氏题跋所说，"讹谬处"尚未及"校正"。其讹谬之处大致说来有以下几种情形。

（1）底本误抄。如卷五江淹《古体》"不惜蕙草晚"，误"草"为"早"。卷九王筠《行路难》"裲裆双心共一抹"，误"抹"为"株"；"已缫一蚕催衣缕"，误"蚕"为"玺"，皆因字形相近而讹。卷六王僧孺《与司马治书同闻邻妇夜织》"鸟声长不息"一句误抄"长"为"常"，则因音近而讹。

（2）批注误抄。此类讹误亦多由字形相近所致。如卷五江淹《古体》之《班婕妤》

题注中的"张司空",误"司"为"同"。又卷九张衡《四愁诗》"欲往从之湘水深",稿本注:"湘,《永乐大典》作'江'。"翁抄本误为:"湘水乐天典作江。"盖因"永"与"水"、"大"与"天"形近而讹。张载《拟四愁诗》之四,纪氏批语"昭明独录此一章"云云,翁本误"昭"为"照"。《盘中诗》稿本眉批"元气所凝",翁本误"凝"为"疑"。又如卷九皇太子圣制《乌栖曲四首》其一"采桑渡头碍黄河"句注引《春秋·僖公八年》晋里克败狄于采桑事,翁抄本误"八年"为"元年"。卷十贾充《与妻李夫人连句三首》眉批误"柏梁"为"相梁";何逊《咏春风》眉批误"谜语"为"迷语"。因音近为误者,如卷九王筠《行路难》"复畏边远乏衣裳"注文误抄"畏"为"为"。

至于萧子显《燕歌行》"吴刀郑绵络",纪氏稿本注:"络,《文苑英华》作'结'。案,《楚词·招魂》:'秦篝齐缕,郑绵络此。'则'结'字为误。"末句翁抄本误作"则'结'字为是",则与原意南辕北辙。

(3)漏抄与误衍。漏抄之例,如卷十目录漏抄两条注,一则萧骎《咏袷複一首》,漏抄题注"袷,宋刻作'祫',误,说见本诗题下";二则刘孝威《咏佳丽一首》目下漏抄:"此卷目录凡一人数诗者,皆总题其数,孝威此诗独另题,例不画一,明为续附。"又如卷九费昶《行路难二首》漏抄其二眉批"即吴均'上林苑中'一首之意。二首相足见意"。又如鲍照《行路难四首》之"奉君金卮之美酒"稿本眉批:"歌者之致语别无深意。"翁抄本脱"歌"字。

误衍之例,如卷九萧纲《和萧侍中子显春别四首》其三稿本眉批:"潮有去来以兴荡子,柳覆河桥所以自兴,已含得后二句甫别即忘之意。"翁抄本末句作"后已含得后二句甫别即忘之意",显然首"后"字为误衍。又如卷五江淹《古体》"不惜蕙草晚,所悲道路寒"句稿本眉批:"'不惜'二句从古诗'不惜歌者苦'二句得法而语加深至。""'不惜'二句",翁抄本作"'不惜歌'二句","歌"字为衍。卷九魏文帝乐府《燕歌行二首》其二"仰看星月观云间"句注:"看,晋乐所歌作'戴'。""晋乐",翁抄本作"晋乐府",似是误衍"府"字。

可见,此本讹谬之多,未及校订,致使品质大打折扣。有些讹谬当是来自其所本——阎敬铭手临本,此以讹传讹。阎敬铭抄本未见著录,无由得见,但比照时间更早的撷英本会发现,不少错讹其实早在撷英本中就已铸成。如上述"昭明"误为"照明","谜语"误为"迷语","僖公八年"误为"僖公元年","畏"误为"为","'结'字为误"误为"'结'字为是"等。撷英本的遗憾播及之广,令人叹惋。而徐行可对《校正》抄本的校订,最大限度地弥补了上述缺憾。

三 徐行可校订本

此本藏于国家图书馆。国图著录:"二册,无框格。页十行,行十九字。有过录纪昀批语,徐行可朱笔校字。"(以下简称徐校本)徐行可(1890—1959),名恕,号彊邨,湖北武昌人,近现代著名藏书家、版本目录学家。

徐校本最显著的特点是经过了专家的精心校对。粗略统计,朱笔校改之处400余条。

与属同一版本系统而未经校正的翁同龢转录本相较，更能见出此本品质之优。凡此本原与前引翁抄本讹误之相同处，几乎都为徐氏朱笔校改。大量因形近、音近、义近造成的讹误皆经徐氏改订；补脱、删衍工作也尽力做到了完备。徐校本严谨细密的校勘工作，笔者将另文再述。此处仅就各卷目录的校改情形，略窥其精细之一斑。

徐校本对目录的校改大体分为订正误抄、补正脱漏、调整失次等方面。徐校本原本目录误抄之例，如卷三"李充"误为"季充"；卷六孔翁归《和湘东王班姬一首》，"王"误作"主"；卷八"刘孝威"误作"刘孝成"，"徐君蒨"误作"徐吾蒨"，"庾肩吾"误作"庾肩五"；卷十"宋孝武"误作"宋孝穆"，"虞炎"误作"虞焱"，"王僧孺"误作"王僧儒"等等，徐氏皆朱笔校改。

徐氏补正脱漏之例，如卷二目录中傅玄《和班氏诗一首》，原本脱"诗"字；卷七目录后双行小字注文中讨论帝王与臣下在目录书及类书中的排序问题，"至徐坚编《初学记》始升太宗所作于历代诗文之上"句，徐校本原脱"作""文"二字；卷九目录中"沈约杂诗《八咏》二首"，双行小字注文"二首，宋刻误作四首"，徐校本原脱"作"字，此类误脱处，徐氏皆以朱笔补正。

徐校本目录的失次之处，如卷三目录"杨方《合欢诗五首》"，此本盖沿袭撷英本，居"王微《杂诗二首》"之后，而在《校正》稿本中则位于"张协《杂诗一首》"之后，对照正文，显然抄本顺序有误，徐氏则以朱笔画改。

徐氏所改的疏误，除了原抄本自身的错讹，有些则来自撷英本，甚至纪氏稿本（徐校本对稿本的修订，拟另文详述）。撷英本的讹传情形在翁抄本、徐校本中皆有体现，上文已述及。因此徐氏的校改对于弥补缺憾愈显珍贵。

总之，从撷英本等抄本的传抄情形可以看出《校正》曾广为流传。目前所见文献中，阎敬铭藏本、翁抄本尚未见著录。撷英本因成书较早，其祖本地位不可取代，但其缺憾也为显见。翁抄本缺少校对环节，品质被打折扣。徐校本则因精细校勘，成为《校正》抄本中的精校本，品质在撷英本之上。

注释：

① 详见张蕾《纪昀朱墨批校〈玉台新咏〉补述》，《中国语言文学研究》2015年（春之卷）。

② 刘跃进《〈玉台新咏〉版本研究》，见《玉台新咏研究》一书，中华书局2000年版。傅刚《〈玉台新咏〉版本补录》，《文史》2003年第3辑。本文所引二先生观点，均出此二文，不再详注出处。

③ 详见张蕾《梁章钜〈玉台新咏定本〉价值考述》，《文献》2016年第1期。

④ 详见张蕾《诗教法则的严守与变通——纪昀评点〈玉台新咏〉管窥》，《武汉大学学报》2007年第5期。

参考文献：

［1］纪晓岚. 纪晓岚文集［M］. 孙致中等校点. 石家庄：河北教育出版社，1991.

［2］翁同龢. 翁同龢日记［M］. 上海：上海文艺出版（集团）有限公司、中西书局，2012.

［3］谢俊美编. 翁同龢集［M］. 北京：中华书局，2005.

范成大《石湖集》版本源流考

王 昕*

（石家庄学院 学报编辑部；河北石家庄 050035）

摘 要：范成大《石湖集》由家刻传世，明代永乐之后已无完帙，近百卷鸿文散佚湮没，幸《石湖诗集》保存完整，并有多个版本流传。经过辑佚整理，范成大部分词重见天日，诗和文也得到补充。校点本《范石湖集》收录《石湖诗集》《石湖词》和补遗一卷。《石湖集》的流传呈现出由总而分、现又由分而聚的趋势。

关键词：石湖集；石湖诗集；版本；源流

范成大（1126—1193），字至能，号石湖居士，平江府吴县（今江苏苏州）人，绍兴二十四年（1154）进士，累擢至参知政事。范成大工于诗文，自成一家，与尤袤、杨万里、陆游被誉为中兴四大诗人。所著《石湖集》现存，然已非其集原貌。学界先辈程光裕、孔凡礼、祝尚书等对《石湖集》版本情况已有考述，本文旨在进一步梳理版本源流，探究其流传的趋势和规律，以期于范成大作品研究稍有裨益。

关于范成大的著述，周必大撰《资政殿大学士赠银青光禄大夫范公成大神道碑》云："文章瞻丽清逸，自成一家。尤工诗，大篇短章，传播四方。初效王筠一官一集，后自衷次为《石湖集》一百三十六卷。别著《吴门志》五十卷。使北有《揽辔录》，入粤有《骖鸾录》《桂海虞衡志》，出蜀有《吴船录》，各一卷。"[1]（P611）一官一集可证于陆游《范待制诗集序》，衷次自编可见于杨万里《石湖先生大资参政范公文集序》；然记述卷数与范莘所言不合。范莘嘉泰三年（1203）为其父《石湖集》作跋："诗文凡百有三十卷，求序于杨先生诚斋，求校于龚编修芥隐，而刊于家之寿栎堂。"[2]卷末在宋元书目中，陈振孙《直斋书录解题》卷一八著录《石湖集》一百三十六卷；《宋史·艺文志》卷七著录《石湖居士文集》卷亡，又《石湖别集》二十九卷，《石湖大全集》一百三十六卷；马端临《文献通考》卷二百四十与陈录同。后世多取一百三十六卷，对于少出六卷或以为范莘举其整数，或归于传抄刊刻疏忽。孔凡礼先生广征资料，多方考证，认为："崑山郡庠刊《石湖大全集》一百三十六卷。其较《石湖诗文集》多之六卷为《梅谱》《菊谱》《揽辔录》《骖鸾录》《桂林虞衡志》《吴船录》各一卷。此《石湖大全集》，即周必大《范成大神道碑》、《直斋书录解题》卷十八著录之《石湖集》，即黄震《黄氏日钞》卷六十七《范石湖文》所据之本。"[3]（P155）孔先生解释极有启发意义，《直斋书录解题》

---

* **作者简介**：王昕（1973— ），女，石家庄学院学报编辑部副教授，文学博士，主要研究方向为唐宋诗歌和地域文学研究。

与《宋史·艺文志》著录《石湖大全集》，当包括范成大诗文一百三十卷与别著六卷。不过，《范成大神道碑》撰于庆元元年（1195），此时范莘尚未家刻，崑山郡庠再刻又在其后，周必大所云《石湖集》乃范成大自编集，与《石湖大全集》未必全同。《直斋书录解题》卷十著录《范村梅菊谱》二卷，而《范成大神道碑》未列，或《范村梅菊谱》单行本后出。范莘据其父自编集刻《石湖集》，很可能仅录诗文一百三十卷；后《石湖大全集》又把六卷别著附录其中。《石湖居士文集》和《石湖别集》或有别本，而内容当不出《石湖大全集》。

《石湖集》和《石湖大全集》在宋元时期还保存完整，明代《永乐大典》多处征引《石湖集》和《石湖大全集》，但之后不见著录；所幸《石湖诗集》被完整保存，广为流传。考察一下明后藏书目录就不难得出此结论，具体参看下图表：

作者	书 目	卷数	著 录
（明）杨士奇	《文渊阁书目》	卷九	《范至能石湖居士文集》一部六册，残缺
（明）张萱	《内阁书目》	卷三	《石湖文集》四册，不全，杨万里序，凡三十四卷，二十二卷以后俱缺
（明）徐火勃	《徐氏家藏书目》	卷六	《石湖集》三十四卷
（明）朱睦楔	《万卷堂书目》	卷四	《石湖集》三十四卷
（明）赵琦美	《脉望馆书目》	冬字号集	《石湖居士集》六本
（明）祁承爜	《澹生堂藏书目》	卷十三	《石湖居士集》八册，三十四卷
（明）叶盛	《菉竹堂书目》	卷三	《范至能石湖居士文集》一部六册，残缺
（清）纪昀	《四库全书总目提要》	卷十六	《石湖诗集》三十四卷，江苏巡抚采进本，长洲顾嗣立等订
（清）孙星衍	《孙氏祠堂书目》	卷四	《石湖诗集》三十四卷
（清）钱谦益	《绛云楼书目》	卷三	《诗集》六册，三十三卷，杨祕书，诚斋作序，龚编修芥隐校字
（清）毛扆	《汲古阁珍藏秘本书目》	集部	《石湖居士诗集》八本，旧抄
（清）季振宜	《季沧苇藏书目》	诗集部	《宋石湖居士范成大诗集》三十四卷，六册
（清）彭元瑞	《知圣道斋读书跋》	卷二	《石湖居士文集》，赋骚一卷，诗三十三卷，旧抄本
（清）瞿镛	《铁琴铜剑楼藏书目录》	卷二十一	《石湖居士文集》三十四卷，旧抄本，吴文定藏书 《石湖居士集》三十四卷，明活字本，弘治癸亥金兰馆刻，卷首有"季振宜藏书""季沧苇图书记"二朱记
（清）丁丙	《善本书室藏书志》	卷三十	《石湖居士诗集》三十四卷，顾氏重订，陈楞山校本
（近）李盛铎	《木樨轩藏书题记及书录》	卷四	《石湖居士集》三十六卷，拾遗一卷，康熙施卯抄本
（近）傅增湘	《双鉴楼善本书目》	卷四	《范石湖集》三十四卷，明抄本，十行二十一字 《石湖居士集》三十四卷，旧抄本，有张隽印
（近）叶景葵	《卷盦书跋》		《石湖居士诗集》三十四卷，徐善伯藏，板心"爱汝堂"三字已剜去 《范石湖诗集》二十卷，婺源黄氏刊本 《石湖居士集》三十四卷，旧抄本，思简楼文氏藏

由藏书目录可以看出，《石湖集》在抄刻流传中书名发生了变化，或集、文集，或诗集；卷数有三十六卷、三十四卷、三十三卷，而一百三十六卷本、一百三十卷本不复再见。彭元瑞《知圣道斋读书跋》云："标目文集，以赋骚为首卷，接诗三十三卷，而无文，或当时未编成，或后佚之。"[4](P32) 瞿镛《铁琴铜剑楼藏书目录》："《石湖居士文集》三十四卷，旧抄本。宋范成大撰。陈氏《书录》载《石湖集》一百三十六卷。今仅存《诗集》一种，曰《文集》者，犹仍旧本也。"[5](P589) 彭元瑞所校《石湖居士文集》附李大仆名印，李大仆名姓，明代宗景泰（1450—1456）时人，抄本时间可能更早，惜仅存卷十四至卷三十四。瞿镛著录旧抄本《石湖居士文集》为明弘治年间（1488—1505）吴文定"丛书堂"藏书，有杨万里序、范莘跋，又卷末有"奉议郎枢密院编修官兼实录院检讨官兼资善堂小学教授龚颐正校正"一行，当从全集中抄录。国家图书馆藏这两个抄本。明清书目多数著录石湖著作为三十四卷，虽书名有集、文集或诗集的不同，应均是石湖诗集。清康熙施卯抄本《石湖居士集》三十六卷，拾遗一卷，卷三十五、三十六乃《揽辔录》《骖鸾录》，诗亦为三十四卷，国家图书馆、北大图书馆均收藏。而《绛云楼书目》著《诗集》六册已佚，所云三十三卷或仅就《诗集》中诗而言，未计赋骚在内。南宋刘克庄于《后村诗话·前集》卷二记载石湖诗共三十四卷，后世所传三十四卷诗与其吻合。由上推知，一百三十卷本《石湖集》和一百三十六卷本《石湖大全集》在流传中，后人多取其中三十四卷诗抄录或刊刻，这样，《石湖诗集》从全集中独立分出，并基本完整地留存下来。

《石湖集》近百卷鸿文湮没，独诗歌存世，可证范成大诗歌相较其他文体更为后人欣赏接受。不过，《石湖诗集》在后世广为流传，还多赖于明清时人的抄录和刊刻，而刊本的影响更大。今存最早《石湖集》刊印本为明代金兰馆本。弘治癸亥年（1503），金兰馆用铜活字印行《石湖居士集》，每半页十行二十一字，共三十四卷，首卷赋骚，接诗三十三卷。此本与弘治抄本《石湖居士文集》卷数、诗赋排列顺序相同，内容间有小异处。铜活字本为唯一留存的明代印行的范成大诗集，又是以古代少用的铜活字印行，不仅对于研究范成大文学意义重大，也是研究中国古代活字印刷术的宝贵资料，国家图书馆、北大图书馆、上海图书馆均有著录。四川大学古籍整理研究所选编影印一百零八册《宋集珍本丛刊》，金兰馆铜活字本编入其中。

清康熙戊辰年（1688），长洲顾嗣协、顾嗣皋、顾嗣立兄弟合订金亦陶藏本，于爱汝堂刊《石湖居士诗集》。正文前有依园主人（顾嗣协）序："《石湖诗集》三十三卷，凡古今各体诗一千九百一十六首，范文穆公手自编订。宋嘉泰间其子莘等刻以行世，合诗文凡百有三十卷。明时曾已重刻，而流传颇少。又有活板印本，残缺甚多。今藏书家多有抄本，而讹舛异同、鲁鱼错出。吾友金子亦陶所藏从宋板抄得，更为广集诸家，校勘精密，可称善本。兹先刻其诗集，以公诸同好。卷帙前后，悉依原本所编。……外附赋、楚辞一卷，乐府一卷。赋本在诗前，今附于诗后者，集以诗名，从其类也。"[2]卷首 目录卷三十五为词，但注"嗣出"，故《石湖居士诗集》实三十四卷。序中有三处争议最多。一是范莘刻《石湖集》是否为一百三十卷，前已叙说。二是一百三十卷本《石湖集》明时是否重刻，傅增湘质疑："第遍检历来藏家绝无此本，其言或出传闻，未可据为典要欤?"[6](P138)三是金氏藏本是否兼存文集,四库馆臣谓"此本长洲顾嗣立等所订,乃于全集之中独摘其诗别行,而附以赋一卷"[7](P1380);而祝尚书则认为"'先刻其诗集'云云,恐是刊书家故作其词","金氏是否有文集,别无记载,颇可疑"[8](P981)。尽管对顾序看法不同,但历代藏书家和抄刻者都非常看好顾氏刻本。《四库全书》依江苏采进长洲顾刻本抄录,题为《石湖诗集》,前有杨万里、陆游序,后有范莘跋;《四部丛刊》据上海涵芬楼藏吴郡顾氏爱汝堂刊本影印行世,卷首杨万里、陆游二序后有《宋史》本传,目次后为依园主人序,后有范莘跋,可为善本。

在顾氏戊辰刊刻版同年,婺源黄昌衢、吉水李振裕均进行刊刻。黄氏藜照楼刻本《范石湖诗集》二十卷,多为众家指责。王士祯《居易录》云:"婺源黄昌衢刻宋《范石湖诗集》二十卷,中多阙文。吴郡门人顾嗣协迁客亦刻《石湖集》,摹宋版最工。"[9](P503)傅增湘分别以明抄本、清董若雨抄本与顾刻本、黄刻本进行比较,评曰:"(黄刻本)夺讹舛异,殆难偻指。"(顾刻本)广集诸家,校勘精密,可称善本。"[6](P139)叶景葵认为黄刻本所据为思简楼文氏藏《石湖居士集》三十四卷旧抄本,并指出:"刻本卷次既改,所空之字,半因避讳所缺。小注则原抄往往脱落,非黄氏之咎。"[10](P131)李振裕刻本《范石湖集》亦二十卷,清王懿荣家藏。《增订四库简明目录标注》"石湖诗集三十四卷"条目附录王懿荣批语:"余得翰林院官本《范石湖集》二十卷,康熙二十七年吉水李振裕刻。"[11](P743)据国内外藏书著录,现存清康熙顾刻本四十七部,黄刻本十六部,李刻本未见。①

《直斋书录解题》《文献通考》均著录《石湖词》一卷,知南宋时已有别行之本。《永乐大典》卷二千二百六十六湖字韵载杨长孺撰《石湖词跋》,据跋文,绍熙壬子(1192)刘光祖刻《余妍亭稿》,收范成大词二百一十二阕,已佚,《直斋书录解题》著录《石湖词》,或为此书。据《永乐大典》引,《范石湖大全集》亦载有范词。顾刻本目次三十五卷标有词,但正文未录。胡玉缙撰《续四库提要三种》补《石湖词》一卷,钱塘丁氏所藏精抄本。《知不足斋丛书》第十一集载《石湖词》一卷、补遗一卷,收词八十九首;《彊村丛书》载《石湖词》一卷、补遗一卷、附校记一卷,收词九十四首。

中华书局上海编辑所1962年出版校点本《范石湖集》,诗集以顾刻本为底本,用黄昌衢刻本及《宋诗钞》中石湖诗校勘;词集以《知不足斋丛书》本为底本,用《彊村丛书》本校勘。全书共计诗三十四卷,词一卷,补遗一卷,书末附录《石湖诗集》校记、《石湖词》校记、古本序跋及《宋史》本传、清沈钦伟《范石湖诗集注》三卷。《范石湖集》后由富寿荪重新校勘,1981年上海古籍出版社再版,为研究范成大诗词之善本。

《石湖集》中文大都散佚,傅璇琮从《永乐大典》、类书、笔记、史书及诗文别集等著作中,辑录范成大佚文八十三篇,有目无文五篇[12](P208)。孔凡礼著《范成大佚著辑存》,收录凡不见于《范石湖集》(中华书局上海编辑所1962年校点本)及《全宋词》(中华书局1965年排印本)的范成大作品,共计文一百三十五篇,诗九首,词八首,残篇若干篇。范成大几种专著以单行本在后世流传,《四库全书》史部传记类收《骖鸾录》和《吴船录》,史部地理类收《桂海虞衡志》,子部谱录类收《梅谱》和《菊谱》;陶宗仪《说郛》、徐梦莘《三朝北盟会编》、黄震《黄氏日钞》均录《揽辔录》。孔凡礼对上述六著进行整理,题为《范成大笔记六种》,2002年由中华书局出版。

据上所述,《石湖集》主要版本源流关系如下②:

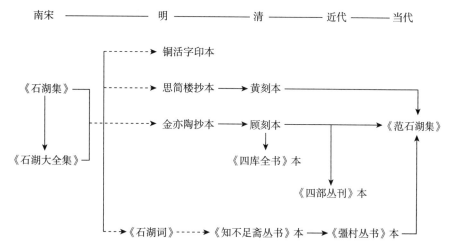

《石湖集》的流传呈现出由总而分、现又由分而聚的趋势。总而分的历史现象反映了范成大的诗歌影响要超越其文,分而聚的现实状况表明了今人重视整理和保存文献古籍的意识和实践。前辈在《石湖集》的收集、整理、考证方面已取得了很大的成就,但也要看到,现今收集的材料还不完备,有的争议仍无法判别,一些成果尚需进一步考证,这都有待于我们继续辑佚和探究。

注释:

① 据四川大学古籍研究所所编《现存宋人别集版本目录》(巴蜀书社 1989 年版)统计。
② 实线表示时代顺序,带箭头实线表示版本直接来源,带箭头虚线表示版本间接来源。

参考文献:

[1](宋)周必大.庐陵周益国文忠公集∥宋集珍本丛刊(第51册)[M].北京:线装书局,2004.
[2](宋)范成大.石湖居士诗集∥四部丛刊初编[M].上海:上海书店,1985.
[3] 孔凡礼.宋代文史论丛[M].北京:学苑出版社,2006.
[4](清)彭元瑞.知圣道斋读书跋[M].北京:中华书局,1985.
[5](清)瞿镛编.铁琴铜剑楼藏书目录[M].瞿果行标点、瞿凤起覆校.上海:上海古籍出版社,2000.
[6] 傅增湘.藏园群书题记(第3集)[M].天津:大公报出版部,1933.
[7](清)永瑢等.四库全书总目[M].北京:中华书局,1965.
[8] 祝尚书.宋人别集叙录[M].北京:中华书局,1999.
[9](清)王士祯.居易录∥文津阁四库全书(第871册)[M].北京:商务印书馆,2005.
[10] 叶景葵.卷盒书跋[M].顾廷龙编.上海:上海市古典文学出版社,1957.
[11](清)邵懿辰撰,邵章续录.增订四库简明目录标注[M].上海:上海古籍出版社,1979.
[12] 傅璇琮编.杨万里范成大资料汇编[G].北京:中华书局,1964.

评王培友先生新著《两宋理学家文道观念及其诗学实践研究》[*]

霍现俊

在西方文明发展史上，从古希腊时代开始，围绕着"哲学—诗歌"会通问题而展开的论辩绵延不断，成为令人瞩目的重大文化现象。直到近现代欧洲文明阶段，"哲学—诗歌"会通问题仍是法、德等众多民族文化的重要特质，是法国当代文学令人瞩目的创作风尚。无独有偶，在中国文明史上，包括儒道释思想在内的中国古代社会文化思潮与文学的关系问题，始终是中国文学发生、发展的一条主线。可见，"哲学—诗歌"会通问题，是中西文明都呈现出的重要面貌和基本属性。唯其如此，它也成为中西文学研究者亟待重点研究的基本历史问题。就世界文化交融与对话的角度而言，对中西文化史中共同存在着的这一重大历史现象和基本理论问题的深入探讨，已经并仍然会是当代中国学者与西方主流学者开展平等对话的重要途径之一。

两宋理学家文道观念及其诗学实践问题，又是两宋"理学—诗歌"关系问题的理论发生"元点"问题。两宋理学家基于理学的独特思维而展开的对于"文""道"关系的探讨，不但内在地会通了哲学与文学的关系，影响到北宋中期直至南宋末年的诗学范畴表述方式和艺术审美取向，而且表征为包括理学家及其影响下的士人群体的诗歌实践。唯其如此，两宋理学家所展开的对于"文""道"关系的探讨，对于宋型文化的建构，起到了重要作用。而这一作用又逐渐凝结成为中华民族独特的文化品格。从这一角度而言，王培友先生的新著《两宋理学家文道观念及其诗学实践研究》选题前瞻而价值重大。当然，其因涉及上述若干重大问题而对研究者也提出了很多挑战。

该著回应了当下国家文化战略层面上对于中国传统文化价值属性和民族特质的重新认识和大力倡导，发掘宋明理学的重要组成部分，即对"道"对于"文"的重要作用和"文"与"道"关系的复杂性进行深入研究，得出了令人信服的研究结论，对近代以来饱受诟病的宋代理学家的"文以载道"文道观有了全新的阐释，确实看到了这一文道观对于宋代诗学发展及宋型文化特质生成的巨大作用。作者敏锐地抓住了中国文学批评史上最核心的基本范畴，即"文"与"道"的关系问题，从而也就为评价中国文学发展历史上的重大理论问题找到了理论研究的"元点"。众所周知，一切旨在推扬传统文化的

---

* 王培友：《两宋理学家文道观念及其诗学实践研究》，南京大学出版社，2016。

政治举措必将促进纯粹学术的学理探讨。而唯有纯粹的基于理论"元点"问题的理论展现或者剖析,方能为推进文化传统的复兴、重构与发扬提供基石。从学术研究史而言,在世纪之交,有很多学者曾经提倡对中国传统学术开展"元理论"问题的研究,一时大有形成风潮之势。但可惜的是,这一学术研究思潮似乎在21世纪的第二个十年渐趋消歇。该书虽然并非严格意义上的"元理论"研究,但大的层面上可能受其启发和影响。无论是就研究理念、研究方法而言,还是就其选取的研究问题而言,该书在某种意义上可算是"元理论"研究带来的研究领域和研究方法上的新拓展。可以说,作者以多年之功完成了这部著作,说明其具有非常敏锐的学术洞察力和自觉的文化担当意识。

该著是专题研究的典范,其关注生成环境、研究问题递进深入、聚焦问题重点、归纳问题特征等研究方法,透露出作者近年来所着力倡导的"文化生态"研究理念。他的著作重视以问题意识为切入点,以专题研究为主线,往往抓住文道关系的文化生态生成环境、文道关系类型及特质、文道观念与诗歌创作、"文以载道"的诗学范畴及其诗歌创作表现等不同方面,提炼基本研究问题,形成其基本逻辑研究主线。这部著作总体上属于专题研究的类型。如第八章是两宋理学诗"载道"方式及其诗性品格建构关系问题的专题研究,依次从诗学范畴、意蕴风格、表达方式及诗性品格等方面展开研究。这样做可以把文道观念与诗学实践这个专题拆解成几个小板块,分门别类地加以探讨,从而使所做论述更加具体深入。然而,这部著作专题化的运作方式并不是到章的层面为止,而是还在继续深入,落实到许多个案的处理上,具有很强的说服力。

该著立足文献,恰当地运用现代西方阐释学、文化哲学等不同的文本阐释方法,结合宋明理学固有的经典阐释传统,对两宋理学诗、理学家文道关系处理方式等很多重要问题进行了贴近历史实际的研究。同时该书对于课题研究现状也进行了比较完备的梳理。毋庸讳言,当前在中国古代"儒学—文学"会通问题研究领域,很多研究者思想认识水平仍然具有局限性。一些学者罔顾两宋理学诗、理学诗派的实际,特别是一些学者受极左思想的影响,把理学定位为"唯心主义"而先验地看低乃至否定宋明理学,这一态度直接导致了研究者对理学诗、理学诗派的过低或者错误判断。尤其是,一些研究者对经典马克思主义理论尚未能够较为全面地把握,更遑谈关注20世纪中叶以来西方新马克思主义学者的理论贡献和探索。这样造成的后果,就是这些学者经常以具有优势政治地位的哲学理论——马克思主义哲学来批判乃至否定宋明理学文化。尽管他们所理解的马克思主义哲学可能是偏颇的。还有一些学者在研究理学诗及理学诗派时,特别是在研究理学与诗歌关系时,仍然存在"两张皮"等生拉硬扯现象,如对理学与诗歌发生关系的途径、关节点等问题,缺少学理性的探讨,习惯于从静止的角度推究理学对诗歌的"影响""作用",而从理学与诗歌发生关系的学理性渠道如理学家思维方式、认知与体验的方式与诗歌表达方式的同一性等进行研究,则往往被忽视。一些研究者没有注意到理学诗在会通自然界与道德界问题上的巨大贡献,而这一会通恰恰是西方哲学家几千年来孜孜以求所未能解决的难题。由此可见,该书作者的学术视野和研究眼光已经跳出了具体的理学诗及理学诗派问题,而把相关问题放在世界文化的比较视野中看理学诗及理学诗派问题的世界文化史价值和意义。特别是,该著作者已经关注到理学对于诗学概念范畴的潜转、转移、变化的作用，也注意到理学诗及理学诗派对于理学传播、理学体系构建等问题的重要价值，必将促进宋明理学文化思潮与文学发展之关系等相关研究的发展。

该著重视辩证思维的运用，顾及所研究问题的不同侧面。其以两宋理学家文道观念及诗学实践为研究对象。在具有普通古代文学常识的人看来，理学家的文道观无非是文以载道之类的命题，涉及的是道统与文统的关系。难能可贵的是，王培友先生的新著能从多个侧面揭示出它的复杂性、丰富性。作者研究表明，在文道观方面，宋代理学家有的重道轻文，有的文道两分，还有的主张调和。在道器观方面同样有多种看法。至于理学家文道观念与他们的诗歌创作实践，也往往出现相悖离的现象。上述差异和矛盾不但体现在不同的理学家之间，即使是同一位理学家，他的理论体系、观念和创作实践，也往往自相矛盾。全面揭示两宋理学家文道观念及诗学实践的复杂性、丰富性，是该著的重要贡献。又如邵雍、周敦颐、程颢、朱熹等都是宋代理学家，这是他们身份的相同之处。可是，他们的文道观及诗学实践却各有特色。对于宋代理学家的文道观及诗学研究实践，既看到相同之处，把他们与文章之士、传统儒学之士区别开来，同时，又揭示他们文道观及诗学实践存在的差别，这种兼顾同和异的思维方式，是学术上成熟的重要标志。在当下的许多学术论著中，经常出现或是求同而忽视异，或是关注差异而忽略一致性的倾向，认识上出现片面、偏执。总之，把简单问题复杂化，是一门学术功夫，也是辩证思维的具体运用。

该著在揭示宋代理学家文道观及诗学实践的复杂性、丰富性方面用力颇多，确实展现出众多理学家在文道观及诗学实践方面的不同走向。即以程颢和朱熹为例，两人的差异就很鲜明。程颢时而强调文以载道，时而又把圣人气象作为道体的表现。而朱熹的道与文的本末之说，倒是比较一贯的。再从诗歌创作来看，朱熹认为"文皆是从道中流出"，他的代表作《观书有感二首》之一："半亩方塘一鉴开，天光云影共徘徊。问渠那得清如许，为有源头活水来。"这首诗阐发的是《孟子·离娄下》心源有本的理念，他的这首诗确实是从道中流出。又如作者把程颢诗概括为"欲静中体贴天地万物，与人生机打成一片，常常强调以'吟风弄月''体贴生意'为手段，以诗歌的'感兴'来求'道'"，他的理学诗代表作《偶成》《春日偶成》确实是这种境界。其中《偶成》诗结尾两句："富贵不淫贫贱乐，男儿到此是豪雄"虽是化用《孟子·滕文公下》之句，但具体取向与朱熹《观书有感二首》（之一）明显不同。诚如李炳海先生在该书《序》中所言，这部著作"在揭示宋代理学家文道观及诗学实践的丰富性和复杂性方面亮点颇多，对以往同类著述实现了历史性的超越"。

限于所研究问题的指向性，该书对于所涉及的一些问题没有全面展开。如对于理学家处理文道关系思维方式的探讨，作者提出的基于理学思维的"正名"与"归元"思维方式实际上也是先民的思维习惯，同时亦受儒学中的经学思维以及道释等不同文化思想的影响。这一判断是非常精彩的，涉及中国古代文化的核心部分。又如对理学家"文以载道"在诗学范畴的表现亦有不少类型和话语，但可能是限于篇幅及整体架构的考虑，本书并没有选取更多的问题进行研究。我们期待作者后续研究成果的早日面世，或可与本书构成体系严整、各有侧重的研究序列。

评李佳博士《〈国语〉研究》[*]

王京州

虽无法与地位无出其右的《左传》相比，自柳宗元《非国语》始，《国语》在后世褒贬不一，看来判若云泥的评价集于一身，但《国语》仍称得上显学，在汉魏、宋、清、民国等时期都是学界的焦点话题。至于当代，中国台湾、香港，乃至遥远的美国、瑞典，都有学者专注于探讨《国语》一书，以此作为学位论文研究对象者大有人在，港台学者中张以仁、樊善标等则以《国语》研究鸣世。而在中国大陆仍乏人问津。以《国语》在文化史上的地位，竟无专门系统的《国语》研究著作，这让人感到遗憾。而李佳博士的《国语研究》填补了这一空白。概括来说，本书有以下三大优点。

一是熟精目录版本，正本清源。《国语》在历代目录的著录中，卷次并无大的分合，可知其基本面目大体保持不变，通过考察历代史志、官修、私藏目录，比较其别名异称、注者、所隶门类等情况，有助于观察该书学术史之地位的变化以及不同时期人们对该书性质理解的分歧。而对版本的考订，则不惟需要比观历代著录情况，更需目验现存的大量版本，通过文字校勘进行判别，方能对版本有超越前人的深入了解。

作者查考了大量文献，对相关版本进行了细致的校勘，并辅之以避讳、刻工等手段，彻底探讨了分藏于海峡两岸的三部宋刻《国语》，认为国图藏本为南宋孝宗时刊、宋元递修、未经明人所修的上乘之本，保存了宋刻公序本原貌，最可依凭；而台北所藏二本则是经过明人修补的三代递修本，其质量不及国图藏本；一度通行于世的金李泽远堂本，其据以刊刻的底本并非早期的宋本，而是一个经过后世多次递修已有不少改变的本子，很可能即是台北所藏本。这些观点都是凭借大量证据而在本书中首次提出的。

作者还详细比勘了多种明道本的校本，在两个版本系统之间又得出判断："从总体上说，明道本往往有遗漏和改写的地方，而国图藏宋刻宋元递修公序本更接近原貌，更为可信；但在具体字句上，两本各有长短，故不可偏废，当择善而从。"这对于学者在《国语》各存世版本的拣择上无疑是有指导意义的，而该书征引《国语》，即在这一原则指导下进行，从而彰显了版本等纯文献的研究并非无的放矢，而是即刻便有了现实的意义。

二是信古而不泥古，实证为本。关于《国语》的纂者和性质，传统的说法是"左丘明纂《国语》"和"春秋外传"。而质疑者并非自疑古派始，而是渊源有自，《国

---

* 李佳：《〈国语〉研究》，中国社会科学出版社，2015。

语》纂者成为一个学术问题最早是由西晋傅玄提出的，而唐赵匡在揣测《国语》成书之由时已率先提出了"史料汇编说"。至于清末疑古思潮泛起，更有学者认为《左传》《国语》原为一书，后来被刘歆割裂为二，此一观点在民国期间还一度流行。

时异境迁，疑古派的看法已为时贤超越，然而"这一问题虽得到了解决，却带来了一个新的问题"，即当今大多数学者走向了另一极端，断然否定传统上关于《国语》《左传》同为左丘明所作的说法，并且构拟了"国别史""嘉言善语集"等新的性质，削足适履地套用在《国语》之上。本书作者通过对学术史的梳理，认为否定者缺乏坚强有力的反驳证据，同时还充分吸取现代语言学研究的结论，又分析汉代"内""外"传体裁存在情况，论证左丘明为该书纂者的说法可信，"春秋外传说"最具合理性。

对此学术立场，作者特别在《绪论》中予以阐解说："绝不刻意标新立异，只讲探求真理、揭示事实本来面目作为研究目的。一些结论与传统观点相符合，但却并非简单意义上的重复或者'信古'，唯求实事求是。"是啊，求真是学术研究的终极目标，只要是通向真的道路，又何必管它古或今呢？所谓"学者惟当反之于心，不必苟求其同，亦不必故求其异，要在于是而已"（王阳明语），我于此书心有戚戚焉。

三是透过文体视角，独辟蹊径。对于《国语》一书的文体特点，作者从"言"和"语"的区别出发，将其对问形式细绎为"简单问答""反复问答""多人对话""不同时间层次的对话""特殊的对话——谏语"等五类，又复将其论辩的内容归纳为"反对主命""批评同僚""申明己意""建言于上""批判事态""分析原因"等六类，并结合"语"者地位的变化以及"语"者在对话中所采取的诸多努力，总结该书"语"所具有的沟通目的等问题。

就文体言，一部书或一篇文章的整体与局部，整体和局部的各层面，都可称为体。篇幅、结构、语言、风格乃至思想、题材等，都是文体的有机组成部分，因此都是文体学探讨的内容。

本书透过文体学的视角，不惟从体裁，还从篇章结构的角度，探讨以《国语》为代表的先秦语类书的发展衍变问题，指出了《国语》代表着先秦语类书的发展成熟样式，它兼具以《论语》为代表的一段式、二段式结构，以及以《春秋事语》《汲冢琐语》为代表的三段式、四段式结构；又讨论了《国语》的文学特色，认为它立论新颖、逻辑严密、说理透辟，情节曲折、富有波澜，文字绵里藏针、风格婉转蕴藉，显示了其独特的艺术魅力，因此，理应还原其在文学史上的重要地位。

综合上述，《〈国语〉研究》以专书的规模来探讨"专书"，以全新的视野和方法，练就十八般武艺，专以一部书作为研究对象，这当中自然还有很多问题可以重新研讨，而且因为专门，往往可以探讨得更为深入。李佳博士的《〈国语〉研究》，我认为是近年来先秦专书研究的重大收获，她不仅对传统和现代的学术方法有所扬弃，同时还吸收了西方汉学的研究思路，堪称是专书研究的楷式，敢以此论质诸读此书者。

《中国文学史导论》[*] 前言

杜志勇

一　罗庸其人

孟子曰："颂其诗，读其书，不知其人可乎？"

罗庸先生，本书作者，西南联大的著名教授，在互联网上可被搜索到的信息寥寥无几，因而是需要特别介绍的一代名流。

罗庸（1900 年 4 月 13 日—1950 年 6 月 25 日），原名罗松林，考入北京大学后改名罗庸，字膺中，号习坎，笔名耘人、佗陵、修梅等。原籍江苏江都，出生于北京大兴，是清初扬州八怪之一"两峰山人"罗聘的后裔。

1917 年，先生考入北京大学文科中国文学门（1919 年改称国文系），与郑天挺、张煦成为同学，并一起于 1922 年考入研究所国学门，研究生同学还包括冯沅君、容庚等。毕业后，供职于历史博物馆、教育部（与鲁迅同事）等机构，曾与人创办华北大学，邀蔡元培任校长，后因主张不同未果。1927 年，应日本东京帝国大学之邀，与马衡等人赴日讲学。1928 年秋，应鲁迅之邀，任广州中山大学中文系教授兼系主任。1931 年任浙江大学教授，次年秋，返回北平，任北京大学中文系教授，兼任北平大学、辅仁大学教授，并在故宫博物院兼职。1937 年秋随校赴长沙，任长沙临时大学教授。次年春，学校迁昆明，更名西南联合大学。先生取道香港、越南入滇，于西南联大执教 9 年，期间又在云南大学、五华学院兼课，听者甚众。1939 年秋，恢复北大文科研究所，先生任导师。1942 年 12 月，先生的任职情况是"国立北京大学中国文学系教授兼国立西南联合大学中国文学系教授、中法大学文史系主任"（罗常培《恬庵语文论著甲集》，［台湾］香港书店 1973 年版，第 356 页）。1944 年 11 月，罗常培赴美，先生担任西南联大中文系主任。1946 年，先生填词《满江红》作为西南联大校歌，并书写纪念碑碑文。秋，西南联大解散，先生留滇，任昆明师范学院国文系主任。1949 年 5 月，应梁漱溟之邀赴重庆勉仁文学院讲学。同年，8 月初至 9 月初，先生与梁漱溟、谢无量等在北碚缙云山上修习藏密功法。1950 年 6 月，逝世于重庆北碚医院。

深受儒家思想熏染的罗庸先生，其坎坷经历与旧中国的苦难史正相叠合，强烈的爱

---

* 罗庸著，杜志勇辑校《中国文学史导论》，北京出版社，2016。

国意识贯穿了先生的一生。1935 年 12 月，北平学生的爱国示威活动遭到当局镇压，先生在家中隐藏了齐燕铭以及不少共产党人的家小；他还多方兼课，以资助进步青年的求学和革命活动。先生劳累过度，几至病危。1939 年，先生应老舍等人之邀，在《新动向》《抗到底》等杂志发表抗战文艺理论、文学作品，并采用民间文艺形式创作《老妈辞活》等通俗读物，刻印成书，宣传抗战。

上述罗庸先生生平事迹，主要依据罗庸弟子张书桂等人所作《罗庸教授年谱》及相关回忆文章整理而成。

二 罗庸其书

罗庸先生讲课效果极好，除了《罗膺中讲学盛况》，吴晓铃、汪曾祺、赵瑞蕻、王均、杜道生等当年的学生在回忆中也多有记述；其学术成果亦多以其讲稿为基础。

先生治学，功夫深，涉及面广，对于佛典、易学、文艺、书画均造诣匪浅，仅文学方面，于《论语》《孟子》《楚辞》、汉魏六朝诗歌、杜诗等等皆有创获；太虚法师的《佛学概论》，先生即为编者，也是主要记录者，他还编订了太虚法师的演讲录《四十二章经讲录》，他的助教吴晓铃先生在《罗膺中师逝世三十五周年祭》中讲道："众所周知，先生的道德文章属于儒家正宗，其中还融有释老之学；如果生当唐世，近乎谓'三教论衡'。"但先生对于发表著作极为谨慎，所著多为手稿，即使在其发表的文章中，引用自己观点也时常出现"未刊"字样。1941 年，先生寓所遭日机轰炸起火，所有文稿"惨遭回禄"，损失殆尽。1942 年 4 月至 8 月，先生在其寓所为西南联大青年教师及研究生专题讲授中国文化，编成《习坎庸言》。这部由 16 个专题组成的著作，自成系统。先生授意李觐高整理，自己修改后用小楷整齐抄录成"清稿"自存。"后来李先生辗转把它带到台湾，而'清稿'则现存华中理工大学语言研究所。"（周定一《罗庸先生和他的两本书》）这部著作之所以迟迟没有出版，当与弟子们谨遵罗庸先生的告诫有关，"本讲习不为著书立说，讲友但可自行笔记以资参证，幸毋辄为刊布或轻易示人"（《习坎庸言·规约》）。1943 年，在李松筠（1913—1980，中国民主同盟盟员，毕业于西南联大中文系，曾为闻一多助教。先后在中法大学、西南联大、北京大学、河北师范学院中文系从事中国古典文学和国文课程的教学与研究）和王宾阳（？—1992.10.13，毕业于西南联大中文系，此间英勇参军抗战，其名镌刻于《国立西南联合大学抗战以来从军学生题名碑》，永留青史。曾任教于清华大学、河北师范学院中文系，学识渊博，授课效果极佳，20 世纪 50 年代被誉为河北师院四大讲师之一）等人的帮助下，罗庸先生将 10 篇文章汇为《鸭池十讲》，由开明书店出版，1997 年辽宁教育出版社将之收入"万有文库"再版。有当代学者认为这本小册子谈艺和做人兼顾，真是篇篇动人。2014 年，北京出版社出版了郑临川教授记录整理的先生关于魏晋六朝唐宋文学史的讲义——《罗庸西南联大授课录》。这些已经出版的著作虽然已经在学界引起了强烈反响，但仍然只是罗庸先生学术造诣的冰山一角，若要发扬先生学术，还有大量文章、讲义需要整理出版。据说，吴晓铃（1914—1995）、阴法鲁（1915—2002）等曾一起搜集过先生的著作，准备编罗庸全集，最后没有结果。

我们把罗庸先生有关中国文学史的论述进行搜集整理，编成《中国文学史导论》，本书共分四编。

第一编《中国文学史导论》，是先生为五华文理学院授课讲稿，分四次刊发在《五华》杂志上。第二编《中国文学史上的几个新问题和新见地》，分两次发表在《云南教育通讯》上。这两编应该说是紧密联系的一个整体，作者以宗趣论、方法论、史料论综包全局，详细阐述了自己建构文学史的基本设想，从而提出了中国文学史的学科体系。对于这个问题的深入思考，罗庸先生无疑走到了时代的最前列，拿到今天来，仍旧具有指导意义。20 世纪 30 年代，北京大学率先开始了文学史分段讲授，傅斯年讲授第一段（从《诗经》《尚书》到两汉），罗庸讲授第二（建安至隋）、三段（初唐至宋），胡适讲授第四段（元明以下）。罗庸并没有被这种朝代断限的讲授模式所束缚，总结民国文学史研究"先由某一部分作狭而深的研究，再求全史的会通"的新特点，吸收胡适"拿证据来"的思想，注重文体流变，探求一种以文化史为背景的文学史"新的试验"。作者在论述过程中新见迭出，读者自然能够体会。有一个非常突出的点是需要我们格外注意的：在《中国文学史上的几个新问题和新见地》中作者鲜明提出了"展拓与发明的四基件"——新材料、新工具、新问题、新见地，并举例详细说明。我们中国古代文学专业往往会给研究生开设"方法论"的相关课程，而此中必然会提及学术创新，一般从王国维"二重证据法"到程千帆先生"新领域""新方法"（程千帆《治学小言》，齐鲁书社 1986 年版），罗庸先生在这个问题上的思考却无人言及。他在 1939 年就提出了学术研究的四新，就笔者所见文献，探讨如此系统全面，至今未见出其右者。

第三编《〈九歌〉解题及其读法》提要，这是罗庸先生文学史研究的珍贵个案，我们把闻一多先生《什么是九歌》文章附后，意在使二者观点碰撞，读者能有所得。西南联大当年的学生王均曾回忆说："膺中先生在联大的声名对于当时一代人是如雷贯耳的。……罗庸先生和闻一多先生都讲《楚辞》，两人都讲《九歌》，见解很不相同，而都各有卓见，都是发前人所未发，各自自由发挥，从不同角度研求真理，绝不互相攻讦。而学生则可由此启发思维，大开眼界。这正是联大令人神往的学术风气。"（王均《怀念联大校歌的作者——罗膺中师》）

第四编《国文教育五讲》收五篇文章，《论读专书》《文学史与中学国文教学》《感与思》《战后的国语与国文》四篇都是演讲稿，全部发表于《国文月刊》。《国文教学与人格陶冶》原刊云南《教育通讯》第六、七期，后来和《感与思》一起收入《鸭池十讲》。这些文章在纳入本书时都根据原刊重新进行了仔细的校订。它们既属于罗庸先生文学史观的延伸，又可见先生对国文教育的思考，至今发人深省。陈平原教授演讲《"文学"如何"教育"》特地拈出罗庸"打成一片的国文教学法"，因为罗庸主张："文学本来是极活泼的东西，其所寄托在文字，而本身却散在生活的各方面。假如上堂就有国文，下堂就没国文，那就失去了国文的目的。"

罗庸先生的学问涵盖充周，浑无涯涘，以上只是粗略介绍其人其书，随着对先生成果的散佚资料的搜集不断深入，学界对于先生的理解也将会更趋于全面吧。

《中国语言文学研究》
办刊十年回顾

崔志远

《中国语言文学研究》原名《燕赵学术》。《燕赵学术》于 2007 年由河北师范大学文学院创办，刊登内容涵盖汉语言文学专业的各二级学科，包括语言文字学、中国古代文学、中国现当代文学、文艺学、比较文学与世界文学等，还设有"学术名家""书序与书评"等栏目。每年分春、秋二卷出版，每卷 14.5 印张，计 34 万字，由四川辞书出版社连续出版八年。2015 年更名为《中国语言文学研究》，由社科文献出版社连续出版两年，内容和宗旨不变，每卷增为 17 印张，计 39 万字。至今已走过十个年头，出版 20 卷，计 800 万字。十年来，本刊从无到有，从弱到强，受到汉语言文学研究界比较广泛的关注，也促进了河北师大文学院的科研和教学工作。期间有值得总结的经验，也有需要克服的缺点和教训，理应做一个较为全面的回顾和检讨。

一 十年来取得的经验和成绩

（一）建立起立足本学院、面向全国学界的编辑运作机制

河北师范大学文学院有着悠久的历史和比较雄厚的学术力量。河北师大的前身是 1902 年建立的顺天府高等学堂和 1906 年建立的北洋女师范学堂，至今已有 114 年的历史；文学院的前身是 1929 年由著名现代文学研究专家李何林等创建的河北省国立女子师范学院国文系，至今也有 87 年的历史。新中国成立以前，曹禺、萧乾、冯沅君、李何林、李霁野等曾先后在这里任教，他们在创作、教学和研究上取得的辉煌成就、勤奋严谨的治学精神和令人折服的人格魅力，已成为一笔无价的精神财富，滋养着一代代后来者。新中国成立以后，孙犁、冯健男、朱星、公兰谷、苏叔阳、铁凝等又先后来此任教，其中，冯健男长期担任系主任，并创建了第一个硕士点。20 世纪 90 年代中期，中文专业以高校合并为契机，对师资、课程、科研、教学进行了全方位的整合，建立了文学院。21 世纪的文学院师资雄厚，结构合理，教学科研成绩显著，进入鼎盛时期。文学院现有教职工 83 人，其中教授 23 人，副教授 38 人，博士生导师 15 人，省级以上的各类专家 15 人。2011 年被国务院学位委员会批准为中国语言文学博士一级学科学位授权点。这一切，为本刊的创办奠定了坚实的基础。《中国语言文学研究》在此基础上脱颖而出，并

逐步建立起各种切实而开放的工作机制。

1. 组建具有较高学术水准的编委会和编辑部。就目前看，编委会成员 13 人，其中 9 人参加组稿和编辑工作，这 9 人均为教授，还有博士生导师 4 人。编委会主任由文学院院长担任；编委都是各学科的学科组长或带头人，实际又是组稿、审稿的编辑。文学院的主要领导和各学科的学术骨干都进入了编委会，刊物与学院工作便紧密结合在一起。这种人员结构使得编辑部具有了很强的学术活力。其一，可以同全国汉语言文学研究界的学者名家进行平等对话，以邀集具有较高学术水准的稿件；其二，可以在本学院自己负责的各个学科统筹安排，组织作者队伍，促进本学科的科研工作。如此，编委会便架起本学院与全国学界联系和对话的桥梁。

2. 建立切实有效的审稿制度。本刊编辑部并没有采用一般刊物编辑一审、编辑部主任二审、主编三审的三审制，而是实行各学科编委一审、主编二审、编委和主编共同参加的定稿会定稿的三审制。这样做的目的是给各学科编委以更大的权力和自由，充分发挥他们的学术潜力和组织才能，从而对全国学界和本学院的学术力量进行统筹思考，以实现所负责栏目的整体优化。这样做不仅可提高刊物质量，也可实现本学院同全国学界的良好沟通，从而推动文学院各学科的学术研究。同时，定稿会制度强化了编辑部工作的严肃性，在相互交流中也有相互比较和促进，也对低水准稿件有一定的遏制作用。

3. 制定《编校程序》《编委工作职责》《编排规范》。编辑部的工作流程分两部分：稿件的征集审定和编校出版。编委负责组稿和审稿，编辑负责编校出版。在本刊运行两三年之后，两阶段的工作基本成定制，于是制定了本刊的《编校程序》和《编委工作职责》。《编校程序》于 2009 年 1 月制定，一是考虑流程的有序性和科学性，编辑要进行三校，主编要审核校订，出版社要审稿校对，方方面面如何整合，各尽其能而又交叉有序，必须有个合理的流程；二是考虑编校的质量，规定编辑和各校次的质量要求，并将每期刊物严格控制在规定的印张数（前八年 14.5，后两年 17）。《编校程序》制定以来，获得较好效果。《编委工作职责》于 2011 年 5 月制定，对各学科编委的组稿审稿程序、稿件质量数量、内外稿要求以及栏目的开设等提出比较严格的要求。《编排规范》在刊物创刊之初已经制定，用的是学报界比较严格的格式规范。三个文件的制定，为本刊的内在质量和表征质量的提高提供了制度保障。

此外，还制定了《稿酬制度》和《发行制度》等。

（二）扬长避短，实现刊物学术质量的自身超越

河北师大文学院虽然具有比较雄厚的学术力量，已是中国语言文学博士一级学科学位授权点，但比起全国的名校还有不小的差距。同时，像《中国语言文学研究》这类学术集刊，全国已有五六百种，仅社科文献出版社出版的便有上百种，其中强手如林，还有了 CSSCI 的集刊。本刊要在这一领域一较高下，便极有难度。必须要千方百计地提高刊载文章的学术质量，实现自身的不断超越。

其一，编委会和编辑部的构建，便是一种超越性策略。如前述，9 位参加编辑工作的编委均为教授，其中 8 位博士、4 位博导、1 位二级教授。这样的高职称高学历结构在省级报刊乃至一些国家级报刊中并不多见。同时，他们作为本学院各学科的学术带头人，在全国学界也有一定的知名度，可与本学科的名家进行交流和对话，通过自己的辛勤努力获得他们的支持，从而弥补本学院的缺陷和弱势，提高集刊的学术质量。这如同"田忌赛马"，通过运筹策略扬长避短，变弱势为强势。当然，这里边有许多细致的工作要做，需要付出艰苦努力。

其二，开办特色栏目，开展学术研讨和学术争鸣。本刊的常规栏目按学科划分，特色栏目主要是各学科的学术热点和专题研究等。十年来相继开设了多个特色栏目，较为成功的有"中国现当代文学学科建设""《冯健男文集》笔谈""学术名家""从孙犁到铁凝"等。"中国现当代文学学科建设"开 3 期，共发 6 篇文章，孔范今、张炯、黄万华、许祖华、房福贤等名家加盟此栏目，产生良好影响。"《冯健男文集》笔谈"是为纪念我学院著名学者冯健男教授举办的学术活动，虽然仅办了 1 期，发了 3 篇文章，但著文者刘中树、王庆生、张志忠均系名家，加之举行了座谈会，产生了较大影响。"学术名家"是对各学科著名专家进行解剖，探讨其学术道路、学术成就和学术思想，研究"学术名家是怎样炼成的"，这不仅是学科研究的另一种视角，也为青年学者的成长提供镜鉴。自 2013 年以来，已经先后发表了有关袁行霈、郭志刚、杨义、黄霖、童庆炳、罗宗强、霍松林、王锳、徐中玉、陈晓明等十位学者的研究文章。这是一个可持续发展的栏目，每卷可发 1—2 篇文章；待有了积累，可分学科出版"学术名家"系列丛书。

其三，发掘和培养可持续发展的地域学术优势。持续发展的地域优势一要有地域特色，二要有全国性意义，三要有广阔空间，四要有研究队伍。这并非易事。多年探索，我们感到比较成熟的是"从孙犁到铁凝"的研究。孙犁和铁凝是现当代文学名家，又具燕赵特色；"从孙犁到铁凝"内涵丰富，空间广阔。孙犁曾在我校任教，铁凝是文学院兼职教授。我学院多位教师研究过孙犁和铁凝，还出过三部研究专著。2015 年底，文学院邀集全国 50 位学者举办了"从孙犁到铁凝——现当代文学与现代中国历史变迁"研讨会，文学院还成立了"铁凝暨河北作家研究中心"。以后还要不断举办有关孙犁、铁凝的学术会议。本刊于 2016 年"春之卷"开此栏目，发表樊星、崔志远的两篇文章，计划每年开 1 期，以后亦可出系列丛书。因而，这是一个可持续发展项目。

其四，寻找多种超越契机。一是瞄准国家社会科学基金项目，国家课题从申报批准到开题结项，有一套比较严格的程序，成果质量较高；还有国家教育部与河北省社会科学基金项目。近两年，每卷发表的基金项目文章达二分之一。二是编发有分量的长文。本刊每年两卷，时效性弱，更应追求长效性，鉴于一般期刊发表文章篇幅常常有限，我们可发 2 万字以上的长文，以吸引有分量的稿件。三是借助各种学术会议，尤其是本学院举办的全国性乃至国际性会议征稿，各学科编委恰有这种优势。

（三）搭建起本学院同全国学界对话交流的平台

十年来，《中国语言文学研究》发稿情况如下：（见附表：《〈中国语言文学研究〉发稿情况统计表》）

从统计表看，前五年发表文章 304 篇，减去"其他"中的 6 篇，还有 298 篇；后五年 309 篇，减去"其他"中的 7 篇，还有 302 篇。合计 600 篇（减去"其他"类，后文所述均不计入此类），其中内稿 305 篇，外稿 295 篇。这就是说，十年来，本刊向学术界贡献了 600 篇具有一定学术价值的论文，其中，上百位来自全国各地的学界宿将和后起才俊，携带 295 篇文章在这里风云聚会，我学院的学者们也献上 305 篇文章一显身手。《中国语言文学研究》无疑成为我学院同全国学界交流的学术平台。这是一个具有较高学术层次的平台，文学院与全国学界之间，登上本刊的各地学者之间，以及本学院的各位教师之间，在这里进行着心灵碰撞和潜对话。随着刊物寄往汉语言文学专业的诸位博导以及重要的文摘复印刊物，并进入中国知网，本刊不仅为全国学术的发展尽了一份力量，而且对本学院的学术研究也产生无形的推动。本刊在创刊号的《卷首语》中曾提出，它将是"展示学术成果的丰美园地""学术交流的开放窗口""汉语言文学研究界有识之士的精神家园"。现在看来，本刊基本起到了"园地""窗口"和"家园"的作用。

1. 发表了大量具有较高学术价值的文章，在全国学界产生一定影响。本刊十年来发表学术论文 600 篇，已加入中国知网，虽然本刊的出版方式使文摘、复印刊物感到选择有困难，但仍有一些文章被选摘和复印，还有不少的文章被引用。许多学者、名家给予较高评价。张炯先生认为本刊"以严谨的办刊态度和大胆的创新精神推出大量高质量的文章，为繁荣人文社会科学作出突出的贡献，受到学术界较为广泛的关注"。王庆生先生总结了本刊的三个特点：一是立足河北、面向全国；二是具有很强的综合性；三是具有强烈的时代气息。并认为本刊"已成为河北师大文学院与全国汉语言文学界联系的坚实平台，在全国学界产生良好的影响"。刘中树先生认为本刊"继承发扬光大燕赵文化学术传统，立足现实的学术前沿，刊物的学术栏目设置、文章的采用、作者的五湖四海，都显示了编者宽广的学术视野和守正创新的办刊理念"，"以其丰富的学术内容、前沿的学术论题、精深的学术义理、五湖四海的学术群体，成就了严谨、自由、厚重、创新的学术品格"。陈汉萍女士认为本刊"一直以她不趋时、不慕势、求真务实、沉稳厚重的风格，给我留下了深刻的印象。在学术刊物急功近利的时代，她不急不躁，一年两期，专注于文章质量，自成一方学术净土。她承接燕赵大地深厚的人文学脉，面向国内国际学术思想前沿，主要栏目现当代文学、文艺学、古代文学、语言学刊发了一系列在国内卓有影响的文章，已在学界和学者心中产生了广泛的影响"。

2. 具有较高的表征质量。表征质量即编辑校对、排版、装潢等外观质量。本刊的编排规范采用最为严格的学报界规范，对文章的题目和作者署名、摘要与关键词、正文设计、注释与参考文献等都有严格的要求，而且每期页码固定，2007—2014 年每期为 14.5 印张（232 页），2015—2016 年为 17 印张（272 页），这需要认真的态度和较高的编辑技巧；与出版社结合，对封面装潢、内文设计、用纸标准、印刷质量等严格要求，精心安排，而且不断改进提高。刊物给人规范、严谨、朴实、美观、大气之感。

3. 吸引了全国汉语言文学研究界众多的学界名流。本刊寄送的主要对象是全国汉语言文学专业各学科的博士生导师，面对如此高层次的读者，我们每期的组稿、编辑都是如履薄冰，不敢丝毫轻心。十年心血付出终有收获，本刊受到汉语言文学研究界比较广泛的关注，为本刊写稿的著名学者有一个长长的名单：张炯、刘中树、王庆生、童庆炳、王宁、孔范今、周忠厚、杨匡汉、陈传才、黄克剑、乐黛云、叶廷芳、刘丹青、田本相、王富仁、傅璇琮、鲁国尧、沈家煊、郑伯农、陈晓明、张志忠、程光炜、吴炫、王向远、李春青、刘丹青、黄卓越、樊星、徐时仪、邢向东、周荐、朱则杰、朱万曙、陈建华、汪介之、刘文飞、王平、吴敢、董国炎、杜贵晨、王昊、傅承洲、苗怀明、曹立波……粗略统计，著名学者和博士生导师达 70 余人。他们以自己文章的质量和学术声誉提高了本刊的办刊质量和学界声誉。

（四）促进和推动了本学院的学术研究

促进和推动本学院的科研和教学工作，原本是《中国语言文学研究》办刊的目的之一。如同战国时齐桓公创办"稷下学宫"，耗巨资集结天下名士，实际是组建自己的"智囊团"，齐国也因此而强大。同样，《中国语言文学研究》的十年发展也对文学院有很强的反哺作用。

1. 为本学院教师提供了发表学术成果的园地。从统计表可看到，前五年发稿情况是 298 篇（166 + 132），后五年为 302 篇（139 + 163），内稿合计为 305 篇（166 + 139）。平均每年约 31 篇。这些文章由于编委的严格把关，都具有一定的学术含量。这就是说，本刊为本学院每年增加了 31 篇有价值的学术成果。而且，本学院的学者们在这个平台上与天下学者华山论剑，一较短长，不仅激发了大家的科研积极性，还可在交流中发现自己的优长和缺憾，寻找自己的道路和特色。责任编委作为各学科的负责人，可通过组稿整合本学科的学术力量，运筹帷幄，协调安排，使本学科的学术研究更加健康地发展。

2. 着力培养本学院有学术潜力的青年学者。本刊在十年办刊过程中，尤其关注青年学者的成长，鼓励他们在这个平台上一展风采，进而走向更高的学术殿堂。鼓励的背后是严格的要求，通过反复修改达到较高学术水准，愈是有学术潜力要求愈高，达到的学术水平也愈高。有时还组织专家会诊攻关，促其提高。如对某一青年学者的一篇文章，便组织了五位有关的教授举行座谈会，在肯定成绩的基础上，提出进一步的修改意见。会议开得很成功，修改后的文章有了不少提高。

3. 组织编辑出版《冯健男文集》，发起召开《冯健男文集》出版座谈会。冯健男著述丰硕，但生前写的东西好多未能出版。我们组织马云教授和冯荣光（冯先生之子）整理、编辑，由花山文艺出版社出版了四卷本《冯健男文集》，发起并协助学院领导召开了座谈会。来自中国社科院、北师大、吉林大学、华中师大、武汉大学、南开大学、首都师大等单位的 40 位专家学者出席了座谈会。中国当代文学研究会会长张炯、中国新文学学会会长王庆生、中国毛泽东文艺思想研究会会长刘中树，以及著名学者杨匡汉、张志忠、樊星、顾祖钊、李国英等出席会议并做了发言。会议开得很成功，《文艺报》以整版的篇幅予以报道，产生较大影响。

《中国语言文学研究》在文学院这块沃土上诞生和发展壮大，全国的许多学者又因《中国语言文学研究》加深了对河北师大文学院的认识和了解。刊物与学院相伴相随，相辅相成，文学院成为博士点一级学科，《中国语言文学研究》也贡献出自己的力量。

二 十年来的缺陷、不足和改进意见

我们深知，学术质量是学术集刊的生命，也常常寻找不足，不断改进，2012 年还搞了一个《五年总结》。但现在看来，那时更多着眼的是局部和枝节。近年来，多次参加中国社会科学院社会科学文献出版社召开的全国性集刊年会，了解到社会科学集刊的蓬勃发展态势，翻阅了进入 CSSCI 的集刊，接触了一些名刊主编，听取了他们的经验介绍；同时本刊又改由社会科学文献出版社出版，学术质量和形式外观都有不小提升。这就逐渐认识到，我们的缺陷和不足关键还是眼界和心胸的问题。我们虽然提出"立足本学院，面向全国学界"，但更多思考的是如何为学院服务、在学院立足的问题，面向全国学界则行动不足、措施不力，比如办刊初期提出以内稿为主等。当然，眼界之外还有客观原因，鉴于现在的学术评价和职称评定机制，学术名家和优秀青年学者的目光更多在一类核心期刊，集刊便下人一等，而我们又是省属院校的集刊，要寻求超越就更难一些。但这并非故步自封的理由，实现超越也并非不可能。《中国语言文学研究》必须以"挑战不可能"的精神超越自己。

1. 适当调整内外稿的比例，不再提"以内稿为主"，更多着眼文章的质量。实际上，后五年内外稿的比例已是 139∶163，外稿数已高于内稿。但不管如何调整，必须坚持：外稿必须是一、二类稿，杜绝三类外稿；外稿的质量不可低于内稿。

2. 本刊研究汉语言文学，有一定的专业性，但其中又含五六个学科，面还是大了些。为提高质量，要尽量删减或合并栏目，使内容相对集中。比如删去"教育与教学"栏目等。

3. 办好具有优势的特色栏目。过去做了不少，但可持续发展的尚不多，"学术名家"尚好，要继续发展；"从孙犁到铁凝"开端不错，但困难甚多，也要坚持持续发展。热点问题虽不要求持续发展，也要成规模，有影响。

4. 继续借助学术会议尤其是本学院举办的学术会议约集稿件。本刊编委作为各学科的负责人，多参与学术会议的召集，要把邀稿作为会议的任务之一。还要鼓励编委参加国际性学术会议，文学院也可举办国际性学术会议，以开拓学术眼界。

5. 上述一切计划与设想，都需要人去做。编委会的同事们还要继续发扬严谨细致、团结一心、刻苦进取的精神，还要培养自己的编辑能力和编辑智慧，在当好教授学者的同时，还要成为一位优秀的编辑家。

基于水平所限，以上思考会有这样那样的疏漏与错误，敬请各位专家学者不吝赐教。

2016 年 11 月 26 日

附:《中国语言文学研究》发稿情况统计表

表 1　2007—2011 年发稿情况

类别	2007 年		2008 年		2009 年		2010 年		2011 年		合计
	春	秋	春	秋	春	秋	春	秋	春	秋	
语言学	4 (1, 3)	6 (4, 2)	4 (2, 2)	6 (2, 4)	6 (4, 2)	6 (3, 3)	6 (2, 4)	6 (4, 2)	6 (2, 4)	10 (5, 5)	60 (29, 31)
古代文学	6 (5, 1)	6 (5, 1)	6 (3, 3)	6 (3, 3)	6 (2, 4)	4 (3, 1)	5 (3, 2)	6 (5, 1)	5 (4, 1)	5 (4, 1)	55 (37, 18)
现当代文学	4 (3, 1)	5 (4, 1)	4 (3, 1)	3 (3, 0)	3 (1, 2)	7 (2, 5)	3 (2, 1)	6 (3, 3)	6 (5, 1)	6 (4, 2)	47 (30, 17)
现当代文学学科建设			2 (0, 2)	2 (0, 2)	2 (1, 1)						6 (1, 5)
《冯健男文集》笔谈							3 (0, 3)				3 (0, 3)
地域文化研究	1 (1, 0)										1 (1, 0)
文化诗学						2 (0, 2)	2 (0, 2)				4 (0, 4)
文艺学	5 (3, 2)	3 (2, 1)	4 (4, 0)	2 (2, 0)	3 (3, 0)	2 (1, 1)	4 (3, 1)	4 (2, 2)	4 (4, 0)	3 (2, 1)	34 (26, 8)
比较文学与世界文学	2 (1, 1)	3 (2, 1)	3 (0, 3)	2 (1, 1)	2 (1, 1)	3 (1, 2)	2 (1, 1)		2 (1, 1)	5 (1, 4)	24 (9, 15)
教育与教学		1 (1, 0)		1 (1, 0)				1 (1, 0)	1 (1, 0)	1 (1, 0)	5 (5, 0)
研究生论坛		2 (2, 0)		2 (2, 0)	3 (3, 0)	2 (2, 0)	2 (2, 0)	3 (2, 1)	4 (3, 1)	2 (2, 0)	20 (18, 2)
书序与书评	3 (1, 2)	3 (0, 3)	3 (1, 2)	3 (0, 3)	3 (2, 1)	5 (0, 5)	5 (1, 4)	5 (2, 3)	4 (1, 3)	5 (2, 3)	39 (10, 29)
其他（含会议综述、稿约等）	2 (2, 0)		3 (3, 0)				1 (1, 0)				6 (6, 0)
合　计	27 (17, 10)	29 (20, 9)	29 (16, 13)	27 (14, 13)	28 (17, 11)	31 (12, 19)	33 (15, 18)	31 (19, 12)	32 (21, 11)	37 (21, 16)	304 (172, 132)

说明：上表中括号里的数字前一个是内稿数量，后一个是外稿数量，下表同。

表2　2012—2016年发稿情况

类别	2012年 春	2012年 秋	2013年 春	2013年 秋	2014年 春	2014年 秋	2015年 春	2015年 秋	2016年 春	2016年 秋	合计
语言学	7 (3, 4)	5 (2, 3)	5 (2, 3)	3 (1, 2)	6 (2, 4)	6 (3, 3)	5 (2, 3)	3 (2, 1)	5 (2, 3)	4 (0, 4)	49 (19, 30)
古代文学	6 (4, 2)	8 (5, 3)	4 (3, 1)	5 (3, 2)	3 (1, 2)	4 (1, 3)	4 (0, 4)	3 (1, 2)	5 (2, 3)	5 (2, 3)	47 (22, 25)
现当代文学	6 (3, 3)	4 (2, 2)	5 (3, 2)	2 (1, 1)	4 (3, 1)	5 (4, 1)	4 (2, 2)	5 (4, 1)	3 (0, 3)	5 (3, 2)	43 (25, 18)
学术名家			1 (0, 1)	1 (1, 0)	2 (0, 2)	2 (0, 2)		2 (0, 2)	2 (0, 2)	2 (0, 2)	12 (1, 11)
文献学			3 (3, 0)	4 (2, 2)	3 (0, 3)	3 (0, 3)	3 (2, 1)	3 (0, 3)	3 (1, 2)	3 (0, 3)	25 (8, 17)
从孙犁到铁凝									2 (1, 1)		2 (1, 1)
地域文化研究		1 (1, 0)		1 (1, 0)							2 (2, 0)
文学期刊研究	1 (1, 0)										1 (1, 0)
文艺学	3 (1, 2)	4 (3, 1)	3 (1, 2)	4 (3, 1)	4 (2, 2)	4 (3, 1)	4 (4, 0)	4 (3, 1)	3 (2, 1)	4 (3, 1)	37 (25, 12)
比较文学与世界文学	3 (0, 3)	3 (1, 2)	3 (1, 2)	3 (1, 2)		3 (0, 3)	3 (0, 3)	3 (2, 1)		2 (0, 2)	23 (5, 18)
外国文学研究六十年					4 (0, 4)						4 (0, 4)
印度文化与文学								3 (0, 3)			3 (0, 3)
教育与教学	1 (1, 0)	1 (1, 0)	1 (1, 0)	1 (1, 0)	1 (1, 0)			2 (0, 2)			7 (5, 2)
研究生论坛	2 (2, 0)	3 (3, 0)	2 (2, 0)	3 (3, 0)	2 (2, 0)	2 (2, 0)	2 (2, 0)	2 (2, 0)	1 (1, 0)	2 (2, 0)	21 (21, 0)
书序与书评	4 (0, 4)	4 (1, 3)	2 (0, 2)	1 (0, 1)	1 (0, 1)	3 (2, 1)	2 (0, 2)	5 (2, 3)	2 (1, 1)	2 (0, 2)	26 (6, 20)
其他（含会议综述、稿约等）			1 (1, 0)	1 (1, 0)			2 (2, 0)		2 (2, 0)	1 (1, 0)	7 (7, 0)
合　计	33 (15, 18)	34 (20, 14)	30 (17, 13)	28 (17, 11)	30 (11, 19)	32 (15, 17)	29 (14, 15)	32 (16, 16)	31 (12, 19)	30 (11, 19)	309 (148, 161)

《中国语言文学研究》创刊
十周年恳谈会综述

黎佳晔

2016 年 11 月 26 日，由河北师范大学文学院主办的"《中国语言文学研究》创刊十周年恳谈会"在我校行政楼 201 会议室召开。南京大学中国社会科学研究评价中心首席专家沈固朝教授、社会科学文献出版社总编辑杨群研究员、北京师范大学博士生导师李春青教授、华中师范大学博士生导师张三夕教授、中国人民大学博士生导师张永清教授和耿幼壮教授、浙江大学博士生导师朱则杰教授、四川大学博士生导师雷汉卿教授、南开大学博士生导师李锡龙教授、新华文摘杂志社陈汉萍女士、中国社会科学文摘编辑部副主编李琳女士、社会科学文献出版社人文分社副总编辑李建廷先生受邀出席会议，河北师范大学副校长郑振峰教授、中国语言文学研究编委会主任委员胡景敏教授、常务主编崔志远教授、主编吴继章教授、副主编孙秀昌教授以及执行编委史锦秀、霍现俊、武建宇、于峻嵘、李建周教授和编辑孟新东博士等参加了会议。

恳谈会由文学院院长、中国语言文学研究编委会主任委员胡景敏教授主持；河北师范大学副校长郑振锋教授出席会议并致欢迎词；常务主编崔志远教授代表编辑部做了题为"《中国语言文学研究》办刊十年回顾"的主题报告，各位与会专家传经送宝，为刊物未来的发展积极地献言献策。

一 《中国语言文学研究》办刊十年回顾

崔志远教授首先对办刊十周年的工作进行了全面的总结：

《中国语言文学研究》原名《燕赵学术》，2015 年更名，至今已经走过了十个年头。十年来，《中国语言文学研究》从无到有，从弱到强，受到汉语言文学界比较广泛的关注。十年间，已出版 20 卷，向学术界贡献有一定学术价值的论文共 600 篇，刊登的文字共计 800 万字，并以质高、规范、严谨、朴实的学术风格获得刊物界的良好口碑，吸引了全国学界的众多名流投稿。此外，《中国语言文学研究》还为文学院的教师提供了发表学术成果的园地，并培养了一大批有学术潜力的青年学者。

"十年磨一剑"是《中国语言文学研究》的真实写照。十年来，《中国语言文学研究》已经建立起了"立足本学院，面向全国学界"的编辑运作机制，不但组建了高学历、高职称、高水平的编委会，还建立了"编委一审、主编二审、定稿会三审"这一切实有效的审稿制度，并且制定了《编校程序》《编委工作职责》《编排规范》三大制度规范文本，为《中国语言文学研究》的内在质量和表征质量提供了制度保障。

十年来，《中国语言文学研究》编委会扬长避短，潜心寻求学术质量的自身超越。如相继开设了"中国现当代文学学科建设""《冯健男文集》笔谈""学术名家"等成功的特色栏目。编委会注重发掘和培养可持续发展的地域学术优势，现已形成的比较成熟的是"从孙犁到铁凝"的研究，它立足于文学院成立的"铁凝暨河北文学研究中心"和多次举办的关于孙犁、铁凝的学术会议。编委会还注意寻找多种超越契机：《中国语言文学研究》刊登了许多国家社会科学基金项目、教育部基金项目和河北省社会科学基金项目的成果论文；还打破一般集刊发表文章篇幅的限制，编发有质量的长文；并借助经常在本学院举办全国性乃至国际性会议这一优势，刊发会议论文。

经过十年的努力，《中国语言文学研究》不但搭建起了河北师范大学文学院同全国学界对话交流的平台，也对文学院的发展起到了反哺作用，促进了文学院的科研和教学工作。

崔志远教授最后指出，《中国语言文学研究》还存在论文质量有待提高、栏目特色有待强化、眼界不够开阔等缺点，恳请各位专家为我们的刊物献言献策，为《中国语言文学研究》的发展提供新思路、新方法。

二 集刊评价与学术评价中的 CSSCI

南京大学中国社会科学研究评价中心首席专家沈固朝教授做了题为"集刊评价与学术评价中的 CSSCI"的报告。

沈固朝教授首先对 CSSCI 的作用进行了详尽的介绍。CSSCI 作为引文索引，可以立体地展现出文献之间的引征关系，显示出科研成果之间以及刊载文献之间的内在联系，因而它首先是为学术研究服务的文献检索工具。其次，CSSCI 是选刊和评刊的工具。CSSCI 在对来源集刊进行评选时会遵照分类评价、动态评价、定性和定量相结合、公正公平公开四大原则，从集刊出版的规范性、集刊被引用情况（影响力）和专家（包括指导委员）的意见三个方面进行综合考量，并结合集刊的他引影响因子和被引总数两大指标，进行具体而全面的分析。再次，CSSCI 作为评刊和选刊工具成了学术评价工具。现在 CSSCI 面临着引导功能被削弱，评估功能被强化的现实困境。事实上 CSSCI 等引文索引工具主要是服务而非"引领"学术研究的。需要明确的是，集刊评价注重的是影响力，学术评价注重的是创新力，因而集刊评价并不能等同于学术评价。而现在过于强调被引率和影响因子等指标已经制约了学术集刊的发展。最后，CSSCI 作为学术研究的工具，为学术研究、学术出版和管理决策提供精选可靠、海量丰富的数据，并进行高效、可靠的质量控制，还提供完善、多样的检索功能。

其次，沈固朝教授就如何扩大集刊影响力提出了一些建议。他明确指出，办刊人要正确、理性地看待评价体系，要看淡排名，注重质量。创办集刊不能仅仅对照评刊工具的指标，更为重要的是要根据学术评价的要求，坚持集刊的学术性，提高学术创新性，从而提升集刊的核心竞争力。好的学术刊物不但要有科学性、创造性、理论性和新颖性，还要组好稿、办专栏、显特色，并且提高规范性和能见度。具体来说，就是要注意关键词、题目和摘要，提高这三个方面的专指性和检索意义，从而提高论文在数据库中被检索、被下载、被引用的可能；还要积极探索能够体现地域特色、学科特色、现实问题的特色栏目，避免散而全，注意提升栏目吸引力和影响力，最终形成品牌优势；此外还应该关注和跟踪热点和前沿，鼓励学术批判，提供学术争鸣的平台，引发思想碰撞从而提高论文的引用率。

三　专家共谋刊物未来发展

各位与会专家立足于《中国语言文学研究》的发展现状，以自己创办刊物、出版刊物的经验，从多个角度为《中国语言文学研究》的进一步发展提出了许多极具建设性的意见和建议。

（一）提升刊物学术质量

质量是刊物的生命，高质量、有分量的精品稿是刊物的活力源泉。要保证刊物的学术质量，除了要求编委们独具慧眼、认真负责之外，关键是要有优质稿件的供给。社会科学文献出版社杨群总编辑认为可以经常组织相关领域的学术活动以及研究室内部的学术交流活动，以拉动学者，拢聚作者资源，从而形成良性循环，甚至可以组建一个固定的研究队伍，开辟专栏，形成效应。还要充分利用基地、学会为集刊拢聚高质量稿件，从而提升刊物的总体水平。中国人民大学张永清教授则建议组稿时要有规划、有眼光、有问题意识，可采用专题化的方式进行组稿。此外他还强调《中国语言文学研究》提升学院学科水平的院刊定位不能丢，在此前提下要正确处理好内稿和外稿之间的关系，不但要寻好外稿，还要发好内稿，从而带动整个院系的发展。四川大学雷汉卿教授针对学术大家、名家的稿件问题提出编委要进行跟进式约稿、催稿，以勤制胜，以诚感人，多多获取学术大家、名家的支持。

（二）改进刊物的内容

在恳谈会中，许多专家都提到了《中国语言文学研究》在栏目设置上存在的问题。北京师范大学李春青教授指出《中国语言文学研究》涵盖的二级学科太多，涉及面太广，因而特色不够鲜明。可以考虑将文学卷和语言卷分开，以便栏目的收缩和精化，改变栏目过于零散的现状。中国人民大学耿幼壮教授也指出应改变以学科划分栏目的状况，以话题、论题划分栏目，从而改变现在问题意识不够鲜明的情况。华中师范大学张三夕教授提出，在栏目设置上要紧跟学术前沿，还可以为国家级、省级项目这些高质量的研究成果组建专栏，以项目质量提升栏目质量。浙江大学朱则杰教授认为在栏目的创办和栏目名称设置上要能够体现河北的特色，并且要争创"名栏"，以"名栏"带动刊物的发展。中国社会科学文摘编辑部副主编李琳女士提出可以将师大的传统优势学科与栏目的设置挂钩，例如可以开设中国古代文学的《诗经》研究专栏，以优势学科办专栏。

除了在栏目设置上要下功夫、动脑筋之外，李春青教授还指出应该增加刊物的锋芒，增加文章的学术批判力量，引发思想碰撞的火花。雷汉卿教授还提倡拓展视野，要立足于全国甚至全球去发现学术热点、学术空隙，从而提高刊物的学术质量和学界关注度。

（三）扩大刊物影响力

《中国语言文学研究》发展到今天已经具备了一定的水准和特色，并且在学术界形成了一定的影响力。但在传播方式上依旧采用传统的纸质刊物，以邮寄的方式进行传播，这在各种新型传播媒介迅猛发展的今天显然是不够的。因此，要扩大刊物的影响力就必须紧跟时代发展的步伐，开拓新的刊物传播方式。

杨群总编辑建议，《中国语言文学研究》可以通过设置官网链接、开设微信公众号等途径从发行、传播方式上进行创新。南开大学李锡龙教授也认为应当充分利用互联网和微信平台强力的传播效应，把最出彩的文章放在微信平台上并及时推送，从而扩大集刊传播范围和影响力。在发行时间方面，新华文摘杂志社的陈汉萍女士提出可以将刊物的出版时间提前，及早将刊物送到读者手中，从而延长刊物的影响时间。

本次会议不仅是对《中国语言文学研究》创刊十年来各项工作的一次全面的回顾与总结，更为今后的办刊工作指明了方向。各位与会专家从提升刊物的学术质量、改进刊物的内容、扩大刊物的影响力等方面提出的宝贵建议给中国语言文学研究编委会极大的启发，编委会将以此为基础进一步研究《中国语言文学研究》未来的发展规划，以期实现刊物跨越式的发展。